ŒUVRES COMPLÈTES DE J. MICHELET

MÉMOIRES
DE LUTHER

ÉCRITS PAR LUI-MÊME

TRADUITS ET MIS EN ORDRE

PAR J. MICHELET

ÉDITION DÉFINITIVE, REVUE ET CORRIGÉE

PARIS
ERNEST FLAMMARION, ÉDITEUR
26, RUE RACINE, PRÈS L'ODÉON

Tous droits réservés.

MÉMOIRES

DE LUTHER

IMPRIMERIE E. FLAMMARION, 26, RUE RACINE, PARIS.

ŒUVRES COMPLÈTES DE J. MICHELET

MÉMOIRES
DE LUTHER
ÉCRITS PAR LUI-MÊME

TRADUITS ET MIS EN ORDRE

PAR J. MICHELET

ÉDITION DÉFINITIVE, REVUE ET CORRIGÉE

PARIS

ERNEST FLAMMARION, ÉDITEUR

26, RUE RACINE, PRÈS L'ODÉON

Tous droits réservés.

PRÉFACE

Ce qu'on va lire n'est point un roman historique sur la vie de Luther, pas davantage une histoire de la fondation du luthéranisme. C'est une biographie, composée d'une suite de traductions. Sauf les premières années, que Luther ne pouvait raconter lui-même, le traducteur a eu rarement besoin de prendre la parole. Il n'a guère fait autre chose que choisir, dater, ordonner les textes épars. C'est constamment Luther qui parle, toujours Luther raconté par Luther. Qui serait assez hardi pour mêler ses paroles à celles d'un tel homme? Il fallait se taire, et le laisser dire. C'est ce que l'on a fait, autant qu'il était possible.

Ce travail, publié en 1835, a été fait presque entièrement dans les années 1828 et 1829. Le traducteur de la *Scienza nuova* sentait vivement à cette époque le besoin de redescendre des théories aux applications, d'étudier le général dans l'individuel, l'histoire dans la biographie, l'humanité dans un homme. Il lui fallait un homme qui eût été homme à la plus haute puissance, un individu qui fût à la fois une personne réelle et une idée ; de plus, un homme complet, de pensée et d'action ; un homme enfin dont la vie fût connue tout entière, et dans le plus grand détail, dont tous les actes, toutes les paroles, eussent été notés et recueillis.

Si Luther n'a pas fait lui-même ses *Mémoires*, il les a du moins admirablement préparés[1]. Sa correspondance n'est guère moins volumineuse que celle de Voltaire. De plus, il n'est aucun de ses ouvrages dogmatiques ou polémiques où il n'ait, sans y songer, déposé quelque détail dont le biographe peut faire son profit. Ajoutez que toutes ses paroles ont été avidement recueillies par ses disciples. Le bon, le mauvais, l'insignifiant, ils ont tout pris ; ce que Luther laissait échapper dans la conversation la plus familière, au coin du feu, au jardin, à table, après souper, la moindre chose qu'il disait à sa femme, à ses enfants, à lui-même, vite ils l'écrivaient. Un homme observé et suivi de si près a dû à chaque instant laisser

---

1. Nous avons suivi pour les œuvres allemandes l'édition de Wittemberg, en 12 volumes in-folio, 1539-1559 ; pour les œuvres latines, celle de Wittemberg, en 7 volumes in-folio, 1545-1558, quelquefois celle d'Iéna, 1600-1612, en 4 volumes in-folio ; pour les *Tischreden*, l'édition de Francfort, 1568, in-folio.

Quant aux citations tirées des *Lettres*, elles ont été exactement datées dans le texte et suffisent pour faire retrouver aisément ces passages dans l'excellente édition de M. de Wette, 5 volumes in-8° ; Berlin, 1825. Indépendamment des œuvres de Luther, nous avons mis à profit quelques autres ouvrages : *Ukert, Seckendorf, Mahreinecke*, etc.

tomber des mots qu'il eût voulu ravoir. Plus tard les luthériens y ont eu regret. Ils auraient bien voulu rayer telle ligne, arracher telle page. *Quod scriptum est, scriptum est.*

C'est donc ici le vrai livre des Confessions de Luther, confessions négligées, éparses, involontaires, et d'autant plus vraies. Celles de Rousseau sont à coup sûr moins naïves, celles de saint Augustin moins complètes et moins variées.

Comme biographie, celle-ci se placerait, s'il l'eût écrite lui-même en entier, entre les deux autres dont nous venons de faire mention. Elle présente réunies les deux faces qu'elles offrent séparées. Dans saint Augustin, la passion, la nature, l'individualité humaine, n'apparaissent que pour être immolées à la grâce divine. C'est l'histoire d'une crise de l'âme, d'une renaissance, d'une *Vita nuova;* le saint eût rougi de nous faire mieux connaître l'autre vie qu'il avait quittée. Dans Rousseau, c'est tout le contraire; il ne s'agit plus de la grâce; la nature règne sans partage, elle triomphe, elle s'étale; cela va quelquefois jusqu'au dégoût. Luther a présenté, non pas l'équilibre de la grâce et de la nature, mais leur plus douloureux combat. Les luttes de la sensibilité, les tentations plus hautes du doute, bien d'autres hommes en ont souffert; Pascal les eut évidemment, il les étouffa et il en mourut. Luther n'a rien caché, il ne s'est pu contenir. Il a donné à voir en lui, à sonder la plaie profonde de notre nature. C'est le seul homme peut-être où l'on puisse étudier à plaisir cette terrible anatomie.

Jusqu'ici on n'a montré de Luther que son duel contre Rome. Nous, nous donnons sa vie entière, ses combats, ses doutes, ses tentations, ses consolations. L'homme nous occupe ici autant et plus que l'homme de parti. Nous le montrons, ce violent et terrible réformateur du Nord, non pas seulement dans son nid d'aigle à la Wartbourg, ou bravant l'Empereur et l'Empire à la diète de Worms, mais dans sa maison de Wittemberg, au milieu de ses graves amis, de ses enfants qui entourent la table, se promenant avec eux dans son jardin, sur les bords du petit étang, dans ce cloître mélancolique qui est devenu la demeure d'une famille; nous l'entendons rêvant tout haut, trouvant dans tout ce qui l'entoure, dans la fleur, dans le fruit, dans l'oiseau qui passe, de graves et pieuses pensées.

Quelque sympathie que puisse inspirer cette aimable et puissante personnalité de Luther, elle ne doit pas influencer notre jugement sur la doctrine qu'il a enseignée, sur les conséquences qui en sortent nécessairement. Cet homme qui fit de la liberté un si énergique usage, a ressuscité la théorie augustinienne de l'anéantissement de la liberté. Il a immolé le libre arbitre à la grâce, l'homme à Dieu, la morale à une sorte de fatalité providentielle.

De nos jours les amis de la liberté se recommandent volontiers du fataliste Luther. Cela semble bizarre au premier coup d'œil. Luther lui-même croyait se retrouver dans Jean Huss, dans les Vaudois, partisans du libre arbitre. C'est que ces doctrines spéculatives, quelque opposées qu'elles paraissent, se rencontrent toutefois dans leur principe d'action, la souveraineté de la raison individuelle, la résistance au principe traditionnel, à l'autorité.

Il n'est donc pas inexact de dire que Luther a été le restaurateur de la liberté pour les derniers siècles. S'il l'a niée en théorie, il l'a fondée en pratique. Il a, sinon fait, au moins courageusement signé de son nom la grande révolution qui légalisa en Europe le droit d'examen. Ce premier droit de l'intelligence humaine, auquel tous les autres sont rattachés, si nous l'exerçons aujourd'hui dans sa plénitude, c'est à lui en grande partie que nous le devons. Nous ne pouvons penser, parler, écrire, que cet immense bienfait de l'affranchissement intellectuel ne se renouvelle à chaque instant. Les lignes mêmes que je trace ici, à qui dois-je de pouvoir les publier, sinon au libérateur de la pensée moderne ?

Cette dette payée à Luther, nous ne craindrons pas d'avouer que nos sympathies les plus fortes ne sont pas de ce côté. On ne trouvera point ici l'énumération des causes qui rendirent la victoire du protestantisme inévitable. Nous ne montrerons pas, après tant d'autres, les plaies d'une Église où nous sommes nés, et qui nous est chère. Pauvre vieille mère du monde moderne, reniée, battue par son fils, certes, ce n'est pas nous qui voudrions la blesser encore. Nous aurons occasion de dire ailleurs combien la doctrine catholique nous semble, sinon plus logique, au moins plus judicieuse, plus féconde et plus complète que celle d'aucune des sectes qui se sont élevées contre elles. Sa faiblesse, sa grandeur aussi, c'est de n'avoir rien exclus qui fût de l'homme, d'avoir voulu satisfaire à la fois les principes contradictoires de l'esprit humain. Cela seul donnait sur elle des succès faciles à ceux qui réduisaient l'homme à tel ou tel principe, en niant les autres. L'universel, en quelque sens qu'on prenne le mot, est faible contre le spécial. L'*hérésie* est un *choix*, une spécialité. Spécialité d'opinion, spécialité de pays. Wicleff, Jean Huss, étaient d'ardents patriotes; le saxon Luther fut l'Arminius de la moderne Allemagne. Universelle dans le temps, dans l'espace, dans la doctrine, l'Église avait contre chacun l'infériorité d'une moyenne commune. Il lui fallait lutter pour l'unité du monde contre les forces diverses du monde. Comme grand nombre, elle contenait, elle traînait le mauvais bagage des tièdes et des timides. Comme gouvernement, elle rencontrait toutes les tentations mondaines. Comme centre des traditions religieuses, elle recevait de toutes parts une foule de croyances locales contre lesquelles elle avait peine à défendre son unité, sa perpétuité. Elle se présentait au monde telle que le monde et le temps l'avaient faite. Elle lui apparaissait sous la robe bigarrée de l'histoire. Ayant subi, embrassé l'humanité tout entière, elle en avait aussi les misères, les contradictions. Les petites sociétés hérétiques, ferventes par le péril et la liberté, isolées, et partant plus pures, plus à l'abri des tentations, méconnaissaient l'Église cosmopolite, et se comparaient avec orgueil. Le pieux et profond mystique du Rhin et des Pays-Bas, l'agreste et simple Vaudois, pur comme l'herbe des Alpes, avaient beau jeu pour accuser d'adultère et de prostitution Celle qui avait tout reçu, tout adopté. Chaque ruisseau pourrait dire à l'Océan, sans doute : Moi, je viens de ma montagne, je ne connais d'eau que les miennes. Toi, tu reçois les souillures du monde. — Oui, mais je suis l'Océan.

Voilà ce qu'il faudrait pouvoir dire et développer. Aucun livre plus que celui-ci n'aurait besoin d'une Introduction. Pour savoir comment Luther fut obligé de faire et subir ce qu'il appelle lui-même *la plus extrême des misères ;* pour comprendre ce grand et malheureux homme qui remit en marche l'esprit humain à l'instant même où il croyait le reposer sur l'oreiller de la grâce; pour apprécier cette tentative impuissante d'union entre Dieu et l'homme, il faudrait connaître les essais plus conséquents que firent, avant et après, les mystiques, les rationalistes, c'est-à-dire esquisser toute l'histoire de la religion chrétienne. Cette Introduction si nécessaire, peut-être dans quelque temps me déciderai-je à la donner.

Pourquoi donc ajourner encore ceci? pourquoi commencer tant de choses et s'arrêter toujours en chemin? Si l'on tient à le savoir, je le dirai volontiers.

A moitié de l'histoire Romaine, j'ai rencontré le christianisme naissant. A moitié de l'histoire de France je l'ai rencontré vieillissant et affaissé; ici, je le retrouve encore. Quelque part que j'aille, il est devant moi, il barre ma route et m'empêche de passer.

Toucher au christianisme! ceux-là seuls n'hésiteraient point qui ne le connaissent pas..... Pour moi, je me rappelle les nuits où je veillais une mère malade; elle souffrait d'être immobile, elle demandait qu'on l'aidât à changer de place, et voulait se retourner. Les mains filiales hésitaient; comment remuer ses membres endoloris?...

Voilà bien des années que ces idées me travaillent. Elles font toujours dans cette saison d'orages le trouble, la rêverie de ma solitude. Cette conversation intérieure qui devrait améliorer, elle m'est douce au moins, je ne suis pas pressé de la finir, ni de me séparer encore de ces vieilles et chères pensées.

Août 1835.

MÉMOIRES
DE LUTHER

LIVRE PREMIER

(1483-1521)

CHAPITRE PREMIER

Naissance, éducation de Luther, son ordination, ses tentations, son voyage à Rome. (1483-1517.)

« J'ai souvent conversé avec Mélanchton, et lui ai raconté toute ma vie de point en point. Je suis fils d'un paysan ; mon père, mon grand-père, mon aïeul, étaient de vrais paysans. Mon père est allé à Mansfeld, et y est devenu mineur. Moi, j'y suis né. Que je dusse être ensuite bachelier, docteur, etc., cela n'était point dans les étoiles. N'ai-je pas étonné les gens en me faisant moine ? puis en quittant le bonnet brun pour un autre ? Cela vraiment a bien chagriné mon père, et lui a fait mal. Ensuite je me suis pris aux cheveux avec le pape, j'ai épousé une nonne échappée, et j'en ai eu des enfants. Qui a vu cela dans les étoiles ? Qui m'aurait annoncé d'avance qu'il en dût arriver ainsi ? »

Jean Luther, père de celui qui est devenu si célèbre, était de Mœra ou Mœrke, petit village de Saxe, près d'Eisenach. Sa mère était fille d'un bourgeois de cette ville, ou, selon une tradition que j'adopterais plus volontiers, de Neustadt en Franconie. Si l'on en croyait un auteur moderne qui ne cite point ses autorités, Jean Luther aurait eu le malheur de tuer, dans une prairie, un paysan qui y faisait paître ses troupeaux, et eût été forcé de se retirer à Eisleben, plus tard dans la vallée de Mansfeld. Sa femme l'avait suivi enceinte ; elle accoucha en arrivant à Eisleben de Martin Luther. Le père, qui n'était qu'un pauvre mineur, avait bien de la peine à soutenir sa famille, et l'on verra tout à l'heure que ses enfants furent obligés quelquefois de vivre d'aumône. Cependant, au lieu de les faire travailler avec lui, il voulut qu'ils allassent aux écoles. Jean Luther paraît avoir été un homme plein de simplicité et de foi. Lorsque son pasteur le consolait dans ses derniers moments : « Pour ne pas croire cela, dit-il, il faudrait être un homme bien tiède. » Sa femme ne lui survécut pas d'une année (1531). Ils avaient alors une petite fortune, qu'ils devaient sans doute à leur fils. Jean Luther laissa une maison, deux fourneaux à forge, et environ mille thalers en argent comptant.

Les armes du père de Luther, car les paysans en

prenaient à l'imitation des armoiries des nobles, étaient tout simplement un marteau. Luther ne rougit point de ses parents. Il a consacré leur nom dans sa formule de bénédiction nuptiale : « *Hans, veux-tu prendre Grethe* (Jean, Marguerite)? »

« C'est pour moi un devoir de piété, dit-il à Mélanchton, dans la lettre où il lui annonce la mort de Jean Luther, de pleurer celui duquel le Père de miséricorde m'a fait naître, celui par les travaux et les sueurs duquel Dieu m'a nourri et m'a formé tel que je suis, quelque peu que je sois. Certes, je me réjouis qu'il ait vécu jusqu'aujourd'hui pour voir la lumière de la vérité. Béni soit Dieu pour l'éternité dans tous ses conseils et ses décrets! amen! »

Martin Luther ou Luder, ou Lother (car il signe quelquefois ainsi), naquit à Eisleben, le 10 novembre 1483, à onze heures du soir. Envoyé de bonne heure à l'école d'Eisenach (1489), il chantait devant les maisons pour gagner son pain, comme faisaient alors beaucoup de pauvres étudiants en Allemagne. C'est de lui que nous tenons cette particularité. « Que personne ne s'avise de mépriser devant moi les pauvres compagnons qui vont chantant et disant de porte en porte : *panem propter Deum!* vous savez comme dit le psaume : *les princes et les rois ont chanté*. Et moi aussi, j'ai été un pauvre mendiant, j'ai reçu du pain aux portes des maisons, particulièrement à Eisenach, dans ma chère ville! »

Il trouva enfin une subsistance plus assurée et un asile dans la maison de la dame Ursula, femme ou veuve de Jean Schweickard, qui eut pitié de voir errer ce jeune enfant. Les secours de cette femme charitable le mirent à même d'étudier quatre ans à Eisenach. En 1501, il entra à l'université d'Erfurth, où il fut soutenu par son père. Luther rappelle quelque part sa bienfaitrice par des mots pleins d'émotion, et il en a gardé reconnaissance aux femmes toute sa vie.

Après avoir essayé de la théologie, il fut décidé, par les conseils de ses amis, à embrasser l'étude du droit, qui conduisait alors aux postes les plus lucratifs de l'État et de l'Église. Mais il ne semble pas s'y être jamais livré avec goût. Il aimait bien mieux la belle littérature, et surtout la musique. C'était son art de prédilection. Il la cultiva toute sa vie, et l'enseigna à ses enfants. Il n'hésite pas à déclarer que la musique lui semble le premier des arts après la théologie. « La musique est l'art des prophètes ; c'est le seul qui, comme la théologie, puisse calmer les troubles de l'âme et mettre le Diable en fuite. » Il touchait du luth, jouait de la flûte. Peut-être eût-il réussi encore dans d'autres arts. Il fut l'ami du grand peintre Lucas Cranach. Il était, ce semble, adroit de ses mains, il apprit à tourner.

Ce goût pour la musique et la littérature, la lecture assidue des poètes qu'il mêlait aux études de la dialectique et du droit, tout cela n'annonçait point qu'il dût jouer un rôle si sérieux dans l'histoire de la religion. Diverses traditions porteraient à croire que, malgré son application, il partageait la vie des étudiants allemands de cette époque : cette gaieté dans l'indigence, ces habitudes bruyantes, cet extérieur belliqueux avec une âme douce et un esprit pacifique, l'ostentation du désordre avec des mœurs pures. Certes, si quelqu'un avait rencontré Martin Luther, voyageant à pied sur la route d'Erfurth à Mansfeld, dans la troisième fête de Pâques de l'an 1503, l'épée et le couteau de chasse au côté, et se blessant lui-même de ses propres armes, il ne se serait point avisé que le maladroit étudiant dût sous peu renverser la domination de l'Église catholique dans la moitié de l'Europe.

En 1505, un accident donna à la vie du jeune homme une direction toute nouvelle. Il vit un de ses amis tué d'un coup de foudre à ses côtés. Il poussa un cri, et ce cri fut un vœu à sainte Anne de se faire moine, s'il échappait. Le danger passé, il ne chercha pas à éluder un engagement arraché par la terreur. Il ne sollicita point de dispense. Il regardait le coup dont il s'était vu presque atteint comme une menace et un ordre du ciel. Il ne différa que de quatorze jours l'accomplissement de son vœu.

Le 17 juillet 1505, après avoir passé gaiement la soirée avec ses amis à faire de la musique, il entra la nuit dans le cloître des Augustins, à Erfurth. Il n'avait apporté avec lui que son Plaute et son Virgile.

Le lendemain, il écrivit un mot d'adieu à diverses personnes, informa son père de sa résolution, et resta un mois sans se laisser voir. Il sentait combien il tenait encore au monde ; il craignait le visage respecté de son père, et ses ordres et ses prières. Ce ne fut, en effet, qu'au bout de deux ans que Jean Luther le laissa faire et consentit à assister à son ordination. On avait choisi pour la cérémonie le jour où le mineur pouvait quitter ses travaux. Il vint à Erfurth avec plusieurs de ses amis, et donna au fils qu'il perdait ce qu'il avait pu mettre de côté, vingt florins.

Il ne faut pas croire qu'en prenant ces engagements redoutables, le nouveau prêtre fût poussé par une ferveur singulière. Nous avons vu avec quel bagage de littérature mondaine il était entré dans le cloître. Écoutons-le lui-même sur les dispositions qu'il y apportait : « Lorsque je dis ma première messe à Erfurth, j'étais presque mort : car je n'avais aucune foi. Je voyais seulement que j'étais très digne. Je ne me regardais point comme un pécheur. La première messe était chose fort célébrée et dont il revenait beaucoup d'argent. On apportait les *horas canonicas* avec des flambeaux. *Le cher jeune seigneur*, comme les paysans appelaient leur nouveau curé, devait alors danser avec sa mère, si elle vivait encore, et les assistants en pleuraient de joie. Si elle était morte, il la mettait, disait-on, sous le calice et la sauvait du purgatoire. »

Luther ayant obtenu ce qu'il voulait, étant devenu prêtre, moine, tout étant consommé, et la porte close, alors commencèrent, je ne dis pas les regrets, mais les tristesses, les perplexités, les tentations de la chair, les mauvaises subtilités de l'esprit. Nous ne savons guère aujourd'hui ce que c'est que cette rude gymnastique de l'âme solitaire. Nous donnons bon ordre à nos passions. Nous les tuons à leur naissance. Dans cette énervante distraction d'affaires, d'études, de jouissances faciles, dans cette satiété précoce des sens et de l'esprit, comment se représenter les guerres spirituelles que se livrait en lui-même l'homme du moyen âge, les douloureux mystères d'une vie abstinente et fantastique, tant de combats terribles qui ont passé sans bruit et sans mémoire entre le mur et les sombres vitraux de la pauvre cellule du moine? « Un archevêque de Mayence disait souvent : Le cœur humain est comme la meule d'un moulin. Si l'on y met du blé, elle l'écrase et en fait de la farine ; si l'on n'en met point, elle tourne toujours, mais s'use elle-même. »

« ... Lorsque j'étais moine, dit Luther, j'écrivais souvent au docteur Staupitz. Je lui écrivais une fois : *Oh! mes péchés! mes péchés! mes péchés!* A quoi il me répondit : « Tu veux être sans péché, et tu n'en as pourtant aucun véritable. Christ a été le pardon des péchés. »

« ... Je me confessais souvent au docteur Staupitz, non d'affaires de femmes, mais de ce qui fait le nœud de la question. Il me répondait ainsi que tous les autres confesseurs : Je ne comprends pas. Enfin il vint me trouver à table et me dit : Comment donc êtes-vous si triste, *frater Martine?* — Ah! oui, je le suis, répondis-je. — Vous ne savez pas, dit-il, qu'une telle tentation vous est bonne et nécessaire, mais ne serait bonne qu'à vous. Il voulait dire seulement que j'étais savant, et que sans ces tentations je deviendrais fier et orgueilleux ; mais j'ai compris plus tard que c'était une voix et une parole du Saint-Esprit. »

Luther raconte ailleurs que ces tentations l'avaient réduit à un tel état, que pendant quatorze jours il n'avait ni bu, ni mangé, ni dormi.

« Ah! si saint Paul vivait aujourd'hui, que je voudrais savoir de lui-même quel genre de tentation il a éprouvé. Ce n'était point l'aiguillon de la chair, ce n'était point la bonne Thécla, comme le rêvent les papistes. Oh! non, ce n'était point là un péché qui lui eût déchiré la conscience. C'est quelque chose de plus haut que le désespoir causé par les péchés; c'est plutôt la tentation dont il est parlé dans le psaume : « Mon Dieu, mon Dieu, pourquoi m'as-tu délaissé ? » Comme s'il voulait dire : Tu m'es ennemi sans cause ; et comme dans *Job* : Je suis pourtant juste et innocent. Je suis sûr que le *Livre de Job* est une histoire véritable dont on a fait ensuite un poème... Jérôme et autres Pères n'ont pas senti de telles tentations. Ils n'en ont connu que de puériles, celles de la chair, qui ont pourtant bien aussi leurs ennuis. Augustin et Ambroise ont eu aussi des tentations et ont tremblé devant le glaive ; mais ce n'est rien en comparaison de l'ange de Satan *qui frappe des poings*... Si je vis encore un peu, je veux écrire un livre sur les tentations, sans lesquelles un homme ne peut ni comprendre la Sainte-Écriture, ni connaître la crainte et l'amour de Dieu. »

« ... J'étais malade à l'infirmerie. Les tentations les plus cruelles épuisaient mon corps et le martyrisaient, de sorte que je pouvais à peine respirer et haleter. Aucun homme ne me consolait : tous ceux auxquels je me plaignais, répondaient : Je ne sais pas. Alors je me disais : Suis-je donc le seul qui doive être si triste en esprit ?... Oh ! que je voyais des spectres et des figures horribles !... Mais il y a dix ans, Dieu me donna une consolation par ses chers anges, celle de combattre et d'écrire. »

Il nous explique lui-même longtemps après, l'année même qui précéda celle de sa mort, de quelle nature étaient ces tentations si terribles. « Dès les écoles, en étudiant les pîtres de saint Paul, j'avais été saisi du plus violent désir de savoir ce que saint Paul voulait dire dans l'épitre aux Romains. Un seul mot m'arrêtait : *Justitia Dei revelatur in illo.* Je haïssais ce mot, *Justitia Dei*, parce que, selon l'usage des docteurs, j'avais appris à l'entendre de la justice active, par laquelle Dieu est juste, et punit les injustes et les pécheurs. Moi qui menais la vie d'un moine irrépréhensible, et qui pourtant sentais en moi la conscience inquiète du pécheur, sans parvenir à me rassurer sur la satisfaction que je pouvais faire à Dieu, je n'aimais point, non, il faut le dire, je haïssais ce Dieu juste, vengeur du péché. Je m'indignais contre lui. C'était en moi un grand murmure, si ce n'était blasphème. Je disais : N'est-ce donc pas assez que les malheureux pécheurs, déjà perdus éternellement par le péché originel, aient été accablés de tant de calamités par la loi du Décalogue ; il faut encore que Dieu ajoute la douleur à la douleur par son Évangile, et que dans l'Évangile même il nous menace de sa justice et de sa colère ?... Je m'emportais ainsi dans le trouble de ma conscience, et je revenais toujours frapper au même endroit de saint Paul, brûlant de pénétrer ce qu'il voulait dire.

« Comme je méditais nuit et jour sur ces paroles (*La Justice de Dieu se révèle en lui, comme il est écrit : le juste vit de la Foi*), Dieu eut enfin pitié de moi ; je compris que la *Justice* de Dieu, c'est celle dont vit le juste, par le bienfait de Dieu, c'est-à-dire la *Foi;* et que le passage signifiait : l'Évangile révèle la Justice de Dieu, justice passive, par laquelle le Dieu miséricordieux nous justifie par la foi. Alors je me sentis comme rené, et il me sembla que j'entrais, à portes ouvertes, dans le Paradis... Je lus plus tard le livre de saint Augustin, *De la Lettre et de l'Esprit*, et je trouvai, contre mon attente, qu'il entend aussi par Justice de Dieu celle de laquelle Dieu nous revêt en nous justifiant. Je m'en réjouis, quoique la chose soit dite encore imparfaitement dans ce livre, et que ce Père ne s'explique pas complètement ni avec clarté sur la doctrine de l'imputation... »

Il ne manquait à Luther pour se confirmer dans la doctrine de la grâce que de visiter le peuple chez lequel la grâce avait défailli. C'est de l'Italie que nous parlons. On nous dispense de peindre cette Italie des Borgia. Il y avait certainement à cette époque quelque chose qui s'est vu rarement ou jamais dans l'histoire : une perversité raisonnée et scientifique, une magnifique ostentation de scélératesse, disons tout d'un mot : le prêtre athée, se croyant roi du monde. Cela était du temps. Ce qui était du pays, ce qui ne peut changer, c'est cet invincible paganisme qui a toujours subsisté en Italie. Là, quoi qu'on fasse, la nature est païenne. Telle nature, tel art. C'est une glorieuse comédie, drapée par Raphaël, chantée par l'Arioste. Ce qu'il y a de grave, d'élevé, de divin dans l'art italien, les hommes du Nord le sentaient peu. Ils n'y reconnaissaient que sensualité, que tentations charnelles. Leur meilleure défense, c'était de fermer les yeux, de passer vite, de maudire en passant.

Le côté austère de l'Italie, la politique et la jurisprudence, ne les choquaient pas moins. Les nations germaniques ont toujours instinctivement repoussé, maudit le droit romain. Tacite raconte qu'à la défaite de Varus, les Germains se vengèrent des formes juridiques auxquelles il avait essayé de les soumettre. L'un de ces barbares clouant à un arbre la tête d'un légiste romain, lui perça la langue, et il lui disait : « Siffle, vipère, siffle maintenant. » Cette haine des légistes, perpétuée dans tout le moyen âge, a été, comme on verra, vivement exprimée par Luther; et il en devait être ainsi. Le légiste et le théologien sont les deux pôles; l'un croit à la liberté, l'autre à la grâce; l'un à l'homme, l'autre à Dieu. La première croyance fut toujours celle de l'Italie. Son réformateur, Savonarole, qui parut peu avant Luther, ne proposait rien autre qu'un changement dans les œuvres, dans les mœurs, et non dans la foi.

Voilà Luther en Italie. C'est un moment de joie, d'immense espoir, que celui où l'on descend les Alpes pour entrer dans cette glorieuse contrée. Il espérait certainement raffermir sa foi dans la Ville-Sainte, laisser ses doutes aux tombeaux des Saints-Apôtres. La vieille Rome aussi, la Rome classique l'attirait, ce sanctuaire des lettres, qu'il avait cultivées avec tant d'ardeur dans sa pauvre ville de Wittemberg.

D'abord il est reçu à Milan dans un couvent de marbre. Il continue de couvent en couvent, c'est-à-dire de palais en palais. Partout grande chère, tables somptueuses. Le candide Allemand s'étonnait un peu de ces magnificences de l'humilité, de ces splendeurs royales de la pénitence. Il se hasarda une fois à dire aux moines italiens qu'ils feraient mieux de ne pas manger de viande le vendredi. Cette parole faillit lui coûter la vie; il n'échappa qu'avec peine à leurs embûches.

Il continue, triste, désabusé, à pied dans les plaines brûlantes de la Lombardie. Il arrive malade à Padoue; il persiste, il entre mourant à Bologne. La pauvre tête du voyageur avait été trop rudement frappée du soleil d'Italie, et de tant d'étranges choses, et de telles mœurs, et de telles paroles. Il resta alité à Bologne, dans la ville du droit romain et des légistes, croyant sa mort prochaine. Il répétait tout bas, pour se raffermir, les paroles du prophète et de l'apôtre : *Le Juste vit de la Foi.*

Il exprime naïvement dans une conversation combien l'Italie faisait peur aux bons Allemands. « Il suffit aux Italiens que vous regardiez dans un miroir pour qu'ils puissent vous tuer. Ils peuvent vous ôter tous les sens par de secrets poisons. En Italie, l'air est pestilentiel. La nuit on ferme exactement les fenêtres, et l'on bouche les fentes. » Luther assure qu'il fut malade, ainsi que le frère qui l'accompagnait, pour avoir dormi les fenêtres ouvertes ; mais ils mangèrent deux grenades par lesquelles Dieu leur sauva la vie.

Il continua son voyage, traversa seulement Florence et entra enfin dans Rome. Il descendit au couvent de son ordre, près la *porte du Peuple*. « Lorsque j'arrivai, je tombai à genoux, levai les mains au ciel, et je m'écriai : Salut, sainte Rome, sanctifiée par les saints martyrs et par leur sang qui y a été versé !... » Dans sa ferveur, dit-il, il courut les saints lieux, vit tout, crut tout. Il s'aperçut bientôt qu'il croyait seul. Le christianisme semblait oublié dans cette capitale du monde chrétien. Le pape n'était plus le scandaleux Alexandre VI ; c'était le belliqueux et colérique Jules II. Ce père des fidèles ne respirait que sang et ruine. On sait que son grand artiste, Michel-Ange, le représenta foudroyant Bologne de sa bénédiction. Le pape venait de lui commander pour lui-même un tombeau grand comme un temple ; c'est le monument dont il nous reste le *Moïse*, entre autres statues.

L'unique pensée du pape et de Rome, c'était alors la guerre contre les Français. Luther eût été bien reçu à parler de la grâce et de l'impuissance des œuvres, à ce singulier prêtre qui assiégeait les villes en personne, qui récemment encore n'avait voulu entrer à La Mirandole que par la brèche. Ses cardinaux, apprentis officiers, étaient des politiques, des diplomates, ou bien des gens de lettres, des savants parvenus, qui ne lisaient que Cicéron, qui auraient craint de compromettre leur latinité en ouvrant la Bible. S'ils nommaient le pape, c'était *le grand pontife;* un saint canonisé était dans leur langage *relatus inter Divos*, et s'ils parlaient encore de la grâce, ils disaient : *Deorum immortalium beneficiis.*

Si notre Allemand se réfugiait aux églises, il n'avait pas même la consolation d'une bonne messe. Le prêtre romain expédiait le divin sacrifice de telle vitesse, que Luther était encore à l'évangile quand l'officiant lui disait : *Ite, missa est.* Ces prêtres italiens faisaient souvent parade d'une scandaleuse audace d'esprit fort. Il leur arrivait en consacrant l'hostie de dire : *panis es, et panis manebis.* Il ne restait plus qu'à fuir en se voilant la tête. Luther quitta Rome au bout de quatorze jours.

Il emportait en Allemagne la condamnation de l'Italie, celle de l'Église. Dans ce rapide et triste voyage, le Saxon en avait vu assez pour condamner, trop peu pour comprendre. Certes, pour un esprit préoccupé du côté moral du christianisme, il eût fallu un singulier effort de philosophie, un sens historique bien précoce pour retrouver la religion dans ce monde d'art, de droit, de politique, qui constituait l'Italie.

« Je ne voudrais pas, dit-il quelque part, je ne voudrais pas pour cent mille florins ne pas avoir vu Rome (et il répète ces mots trois fois). Je serais resté dans l'inquiétude de faire peut-être injustice au pape. »

CHAPITRE II

Luther attaque les indulgences. Il brûle la bulle du pape. — Érasme, Hutten, Franz de Sickingen. — Luther comparaît à la diète de Worms. — Son enlèvement. (1517-1521.)

La papauté était loin de soupçonner son danger. Depuis le treizième siècle on disputait, on aboyait contre elle. Le monde lui paraissait définitivement endormi au bruit uniforme des criailleries de l'École. Il semblait qu'il n'y eût plus grand'chose de nouveau à dire. Tout le monde avait parlé à perdre haleine. Wicleff, Jean Huss, Jérôme de Prague, persécutés, condamnés, brûlés, n'en avaient pas moins eu le temps de dire tout ce qu'ils avaient en pensée. Les docteurs de la très catholique université de Paris, les Pierre d'Ailly, les Clémengis, le doux Gerson lui-même, avaient respectueusement souffleté la papauté. Elle durait pourtant, elle vivotait, patiente et tenace. Le quinzième siècle s'écoula ainsi. Les conciles de Constance et de Bâle eurent moins d'effet que de bruit. Les papes les laissèrent dire, firent révoquer les

Pragmatiques, rétablirent tout doucement leur domination en Europe et fondèrent une grande souveraineté en Italie.

Jules II conquit pour l'Église; Léon X pour sa famille. Ce jeune pape, mondain, homme de lettres, homme de plaisir et d'affaires, comme les autres Médicis, avait les passions de son âge, et celles des vieux papes, et celles de son temps. Il voulait faire rois les Médicis. Lui-même jouait le rôle du premier roi de la chrétienté. Indépendamment de cette coûteuse diplomatie qui s'étendait à tous les États de l'Europe, il entretenait de lointaines relations scientifiques. Il s'informait du Nord même et faisait recueillir jusqu'aux monuments de l'histoire scandinave. A Rome, il bâtissait Saint-Pierre, dont Jules II lui avait légué la construction. L'héroïque Jules II n'avait pas calculé ses ressources. Quand Michel-Ange apportait un tel plan, qui pouvait marchander? Il avait dit, comme on sait, du Panthéon : Je mettrai ce temple à trois cents pieds dans les airs. Le pauvre État romain n'était pas de force à lutter contre le génie magnifique de ces artistes, dont l'ancien Empire, maître du monde, aurait à peine été capable de réaliser les conceptions.

Léon X avait commencé son pontificat par vendre à François Ier ce qui n'était pas à lui, les droits de l'Église de France. Plus tard, il avait fait pour finance trente cardinaux en une fois. C'étaient là de petites ressources. Il n'avait pas, lui, les mines du Mexique. Ses mines, c'étaient la vieille foi des peuples, leur crédule débonnaireté. Il en avait donné l'exploitation en Allemagne aux Dominicains. Ils avaient succédé aux Augustins dans la vente des indulgences. Le dominicain Tetzel, effronté saltimbanque, allait à grand bruit, grand appareil, grande dépense, débitant cette denrée dans les églises, dans les places, dans les cabarets. Il rendait le moins qu'il pouvait et empochait l'argent; le légat du pape l'en convainquit plus tard. La foi des acheteurs diminuant, il fallait bien enfler le mérite du spécifique; il y avait longtemps qu'on en vendait; le commerce baissait. L'intrépide Tetzel avait poussé la rhétorique aux dernières limites de l'amplification. Entassant hardiment les pieuses menteries, il énumérait tous les maux dont guérissait cette panacée. Il ne se contentait pas des péchés connus, il inventait des crimes, imaginait des infamies étranges, inouïes, auxquelles personne ne songea jamais; et quand il voyait l'auditoire frappé d'horreur, il ajoutait froidement : « Eh bien, tout cela est expié dès que l'argent sonne dans la caisse du pape ! »

Luther assure qu'alors il ne savait pas trop ce que c'était que les indulgences. Lorsqu'il en vit le prospectus fièrement décoré du nom et de la protection de l'archevêque de Mayence, que le pape avait chargé de surveiller la vente des indulgences en Allemagne, il fut saisi d'indignation. Jamais un problème de pure spéculation ne l'eût mis en contradiction avec ses supérieurs ecclésiastiques. Mais ceci était une question de bon sens, de moralité. Docteur en théologie, professeur influent à l'université de Wittemberg que l'Électeur venait de fonder, vicaire provincial des

Augustins, et chargé de remplacer le vicaire général dans les visites pastorales de la Misnie et de la Thuringe, il se croyait sans doute plus responsable qu'un autre du dépôt de la foi saxonne. Sa conscience fut frappée, il risquait beaucoup en parlant; s'il se taisait, il se croyait damné.

Il commença dans la forme légale, s'adressa à son évêque, celui de Brandebourg, pour le prier de faire taire Tetzel. L'évêque répondit que c'était attaquer la puissance de l'Église, qu'il allait se faire bien des affaires, qu'il valait mieux se tenir tranquille. Alors Luther s'adressa au primat, archevêque de Mayence et de Magdebourg. Ce prélat était un prince de la maison de Brandebourg, ennemie de l'électeur de Saxe; Luther lui envoyait des propositions qu'il offrait de soutenir contre la doctrine des indulgences. Nous abrégeons sa lettre, extrêmement longue dans l'original (31 octobre 1517) :

« Père vénérable en Dieu, prince très illustre, veuille votre grâce jeter un œil favorable sur moi qui ne suis que terre et cendre, et recevoir favorablement ma demande avec la douceur épiscopale. On porte par tout le pays, au nom de Votre Grâce et Seigneurie, l'indulgence papale pour la construction de la cathédrale de Saint-Pierre de Rome. Je ne blâme pas tant les grandes clameurs des prédicateurs de l'indulgence, lesquels je n'ai point entendus, que le faux sens adopté par le pauvre, simple et grossier peuple, qui publie partout hautement les imaginations qu'il a conçues à ce sujet. Cela me fait mal et me rend malade... Ils croient que les âmes seront tirées du Purgatoire dès qu'ils auront mis l'argent dans les coffres. Ils croient que l'indulgence est assez puissante pour sauver le plus grand pécheur, celui (tel est leur blasphème) qui aurait violé la Sainte-Mère de notre Sauveur!... Grand Dieu! les pauvres âmes seront donc sous le sceau de votre autorité, enseignées pour la mort et non pour la vie! Vous en rendrez un compte terrible, dont la gravité va toujours croissant...

« Qu'il vous plaise, noble et vénérable père, de lire et de considérer les propositions suivantes, où l'on montre la vanité des indulgences que les prédicateurs proclament comme chose tout à fait certaine. »

L'archevêque ne répondit pas. Luther, qui s'en doutait, avait le même jour, 31 octobre 1517, veille de la Toussaint, à midi, affiché ses propositions à l'église du château de Wittemberg, qui subsiste encore.

« Les thèses indiquées ci-dessous seront soutenues à Wittemberg, sous la présidence du révérend Martin Luther, etc. 1517 :

— Le pape ne veut ni ne peut remettre aucune peine, si ce n'est celles qu'il a imposées de son chef ou d'après les canons.

— Les canons pénitentiaux sont pour les vivants; ils ne peuvent charger d'aucune peine l'âme des morts.

— Le changement de la peine canonique en peine du purgatoire est une ivraie, une zizanie; évidemment les évêques dormaient quand on a semé cette mauvaise herbe.

— Le pouvoir de soulager les âmes du Purgatoire

que le pape peut exercer par toute la chrétienté, chaque évêque, chaque curé le possède dans son diocèse, dans sa paroisse.... Qui sait si toutes les âmes en Purgatoire voudraient être rachetées? on l'a dit de saint Séverin.

— Il faut enseigner aux chrétiens qu'à moins d'avoir le superflu, ils doivent garder pour leur famille le nécessaire, et ne rien dépenser pour leurs péchés.

— Il faut enseigner aux chrétiens que le pape, quand il donne des pardons, a moins besoin d'argent que de bonne prière pour lui, et que c'est là ce qu'il demande.

— Il faut enseigner aux chrétiens que si le pape connaissait les exactions des prêcheurs de pardons, il aimerait mieux que la basilique de Saint-Pierre tombât en cendres, plutôt que de la construire avec la chair, la peau et les os de ses brebis.

— Le pape doit vouloir que si les pardons, chose petite, sont célébrés avec une cloche, une cérémonie, une solennité, l'Évangile, chose si grande, soit prêché avec cent cloches, cent cérémonies, cent solennités.

— Le vrai trésor de l'Église, c'est le sacro-saint Évangile de la gloire et de la grâce de Dieu.

— On a sujet de haïr ce trésor de l'Évangile, par qui les premiers deviennent les derniers.

— On a sujet d'aimer le trésor des indulgences, par qui les derniers deviennent les premiers.

— Les trésors de l'Évangile sont les filets avec lesquels on pêchait les hommes de richesses.

— Les trésors des indulgences sont les filets

avec lesquels on pêche les richesses des hommes.

— Dire que la croix, mise dans les armes du pape, équivaut à la croix du Christ, c'est un blasphème.

— Pourquoi le pape, dans sa très sainte charité, ne vide-t-il pas le Purgatoire où tant d'âmes sont en peine? Ce serait là exercer plus dignement son pouvoir que de délivrer des âmes à prix d'argent (cet argent porte malheur); et pourquoi encore? pour élever une église?

— Quelle est cette étrange compassion de Dieu et du pape, qui, pour de l'argent, changent l'âme d'un impie, d'un ennemi de Dieu, en une âme pieuse et agréable au Seigneur?

— Le pape, dont les trésors surpassent aujourd'hui les plus énormes trésors, ne peut-il donc, avec son argent plutôt qu'avec celui des pauvres fidèles, élever une seule église, la basilique de Saint-Pierre?

— Que remet, que donne le pape à ceux qui, par la contrition parfaite, ont droit à la rémission plénière?

— Loin de nous tous ces prophètes, qui disent au peuple de Christ : *La paix, la paix;* et ne donnent point la paix.

— Loin, bien loin, tous ces prophètes qui disent au peuple de Christ : *La croix, la croix;* et ne montrent point la croix.

— Il faut exhorter les chrétiens à suivre Christ, leur chef, à travers les peines, les supplices et l'Enfer même; de sorte qu'ils soient assurés que c'est par les tribulations qu'on entre dans le Ciel, et non par la sécurité et la paix, etc. »

Ces propositions, négatives et polémiques, trouvaient leur complément dans les thèses dogmatiques que Luther publia presque en même temps :

« L'homme ne peut pas naturellement vouloir que Dieu soit Dieu. Il aimerait mieux être Dieu lui-même, et que Dieu ne fût pas Dieu.

— Il est faux que l'appétit soit libre d'aller dans les deux sens ; il n'est pas libre, mais captif.

— Il n'y a en la nature, par-devant Dieu, rien que concupiscence.

— Il est faux que cette concupiscence puisse être réglée par la vertu de l'espérance. Car l'espérance est contraire à la charité qui cherche et désire seulement ce qui est de Dieu. L'espérance ne vient pas de nos mérites, mais de nos passions qui effacent nos mérites.

— La meilleure, l'infaillible préparation et l'unique disposition à recevoir la grâce, c'est le choix et la prédestination arrêtés par Dieu de toute éternité.

— Du côté de l'homme, rien ne précède la grâce, que la non-disposition à la grâce, ou plutôt la rébellion.

— Il est faux qu'on puisse trouver excuse dans une ignorance invincible. L'ignorance de Dieu, de soi, des bonnes œuvres, c'est la nature invincible de l'homme, etc. »

La publication de ces thèses et le sermon en langue vulgaire que Luther prononça à l'appui furent comme un coup de tonnerre dans l'Allemagne. Cette immolation de la liberté à la grâce, de l'homme à Dieu, du fini à l'infini, fut reconnue par le peuple allemand comme la vraie religion nationale, la foi que Gottschalk avait professée dès le temps de Charlemagne, au berceau même du christianisme allemand, la foi de Tauler, et de tous les mystiques des Pays-Bas. Le peuple se jeta avec la plus âpre avidité sur cette pâture religieuse dont on l'avait sevré depuis le quatorzième siècle. Les propositions furent imprimées à je ne sais combien de mille, dévorées, répandues, colportées. Luther fut lui-même alarmé de son succès. « Je suis fâché, dit-il, de les voir tant imprimées, tant répandues; ce n'est pas là une bonne manière d'instruire le peuple. Il me reste moi-même quelques doutes. J'aurais mieux prouvé certaines choses, j'en aurais omis d'autres, si j'avais prévu cela. »

Il semblait alors fort disposé à laisser tout, et à se soumettre. « Je veux obéir, disait-il; j'aimerais mieux obéir que faire des miracles, quand même j'aurais le don des miracles. »

Tetzel ébranla ces résolutions pacifiques, en brûlant les propositions de Luther. Les étudiants de Wittemberg usèrent de représailles pour celles de Tetzel, et Luther en exprime quelque regret. Mais lui-même fit paraître ses *Resolutions*, à l'appui des premières propositions. « Vous verrez, écrit-il à un ami, mes *Resolutiones et responsiones*. Peut-être en certains passages les trouverez-vous plus libres qu'il ne faudrait; à plus forte raison, doivent-elles paraître intolérables aux flatteurs de Rome. Elles étaient déjà publiées; autrement, j'y aurais mis quelque adoucissement. »

Le bruit de cette controverse se répandit hors de

l'Allemagne et parvint à Rome. On prétend que Léon X crut qu'il ne s'agissait que de jalousie de métier entre les Augustins et les Dominicains, et qu'il aurait dit : « Rivalités de moines ! Fra Luther est un beau génie ! » De son côté, Luther protestait de son respect pour le pape même. Il écrivit en même temps deux lettres, l'une à Léon X, par laquelle il s'abandonnait à lui sans réserve, et se soumettait à sa décision. « Très-Saint-Père, disait-il en finissant, je m'offre et me jette à vos pieds, moi et tout ce qui est en moi. Donnez la vie ou la mort; appelez, rappelez, approuvez, désapprouvez, je reconnais votre voix pour la voix du Christ qui règne et parle en vous. Si j'ai mérité la mort, je ne refuserai point de mourir ; car la terre et la plénitude de la terre sont au Seigneur qui est béni dans les siècles : puisse-t-il vous sauver éternellement ! Amen. » (Jour de la Trinité, 1518.)

L'autre lettre était adressée au vicaire général Staupitz, qu'il priait de l'envoyer au pape. Dans celle-ci, Luther indiquait que sa doctrine n'était autre que celle qu'il avait reçue de Staupitz lui-même. « Je me souviens, mon révérend père, que parmi vos doux et salutaires discours, d'où mon Seigneur Jésus fait découler pour moi de si merveilleuses consolations, il y eut aussi mention du sujet *de la pénitence;* et qu'alors émus de pitié pour tant de consciences que l'on torture par d'innombrables et insupportables prescriptions sur la manière de se confesser, nous reçûmes de vous, comme une voix du Ciel, cette parole : *Qu'il n'y a de vraie pénitence que celle qui commence par l'amour de la Justice et de Dieu;* et que ce qu'ils donnent pour la fin de la pénitence en doit être plutôt le principe. — Cette parole de vous resta en moi comme la flèche aiguë du chasseur. J'osai engager la lutte avec les Écritures qui enseignent la pénitence; joûte pleine de charme, où les paroles saintes jaillissaient de toutes parts et voltigeaient autour de moi en saluant et applaudissant cette sentence. Autrefois il n'y avait rien de plus amer pour moi dans toute l'Écriture que ce mot de pénitence, bien que je fisse mes efforts pour dissimuler devant Dieu, et exprimer un amour de commande. Aujourd'hui rien comme ce mot ne sonne délicieusement à mon oreille. Tant les préceptes de Dieu deviennent suaves et doux, lorsqu'on apprend à les lire, non dans les livres seulement, mais dans les blessures mêmes du doux Sauveur! »

Ces deux lettres du 30 mai 1518 sont datées d'Heidelberg, où les Augustins tenaient alors un synode provincial, et où Luther s'était rendu pour soutenir ses doctrines et combattre à tout venant. Cette fameuse université à deux pas du Rhin, et par conséquent sur la route la plus fréquentée de l'Allemagne, était certainement le théâtre le plus éclatant où l'on pût présenter la nouvelle doctrine.

Rome commençait à s'émouvoir. Le maître du sacré palais, le vieux dominicain Sylvestre de Prierio, écrivit contre le moine augustin en faveur de la doctrine de saint Thomas, et s'attira une foudroyante réponse (fin d'août 1518). Luther reçut immédiatement l'ordre de comparaître à Rome dans soixante jours. L'empereur Maximilien avait inutilement demandé qu'on ne précipitât pas les choses, promettant de faire tout ce que le pape ordonnerait au sujet de Luther. Mais à Rome on n'était pas sans quelque méfiance sur le zèle de Maximilien. Il arrivait de lui certains mots qui sonnaient mal aux oreilles du pape : « Ce que fait votre moine n'est pas à mépriser, avait dit l'Empereur à Pfeffinger, conseiller de l'Électeur de Saxe ; le jeu va commencer avec les prêtres. Prenez soin de lui, il pourrait arriver que nous en eussions besoin. » Plus d'une fois il s'était plaint amèrement des prêtres et des clercs. « Ce pape, disait-il en parlant de Léon X, s'est conduit avec moi comme un misérable. Je puis dire que je n'ai trouvé dans aucun pape ni sincérité ni bonne foi ; mais j'espère bien, s'il plaît à Dieu, que celui-ci sera le dernier. » Ces paroles étaient menaçantes. L'on se rappelait d'ailleurs que Maximilien, pour réconcilier définitivement l'Empire et le Saint-Siège, avait songé à se faire pape lui-même. Aussi Léon X se garda bien de lui remettre la décision de cette querelle, qui prenait chaque jour une nouvelle importance.

Luther n'avait d'espérance que dans la protection de l'Électeur. Ce prince, soit par intérêt pour sa nouvelle université, soit par goût pour la personne de Luther, l'avait toujours protégé spécialement. Il avait voulu faire les frais de son doctorat. En 1517, Luther le remercie dans une lettre de lui avoir envoyé, à l'entrée de l'hiver du drap pour lui faire une robe. Il se doutait bien aussi que l'Électeur ne lui savait pas mauvais gré d'un éclat qui faisait tort à l'archevêque de Mayence et Magdebourg, prince issu de la maison de Brandebourg, et par conséquent ennemi de celle de Saxe. Enfin, et c'était un puissant motif de se rassurer, l'Électeur avait annoncé qu'il ne connaissait de règle de foi que les propres paroles de l'Écriture. Luther le lui rappelle dans le passage suivant (27 mars 1819) : « Le docteur J. Staupitz, mon véritable père en Christ, m'a rapporté que causant un jour avec Votre Altesse électorale sur ces prédicateurs qui, au lieu d'annoncer la pure parole de Dieu, ne prêchent au peuple que de misérables arguties ou des traditions humaines, vous lui dîtes que la Sainte-Écriture parle avec une telle majesté et une si complète évidence, qu'elle n'a pas besoin de tous ces instruments de disputes, et qu'elle force de dire : « Jamais « homme n'a ainsi parlé ; là est le doigt de Dieu. « Celui-ci n'enseigne point comme les scribes et les « pharisiens, mais comme ayant la toute-puissance. » Staupitz approuvant ces paroles, vous lui dîtes : « Donnez-moi donc la main, et promettez-moi, je vous prie, qu'à l'avenir vous suivrez cette nouvelle doctrine. » La continuation naturelle de ce passage se trouve dans une vie manuscrite de l'Électeur, par Spalatin. « Avec quel plaisir il écoutait les prédications, et lisait la parole de Dieu, surtout les évangélistes dont il avait sans cesse à la bouche de belles et consolantes sentences ! Mais celle qu'il répétait sans cesse, c'était cette parole de Christ dans saint

Jean : *Sans moi vous ne pouvez rien.* Il se servait de cette parole pour combattre la doctrine du libre arbitre, avant même qu'Érasme de Rotterdam eût osé soutenir dans plusieurs écrits contre la parole de Dieu cette misérable liberté. Il me disait souvent : Comment pouvons-nous avoir le libre arbitre, puisque Christ lui-même a dit : Sans moi vous ne pouvez rien, *Sine me nihil potestis facere.* »

Toutefois on se tromperait si l'on croyait, d'après ceci, que Staupitz et son disciple ne furent que l'instrument de l'Électeur. La Réforme de Luther fut évidemment spontanée. Le prince, comme nous le verrons ailleurs, s'effraya plutôt de l'audace de Luther. Il aima, il embrassa la Réforme, il en profita ; jamais il ne l'eût commencée.

Luther écrit le 15 février 1518 à son prudent ami, Spalatin, le chapelain, le secrétaire et le confident de l'Électeur : « Voilà ces criailleurs qui vont disant, à mon grand chagrin, que tout ceci est l'ouvrage de notre très illustre Prince ; à les en croire, c'est lui qui me pousserait pour faire dépit à l'archevêque de Magdebourg et de Mayence. Examinez, je vous prie, s'il est à propos d'en avertir le Prince. Je suis vraiment désolé de voir Son Altesse soupçonnée à cause de moi. Devenir une cause de discorde entre de si grands princes, il y a de quoi trembler et frémir. » Il tient le même langage à l'Électeur lui-même dans sa relation de la conférence d'Augsbourg (novembre.)

21 mars, à J. Lange (depuis archevêque de Saltzbourg) : « Notre Prince nous a pris sous sa protection,

moi et Carlostadt, et cela sans en avoir été prié. Il ne souffrira pas qu'ils me traînent à Rome. Ils le savent, et c'est leur chagrin. » Ceci ferait croire qu'alors Luther avait reçu de l'Électeur des assurances positives. Cependant, le 21 août 1518, dans une lettre plus confidentielle à Spalatin, il dit : Je ne vois pas encore comment éviter les censures dont je suis menacé, si le Prince ne vient à mon secours. Et pourtant, j'aimerais mieux toutes les censures du monde plutôt que de voir Son Altesse blâmée à cause de moi... Voici ce qui a paru le mieux à nos doctes et prudents amis, c'est que je demande au Prince un sauf-conduit (*salvum, ut vocant, conductum per suum dominium*). Il me le refusera, j'en suis sûr, et j'aurai, disent-ils, une bonne excuse pour ne pas comparaître à Rome. Veuillez donc faire en sorte d'obtenir de notre très illustre Prince un rescrit portant qu'il me refuse le sauf-conduit, et m'abandonne, si je me mets en route, à mes risques et périls. En cela vous me rendrez un important service. Mais il faut que la chose se fasse promptement; le temps presse, le jour fixé approche. »

Luther eût pu s'épargner cette lettre. Le prince, sans l'en avertir, le protégeait activement. Il avait obtenu que Luther serait examiné par un légat en Allemagne, dans la ville libre d'Augsbourg; et à ce moment il était de sa personne à Augsbourg, où sans doute il s'entendait avec les magistrats pour garantir la sûreté de Luther dans cette dangereuse entrevue. C'est sans doute à cette providence invisible de Luther qu'on doit attribuer les soins inquiets de ces magistrats, pour le préserver des embûches que pouvaient lui dresser les Italiens. Pour lui, il allait droit devant lui dans son courage et sa simplicité, sans bien savoir ce que le prince ferait ou ne ferait pas, en sa faveur (2 sept.).

« Je l'ai dit, et je le répète, je ne veux pas que dans cette affaire notre Prince, qui est innocent de tout cela, fasse la moindre chose pour défendre mes propositions... Qu'il tienne la main à ce que je ne sois exposé a aucune violence, s'il peut le faire sans compromettre ses intérêts. S'il ne le peut, j'accepte mon péril tout entier. »

Le légat, Caietano de Vio, était certainement un juge peu suspect. Il avait écrit lui-même qu'il était permis d'interpréter l'Écriture sans suivre le torrent des Pères (*contra torrentem SS. Patrum.*) Ces hardiesses l'avaient rendu quelque peu suspect d'hérésie. Homme du pape dans cette affaire que le pape le chargeait d'arranger, il prit la chose en politique, n'attaqua dans la doctrine de Luther que ce qui ébranlait la domination politique et fiscale de la cour de Rome. Il s'en tint à la question pratique du *Trésor des indulgences*, sans remonter au principe spéculatif de la grâce.

« Lorsque je fus cité à Augsbourg, j'y vins et comparus, mais avec une forte garde et sous la garantie de l'Électeur de Saxe, Frédéric, qui m'avait adressé à ceux d'Augsbourg et m'avait recommandé à eux. Ils eurent grande attention à moi, et m'avertirent de ne point aller avec les Italiens, de ne faire aucune société avec eux, de ne point me fier à eux, car je ne savais pas, disaient-ils, ce que c'était qu'un Welche. Pendant trois jours entiers, je fus à Augsbourg sans sauf-conduit de l'Empereur. Dans cet intervalle, un Italien venait souvent m'inviter à aller chez le cardinal. Il insistait sans se décourager. Tu dois te rétracter, disait-il; tu n'as qu'un mot à dire : *revoco*. Le cardinal te recommandera au pape, et tu retourneras avec honneur auprès de ton prince. »

Il lui citait, entre autres exemples, celui du fameux Joachim de Flores, qui, s'étant soumis, n'avait pas été hérétique, quoiqu'il eût avancé des propositions hérétiques.

« Au bout de trois jours, arriva l'évêque de Trente, qui montra au cardinal le sauf-conduit de l'Empereur. Alors j'allai le trouver en toute humilité. Je tombai d'abord à genoux, puis je m'abaissai jusqu'à terre et je restai à ses pieds. Je ne me relevai que quand il me l'eût ordonné trois fois. Cela lui plut fort, et il espéra que je prendrais une meilleure pensée.

« Lorsque je revins le lendemain et que je refusai absolument de rien rétracter, il me dit : Penses-tu que le pape s'embarrasse beaucoup de l'Allemagne? Crois-tu que les princes te défendront avec des armes et des gens de guerre? Oh! non! Où veux-tu rester?... — Sous le Ciel, répondis-je.

« Plus tard le pape baissa le ton et écrivit à l'Église, même à maître Spalatin, et à Pfeffinger, afin qu'ils me fissent livrer à lui, et insistassent pour l'exécution de son décret.

« Cependant mes petits livres et mes *Resolutiones* allèrent, ou plutôt volèrent en peu de jours par toute l'Europe. Ainsi, l'Électeur de Saxe fut confirmé et fortifié ; il ne voulut point exécuter les ordres du pape et se soumit à la connaissance de l'Écriture.

« Si le cardinal eût agi à mon égard avec plus de raison et de discrétion, s'il m'eût reçu lorsque je tombai à ses pieds, les choses n'en seraient jamais venues où elles en sont. Car dans ce temps je ne voyais encore que bien peu les erreurs du pape ; s'il s'était tu, je me serais tu aisément. C'était alors le style et l'usage de la cour de Rome, que le pape dit dans les affaires obscures et embrouillées : Nous rappelons la chose à nous, en vertu de notre puissance papale, annulons le tout et le mettons à néant. Alors il ne restait plus aux deux parties qu'à pleurer. Je tiens que le pape donnerait trois cardinaux pour que la chose fût encore dans le sac. »

Ajoutons quelques détails tirés d'une lettre qu'écrivit Luther à Spalatin (c'est-à-dire à l'Électeur), lorsqu'il était à Augsbourg, et pendant les conférences (14 octobre) : « Voilà quatre jours que le légat confère avec moi, disons mieux, contre moi... Il refuse de disputer en public ou même en particulier, répétant sans cesse : Rétracte-toi, reconnais ton erreur, que tu le croies ou non ; le pape le veut ainsi... Enfin on a obtenu de lui que je pourrais m'expliquer par écrit, et je l'ai fait en présence du seigneur de Feilitsch, représentant de l'Électeur. Alors le légat n'a plus voulu de ce que j'avais écrit il s'est remis à crier rétractation. Il est allé chercher je ne sais quel long discours dans les romans de saint Thomas, croyant alors m'avoir vaincu et réduit au silence. Dix fois je voulus parler, autant de fois il m'arrêtait, il tonnait, il régnait tyranniquement dans la dispute.

« Je me mis enfin à crier à mon tour : Si vous pouvez me montrer que votre décret de Clément VI dit expressément que les mérites du Christ *sont* le *Trésor des indulgences*, je me rétracte. — Dieu sait alors comme ils ont tous éclaté de rire. Lui il a arraché le livre et l'a feuilleté hors d'haleine (*fervens et anhelans*) jusqu'à l'endroit où il est écrit, que Christ par sa Passion *a acquis* les trésors, etc. Je l'arrêtai sur ce mot *a acquis*... — Après le dîner, il fit venir le révérend père Staupitz, et par ses caresses l'engagea de m'amener à une rétractation, ajoutant que je trouverais difficilement quelqu'un qui me voulût plus de bien que lui-même. »

Les disputants suivaient une méthode différente; la conciliation était impossible. Les amis de Luther craignaient un guet-apens de la part des Italiens. Il quitta Augsbourg en laissant un appel au pape mieux informé, et il adressa une longue *Relation* de la conférence à l'Électeur. Nous y apprenons que, dans la discussion, il avait appuyé ses opinions relatives à l'autorité du pape sur le concile de Bâle, sur l'université de Paris et sur Gerson. Il prie l'Électeur de ne point le livrer au pape : « Veuille Votre très illustre Altesse faire ce qui est de son honneur, de sa conscience, et ne pas m'envoyer au pape. L'homme (il parle du légat) n'a certainement pas dans ses instructions une garantie pour ma sûreté à Rome. Parler en ce sens à Votre très illustre Altesse, ce serait lui dire de livrer le sang chrétien, de devenir homicide. A Rome ! le pape lui-même n'y vit pas en sûreté. Ils ont là-bas assez de papier et d'encre ; ils ont des notaires et des scribes sans nombre. Ils peuvent aisément écrire en quoi j'ai erré. Il en coûtera moins d'argent pour m'instruire absent par écrit, que pour me perdre présent par trahison. »

Ces craintes étaient fondées. La cour de Rome allait s'adresser directement à l'Électeur de Saxe. Il lui fallait Luther à tout prix. Le légat s'était déjà plaint amèrement à Frédéric de l'audace de Luther, le suppliant de le renvoyer à Augsbourg ou de le chasser, s'il ne voulait souiller sa gloire et celle de ses ancêtres en protégeant ce misérable moine. « J'ai appris hier de Nuremberg que Charles de Miltitz est en route, qu'il a trois brefs du pape (au dire d'un témoin oculaire et digne de foi) pour me prendre au corps et me livrer au pontife. Mais j'en ai appelé au futur concile. » Il était nécessaire qu'il se hâtât de récuser le pape, car, comme le légat l'avait écrit à Frédéric, Luther était déjà condamné à Rome. Il fit cette nouvelle protestation en observant toutes les formes juridiques, déclara qu'il se soumettrait volontiers au jugement du pape bien informé ; mais que le pape pouvant faillir, comme saint Pierre lui-même a failli, il en appelait au concile général, supérieur au pape, de tout ce que le pape décréterait contre lui. Cependant il craignait quelque violence subite ; on pouvait l'enlever de Wittemberg. « L'on t'a trompé, écrit-il à Spalatin, je n'ai point fait mes adieux au peuple de Wittemberg ; il est vrai que j'ai parlé à peu près comme il suit : Vous le savez tous, je suis un prédicateur variable et peu fixe. Combien de fois ne vous ai-je pas quittés sans vous saluer ! Si la même chose arrivait encore et que je ne dusse point revenir, prenez que je vous ai fait mes adieux d'avance. »

(2 décembre.) « On me conseille de demander au prince qu'il m'enferme, comme prisonnier, dans quelque château, et qu'il écrive au légat qu'il me tient en lieu sûr, où je serai forcé de répondre. »

« Il est hors de doute que le prince et l'université sont pour moi. L'on me rapporte une conversation tenue sur mon compte à la cour de l'évêque de Brandebourg. Quelqu'un dit : Érasme, Fabricius et autres doctes personnages le soutiennent. Le pape ne s'en soucierait guère, répondit l'évêque, si l'université de Wittemberg et l'Électeur n'étaient aussi de son côté. Cependant Luther passa dans de vives craintes la fin de cette année 1518. Il songeait à quitter l'Allemagne. « Pour n'attirer aucun danger sur Votre Altesse, voici que j'abandonne vos terres ; j'irai où me conduira la miséricorde de Dieu, me confiant à tout événement dans sa divine volonté. C'est pourquoi je salue respectueusement Votre Altesse ; chez quelque peuple que j'aille, je conserverai une éternelle reconnaissance de vos bienfaits. » (19 novembre.) La Saxe pouvait en effet lui paraître alors une retraite peu sûre. Le pape cherchait à gagner l'Électeur. Charles de Miltitz fut chargé de lui offrir la Rose d'or, haute distinction que la cour de Rome n'accordait guère qu'à des rois, comme récompense de leur piété filiale envers l'Église. C'était pour l'Électeur une épreuve difficile. Il fallait s'expliquer nettement, et peut-être attirer sur soi un grand péril. Cette hésitation de l'Électeur paraît dans une lettre de Luther. « Le prince m'a tout à fait détourné de publier les *Actes de la conférence* d'Augsbourg, puis il me l'a permis, et on les imprime... Dans son inquiétude pour moi, il aimerait mieux que je fusse partout ailleurs. Il m'a fait venir à Lichtenberg, où j'ai conféré longtemps avec Spalatin sur ce sujet. Si les censures viennent, ai-je dit, je ne resterai point. Il m'a pourtant dit de ne pas tant me hâter de partir pour la France. »

Ceci était écrit le 13 décembre. Le 20, Luther était rassuré. L'Électeur avait répondu, avec une froideur toute diplomatique, qu'il se reconnaissait pour fils très obéissant de la très sainte mère Église, qu'il professait un grand respect pour la sainteté pontificale, mais demandait qu'on fît examiner l'affaire par des juges non suspects. C'était un moyen de la faire traîner en longueur; pendant ce temps il pouvait survenir un incident qui diminuerait, qui ajournerait le danger. C'était tout de gagner du temps. En effet, au mois de janvier 1519, l'Empereur mourut, l'interrègne commença, et Frédéric se trouva, par le choix de Maximilien, vicaire de l'Empire dans la vacance.

Le 3 mars 1519, Luther rassuré écrivit au pape une lettre altière, sous forme respectueuse. « Je ne puis supporter, Très-Saint-Père, le poids de votre courroux, mais je ne sais comment m'y soustraire. Grâce aux résistances et aux attaques de mes ennemis, mes paroles se sont répandues plus que je n'espérais, et elles ont descendu trop profondément dans les cœurs pour que je puisse les rétracter. L'Allemagne fleurit de nos jours en érudition, en raison, en génie. Si je veux honorer Rome par-devant elle, je dois me garder de rien révoquer. Ce serait souiller encore plus l'Église romaine, la livrer aux accusations, au mépris des hommes.

« Ceux-là ont fait injure et déshonneur à l'Église romaine en Allemagne, qui, abusant du nom de Votre Sainteté, n'ont servi par leurs absurdes prédications qu'une infâme avarice, et qui ont souillé les choses saintes de l'abomination et de l'opprobre d'Égypte. Et comme si ce n'était assez de tant de maux, moi qui ai voulu combattre ces monstres, c'est moi qu'ils accusent.

« Maintenant, Très-Saint-Père, j'en atteste Dieu et les hommes, je n'ai jamais voulu, je ne veux pas davantage aujourd'hui toucher à l'Église romaine, ni à votre sainte autorité. Je reconnais pleinement que cette Église est au-dessus de tout, qu'on ne lui peut rien préférer, de ce qui est au Ciel et sur la terre, si ce n'est Jésus-Christ, notre Seigneur. »

Luther avait dès lors pris son parti. Déjà un mois ou deux auparavant il avait écrit : « Le pape n'a pas voulu souffrir un juge, et moi je n'ai pas voulu du jugement du pape. Il sera donc le texte, et moi la glose. » Ailleurs, il dit à Spalatin (13 mars) : « Je suis en travail pour l'épître de saint Paul aux Galates. J'ai en pensée un sermon sur la Passion ; outre mes leçons ordinaires, j'enseigne le soir les petits enfants, et je leur explique l'oraison dominicale. Cependant, je retourne les *Décrétales* pour ma nouvelle dispute, et j'y trouve Christ tellement altéré et crucifié, que je ne sais trop (je vous le dis à l'oreille) si le pape n'est pas l'Anti-Christ lui-même, ou l'apôtre de l'Anti-Christ. »

Quels que fussent les progrès de Luther dans la violence, le pape avait désormais peu de chance d'arracher à un prince puissant, à qui la plupart des Électeurs déféraient l'empire, son théologien favori. Miltitz changea de ton. Il déclara que le pape voudrait bien encore se contenter d'une rétractation. Il vit familièrement Luther. Il le flatta, il lui avoua qu'il avait enlevé le monde à soi, et l'avait soustrait au pape. Il assurait que dans sa route il avait à peine trouvé, sur cinq hommes, deux ou trois partisans de la papauté. Il voulait lui persuader d'aller s'expliquer devant l'archevêque de Trèves. Il ne justifiait pas autrement qu'il fût autorisé à faire cette proposition ni par le pape, ni par l'archevêque. Le conseil était suspect. Luther savait qu'il avait été brûlé en effigie à Rome (*papyraceus Martinus in campo Floræ publice combustus*, *execratus, devotus*). Il répondit durement à Miltitz, et l'avertit qu'un de ses envoyés avait inspiré de tels soupçons à Wittemberg, qu'on avait failli le faire sauter dans l'Elbe. « Si, comme vous le dites, vous êtes obligé par mon refus de venir vous-même, Dieu vous accorde un heureux voyage. Moi, je suis fort occupé; je n'ai ni le temps ni l'argent nécessaires pour me promener ainsi. Adieu, homme excellent. » (17 mai.)

A l'arrivée de Miltitz en Allemagne, Luther avait dit qu'il se tairait, pourvu que ses adversaires se tussent aussi. Ils le dégagèrent de sa parole. Le docteur Eck le défia solennellement de venir disputer avec lui à Leipsick. Les Facultés de Paris, de Louvain, de Cologne, condamnèrent ses propositions.

Pour se rendre décemment à Leipsick, Luther fut obligé de demander une robe au parcimonieux Électeur, qui, depuis deux ou trois ans, avait oublié de l'habiller. La lettre est curieuse :

« Je prie Votre Grâce Électorale de vouloir bien m'acheter une chape blanche et une chape noire. La blanche, je la demande humblement. Pour la noire, Votre Altesse me la doit; car il y a deux ou trois ans qu'elle me l'a promise, et Pfeffinger délie si difficilement les cordons de sa bourse, que j'ai été obligé de m'en procurer une moi-même. Je prie humblement Votre Altesse, qui a pensé que le *Psautier* méritait une chape noire, de vouloir bien ne pas juger le *Saint Paul* indigne d'une chape blanche. »

Luther était alors si complètement rassuré, que non

content d'aller se défendre à Leipsick, il prit l'offensive à Wittemberg. « Il osa, dit son biographe catholique, Cochlœus, il osa, avec l'autorisation du prince qui le protégeait, citer solennellement les inquisiteurs les plus habiles, ceux qui se croiraient capables d'avaler le fer et de fendre le caillou, pour qu'ils vinssent disputer avec lui ; on leur offrait le sauf-conduit du prince qui, de plus, se chargeait de les héberger et de les défrayer. »

Cependant, le principal adversaire de Luther, le docteur Eck, s'était rendu à Rome pour solliciter sa condamnation. Luther était jugé d'avance. Il ne lui restait qu'à juger son juge, à condamner lui-même l'autorité par-devant le peuple. C'est ce qu'il fit dans son terrible livre de la *Captivité de Babylone*. Il avançait que l'Église était captive, que Jésus-Christ, constamment profané dans l'idolâtrie de la messe, méconnu dans le dogme de la transsubstantiation, se trouvait prisonnier du pape.

Il explique dans la préface, avec une audacieuse franchise, comment il s'est trouvé poussé de proche en proche par ses adversaires : « Que je le veuille ou non, je deviens chaque jour plus habile, poussé comme je suis, et tenu en haleine par tant de maîtres à la fois. J'ai écrit sur les indulgences, il y a deux ans, mais d'une façon qui me fait regretter vivement d'avoir donné mes feuilles au public. J'étais encore prodigieusement engoué à cette époque de la puissance papale ; je n'osai rejeter les indulgences entièrement. Je les voyais d'ailleurs approuvées par tant de personnes ; moi, j'étais seul à rouler ce rocher (*hoc volvere saxum*). Mais depuis, grâce à Silvestre et autres frères qui les défendirent vaillamment, j'ai compris que ce n'était rien autre chose que des impostures inventées par les flatteurs de Rome, pour faire perdre la foi aux hommes et s'emparer de leur bourse. Plaise à Dieu que je puisse porter les libraires et tous ceux qui ont lu mes écrits sur les indulgences à les brûler sans en laisser trace, en mettant à la place de tout ce que j'ai dit, cette unique proposition : *Les indulgences sont des billevesées inventées par les flagorneurs de Rome.*

« Après cela, Eck, Emser et leur bande vinrent m'entreprendre sur la question de la suprématie du pape. Je dois reconnaître, pour ne pas me montrer ingrat envers ces doctes personnages, que la peine qu'ils se sont donnée n'a pas été perdue pour mon avancement. Auparavant, je niais que la papauté fût de droit divin, mais j'accordais encore qu'elle était de droit humain. Après avoir entendu et lu les subtilités ultra-subtiles sur lesquelles ces pauvres gens fondent les droits de leur idole, j'ai fini par mieux comprendre, et je me suis trouvé convaincu, que le règne du pape est celui de Babylone et de *Nemrod, le fort chasseur.* C'est pourquoi je prie instamment les libraires et les lecteurs (pour que rien ne manque aux succès de mes bons amis) de brûler également ce que j'ai écrit jusqu'ici sur ce point, et de s'en tenir à cette proposition : *Le pape est le fort chasseur, le Nemrod de l'épiscopat romain.* »

En même temps, pour qu'on sût bien qu'il s'attaquait à la papauté plus qu'au pape, il écrivit dans les deux langues une longue lettre à Léon X, où il s'excusait de lui en vouloir personnellement. « Au milieu des monstres de ce siècle, contre lesquels je combats depuis trois ans, il faut bien qu'une fois pourtant, très honorable Père, je me souvienne de toi. Ta renommée tant célébrée des gens de lettres, ta vie irréprochable te mettrait au-dessus de toute attaque. Je ne suis pas si sot que de m'en prendre à toi, lorsqu'il n'est personne qui ne te loue. Je t'ai appelé un Daniel dans Babylone, j'ai protesté de ton innocence... Oui, cher Léon, tu me fais l'effet de Daniel dans la fosse, d'Ézéchiel parmi les scorpions. Que pourrais-tu, seul contre ces monstres? Ajoutons encore trois ou quatre cardinaux savants et vertueux. Vous seriez empoisonnés infailliblement si vous osiez entreprendre de remédier à tant de maux... C'en est fait de la cour de Rome. La colère de Dieu est venue pour elle à son terme ; elle hait les conciles, elle a horreur de toute réforme. Elle remplit l'éloge de sa mère, dont il est dit : *Nous avons soigné Babylone ; elle n'est pas guérie ; laissons Babylone*. O infortuné Léon, qui siège sur ce trône maudit! Moi je te dis la vérité, parce que je te veux du bien. Si saint Bernard avait pitié de son pape Eugène, quelles seront nos plaintes, lorsque la corruption a augmenté trois cents ans de plus... Oui, tu me remercierais de ton salut éternel, si je venais à bout de briser ce cachot, cet enfer, où tu te trouves retenu. »

Lorsque la bulle de condamnation arriva en Allemagne, elle trouva tout un peuple soulevé. A Erfurth, les étudiants l'arrachèrent aux libraires, la mirent en pièces, et la jetèrent à l'eau en faisant cette mauvaise pointe : « Bulle elle est, disaient-ils, comme bulle d'eau elle doit nager. » Luther écrivit à l'instant : *Contre la bulle exécrable de l'Anti-Christ*. Le 10 décembre 1520, il la brûla aux portes de la ville, et le même jour il écrivit à Spalatin, son intermédiaire ordinaire auprès de l'Électeur : « Aujourd'hui, 10 décembre de l'année 1520, la neuvième heure du jour, ont été brûlés à Wittemberg, à la porte de l'Est, près la sainte croix, tous les livres du pape, le *Décret*, les *Décrétales*, l'*Extravagante* de Clément VI, la dernière bulle de Léon X, la *Somme angélique*, le *Chrysoprasus* d'Eck et quelques autres ouvrages d'Eck et d'Emser. Voilà des choses nouvelles ! » Il dit, dans l'acte même qu'il fit dresser à ce sujet : « Si quelqu'un me demande pourquoi j'en agis ainsi, je lui répondrai que c'est une vieille coutume de brûler les mauvais livres. Les apôtres en ont brûlé pour cinq mille deniers. »

Selon la tradition, il aurait dit, en jetant dans les flammes le livre des *Décrétales* : « Tu as affligé le saint du Seigneur, que le feu éternel t'afflige toi-même et te consume. »

C'étaient bien là, en effet, des choses nouvelles, comme le disait Luther. Jusqu'alors la plupart des sectes et des hérésies s'étaient formées dans l'ombre, et se seraient tenues heureuses d'être ignorées ; mais voici qu'un moine traite d'égal à égal avec le pape, et se constitue le juge du chef de l'Église. La chaîne de la tradition vient d'être rompue, l'unité brisée, la *robe sans couture* déchirée. Qu'on ne croie pas que Luther lui-même, avec toute sa violence, ait franchi sans douleur ce dernier pas. C'était d'un coup arracher de son cœur tout un passé vénérable dans lequel on avait été nourri. Il croyait, il est vrai, garder pour soi l'Écriture. Mais enfin c'était l'Écriture autrement interprétée qu'on ne faisait depuis mille ans. Ses ennemis ont dit souvent tout cela, aucun d'eux plus éloquemment que lui.

« Sans doute, écrit-il à Érasme au commencement de son triste livre *De servo Arbitrio,* sans doute, tu te sens quelque peu arrêté en présence d'une suite si nombreuse d'érudits, devant le consentement de tant de siècles où brillèrent des hommes si habiles dans les lettres sacrées, où parurent de si grands martyrs, glorifiés par de nombreux miracles. Ajoute encore les théologiens plus récents, tant d'académies, de conciles, d'évêques, de pontifes. De ce côté se trouvent l'érudition, le génie, le nombre, la grandeur, la hauteur, la force, la sainteté, les miracles; et que n'y a-t-il pas? Du mien, Wicleff et Laurent Valla (et aussi Augustin, quoique tu l'oublies), puis Luther, un pauvre homme, né d'hier, seul avec quelques amis qui n'ont ni tant d'érudition, ni tant de génie, ni le nombre, ni la grandeur, ni la sainteté, ni les miracles. A eux tous, ils ne pourraient guérir un cheval boiteux... *Et alia quæ tu plurima fanda enumerare vales.* Que sommes-nous, nous autres? Ce que le loup disait de Philomèle : Tu n'es qu'une voix; *Vox est, prætereaque nihil...*

« Je l'avoue, mon cher Érasme, c'est avec raison que tu hésites devant toutes ces choses ; moi aussi, il y a dix ans, j'ai hésité... Pouvais-je croire que cette Troie, qui depuis si longtemps avait victorieusement résisté à tant d'assauts, pût tomber un jour ? J'en atteste Dieu dans mon âme, j'eusse persévéré dans ma crainte, j'hésiterais encore aujourd'hui, si ma conscience, si la vérité, ne m'avaient contraint de parler. Je n'ai pas, tu le penses bien, un cœur de roche ; et quand je l'aurais, battu par tant de flots et d'orages, il se serait brisé, ce cœur, lorsque toute cette autorité venait fondre sur ma tête, comme un déluge prêt à m'accabler. »

Il dit ailleurs : « ... J'ai appris par la Sainte-Écriture que c'est chose pleine de péril et de terreur d'élever la voix dans l'Église de Dieu, de parler au milieu de ceux que vous aurez pour juges, lorsque arrivés au dernier jour du jugement, vous vous trouverez sous le regard de Dieu, sous l'œil des anges, toute créature voyant, écoutant, et dressant l'oreille au Verbe divin. Certes, quand j'y songe, je ne désirerais rien plus que le silence, et l'éponge pour mes écrits... Avoir à rendre compte à Dieu de toute parole oiseuse, cela est dur, cela est effroyable ! [1] »

(27 mars 1519) « J'étais seul, et jeté dans cette

---

1. Il est curieux de rapprocher de ces paroles de Luther le passage si différent des *Confessions* de Rousseau :

« Que la trompette du Jugement dernier sonne quand elle voudra ; je viendrai, ce livre à la main, me présenter devant le souverain juge. Je dirai hautement : Voilà ce que j'ai fait, ce que j'ai pensé, ce que je fus... Et puis, qu'un seul dise, s'il l'ose : *Je fus meilleur que cet homme-là.* »

affaire sans prévoyance; j'accordais au pape beaucoup d'articles essentiels; qu'étais-je, pauvre, misérable moine, pour tenir contre la majesté du pape, devant lequel les rois de la terre (que dis-je? la terre même, l'Enfer et le Ciel) tremblaient?... Ce que j'ai souffert la première et la seconde année; dans quel abattement, non pas feint et supposé, mais bien véritable, ou plutôt dans quel désespoir je me trouvais, ah! ils ne le savent point ces esprits confiants qui, depuis, ont attaqué le pape avec tant de fierté et de présomption... Ne pouvant trouver de lumière auprès des maîtres morts ou muets (je parle des livres des théologiens et des juristes), je souhaitai de consulter le conseil vivant des Églises de Dieu, afin que, s'il existait des gens pieux qu'éclairât le Saint-Esprit, ils prissent compassion de moi, et voulussent bien donner un avis bon et sûr, pour mon bien et pour celui de toute la chrétienté. Mais il était impossible que je les reconnusse. Je ne regardais que le pape, les cardinaux, évêques, théologiens, canonistes, moines, prêtres; c'est de là que j'attendais l'esprit. Car je m'étais si avidement abreuvé et repu de leur doctrine, que je ne sentais plus si je veillais ou si je dormais... Si j'avais alors bravé le pape, comme je le fais aujourd'hui, je me serais imaginé que la terre se fût, à l'heure même, ouverte pour m'engloutir vivant, ainsi que Coré et Abiron... Lorsque j'entendais le nom de l'Église, je frémissais et offrais de céder. En 1518, je dis au cardinal Caietano à Augsbourg que je voulais désormais me taire; seulement je le priais, en toute humilité, d'imposer même silence à mes adversaires, et d'arrêter leurs clameurs. Loin de me l'accorder, il me menaça, si je ne me rétractais, de condamner tout ce que j'avais enseigné. J'avais déjà donné le *Catéchisme*, par lequel beaucoup de gens s'étaient améliorés; je ne devais pas souffrir qu'il fût condamné...

« Je fus ainsi forcé de tenter ce que je regardais comme le dernier des maux... Mais je ne songe pas pour cette fois à conter mon histoire. Je veux seulement confesser ma sottise, mon ignorance et ma faiblesse. Je veux faire trembler, par mon exemple, ces présomptueux criailleurs ou écrivailleurs, qui n'ont point porté la croix ni connu les tentations de Satan... »

Contre la tradition du moyen âge, contre l'autorité de l'Église, Luther cherchait un refuge dans l'Écriture, antérieure à la tradition, supérieure à l'Église elle-même. Il traduisait les psaumes, il écrivait ses *postilles* des évangiles et des épîtres. A nulle époque de sa vie, il n'approcha plus près du mysticisme. Il se fondait alors sur saint Jean, non moins que sur saint Paul, et semblait prêt à parcourir tous les degrés de la doctrine de l'amour, sans s'effrayer des conséquences funestes qui en découlaient pour la liberté et la moralité de l'homme. Il y a, dit-il dans son livre de la *Liberté chrétienne*, il y a deux hommes dans l'homme: l'homme intérieur, l'âme; l'homme extérieur, le corps; aucun rapport entre eux. Comme les œuvres viennent de l'homme extérieur, leurs effets ne peuvent affecter l'âme; que le corps hante des lieux profanes, qu'il mange, boive, qu'il ne prie point de bouche et néglige tout ce que font les hypocrites, l'âme n'en souffrira pas. Par la foi, l'âme s'unit au Christ comme l'épouse à son époux. Alors tout leur est commun, le bien comme le mal... Nous tous, qui croyons en Christ, nous sommes rois et pontifes. — Le chrétien élevé par sa foi au-dessus de tout devient, par cette puissance spirituelle, seigneur de toutes choses, de sorte que rien ne peut lui nuire, *imo omnia ei subjecta coguntur servire ad salutem...* Si je crois, toutes choses bonnes ou mauvaises tournent en bien pour moi. C'est là cette inestimable puissance et liberté du chrétien.

« Si tu sens ton cœur hésiter et douter, il est grand temps que tu ailles au prêtre, et que tu demandes l'absolution de tes péchés. Tu dois mourir mille fois plutôt que de douter du jugement du prêtre, qui est le jugement de Dieu. Si tu peux croire à ce jugement, ton cœur doit rire de joie et louer Dieu, qui, par l'intermédiaire de l'homme, a consolé ta conscience. — Si tu ne penses pas être digne du pardon, c'est que tu n'as pas encore fait assez, c'est que tu es trop peu instruit dans la foi, et plus qu'il ne faut dans les œuvres. Il est mille fois plus important de croire fermement à l'absolution que d'en être digne, et de faire satisfaction. Cette foi vous rend digne, et constitue la véritable satisfaction. L'homme peut alors servir avec joie son Dieu, lui qui, sans cela, par suite de l'inquiétude de son cœur, ne fait jamais aucune bonne œuvre. C'est là ce qui s'appelle le doux fardeau de notre Seigneur

Jésus-Christ. » (Sermon prêché à Leipsick, en 1519, sur la justification.)

Cette dangereuse doctrine fut accueillie par le peuple et par la plus grande partie des lettrés. Érasme, le plus célèbre d'entre eux, paraît seul en avoir senti la portée. Esprit critique et négatif, émule du bel esprit italien Laurent Valla, qui avait écrit au quinzième siècle un livre *De libero Arbitrio*, il écrivit lui-même contre Luther, sous ce même titre. Dès l'année 1519, il reçut avec froideur les avances du moine de Wittemberg. Celui-ci, qui sentait alors combien il avait besoin de l'appui des gens de lettres, avait écrit des lettres louangeuses à Reuchlin et à Érasme (1518, 1519). La réponse de ce dernier est froide et significative (1519). « Je me réserve tout entier pour mieux aider à la renaissance des belles-lettres; et il me semble que l'on avance plus par une modération politique (*modestia civili*) que par l'emportement. C'est ainsi que le Christ a amené le monde sous son obéissance; c'est ainsi que Paul a aboli la loi judaïque en tirant tout à l'interprétation. Il vaut mieux crier contre ceux qui abusent de l'autorité des prêtres que contre les prêtres eux-mêmes. Il en faut faire autant à l'égard des rois. Au lieu de jeter le mépris sur les écoles, il faut les ramener à de plus saines études. Lorsqu'il s'agit de choses trop enfoncées dans les esprits pour qu'on puisse les en arracher d'un seul coup, il faut procéder par la discussion et par une argumentation serrée et puissante, plutôt que par affirmations... Il faut toujours prendre garde de ne rien dire, de ne rien faire d'un air d'arrogance ou de révolte : telle est, selon moi, la méthode qui convient à l'esprit du Christ. Ce que j'en dis n'est pas pour vous enseigner ce que vous devez faire, mais pour que vous fassiez toujours comme vous faites. »

Ces timides ménagements n'étaient point à l'usage d'un tel homme ni d'un tel moment. L'entraînement était immense. Les nobles et le peuple, les châteaux et les villes libres, rivalisaient de zèle et d'enthousiasme pour Luther. A Nuremberg, à Strasbourg, à Mayence même, on s'arrachait ses moindres pamphlets. La feuille, tout humide, était apportée sous le manteau, et passée de boutique en boutique. Les prétentieux littérateurs du compagnonnage allemand, les ferblantiers poètes, les cordonniers hommes de lettres, dévoraient la bonne nouvelle. Le bon Hans-Sachs sortait de sa vulgarité ordinaire, il laissait son soulier commencé, il écrivait ses meilleurs vers, sa meilleure pièce. Il chantait à demi voix *le rossignol* de Wittemberg, dont la voix retentit partout...

Rien ne seconda plus puissamment Luther que le zèle des imprimeurs et des libraires pour les idées nouvelles. « Les livres qui lui étaient favorables, dit un contemporain, étaient imprimés par les typographes avec un soin minutieux, souvent à leurs frais, et à un grand nombre d'exemplaires. Il y avait une foule d'anciens moines qui, rentrés dans le siècle, vivaient des livres de Luther, et les colportaient par toute l'Allemagne. Ce n'était qu'à force d'argent que les catholiques pouvaient faire imprimer leurs ouvrages, et l'on y laissait tant de fautes qu'ils semblaient écrits par des ignorants et des barbares. Si quelque imprimeur plus consciencieux y apportait plus de soin, on le tourmentait, on se riait de lui dans les marchés publics et aux foires de Francfort, comme d'un papiste, d'un esclave des prêtres. »

Quel que fût le zèle des villes, c'était surtout à la noblesse que Luther avait fait appel, et elle y répondait avec un zèle qu'il était souvent contraint de modérer lui-même. En 1519, il écrivit en latin une *Défense des articles condamnés* par la bulle de Léon X, et il la dédie dans ces termes au seigneur Fabien de Feilitzsch : « Il nous a paru convenable de vous écrire désormais à vous autres laïques, nouvel ordre de clercs, et de débuter heureusement, s'il plaît à Dieu, sous les favorables auspices de ton nom. Que cet écrit me recommande donc, ou plutôt qu'il recommande la doctrine chrétienne à toi et à toute votre noblesse. » Il avait envie de dédier la traduction de cet ouvrage à Franz de Sickingen, et quelque autre aux comtes de Mansfeld ; il s'en abstint, dit-il, « de crainte d'éveiller la jalousie de beaucoup d'autres, et surtout de la noblesse franconienne ». La même année il publiait son violent pamphlet : *A la noblesse chrétienne d'Allemagne sur l'amélioration de la chrétienté.* Quatre mille exemplaires furent enlevés en un instant.

Les principaux des nobles, amis de Luther, étaient : Silvestre de Schauenberg, Franz de Sickingen, Taubenheim et Ulrich de Hutten. Schauenberg avait confié son jeune fils aux soins de Mélanchton, et offrait de prêter main-forte à l'Électeur de Saxe, en cas qu'il vînt en péril pour la cause de la réforme. Taubenheim et d'autres envoyaient de l'argent à Luther. « J'ai reçu cent pièces d'or que m'envoie Taubenheim; Schart m'en a aussi donné cinquante, et je commence à craindre que Dieu ne me paie ici-bas; mais j'ai protesté que je ne voulais pas être ainsi gorgé, ou que j'allais tout rendre. » Le margrave de Brandebourg avait sollicité la faveur de le voir; Sickingen et Hutten lui promettaient leur appui envers et contre tous. « Hutten, dit-il, en septembre 1520, m'a adressé une lettre *brûlante de colère* contre le pontife romain; il écrit qu'il va tomber de la plume et de l'épée sur la tyrannie sacerdotale; il est outré de ce que le pape a essayé contre lui le poignard et le poison, et a mandé à l'évêque de Mayence de le lui envoyer à Rome, pieds et poings liés. » « Tu vois, dit-il encore, ce que demande Hutten; mais je ne voudrais pas qu'on fît servir à la cause de l'Évangile la violence et le meurtre. Je lui ai écrit dans ce sens. »

Cependant l'Empereur venait de sommer Luther de comparaître à Worms devant la diète impériale; les deux partis allaient se trouver en présence, amis et ennemis.

Plût à Dieu, disait Hutten, que je pusse assister à la diète; je mettrais les choses en mouvement, j'exciterais bien vite quelque tumulte. » Le 20 avril, il écrit à Luther : « Quelles atrocités ai-je apprises! Il n'y a point de *furie* comparable à la *fureur* de ces gens. Il faut en venir, je le vois, aux glaives, aux arcs, aux flèches, aux canons. Toi, père, fortifie ton courage, moque-toi de ces bêtes sauvages. Je vois s'accroître chaque jour le nombre de tes partisans ; tu ne manqueras pas de défenseurs. Un grand nombre sont venus vers moi, disant : Plaise à Dieu qu'il ne faiblisse pas, qu'il réponde avec courage, qu'il ne se laisse abattre par aucune terreur ! » En même temps Hutten envoyait partout des lettres aux magistrats des villes, pour former une ligue entre elles et les nobles du Rhin, c'est-à-dire pour les armer contre les princes ecclésiastiques. Il écrivait à Pirkeimer, l'un des principaux magistrats de Nuremberg :

« Excite le courage des tiens ; j'ai quelque espérance que vous trouverez des partisans dans les villes qu'anime l'amour de la liberté. Franz de Sickingen est pour nous; il brûle de zèle. Il s'est pénétré de Luther. Je lui fais lire à table ses opuscules. Il a juré de ne point manquer à la cause de la liberté ; et ce qu'il a dit, il le fera. Prêche pour lui près de tes concitoyens. Il n'y a point d'âme plus grande en Allemagne. »

Jusque dans l'assemblée de Worms il y avait des partisans de Luther. « Quelqu'un, en pleine diète, a montré un écrit portant que quatre cents nobles ont juré de le défendre; et il a ajouté Buntschuh. Buntschuh (c'était, comme on verra, le mot de ralliement des paysans insurgés). Les catholiques n'étaient même pas très sûrs de l'Empereur. Hutten écrit, durant la diète : « César, dit-on, a résolu de prendre le parti du page. » Dans la ville, parmi le peuple, les luthériens étaient nombreux. Hermann Busch écrit à Hutten qu'un prêtre, sorti du palais impérial avec deux soldats espagnols, voulut, aux portes même du palais, enlever de force quatre-vingts exemplaires de la *Captivité de Babylone*, mais qu'il fut bientôt obligé de se réfugier dans l'intérieur du palais. Cependant, pour le décider à prendre les armes, il lui montre les Espagnols se promenant tout fiers sur leurs mules dans les places de Worms, et la foule intimidée qui se retire.

Le biographe hostile de Luther, Cochlœus, raconte d'une manière satirique le voyage du réformateur :

« On lui prépara, dit-il, un chariot, en forme de litière bien fermée, où il était parfaitement à l'abri des injures de l'air. Autour de lui étaient de doctes personnes, le prévôt Jonas, le docteur Schurff, le théologien Amsdorf, etc. Partout où il passait il y avait un grand concours de peuple. Dans les hôtelleries, bonne chère, de joyeuses libations, même de la musique. Luther lui-même, pour attirer les yeux, jouait de la harpe comme un autre Orphée, un Orphée tondu et encapuchonné. Bien que le sauf-conduit de l'Empereur portât qu'il ne prêcherait point sur sa route, il prêcha cependant à Erfurth, le jour de la Quasimodo, et fit imprimer son sermon. » Ce portrait de Luther ne s'accorde pas trop avec celui qu'en a fait un contemporain quelque temps avant la diète de Worms.

« Martin est d'une taille moyenne ; les soucis et les études l'ont maigri au point que l'on pourrait compter tous les os de son corps. Cependant il est encore dans la force et la verdeur de l'âge. Sa voix est claire et perçante. Puissant dans la doctrine, admirable dans la connaissance de l'Écriture, dont il pourrait presque citer tous les versets les uns après les autres, il a appris le grec et l'hébreu pour comparer et juger les traductions de la Bible. Jamais il ne reste court; il a à sa disposition un monde de choses et de paroles (*sylva ingens verborum et rerum*). Il est d'un commerce agréable et facile; il n'a jamais dans son air rien de dur, de sourcilleux; il sait même se prêter aux plaisirs de la vie. Dans les réunions il est gai, plaisant, montrant partout une parfaite sécurité et faisant toujours bon visage, malgré les atroces menaces de ses adversaires. Aussi est-il difficile de croire que cet homme entreprenne de si grandes choses sans la protection divine. Le seul reproche que presque tout le monde lui fait, c'est d'être trop mordant dans ses réponses, de ne reculer devant aucune expression outrageante. »

Nous devons à Luther lui-même un beau récit de ce qui eut lieu à la diète, et ce récit est généralement conforme à ceux qu'en ont faits ses ennemis.

« Lorsque le héraut m'eut cité le mardi de la semaine sainte, et m'eut apporté le sauf-conduit de l'Empereur et de plusieurs princes, le même sauf-conduit fut, le lendemain mercredi, violé à Worms, où ils me condamnèrent et brûlèrent mes livres. La nouvelle m'en vint lorsque j'étais à Erfurth. Dans toutes les villes la condamnation était déjà publiquement affichée, de sorte que le héraut lui-même me demandait si je songeais encore à me rendre à Worms.

« Quoique je fusse effrayé et tremblant, je lui répondis : Je veux m'y rendre, quand même il devrait s'y trouver autant de diables que de tuiles sur les toits! Lors donc que j'arrivai à Oppenheim près de Worms, maître Bucer vint me trouver et me détourna d'entrer dans la ville. Sglapian, confesseur de l'Empereur, était venu le trouver et le prier de m'avertir que je n'entrasse point à Worms ; car je devais y être brûlé! Je ferais mieux, disait-il, de m'arrêter dans le voisinage chez Franz de Sickingen, qui me recevrait volontiers.

« Les misérables faisaient tout cela pour m'empêcher de comparaître ; car, si j'avais tardé trois jours, mon sauf-conduit n'eût plus été valable, ils m'auraient fermé les portes, ne m'auraient point écouté, mais condamné tyranniquement. J'avançai donc dans la simplicité de mon cœur, et lorsque je fus en vue de la ville, j'écrivis sur l'heure à Spalatin que j'étais arrivé, en lui demandant où je devais loger. Ils s'étonnèrent tous de mon arrivée imprévue ; car ils pensaient que je serais resté dehors, arrêté par la ruse et par la terreur.

« Deux de la noblesse, le seigneur de Hirsfeld et Jean Schott, vinrent me prendre par ordre de l'Électeur de Saxe et me conduisirent chez eux. Mais aucun prince ne vint me voir, seulement des comtes et des nobles qui me regardaient beaucoup. C'étaient ceux qui avaient présenté à Sa Majesté Impériale les quatre cents articles contre les ecclésiastiques, en priant qu'on réformât les abus ; sinon qu'ils le feraient eux-mêmes. Ils en ont tous été délivrés par mon évangile.

« Le pape avait écrit à l'Empereur de ne point observer le sauf-conduit. Les évêques y poussaient; mais les princes et les États n'y voulurent point consentir; car il en fût résulté bien du bruit. J'avais tiré un grand éclat de tout cela, ils devaient avoir peur de moi plus que je n'avais d'eux. En effet le landgrave de Hesse, qui était encore un jeune seigneur, demanda à m'entendre, vint me trouver, causa avec moi, et me dit à la fin : Cher docteur, si vous avez raison, que notre Seigneur Dieu vous soit en aide!

« J'avais écrit, dès mon arrivée, à Sglapian, confesseur de l'Empereur, en le priant de vouloir bien venir me trouver, selon sa volonté et sa commodité; mais il ne voulut pas ; il disait que la chose serait inutile.

« Je fus ensuite cité et je comparus devant tout le conseil de la diète impériale dans la maison de ville, où l'Empereur, les Électeurs et les princes étaient rassemblés[1]. Le docteur Eck, official de l'évêque de Trèves, commença, et me dit : Martin, tu es appelé ici pour dire si tu reconnais pour tiens les livres qui sont placés sur la table. Et il me les montrait. — Je le crois, répondis-je. Mais le docteur Jérôme Schurff ajouta sur-le-champ : Qu'on lise les titres. Lorsqu'on les eut lus, je dis : Oui, ces livres sont les miens.

« Il me demanda encore : Veux-tu les désavouer? Je répondis : Très gracieux seigneur Empereur, quel-

---

1. Il se trouvait à la diète, outre l'empereur, six Électeurs, un archiduc, deux landgraves, cinq margraves, vingt-sept ducs et un grand nombre de comtes, d'archevêques, d'évêques, etc.; en tout deux cent six personnes.

ques-uns de mes écrits sont des livres de controverse, dans lesquels j'attaque mes adversaires. D'autres sont des livres d'enseignement et de doctrine. Dans ceux-ci je ne puis ni ne veux rien rétracter, car c'est parole de Dieu. Mais pour mes livres de controverse, si j'ai été trop violent contre quelqu'un, si j'ai été trop loin, je veux bien me laisser instruire, pourvu qu'on me donne le temps d'y penser. On me donna un jour et une nuit.

« Le jour d'après, je fus appelé par les évèques et d'autres qui devaient traiter avec moi pour que je me rétractasse. Je leur dis : La parole de Dieu n'est point ma parole; c'est pourquoi je ne puis l'abandonner. Mais, dans ce qui est au delà, je veux être obéissant et docile. Le margrave Joachim prit alors la parole, et dit : Seigneur docteur, autant que je puis comprendre, votre pensée est de vous laisser conseiller et instruire, hors les seuls points qui touchent l'Écriture? — Oui, répondis-je, c'est ce que je veux.

« Ils me dirent alors que je devais m'en remettre à la Majesté impériale; mais je n'y consentis point. Ils me demandaient s'ils n'étaient pas eux-mêmes des chrétiens qui pussent décider de telles choses. A quoi je répliquai : Oui, pourvu que ce soit sans faire tort ni offense à l'Écriture, que je veux maintenir. Je ne puis abandonner ce qui n'est pas mien. — Ils insistaient : Vous devez vous reposer sur nous et croire que nous déciderons bien. — Je ne suis pas fort porté à croire que ceux-là décideront pour moi contre eux-mêmes, qui viennent de me condamner déjà, lorsque j'étais sous le sauf-conduit. Mais voyez ce que je veux faire; agissez avec moi comme vous voudrez; je consens à renoncer à mon sauf-conduit, et à vous l'abandonner. Alors le seigneur Frédéric de Feilitzsch se mit à dire : En voilà véritablement assez, si ce n'est trop.

« Ils dirent ensuite : Abandonnez-nous au moins quelques articles. Je répondis : Au nom de Dieu, je ne veux point défendre les articles qui sont étrangers à l'Écriture. Aussitôt deux évêques allèrent dire à l'Empereur que je me rétractais. Alors l'évêque *** envoya vers moi, et me fit demander si j'avais consenti a m'en remettre à l'Empereur et à l'Empire. Je répondis que je ne le voulais pas, et que je n'y avais jamais consenti. Ainsi, je résistai seul contre tous. Mon docteur et les autres étaient mécontents de ma ténacité. Quelques-uns me disaient que si je voulais m'en remettre à eux, ils abandonneraient et céderaient en retour les articles qui avaient été condamnés au concile de Constance. A tout cela je répondais : Voici mon corps et ma vie.

« Cochlœus vint alors, et me dit : Martin, si tu veux renoncer au sauf-conduit, je disputerai avec toi. Je l'aurais fait dans ma simplicité, mais le docteur Jérôme Schurff répondit en riant et avec ironie : Oui, vraiment, c'est cela qu'il faudrait. Ce n'est pas une offre inégale; qui serait si sot!... Ainsi je restai sous le sauf-conduit. Quelques bons compagnons s'étaient déjà élancés en disant : Comment? vous l'emmèneriez prisonnier? Cela ne saurait être.

« Sur ces entrefaites, vint un docteur du margrave

de Bade, qui essaya de m'émouvoir avec de grands mots : Je devais, disait-il, beaucoup faire, beaucoup céder pour l'amour de la charité, afin que la paix et l'union subsistassent, et qu'il n'y eût pas de soulèvement. On était obligé d'obéir à la Majesté impériale, comme à la plus haute autorité ; on devait soigneusement éviter de faire du scandale dans le monde ; par conséquent, je devais me rétracter. — Je veux de tout mon cœur, répondis-je, au nom de la charité, obéir et tout faire, en ce qui n'est point contre la foi et l'honneur de Christ.

« Alors le chancelier de Trèves me dit : Martin, tu es désobéissant à la Majesté impériale ; c'est pourquoi il t'est permis de partir, sous le sauf-conduit qui t'a été donné. Je répondis : Il s'est fait comme il a plu au Seigneur. Et vous, à votre tour, considérez où vous restez. Ainsi, je partis dans ma simplicité, sans remarquer ni comprendre toutes leurs finesses.

« Ensuite ils exécutèrent le cruel édit du ban, qui donnait à chacun occasion de se venger de ses ennemis, sous prétexte et apparence d'hérésie luthérienne, et cependant il a bien fallu à la fin que les tyrans révoquassent ce qu'ils avaient fait.

« C'est ainsi qu'il m'advint à Worms, où je n'avais pourtant de soutien que le Saint-Esprit. »

Nous trouvons d'autres détails curieux dans un récit plus étendu de la conférence de Worms, écrit immédiatement après, et qui peut-être est de Luther ; cependant il y parle à la troisième personne.

« Le lendemain de l'arrivée de Luther à Worms, à

quatre heures de l'après-midi, le maître des cérémonies de l'Empire, et le héraut qui l'avait accompagné depuis Wittemberg, vinrent le prendre dans son hôtellerie dite *la Cour Allemande*, et le conduisirent à la maison de ville par des passages secrets, pour le soustraire à la foule qui s'était rassemblée sur le chemin. Il y en eut beaucoup, malgré cette précaution, qui accouraient aux portes de la maison de ville, et voulaient y pénétrer avec Luther; mais les gardes les repoussaient. Beaucoup étaient montés sur les toits pour voir le docteur Martin. Lorsqu'il fut entré dans la salle, plusieurs seigneurs vinrent successivement lui adresser des paroles d'encouragement : « Soyez intrépide, lui disaient-ils, parlez en homme, et ne craignez pas ceux qui peuvent tuer les corps, mais qui sont impuissants contre les âmes. » « Moine, dit le fameux capitaine Georges Frundsberg, en lui mettant la main sur l'épaule, prends-y garde, tu vas faire un pas plus périlleux que nous autres n'en avons jamais fait. Mais si tu es dans le bon chemin, Dieu ne t'abandonnera pas. » Le duc Jean de Weimar lui avait donné l'argent nécessaire à son voyage.

« Luther fit ses réponses en latin et en allemand. Il rappela d'abord que dans ses ouvrages il y avait des choses approuvées même de ses adversaires, et que sans doute ce n'était pas cette partie qu'il s'agissait de révoquer; puis il continua ainsi : « La seconde partie de mes livres comprend ceux dans lesquels j'ai attaqué la papauté et les papistes, comme ayant, par une fausse doctrine, par une vie et des exemples pervers, désolé la chrétienté dans les choses du corps et dans celles de l'âme. Or, personne ne peut nier, etc..... Cependant les papes ont enseigné eux-mêmes dans leurs *Décrétales* que les constitutions du pape qui seraient contraires à l'Évangile ou aux Pères, devaient être regardées comme fausses et non valables. Si donc je révoquais cette partie, je ne ferais que fortifier les papistes dans leur tyrannie et leur oppression, et ouvrir portes et fenêtres à leurs horribles impiétés... On dirait que j'ai révoqué mes accusations contre eux sur l'ordre de Sa Majesté Impériale et de l'Empire. Dieu! quel manteau ignominieux je deviendrais pour leur perversité et leur tyrannie!

« La troisième et dernière partie de mes livres est de nature polémique. J'avoue que j'y ai souvent été plus violent et plus âpre que la religion et ma robe ne le veulent. Je ne me donne pas pour un saint. Ce n'est pas non plus ma vie que je discute devant vous, mais la doctrine de Jésus-Christ. Néanmoins, je ne crois pas qu'il me convienne de rétracter ceci plus que le reste, car ici encore, je ne ferais qu'approuver la tyrannie et l'impiété qui ravagent le peuple de Dieu.

« Je ne suis qu'un homme. Je ne puis défendre ma doctrine autrement que n'a fait mon divin Sauveur; quand il fut frappé par l'officier du Grand-Prêtre, il lui dit : « Si j'ai mal parlé, faites voir ce que j'ai dit de mal. »

« Si donc le Seigneur lui-même a demandé à être interrogé, et même par un méchant esclave, à combien plus forte raison moi, qui ne suis que terre et cendre, et qui puis me tromper facilement, ne devrais-je pas demander à me justifier sur ma doctrine ?..... Si les témoignages de l'Écriture sont contre moi, je me rétracterai de grand cœur, et je serai le premier à jeter mes livres au feu..... Craignez que le règne de notre jeune et tant louable empereur Charles (lequel est maintenant, avec Dieu, un grand espoir pour nous) ne commence ainsi d'une manière funeste et n'ait une suite et une fin également déplorables !... Je supplie donc en toute humilité Votre Majesté Impériale et Vos Altesses Électorales et Seigneuriales, de ne pas vouloir se laisser indisposer contre ma doctrine sans que mes adversaires aient produit de justes raisons contre moi... »

« Après ce discours, l'orateur de l'Empereur se leva vivement et dit que Luther était resté à côté de la question, qu'on ne pouvait remettre en doute ce qui avait été une fois décidé par les conciles, et qu'on lui demandait en conséquence de dire tout simplement et uniment s'il se rétractait ou non.

« Alors Luther reprit la parole en ces termes :

« Puis donc que Votre Majesté Impériale et Vos Altesses demandent de moi une brève et simple réponse, j'en vais donner une qui n'aura ni dents ni cornes : Si l'on ne peut me convaincre par la Sainte-Écriture ou par d'autres raisons claires et incontestables (car je ne puis m'en rapporter uniquement ni au pape ni aux conciles qui ont si souvent failli), je ne puis, je ne veux rien révoquer. Les témoignages que j'ai cités n'ont pu être réfutés, ma conscience est prisonnière dans la parole de Dieu ; l'on ne peut conseiller à personne d'agir contre sa conscience. Me voici donc ; je ne puis faire autrement. Que Dieu me soit en aide. Amen. »

« Les Électeurs et États de l'Empire allèrent se consulter sur cette réponse de Luther. Après une longue délibération de leur part, l'official de Trèves fut chargé de la réfuter. « Martin, dit-il, tu n'as point répondu avec la modestie qui convient à ta condition. Ton discours ne se rapporte pas à la question qui t'a été posée... A quoi bon discuter de nouveau des points que l'Église et les conciles ont condamnés depuis tant de siècles?... Si ceux qui se mettent en opposition avec les conciles voulaient forcer l'Église à les convaincre avec des livres, il n'y aurait plus rien de certain et de définitif dans la chrétienté. C'est pourquoi Sa Majesté demande que tu répondes tout simplement par oui ou par non si tu veux révoquer. »

« Alors Luther pria l'Empereur de ne point souffrir qu'on le contraignit à se rétracter contrairement à sa conscience, et sans qu'on lui eût fait voir qu'il était dans l'erreur. Il ajouta que sa réponse n'était point sophistique, que les conciles avaient souvent pris des décisions contradictoires, et qu'il était prêt à le prouver. L'official répondit brièvement qu'on ne pouvait prouver ces contradictions, mais Luther persista et offrit d'en donner les preuves.

« Cependant comme le jour tombait et qu'il commençait à faire sombre, l'assemblée se sépara. Les Espagnols se moquèrent de l'homme de Dieu et l'in jurièrent quand il sortit de la maison de ville pour retourner à son hôtellerie.

« Le lendemain l'Empereur envoya aux Électeurs et États, pour en délibérer, l'acte du ban impérial contre Luther et ses adhérents. Le sauf-conduit néanmoins était maintenu dans cet acte.

« Dans la dernière conférence, l'archevêque de Trèves demanda à Luther quel conseil il donnerait lui-même pour terminer cette affaire. Luther répondit : « Il n'y a ici d'autre conseil à donner que celui de Gamaliel dans les *Actes des Apôtres* : Si cette œuvre vient des hommes, elle périra ; si de Dieu, vous n'y pouvez rien. »

« Peu après, l'official de Trèves vint porter à Luther dans son hôtellerie le sauf-conduit impérial pour son retour. Il avait vingt jours pour se rendre en lieu de sûreté, et il lui était enjoint de ne point prêcher, ni autrement exciter le peuple sur sa route. Il partit le lendemain, 26 avril. Le héraut l'escorta sur un ordre verbal de l'Empereur.

« Arrivé à Friedbourg, Luther écrivit deux lettres, l'une à l'Empereur, l'autre aux Électeurs et États assemblés à Worms. Dans la première, il exprime son regret d'avoir été dans la nécessité de désobéir à l'Empereur. « Mais, dit-il, Dieu et sa parole sont au-dessus de tous les hommes. » Il regrette aussi de n'avoir pu obtenir qu'on discutât les témoignages qu'il avait tirés de l'Écriture, ajoutant qu'il est prêt à se présenter de nouveau devant toute autre assemblée que l'on désignera, et à se soumettre en toutes choses sans exception, pourvu que la parole de Dieu ne reçoive aucune atteinte. La lettre aux Électeurs et États est écrite dans le même sens.

A Spalatin. « Tu ne saurais croire avec quelle civilité m'a reçu l'abbé de Hirsfeld. Il a envoyé au-devant de nous, à la distance d'un grand mille, son chancelier et son trésorier, et lui-même il est venu nous recevoir près de son château avec une troupe de cavaliers, pour nous conduire dans la ville. Le sénat nous a reçus à la porte. L'abbé nous a splendidement traités dans son monastère, et m'a couché dans son lit. Le cinquième jour, au matin, ils me forcèrent de faire un sermon. J'eus beau représenter qu'ils perdraient leurs régales, si les Impériaux allaient traiter cela de violation de la foi jurée, parce qu'ils m'avaient enjoint de ne pas prêcher sur ma route. Je disais pourtant que je n'avais jamais consenti à lier la parole de Dieu ; ce qui est vrai.

« Je prêchai également à Eisenach, devant un curé tout tremblant, et un notaire et des témoins qui protestaient, en s'excusant sur la crainte de leurs tyrans. Ainsi, tu entendras peut-être dire à Worms que j'ai violé ma foi ; mais je ne l'ai pas violée. Lier la parole de Dieu, c'est une condition qui n'est pas en mon pouvoir.

« Enfin, on vint à pied d'Eisenach à notre rencontre, et nous entrâmes le soir dans la ville ; tous nos compagnons étaient partis le matin avec Jérôme.

« Pour moi, j'allai rejoindre ma chair (ses parents) en traversant la forêt, et je venais de les quitter pour me diriger sur Walterhausen, lorsque, peu d'instants après, près du fort d'Altenstein, je fus fait prisonnier. Amsdorf savait sans doute qu'on me prendrait, mais il ignore où l'on me garde.

« Mon frère, ayant vu à temps les cavaliers, sauta à bas de la voiture, et sans demander congé il arriva à pied, sur le soir, m'a-t-on dit, à Walterhausen. Moi, on m'ôta mes vêtements pour me faire mettre un habit de chevalier, et je me laissai croître les cheveux et la barbe. Tu ne m'aurais pas reconnu sans peine, car depuis longtemps je ne me reconnais pas moi-même. Me voilà maintenant vivant dans la liberté chrétienne, affranchi de toutes les lois du tyran. » (14 mai.)

Conduit au château de Wartbourg, Luther ne savait trop à qui il devait attribuer là douce et honorable captivité dans laquelle il se voyait retenu. Il avait renvoyé le héraut qui l'escortait à quelques lieues de Worms, et ses ennemis en ont conclu qu'il s'attendait à son enlèvement. Le contraire ressort de sa correspondance. Cependant un cri de douleur s'élevait par toute l'Allemagne. On croyait qu'il avait péri ; on accusait l'Empereur et le pape. Dans la réalité, c'était l'Électeur de Saxe, le protecteur de Luther, qui, s'effrayant de la sentence portée contre lui, et ne pouvant ni le soutenir ni l'abandonner, avait imaginé ce moyen de le sauver de sa propre audace, de gagner du temps, tout en fortifiant son parti. Cacher Luther, c'était le sûr moyen de porter au comble l'exaltation de l'Allemagne et ses craintes pour le champion de la foi.

LIVRE II

(1521-1528.)

CHAPITRE PREMIER

Séjour de Luther au château de Wartbourg. — Il revient à Wittemberg sans l'autorisation de l'Électeur. — Ses écrits contre le roi d'Angleterre, et contre les princes en général. (1521-1524.)

Pendant qu'à Worms on s'indigne, on s'irrite d'avoir laissé échapper l'audacieux, il n'est plus temps, il plane invisible sur ses ennemis du haut du château de Wartbourg. Bel et bien clos dans son donjon, il peut à son aise reprendre sa flûte, chanter ses psaumes allemands, traduire sa Bible, foudroyer le diable et le pape.

« Le bruit se répand, écrit Luther, que des amis envoyés de Franconie m'ont fait prisonnier. » — Et ailleurs : « On a pensé, à ce que je soupçonne, que Luther avait été tué ou condamné à un éternel silence, afin que la chose publique retombât sous la tyrannie sophistique, dont on me sait si mauvais gré d'avoir commencé la ruine. » Luther eut soin cependant de laisser voir qu'il existait encore. Il écrit à Spalatin : « Je voudrais que la lettre que je t'envoie se perdît par quelque adroite négligence de toi ou des tiens, pour qu'elle tombât entre les mains de nos ennemis... Tu feras copier l'évangile que je t'envoie ; il ne faut pas qu'on reconnaisse ma main. » — « J'avais résolu dans mon désert de dédier à mon hôte un livre sur les Traditions des hommes, car il me demandait que je l'instruisisse sur cette matière ; mais j'ai craint de révéler par là le lieu de ma captivité. » — « Je n'ai obtenu qu'avec peine de t'envoyer cette lettre, tant on a peur qu'ils ne viennent à découvrir en quel lieu je suis... » (Juin 1521.)

« Les prêtres et les moines, qui ont fait leurs folies pendant que j'étais libre, ont tellement peur depuis que je suis captif, qu'ils commencent à adoucir les extravagances qu'ils ont débitées contre moi. Ils ne peuvent plus soutenir l'effort de la foule qui grossit, et ne savent par où s'échapper. Voyez-vous le bras du Puissant de Jacob, tout ce qu'il fait pendant que nous nous taisons, que nous patientons, que nous prions ! Ne se vérifie-t-elle pas cette parole de Moïse : *Vos tacebitis, et Dominus pugnabit pro vobis ?* Un de ceux de Rome a écrit à une huppe[1] de Mayence : « Luther « est perdu comme nous le voulions ; mais le peuple « est tellement soulevé, que je crains bien que nous « ayons peine à sauver nos vies, si nous n'allons à sa

---

1. Cette désignation des dignitaires de l'Église, fait penser aux oiseaux merveilleux de Rabelais, les *papegots, évégots,* etc.

« recherche, chandelles allumées, et que nous ne le
« fassions revenir. »

Luther date ses lettres : *De la région de l'air, de la région des oiseaux;* ou bien : *Du milieu des oiseaux qui chantent doucement sur le branchage et louent Dieu jour et nuit de toutes leurs forces;* ou encore : *De la montagne, de l'île de Pathmos.*

C'est de là qu'il répand dans des lettres tristes et éloquentes les pensées qui viennent remplir sa solitude *(ex eremo mea).* « Que fais-tu maintenant, mon Philippe? dit-il à Mélanchton; est-ce que tu ne pries point pour moi?..... Quant à moi, assis tout le jour, je me mets devant les yeux la figure de l'Église, et je vois cette parole du psaume LXXXVIII : *Numquid vane constituisti omnes filios hominum?* Dieu! quel horrible spectre de la colère de Dieu, que ce règne abominable de l'Anti-Christ de Rome! Je prends en haine la dureté de mon cœur, qui ne se résout pas en torrents de larmes pour pleurer les fils de mon peuple égorgé. Il ne s'en trouve pas un qui se lève et qui tienne pour Dieu, ou qui fasse de soi un rempart à la maison d'Israël, dans ce jour suprême de la colère. O règne du pape, digne de la lie des siècles! Dieu aie pitié de nous! » (12 mai.)

« Quand je considère ces temps horribles de colère, je ne demande rien que de trouver dans mes yeux des fleuves de larmes pour pleurer la désolation des âmes que produit ce royaume de péché et de perdition. Le monstre siège à Rome, au milieu de l'Église, et il se proclame Dieu; les pontifes l'adulent, les sophistes l'encensent, et il n'est rien que ne fassent pour lui les hypocrites. Cependant l'Enfer épanouit son cœur, et ouvre sa gueule immense : Satan se joue dans la perdition des âmes. Moi, je suis assis tout le jour à boire et à ne rien faire. Je lis la Bible en grec et en hébreu. J'écrirai quelque chose en allemand sur la liberté de la confession auriculaire. Je continuerai aussi le psautier et les commentaires (*postillas*), dès que j'aurai reçu de Wittemberg ce dont j'ai besoin ; entre autres choses le *Magnificat* que j'ai commencé. » (24 mai.) Cette solitude mélancolique était pour Luther pleine de tentations et de troubles. Il écrit à Mélanchton : « Ta lettre m'a déplu à double titre : d'abord parce que je vois que tu portes ta croix avec impatience, que tu cèdes trop aux affections, que tu es tendre selon ta coutume ; ensuite, parce que tu m'élèves trop haut, et que tu tombes dans une grande erreur en m'attribuant tant de choses, comme si je prenais tant de souci de la cause de Dieu. Cette haute opinion que tu as de moi me confond et me déchire, quand je me vois insensible et endurci, assis dans l'oisiveté, ô douleur ! rarement en prières, ne poussant pas un gémissement pour l'Église de Dieu. Que dis-je ! ma chair indomptée me brûle d'un feu dévorant. En somme, moi qui devrais être consumé par l'esprit, je me consume par la chair, la luxure, la paresse, l'oisiveté, la somnolence ; est-ce donc parce que vous ne priez plus pour moi, que Dieu s'est détourné de moi ? C'est à toi de prendre ma place, toi mieux doué de Dieu, et qui lui es plus agréable.

« Voilà déjà huit jours que je n'écris pas, que je ne prie pas, que je n'étudie pas, soit tentations de la chair, soit autres ennuis qui me tourmentent. Si les choses ne vont pas mieux, j'entrerai publiquement à Erfurth : tu m'y verras ou je t'y verrai ; car je consulterai les médecins ou les chirurgiens. » Il était malade alors, et souffrait cruellement ; il décrit son mal dans des termes trop naïfs, et on peut dire trop grossiers, pour que nous puissions les traduire. Mais ses souffrances spirituelles étaient plus vives encore et plus profondes. (13 juillet.)

« Lorsque je partis de Worms, en 1521, que je fus pris près d'Eisenach, et que j'habitai mon Pathmos, le château de Wartbourg, j'étais loin du monde dans une chambre, et personne ne pouvait venir à moi que deux jeunes garçons nobles qui m'apportaient à manger et à boire deux fois le jour. Ils m'avaient acheté un sac de noisettes que j'avais mis dans une caisse. Le soir, lorsque je fus passé dans l'autre chambre, que j'eus éteint la lumière, et que je me fus couché, il me sembla que les noisettes se mettaient en mouvement, se heurtaient bien fort l'une contre l'autre, et venaient cliqueter contre mon lit. Je ne m'en inquiétai point. Plus tard, je me réveillai ; il se faisait sur l'escalier un grand bruit comme si l'on eût jeté du haut en bas une centaine de tonneaux. Je savais bien cependant que l'escalier était fermé avec des chaînes et une porte de fer, de sorte que personne ne pouvait monter. Je me levai pour voir ce que c'était, et je dis : Est-ce toi ?... Eh bien ! soit...

Et je me recommandai au Seigneur Christ dont il est écrit, *Omnia subjecisti pedibus ejus*, comme dit le VIII° psaume, et je me remis au lit. — Alors vint à Eisenach la femme de Jean de Berblibs. Elle avait soupçonné que j'étais au château, et elle aurait voulu me voir ; mais la chose était impossible. Ils me mirent alors dans une autre partie du château, et placèrent la dame de Berblibs dans la chambre que j'occupais, et elle entendit la nuit tant de vacarme qu'elle crut qu'il y avait mille diables. »

Luther trouvait peu de livres à Wartbourg. Il se mit avec ardeur à l'étude du grec et de l'hébreu ; il s'occupa de répondre au livre de Latomus, si prolixe, dit-il, et si mal écrit. Il traduisit en allemand l'*Apologie* de Mélanchton contre les théologiens de Paris, en y ajoutant un commentaire (*tuam in asinos parisienses apologiam cum illorum insania statui vernacule dare adjectis annotationibus.*) (13 juillet.) Il déployait alors une activité extraordinaire, et du haut de sa montagne inondait l'Allemagne d'écrits : « J'ai publié un petit livre contre celui de Catharinus sur l'Anti-Christ, un traité en allemand sur la confession, le psaume LXVII expliqué en allemand, le cantique de Marie expliqué en allemand, le psaume XXXVII de même, et une Consolation à l'église de Wittemberg.

« J'ai sous presse un commentaire en allemand des épîtres et évangiles de l'année ; j'ai également terminé une réprimande publique au cardinal de Mayence sur l'idole des indulgences qu'il vient de relever à Halle, et une explication de l'évangile des dix lépreux ; le tout en allemand. Je suis né pour mes Allemands, et je veux les servir. J'avais commencé en chaire, à Wittemberg, une amplification populaire sur les deux Testaments, et j'étais parvenu, dans la Genèse au XXXIIe chapitre, et dans l'Évangile à saint Jean-Baptiste. Je me suis arrêté là. » (1er novembre.)

« Je suis dans le tremblement, et ma conscience me trouble, parce qu'à Worms, cédant à ton conseil et à celui de tes amis, j'ai laissé faiblir l'esprit en moi, au lieu de montrer un Élie à ces idoles. Ils en entendraient bien d'autres, si je me trouvais encore une fois devant eux. » (9 septembre.)

L'affaire de l'archevêque de Mayence, à laquelle il est fait allusion dans la lettre que nous venons de citer, mérite que nous y insistions. Il est curieux de voir l'énergie qu'y déploie Luther, et comme il y traite en maître les puissances, le cardinal-archevêque, et l'Électeur lui-même. Spalatin lui avait écrit pour l'engager à supprimer sa *réprimande publique* à l'archevêque. Luther lui répond : « Je ne sais si jamais lettre m'a été plus désagréable que ta dernière ; non seulement j'ai différé ma réponse, mais j'avais résolu de n'en pas faire. D'abord je ne supporterai pas ce que tu me dis, *que le Prince ne souffrira point qu'on écrive contre le Mayençais, et qu'on trouble la paix publique :* je vous anéantirais plutôt (*perdam*) toi et l'archevêque et toute créature. Tu dis fort bien qu'il ne faut pas troubler la paix publique ; et tu souffriras qu'on trouble la paix éternelle de Dieu par ces œuvres impies et sacrilèges de perdition ? Non pas, Spalatin, non pas,

Prince ; je résisterai de toutes mes forces pour les brebis du Christ à ce loup dévorant, comme j'ai résisté aux autres. Je t'envoie donc un livre contre lui, qui était déjà prêt quand ta lettre est venue : elle ne m'y a pas fait changer un mot. Je devais toutefois le soumettre à l'examen de Philippe (Mélanchton) ; c'était à lui d'y changer ce qu'il eût jugé à propos. Garde-toi de ne pas le transmettre à Philippe, ou de chercher à dissuader; la chose est décidée, on ne t'écoutera point. » (11 novembre.) Quelques jours après, il écrit à l'archevêque lui-même :

« ... Cette première et fidèle exhortation que j'avais faite à Votre Grâce Électorale, ne m'ayant valu de sa part que raillerie et ingratitude, je lui ai écrit une seconde fois, lui offrant d'accepter ses instructions et ses conseils. Quelle a été la réponse de Votre Grâce? dure, malhonnête, indigne d'un évêque et d'un chrétien.

« Or, quoique mes deux lettres n'aient servi à rien, je ne me laisse point rebuter, et, conformément à l'Évangile, je vais faire parvenir à Votre Grâce un troisième avertissement. Vous venez de rétablir à Halle l'idole qui fait perdre aux bons et simples chrétiens leur argent et leur âme, et vous avez publiquement reconnu par là que tout ce qu'avait fait Tetzel, il l'avait fait de concert avec l'archevêque de Mayence...

« Ce même Dieu vit encore, n'en doutez pas ; il sait encore l'art de résister à un cardinal de Mayence, celui-ci eût-il quatre empereurs de son côté. C'est son plaisir de briser les cèdres, et d'abaisser les Pharaons superbes et endurcis. Je prie Votre Grâce de ne point tenter ce Dieu.

« Penseriez-vous que Luther fût mort? Ne le croyez pas. Il est sous la protection de ce Dieu qui déjà a humilié le pape, et tout prêt à commencer avec l'archevêque de Mayence un jeu dont peu de gens se douteront... Donné en mon désert, le dimanche après Sainte-Catherine (25 novembre 1521). Votre bienveillant et soumis, Martin LUTHER. »

Le cardinal répondit humblement, et de sa propre main :

« Cher docteur, j'ai reçu votre lettre datée du dimanche d'après la Sainte-Catherine, et je l'ai lue avec toute bienveillance et amitié. Cependant je m'étonne de son contenu, car on a remédié depuis longtemps à la chose qui vous a fait écrire.

« Je me conduirai dorénavant, Dieu aidant, de telle sorte qu'il convient à un prince pieux, chrétien et ecclésiastique. Je reconnais que j'ai besoin de la grâce de Dieu et que je suis un pauvre homme, pécheur et faillible, qui pèche et se trompe tous les jours. Je sais qu'il n'est rien de bon en moi sans la grâce de Dieu, et que je ne suis par moi-même qu'un vil fumier.

« Voilà ce que je voulais répondre à votre bienveillante exhortation : car je suis aussi disposé qu'il est possible à vous faire toute sorte de grâce et de bien. Je souffre volontiers une réprimande fraternelle et chrétienne, et j'espère que le Dieu miséricordieux m'accordera sa grâce et sa force pour vivre selon sa volonté en ceci comme dans les autres choses. Donné à Halle, le jour de Saint-Thomas (21 décembre 1521). ALBERTUS, *manu propria.* »

Le prédicateur et conseiller de l'archevêque, Fabricius Capiton, dans une réponse à la lettre de Luther, avait blâmé son âpreté, et dit qu'il fallait garder des ménagements avec les puissants, les excuser, quelquefois même fermer les yeux sur leurs actes, etc... Luther réplique : ... « Vous demandez de la douceur et des ménagements; je vous entends. Mais y a-t-il quelque communauté entre le chrétien et l'hypocrite? La foi chrétienne est une foi publique et sincère; elle voit les choses, elle les proclame telles qu'elles sont... Mon opinion est qu'on doit démasquer tout, ne rien ménager, n'excuser rien, ne fermer les yeux sur rien, de sorte que la vérité reste pure et à découvert, et comme placée sur un champ libre... Jérémie, 48 : *Maudit soit celui qui est tiède dans l'œuvre du Seigneur!* Autre chose est, mon cher Fabricius, de louer le vice ou l'amoindrir, autre chose de le guérir avec bonté et douceur. Avant tout, il faut déclarer hautement ce qui est juste et injuste, et ensuite, quand l'auditeur s'est pénétré de notre enseignement, il faut l'accueillir et l'aider malgré les imperfections dans lesquelles il pourra encore retomber. *Ne repoussez pas celui qui est faible dans la foi*, dit saint Paul... J'espère qu'on ne pourra me reprocher d'avoir, pour ma part, manqué de charité et de patience envers les faibles... Si votre cardinal avait écrit sa lettre dans la sincérité de son cœur, ô mon Dieu, avec quelle joie, quelle humilité je tomberais à ses pieds! comme je m'estimerais indigne d'en baiser la poussière! car moi-même suis-je autre chose que poussière et ordure? Qu'il accepte la parole de Dieu, et nous serons à lui comme des serviteurs fidèles et soumis... A l'égard de ceux qui persécutent et condamnent cette parole, la charité suprême consiste précisément à résister à leurs fureurs sacrilèges de toutes manières...

« Croyez-vous trouver en Luther un homme qui consente à fermer les yeux, pourvu qu'on l'amuse par quelques cajoleries?... Cher Fabricius, je devrais vous répondre plus durement que je ne fais... mon *amour* est prêt à mourir pour vous; mais qui touche à la *foi*, touche à la prunelle de notre œil. Raillez ou honorez l'*amour* comme vous le voudrez; mais la *foi*, la parole, vous devez l'adorer et la regarder comme le saint des saints : c'est ce que nous exigeons de vous. Attendez tout de notre amour, mais craignez, redoutez notre foi...

« Je ne réponds point au cardinal même, ne sachant comment lui écrire sans approuver ou reprendre sa sincérité ou son hypocrisie. C'est par vous qu'il saura la pensée de Luther... De mon désert, le jour de Saint-Antoine (17 janvier 1522). »

Citons encore la préface qu'il mit en tête de son explication de l'*Évangile des Lépreux*, et qu'il adressa à plusieurs de ses amis :

« Pauvre frère que je suis! voilà que j'ai encore allumé un grand feu; j'ai de nouveau *mordu* un bon trou dans la poche des papistes; j'ai attaqué la confession! Que vais-je devenir désormais? Où trouveront-ils assez de soufre, de bitume, de fer et de bois pour mettre en cendres cet hérétique empoisonné? Il faudra pour le moins enlever les fenêtres des églises, de peur que l'espace ne manque aux prédications des saints prêtres sur l'Évangile, *id est*, à leurs injures et à leurs vociférations furibondes contre Luther. Quelle autre chose prêcheraient-ils au pauvre peuple? Il faut que chacun prêche ce qu'il peut et ce qu'il sait.

« ... Tuez, tuez, s'écrient-ils, cet hérésiarque qui « veut renverser tout l'état ecclésiastique, qui veut « soulever la chrétienté entière! » J'espère que, si j'en suis digne, ils en viendront là, et qu'ils combleront en moi la mesure de leurs pères. Mais il n'est pas encore temps, mon heure n'est pas venue; il faut qu'auparavant je rende encore plus furieuse cette race de vipères, et que je mérite loyalement de mourir par eux... »

Du fond de sa retraite, ne pouvant plus se jeter dans la mêlée, il exhorte Mélanchton :

« Lors même que je périrais, rien ne serait perdu pour l'Évangile, car tu m'y surpasses aujourd'hui; tu es l'Élisée qui succède à Élie, enveloppé d'un double esprit.

« Ne vous laissez pas abattre, mais chantez la nuit le cantique du Seigneur que je vous ai donné : je le chanterai aussi, moi, n'ayant de souci que pour la parole. Que celui qui ignore, ignore ; que celui qui périt, périsse, pourvu qu'ils ne puissent pas se plaindre que notre office leur ait manqué. » (26 mai 1521.)

On le pressait alors de donner la solution d'une

question qu'il avait soulevée et dont la décision ne pouvait sortir des controverses théologiques, la question des vœux monastiques; les moines demandaient de toutes parts à sortir, et Mélanchton n'osait rien prendre sur lui. Luther lui-même n'aborde ce sujet qu'avec hésitation.

« Vous ne m'avez pas encore convaincu qu'on doive penser de même du vœu des prêtres et de celui des moines. Ce qui me touche beaucoup, c'est que l'ordre sacerdotal, institué de Dieu, est libre, mais non pas celui des moines, qui ont choisi leur état et se sont offerts à Dieu de leur plein gré. Je déciderais pourtant volontiers que ceux qui n'ont pas atteint l'âge du mariage, ou qui y sont encore, et qui sont entrés dans ces coupe-gorges, en peuvent sortir sans scrupule; mais je n'ose me prononcer pour ceux qui sont déjà vieux et qui ont vécu longtemps dans cet état.

« Du reste, comme Paul donne, au sujet des prêtres, une décision très large, en disant que ce sont les démons qui leur ont interdit le mariage, et que la voix de Paul est la voix de la majesté divine, je ne doute point qu'il ne faille la confesser hautement; ainsi, lors même qu'au temps de leur profession ils se seraient liés par cette prohibition du diable, maintenant qu'ils savent à quoi ils se sont liés, ils peuvent se délier en toute confiance. (1er août.) Pour moi, j'ai souvent annulé sans scrupule des vœux faits avant l'âge de vingt ans, et je les annulerais encore, parce qu'il n'est personne qui ne voie qu'il n'y a eu là ni délibération ni connaissance. Mais j'ai fait cela pour ceux qui n'avaient pas encore changé d'état ni d'habit ; quant à ceux qui auraient déjà exercé dans les monastères les fonctions du sacrifice, je n'ai rien osé encore. Je ne sais de quel nuage m'offusquent et me tourmentent cette vanité et cette opinion humaine. » (6 août 1521.)

Quelquefois il se rassure et parle nettement :

« Quant aux vœux des religieux et des prêtres, nous avons fait, Philippe et moi, une vigoureuse conspiration pour les détruire et les mettre à néant... Ce malheureux célibat des jeunes gens et des jeunes filles me révèle tous les jours tant de monstruosités, que rien ne sonne plus mal à mes oreilles que le nom de nonne, de moine, de prêtre, et le mariage me semble un paradis, même avec la dernière pauvreté. » (1ᵉʳ novembre.)

Préface de Luther à son livre *De Votis monasticis*, écrite sous forme de lettre à son père. (21 nov. 1521.)

« ... Ce n'est pas volontairement que je me suis fait moine. Dans la terreur d'une apparition soudaine, entouré de la mort et me croyant appelé par le ciel, je fis un vœu irréfléchi et forcé. Quand je te dis cela dans notre entrevue, tu me répondis : « Dieu veuille que ce « ne soit pas un prestige et un fantôme diabolique! » Cette parole, comme si Dieu l'eût prononcée par ta bouche, me pénétra bientôt profondément; mais je fermai mon cœur, tant que je pus, contre toi et ta parole. De même, lorsque ensuite je te reprochai ton ressentiment, tu me fis une réponse qui me frappa comme aucune parole ne m'a frappé, et elle est toujours restée au fond de mon cœur. Tu me dis : « N'as-tu

« pas entendu aussi qu'on doit obéir à ses parents? » Mais j'étais endurci dans ma dévotion, et j'écoutais ce que tu disais comme ne venant que d'un homme. Cependant, dans le fond de mon âme, je n'ai jamais pu mépriser ces paroles... »

— « Il me souvient que lorsque j'eus prononcé mes vœux, le père de ma chair, d'abord très irrité, s'écria, lorsqu'il fut apaisé : Plaise au ciel que ce ne soit pas un tour de Satan! Parole qui a jeté dans mon cœur de si profondes racines que je n'ai jamais rien entendu de sa bouche dont j'aie gardé une plus ferme mémoire. Il me semble que Dieu a parlé par sa bouche. » (9 septembre.) Il recommande à Wenceslas Link qu'on laisse aux moines la liberté de sortir des couvents sans jamais contraindre personne. « Je suis sûr que tu ne feras, que tu ne laisseras rien faire de contraire à l'Évangile, lors même qu'il faudrait perdre tous les monastères. Je n'aime point cette sortie turbulente dont j'ai ouï parler... Mais je ne vois pas qu'il soit bon et convenable de les rappeler, quoiqu'ils n'aient pas bien et convenablement agi. Il faudrait qu'à l'exemple de Cyrus dans Hérodote, tu donnasses la liberté à ceux qui veulent sortir, mais sans mettre personne dehors ni retenir personne par force... »

Il avait montré la même tolérance lorsque ceux d'Erfurth s'étaient portés à des actes de violence envers les prêtres catholiques. — Carlostad, à Wittemberg, eut bientôt rempli et dépassé les instructions de Luther.

« Bon Dieu! s'écrie celui-ci dans une lettre à

Spalatin, nos gens de Wittemberg marieront-ils jusqu'aux moines! Quant à moi, ils ne me feront pas prendre femme. — Prends bien garde de ne pas prendre femme, afin de ne pas tomber dans la tribulation de la chair. » (6 août.)

Cette hésitation et ces ménagements montrent assez que Luther suivait plus qu'il ne devançait le mouvement qui entraînait tous les esprits hors des routes anciennes.

« Origène, écrit-il à Spalatin, avait un enseignement à part pour les femmes; pourquoi Mélanchton n'essayerait-il pas quelque chose de pareil? Il le peut et le doit, car le peuple a faim et soif. »

« Je désirerais fort que Mélanchton prêchât aussi quelque part en public, dans la ville, aux jours de fêtes, dans l'après-dînée, pour tenir lieu de la boisson et du jeu : on s'habituerait ainsi à ramener la liberté et à la façonner sur le modèle de l'Église antique.

« Car si nous avons rompu avec toutes les lois humaines et secoué le joug, nous arrêterons-nous à ce que Mélanchton n'est pas oint et rasé, à ce qu'il est marié? Il est véritablement prêtre, et il remplit les fonctions du prêtre, à moins que l'office du prêtre ne soit pas l'enseignement de la parole. Autrement le Christ non plus ne sera pas prêtre, puisqu'il enseigne tantôt dans les synagogues, tantôt sur la barque, tantôt sur le rivage, tantôt sur la montagne. Tout rôle en tout lieu, à toute heure, il l'a rempli sans cesser d'être lui-même.

« Il faudrait que Mélanchton lût au peuple l'Évangile en allemand, comme il a commencé à le lire en latin, afin de devenir ainsi peu à peu un évêque allemand, comme il est devenu un évêque latin. » (9 septembre.)

Cependant l'Empereur étant occupé de la guerre contre le roi de France, l'Électeur se rassura et il fit donner à Luther un peu plus de liberté. « Je suis allé deux jours à la chasse pour voir un peu ce plaisir γλυκύπικρον (doux-amer) des héros : nous prîmes deux lièvres, et quelques pauvres misérables perdreaux; digne occupation d'oisifs. Je théologisais pourtant au milieu des filets et des chiens; autant ce spectacle m'a causé de plaisir, autant ç'a été pour moi un mystère de pitié et de douleur. Qu'est-ce que cela nous représente, sinon le Diable avec ses docteurs impies pour chiens, c'est-à-dire les évêques et les théologiens qui chassent ces innocentes bestioles. Je sentais profondément ce triste mystère sur les animaux simples et fidèles.

« En voici un autre plus atroce. Nous avions sauvé un petit lièvre vivant, je l'avais enveloppé dans la manche de ma robe; pendant que j'étais éloigné un instant, les chiens trouvèrent le pauvre lièvre, et, à travers la robe, lui cassèrent la jambe droite et l'étranglèrent. Ainsi sévissent le pape et Satan pour perdre même les âmes sauvées.

« Enfin, j'en ai assez de la chasse; j'aimerais mieux, je pense, celle où l'on perce de traits et de flèches ours, loups, sangliers, renards, et toute la gent des docteurs impies... Je t'écris cette plaisanterie, afin que tu saches que vous autres courtisans, mangeurs de bêtes, vous serez bêtes à votre tour dans le Paradis, où saura bien vous prendre et vous encager Christ, le grand chasseur. C'est vous qui êtes en jeu, tandis que vous vous jouez à la chasse. » (15 août.) — Du reste, Luther ne se déplaisait pas à Wartbourg ; il y avait trouvé un accueil libéral, où il reconnaissait la main de l'Électeur. « Le maître de ce lieu me traite beaucoup mieux que je ne le mérite. » (10 juin.) « Je ne voudrais être à charge à personne. Mais je suis persuadé que je vis ici aux dépens de notre prince; autrement je n'y resterais pas une heure. On sait que s'il faut dépenser l'argent de quelqu'un, c'est celui des princes. » (15 août.)

A la fin du mois de novembre 1521, le désir de revoir et d'encourager ses disciples lui fit faire une courte excursion à Wittemberg; mais il eut soin que l'Électeur n'en sût rien. « Je lui cache, dit-il à Spalatin, et mon voyage et mon retour. Pour quel motif? c'est ce que tu comprends assez. »

Le motif, c'était le caractère alarmant que prenait la Réforme entre les mains de Carlostad, des théologiens démagogues, des briseurs d'images, anabaptistes et autres, qui commençaient à se produire. « Nous avons vu le prince de ces prophètes, Claus-Stork, qui marche avec l'air et le costume de ces soldats que nous appelons lanzknecht; il y en avait encore un autre en longue robe, et le docteur Gérard de Cologne. Ce Stork me semble porté par un esprit de légèreté, qui ne lui permet pas de faire grand cas de ses pro-

pres opinions. Mais Satan se joue dans ces hommes. »
(4 septembre 1522.)

Luther n'attachait pas encore à ce mouvement une grande importance. « Je ne sors pas de ma retraite, écrit-il ; je ne bouge pas pour ces prophètes, car ils ne m'émeuvent guère. » (17 janvier 1522.) Il chargea Mélanchton de les éprouver, et c'est alors qu'il lui adressa cette belle lettre (13 janvier 1522) : « Si tu veux éprouver leur inspiration, demande s'ils ont ressenti ces angoisses spirituelles et ces naissances divines, ces morts et ces enfers... Si tu n'entends que choses douces et paisibles et dévotes (comme ils disent), quand même ils se diraient ravis au troisième ciel, tu n'approuveras rien de cela. Il y manque le signe du Fils de l'homme, le βάσανος (pierre de touche), l'unique épreuve des chrétiens, la règle qui discerne les esprits. Veux-tu savoir le lieu, le temps et la manière des entretiens divins? écoute : *Il a brisé comme le lion tous mes os*, etc. *J'ai été repoussé de ta face et de tes regards*, etc. *Mon âme a été remplie de maux, et ma vie a approché de l'enfer*. La majesté divine ne parle pas, comme ils le prétendent, immédiatement et de manière que l'homme la voie ; non, *L'homme ne me verra point, et il vivra*. C'est pourquoi elle parle par la bouche des hommes, parce que nous ne pouvons tous supporter sa parole. La Vierge même s'est troublée à la vue de l'ange. Écoutez aussi la plainte de Daniel et de Jérémie: *Prenez-moi dans votre jugement, et ne me soyez pas un sujet d'épouvante.* »

(17 janvier 1522.) « Aie soin que notre prince ne

teigne pas ses mains du sang de ces nouveaux prophètes.

« C'est par la parole seule qu'il faut combattre, par la parole qu'il faut vaincre, par la parole qu'il faut détruire ce qu'ils ont élevé par la force et la violence.

« ... Je ne condamne que par la parole; que celui qui croit, croie et suive; que celui qui ne croit pas, ne croie pas, et qu'on le laisse aller. Il ne faut contraindre aucune personne à la foi ni aux choses de la foi; il faut l'y traîner par la parole. Je condamne les images, mais par la parole, non pour qu'on les brûle, mais pour qu'on n'y mette pas sa confiance. »

Mais il se passait à Wittemberg même des choses qui ne pouvaient permettre à Luther de rester plus longtemps dans son donjon. Il partit sans demander l'agrément de l'Électeur.

On trouve, dans un des historiens de la Réforme, un curieux récit de ce voyage.

« Jean Kessler, jeune théologien de Saint-Gall, se rendant avec un ami à Wittemberg pour y achever ses études, rencontra le soir, dans une auberge située à la porte d'Iéna, Luther habillé en cavalier. Ils ne le connurent point. Le cavalier avait devant lui un petit livre, qui était, comme ils le virent plus tard, le psautier en hébreu. Il les salua poliment, et les invita à s'asseoir à sa table. Dans la conversation, il leur demanda aussi ce que l'on pensait de Luther en Suisse. Kessler lui répondit que les uns ne savaient comment le célébrer, et remerciaient Dieu de l'avoir envoyé sur la terre pour y relever la vérité, tandis que d'autres, et notamment les prêtres, le condamnaient comme un hérétique qu'on ne pouvait épargner. D'après quelques mots que l'hôtelier dit aux jeunes voyageurs, ils le prirent pour Ulrich de Hutten. Deux marchands arrivèrent ; l'un d'eux tira de sa poche et mit à côté de lui un livre de Luther nouvellement imprimé, et qui n'était pas encore relié. Il demanda si les autres l'avaient déjà vu. Luther parla du peu de bonne volonté pour les choses sérieuses qui se manifestait dans les princes assemblés alors à la diète de Nuremberg. Il exprima aussi l'espoir « que la vérité « évangélique porterait plus de fruits dans ceux qui « viendraient et qui n'auraient pas encore été empoi- « sonnés par l'erreur papale. » L'un des marchands dit : « Je ne suis pas savant en ces questions; mais, à mon sens, Luther doit être ou un ange du Ciel ou un démon de l'Enfer; aussi, je vais employer les derniers dix florins que je me suis ménagés à aller à confesse chez lui. » Cette conversation eut lieu pendant le souper. Luther s'était arrangé d'avance avec l'hôtelier pour payer l'écot de toute la table. Au moment de se retirer, Luther donna la main aux deux Suisses (les marchands étaient allés à leurs affaires), les priant de saluer de sa part, quand ils seraient arrivés à Wittemberg, le docteur Jérôme Schurff, leur compatriote. Ils lui demandèrent comment ils le devaient nommer auprès de celui-ci. « Dites-lui seulement, leur répondit-il, que celui qui doit venir le salue; il ne manquera pas de comprendre ces paroles. »

7

« Les marchands, quand ils apprirent, en revenant dans la chambre, que c'était à Luther qu'ils avaient parlé, furent inconsolables de ne pas l'avoir su plus tôt, de ne pas lui avoir montré plus de respect, et d'avoir dit en sa présence des choses peu sensées. Le lendemain, ils se levèrent exprès de grand matin, pour le trouver encore avant son départ, et lui faire leurs très humbles excuses. Luther ne convint qu'implicitement que c'était lui. »

Comme il était en chemin pour se rendre à Wittemberg, il écrivit à l'Électeur qui lui avait défendu de quitter la Wartbourg : « ..... Ce n'est pas des hommes que je tiens l'Évangile, mais du ciel, de notre Seigneur Jésus-Christ, et j'aurais bien pu, comme je veux faire dorénavant, m'appeler son serviteur, et prendre le titre d'évangéliste. Si j'ai demandé à être interrogé, ce n'était pas que je doutasse de la bonté de ma cause, mais uniquement par déférence et humilité. Or, comme je vois que cet excès d'humilité ne fait qu'abaisser l'Évangile et que le Diable, si je cède un pouce de terrain, veut occuper toute la place, ma conscience me force d'agir autrement. C'est assez que, pour plaire à Votre Grâce Électorale, j'aie passé une année dans la retraite. Le Diable sait bien que ce n'était pas crainte; il a vu mon cœur quand je suis entré dans Worms. La ville eût-elle été pleine de diables, je m'y serais jeté avec joie.

« Or, le duc Georges ne peut pas même passer pour un diable; et Votre Grâce Électorale se dira elle-même si ce ne serait pas outrager indignement le Père de toute miséricorde, qui nous commande d'avoir confiance en lui, que de craindre la colère de ce duc. Si Dieu m'appelait à Leipsick, sa capitale, comme il m'appelle à Wittemberg, j'y entrerais quand même (pardonnez-moi cette folie), quand même il pleuvrait des ducs Georges neuf jours durant, et chacun d'eux neuf fois plus furieux. Il prend donc Jésus-Christ pour un homme de paille. Le Seigneur peut bien tolérer cela quelque temps, mais non pas toujours. Je ne cacherai pas non plus à Votre Grâce Électorale que j'ai plus d'une fois prié et pleuré pour que Dieu voulût éclairer le duc; je le ferai encore une fois avec ardeur, mais ce sera la dernière. Je supplie aussi Votre Grâce de prier elle-même et de faire prier, pour que nous détournions de lui, s'il plaît à Dieu, le terrible jugement qui, chaque jour, hélas! le menace de plus près.

« J'écris ceci pour vous faire savoir que je vais à Wittemberg sous une protection plus haute que celle de l'Électeur; aussi n'ai-je pas l'intention de demander appui à Votre Grâce. Je crois même que je la protégerai plus que je ne serai protégé par elle : si je savais qu'elle dût me protéger, je ne viendrais pas. L'épée ne peut rien en ceci; il faut que Dieu agisse sans que les hommes s'en mêlent. Celui qui a le plus de foi, protégera le plus efficacement; et comme je sens que Votre Grâce est encore très faible dans la foi, je ne puis nullement voir en elle celui qui doit me protéger et me sauver.

« Votre Grâce Électorale me demande ce qu'elle

doit faire en ces circonstances, estimant avoir fait peu jusqu'ici. Je réponds, en toute soumission, que Votre Grâce n'a fait que trop, et qu'elle ne devrait rien faire. Dieu ne veut pas de toutes ces inquiétudes, de tout ce mouvement, quand il s'agit de sa cause; il veut qu'on s'en remette à lui seul. Si Votre Grâce a cette foi, elle trouvera paix et sécurité; sinon, moi du moins, je croirai; et je serai obligé de laisser à Votre Grâce les tourments par lesquels Dieu punit les incrédules. Puis donc que je ne veux pas suivre les exhortations de Votre Grâce, elle sera justifiée devant Dieu, si je suis pris ou tué. Devant les hommes, je désire qu'elle agisse comme il suit : qu'elle obéisse à l'autorité en bon Électeur, qu'elle laisse régner la Majesté impériale en ses États conformément aux règlements de l'Empire, et qu'elle se garde d'opposer quelque résistance à la puissance qui voudra me prendre ou me tuer; car personne ne doit briser la puissance ni lui résister, hormis celui qui l'a instituée; autrement, c'est révolte, c'est contre Dieu. J'espère seulement qu'ils auront assez de sens pour reconnaître que Votre Grâce Électorale est de trop haut lieu pour se faire elle-même mon geôlier. Si elle laisse les portes ouvertes, et qu'elle fasse observer le sauf-conduit, au cas où ils viendront me prendre, elle aura satisfait à l'obéissance. Si, au contraire, ils sont assez déraisonnables pour ordonner à Votre Grâce de mettre elle-même la main sur moi, je ferai en sorte qu'elle n'éprouve pour moi nul préjudice de corps, de biens, ni d'âme.

« Je m'expliquerai plus au long une autre fois, s'il en est besoin. J'ai dépêché le présent écrit, de peur que Votre Grâce ne fût affligée de la nouvelle de mon arrivée; car, pour être chrétien, je dois consoler tout le monde et n'être préjudiciable à personne.

« Si Votre Grâce croyait, elle verrait la magnificence de Dieu; mais comme elle ne croit pas encore, elle n'a encore rien vu. Aimons et glorifions Dieu dans l'éternité. Amen. Écrit à Borna, à côté de mon guide, le mercredi des Cendres 1522 (5 mars.) De Votre Grâce Électorale le très soumis serviteur. Martin LUTHER. »

(7 mars). L'Électeur avait fait prier Luther de lui exposer les motifs de son retour à Wittemberg, dans une lettre qui pût être montrée à l'Empereur. Dans cette lettre, Luther donne trois motifs : l'église de Wittemberg l'a instamment prié de revenir; deuxièmement, le désordre s'est mis dans son troupeau; enfin il a voulu empêcher, autant qu'il serait en lui, l'insurrection qu'il regarde comme imminente.

« ... Le second motif de mon retour, dit-il, c'est qu'à Wittemberg, pendant mon absence, Satan a pénétré dans ma bergerie, et y a fait des ravages que je ne puis réparer que par ma présence et par ma parole vivante; une lettre n'y aurait rien fait. Ma conscience ne me permettait plus de tarder; je devais négliger non seulement la grâce ou disgrâce de Votre Altesse, mais la colère du monde entier.

C'est mon troupeau, le troupeau que Dieu m'a confié, ce sont mes enfants en Jésus-Christ : je n'ai pu hésiter un moment. Je dois souffrir la mort pour eux, et je le ferais volontiers avec la grâce de Dieu, comme Jésus-Christ le demande (saint Jean, X, 12). S'il eût suffi de ma plume pour remédier à ce mal, pourquoi serais-je venu? Pourquoi, si ma présence n'y était pas nécessaire, ne me résoudrais-je à quitter Wittemberg pour toujours?... »

Luther à son ami Hartmuth de Kronberg, au mois de mars (peu après son retour à Wittemberg) : « ..... Satan, *qui toujours se mêle parmi les enfants de Dieu*, comme dit Job (I, 6), vient de nous faire (et à moi en particulier) un mal cruel à Wittemberg. Tous mes ennemis, quelque près qu'ils fussent souvent de moi, ne m'ont jamais porté un coup comme celui que j'ai reçu des miens. Je suis obligé d'avouer que cette fumée me fait bien mal aux yeux et au cœur. « C'est par là, s'est dit Satan, que je veux « abattre le courage de Luther, et vaincre cet esprit « si roide. Cette fois, il ne s'en tirera pas. »

« ... Peut-être Dieu me veut-il punir par ce coup d'avoir, à Worms, comprimé mon esprit, et parlé avec trop peu de véhémence devant les tyrans. Les païens, il est vrai, m'ont depuis accusé d'orgueil. Ils ne savent pas ce que c'est que la foi.

« Je cédais aux instances de mes bons amis qui ne voulaient point que je parusse trop sauvage; mais je me suis souvent repenti de cette déférence et de cette humilité.

« ... Moi-même je ne connais point Luther, et ne veux point le connaître. Ce que je prêche ne vient pas de lui, mais de Jésus-Christ. Que le diable emporte Luther, s'il peut, je ne m'en soucie pas, pourvu qu'il laisse Jésus-Christ régner dans les cœurs... »

Vers le milieu de la même année, Luther éclata avec la plus grande violence contre les princes. Un grand nombre de princes et d'évêques (entre autres le duc Georges) venaient de prohiber la traduction qu'il donnait alors de la Bible ; on en rendait le prix à ceux qui l'avaient achetée. Luther accepte audacieusement le combat : « Nous avons eu les prémices de la victoire et triomphé de la tyrannie papale qui avait pesé sur les rois et les princes ; combien ne sera-t-il pas plus facile de venir à bout des princes eux-mêmes ?... J'ai grand peur que s'ils continuent d'écouter cette sotte cervelle du duc Georges, il n'y ait des troubles qui mènent à leur perte, dans toute l'Allemagne, les princes et les magistrats, et qui enveloppent en même temps le clergé tout entier ; c'est ainsi que je vois les choses. Le peuple s'agite de tous côtés, et il a les yeux ouverts ; il ne veut plus, il ne peut plus se laisser opprimer. C'est le Seigneur qui mène tout cela et qui ferme les yeux des princes sur ces symptômes menaçants ; c'est lui qui consommera tout par leur aveuglement et leur violence ; il me semble voir l'Allemagne nager dans le sang.

« Qu'ils sachent bien que le glaive de la guerre civile est suspendu sur leurs têtes. Ils font tout pour perdre Luther, et Luther fait tout pour les sauver. Ce n'est pas pour Luther, mais pour eux qu'approche la perdition ; ils l'avancent eux-mêmes, au lieu de s'en garder. Je crois que l'esprit parle ici en moi. Que si le décret de la colère est arrêté dans le ciel, et que la prière ni la sagesse n'y puissent rien, nous obtiendrons que notre Josias s'endorme dans la paix, et que le monde soit laissé à lui-même dans sa Babylone. — Quoique exposé à toute heure à la mort, au milieu de mes ennemis, sans secours humain, je n'ai cependant jamais rien tant méprisé en ma vie que ces stupides menaces du prince Georges et de ses pareils. L'esprit, n'en doute pas, se rendra maître du duc Georges et de ses égaux en sottise. Je t'écris tout ceci à jeun et de grand matin, le cœur rempli d'une pieuse confiance. Mon Christ vit et règne, et moi je vivrai et régnerai. » (19 mars.)

Au milieu de l'année parut le livre qu'Henri VIII avait fait faire par son chapelain Edward Lee, et dans lequel il se portait pour champion de l'Église.

« Il y a bien dans ce livre une ignorance royale, mais il y a aussi une virulence et une fausseté qui n'appartiennent qu'à Lee. » (22 juillet.) — La réponse de Luther parut l'année suivante, sa violence surpassa tout ce que ses écrits contre le pape avaient pu faire attendre. Jamais avant cette époque un homme privé n'avait adressé à un roi des paroles si méprisantes et si audacieuses.

« Moi, aux paroles des Pères, des hommes, des anges, des démons, j'oppose, non pas l'antique usage ni la multitude des hommes, mais la seule parole de l'éternelle Majesté, l'Évangile qu'eux-mêmes sont forcés de reconnaître. Là, je me tiens, je m'assieds, je m'arrête ; là est ma gloire, mon triomphe ; de là, j'insulte aux papes, aux thomistes, aux henricistes, aux sophistes et à toutes les portes de l'Enfer. Je m'inquiète peu des paroles des hommes quelle qu'ait été leur sainteté ; pas davantage de la tradition, de la coutume trompeuse. La parole de Dieu est au-dessus de tout. Si j'ai pour moi la divine Majesté, que m'importe le reste, quand même mille Augustin, mille Cyprien, mille Églises de Henri se lèveraient contre moi ? Dieu ne peut errer ni tromper ; Augustin et Cyprien, comme tous les élus, peuvent errer et ont erré.

« La messe vaincue, nous avons, je crois, vaincu la papauté : la messe était comme la roche où la papauté se fondait, avec ses monastères, ses épiscopats, ses collèges, ses autels, ses ministres et ses doctrines ; enfin avec tout son ventre. Tout cela croulera avec l'abomination de leur messe sacrilège.

« Pour la cause de Christ, j'ai foulé aux pieds l'idole de l'abomination romaine, qui s'était mise à la place de Dieu et s'était établie maîtresse des rois et du monde. Quel est donc cet Henri, ce nouveau thomiste, ce disciple du monstre, pour que je respecte ses blasphèmes et sa violence ? Il est le défenseur de l'Église, oui, de son Église à lui, qu'il porte si haut, de cette prostituée qui vit dans la pourpre, ivre de débauches, de cette mère de fornications. Moi, mon chef est Christ, je frapperai du même coup cette Église et son défenseur qui ne font qu'un ; je les briserai...

« J'en suis sûr, mes doctrines viennent du Ciel. Je les ai fait triompher contre celui qui, dans son petit ongle, a plus de force et d'astuce que tous les papes, tous les rois, tous les docteurs... Mes dogmes resteront, et le pape tombera, malgré toutes les portes de l'Enfer, toutes les puissances de l'air, de la terre et de la mer. Ils m'ont provoqué à la guerre, eh bien! ils l'auront la guerre. Ils ont méprisé la paix que je leur offrais, ils n'auront plus la paix. Dieu verra qui des deux le premier en aura assez, du pape ou de Luther. Trois fois j'ai paru devant eux. Je suis entré dans Worms, sachant bien que César devait violer à mon égard la foi publique. Luther, ce fugitif, ce trembleur, est venu se jeter sous les dents de Behemoth... Mais eux, ces terribles géants, dans ces trois années, s'en est-il présenté un seul à Wittemberg? Et cependant ils y seraient venus en toute sûreté sous la garantie de l'Empereur. Les lâches, ils osent espérer encore le triomphe! Ils pensaient se relever, par ma fuite, de leur honteuse ignominie. On la connait aujourd'hui par tout le monde; on sait qu'ils n'ont point eu le courage de se hasarder en face du seul Luther. » (1523.)

Il fut plus violent encore dans le traité qu'il publia, en allemand, *Sur la Puissance séculière*. « Les princes sont du monde, et le monde est ennemi de Dieu; aussi vivent-ils selon le monde et contre la loi de Dieu. Ne vous étonnez donc pas de leurs furieuses violences contre l'Évangile, car ils ne peuvent manquer à leur propre nature. Vous devez savoir que depuis le commencement du monde, c'est chose bien rare qu'un prince prudent, plus rare encore un prince probe et honnête. Ce sont communément de grands sots, ou de maudits vauriens (*maxime fatui, pessimi nebulones super terram*). Aussi, faut-il toujours attendre d'eux le pis, presque jamais le bien, surtout lorsqu'il s'agit du salut des âmes. Ils servent à Dieu de licteurs et de bourreaux, quand il veut punir les méchants. Notre Dieu est un puissant roi, il lui faut de nobles, d'illustres, de riches bourreaux et licteurs comme ceux-ci ; il veut qu'ils aient en abondance des richesses, des honneurs, qu'ils soient redoutés de tous. Il plaît à sa divine volonté que nous appelions ses bourreaux de cléments seigneurs, que nous nous prosternions à leurs pieds, que nous soyons leurs très humbles sujets. Mais ces bourreaux ne poussent point eux-mêmes l'artifice jusqu'à vouloir devenir de bons pasteurs. Qu'un prince soit prudent, probe, chrétien, c'est là un grand miracle, un précieux signe de la faveur divine ; car d'ordinaire il en arrive comme pour les Juifs, dont Dieu disait : « Je leur donnerai un roi dans ma colère, je l'ôterai dans mon indignation. *Dabo tibi regem in furore meo, et auferam in indignatione mea.* »

« Les voilà, nos princes chrétiens qui protègent la foi et dévorent le Turc... Bons compagnons! fiez-vous-y. Ils vont faire quelque chose dans leur belle sagesse : ils vont se casser le cou, et pousser les nations dans les désastres et les misères... Pour moi, j'ouvrirai les yeux aux aveugles pour qu'ils comprennent ces quatre mots du psaume CVI : *Effundit con-*

temptum super principes. Je vous le jure par Dieu même, si vous attendez qu'on vienne vous crier en face ces quatre mots, vous êtes perdus, quand même chacun de vous serait aussi puissant que le Turc; et alors il ne vous servira de rien de vous enfler et de grincer des dents... Il y a déjà bien peu de princes qui ne soient traités de sots et de fripons; c'est qu'ils se montrent tels, et que le peuple commence à comprendre... Bons maîtres et seigneurs, gouvernez avec modération et justice, car vos peuples ne supporteront pas longtemps votre tyrannie; ils ne le peuvent ni ne le veulent. Ce monde n'est plus le monde d'autrefois, où vous alliez à la chasse des hommes, comme à celle des bêtes fauves. »

Observation de Luther, sur deux mandements sévères de l'Empereur contre lui : « ... J'exhorte tout bon chrétien à prier avec nous pour ces princes aveugles, que Dieu nous a sans doute envoyés dans sa colère, et à ne pas les suivre contre les Turcs. Le Turc est dix fois plus habile et plus religieux que nos princes. Comment pourraient-ils réussir contre lui, ces fous qui tentent et blasphèment Dieu d'une manière si horrible? Cette pauvre et misérable créature, qui n'est pas un instant sûre de sa vie, notre Empereur, ne se glorifie-t-il pas impudemment d'être le vrai et souverain défenseur de la foi chrétienne?

« L'Écriture sainte dit que la foi chrétienne est un rocher contre lequel échoueront et le Diable et la mort, et toute puissance; que c'est une force divine : et cette force divine se ferait protéger par un enfant de la mort que la moindre chose jettera bas? O Dieu! que le monde est insensé! Voilà le roi d'Angleterre qui s'intitule à son tour *Défenseur de la Foi!* Les Hongrois mêmes se vantent d'être les protecteurs de Dieu, et ils chantent dans leurs litanies : *Ut nos defensores tuos exaudire digneris...* Pourquoi n'y a-t-il pas aussi des princes pour protéger Jésus-Christ, et d'autres pour défendre le Saint-Esprit? Alors, je pense, la sainte Trinité et la Foi seraient enfin convenablement gardées!... » (1523.)

De telles hardiesses effrayaient l'Électeur. Luther avait peine à le rassurer. « Je me souviens, mon cher Spalatin, de ce que j'ai écrit de Borna à l'Électeur, et plût à Dieu que vous eussiez foi, avertis par les signes si évidents de la main de Dieu. Ne voilà-t-il pas deux ans que je vis encore contre toute attente? L'Électeur non seulement est à l'abri, mais depuis un an il voit la fureur des princes apaisée. Il n'est pas difficile au Christ de protéger le Christ dans cette mienne cause, où l'Électeur est entré par le seul conseil de Dieu. Si je savais un moyen de le tirer de cette cause sans honte pour l'Évangile, je n'y plaindrais pas même ma vie. Moi, j'avais bien compté qu'avant un an on me traînerait au dernier supplice; c'était là mon expédient pour sa délivrance. Maintenant, puisque nous ne sommes pas capables de comprendre et de pénétrer son dessein, nous serons toujours parfaitement en sûreté en disant : *Que ta volonté soit faite!* Et je ne doute pas que le prince ne soit à l'abri de toute attaque, tant qu'il ne donnera pas un assentiment et une approbation publique à notre cause. Pourquoi est-il forcé de partager notre opprobre? Dieu le sait, quoiqu'il soit bien certain qu'il n'y a là pour lui ni dommage ni péril, et, au contraire, un grand avantage pour son salut. » (12 octobre 1523.)

Ce qui faisait la sécurité de Luther, c'est qu'un bouleversement général semblait imminent. La tourbe populaire grondait. La petite noblesse, plus impatiente, prenait le devant. Les riches principautés ecclésiastiques étaient là comme une proie, dont le pillage semblait devoir commencer la guerre civile. Les catholiques eux-mêmes réclamaient par les moyens légaux contre les abus que Luther avait signalés dans l'Église. En mars 1523, la diète de Nuremberg suspendit l'exécution de l'édit impérial contre Luther, et dressa contre le clergé les *centum gravamina*. Déjà le plus ardent des nobles du Rhin, Franz de Sickingen, avait ouvert la lutte des petits seigneurs contre les princes, en attaquant le Palatin. « Voilà, dit Luther, une chose très fâcheuse. Des présages certains nous annoncent un bouleversement des États. Je ne doute pas que l'Allemagne ne soit menacée, ou de la plus cruelle guerre ou de son dernier jour. » (16 janvier 1523.)

CHAPITRE II

Commencements de l'Église luthérienne. — Essais d'organisation, etc.

Les temps qui suivent le retour de Luther à Wittemberg, forment la période de sa vie, la plus active, la plus laborieuse. Il lui fallait continuer la Réforme, entrer chaque jour plus avant dans la voie qu'il avait ouverte, renverser de nouveaux obstacles, et cependant de temps à autre s'arrêter dans cette œuvre de destruction pour réédifier et rebâtir tellement quellement. Sa vie n'a plus alors l'unité qu'elle présentait à Worms et au château de Wartbourg. Descendu de sa poétique solitude, plongé dans les plus mesquines réalités, jeté en proie au monde, c'est à lui que s'adresseront tous les ennemis de Rome. Tous affluent chez lui et assiègent sa porte, princes, docteurs ou bourgeois. Il faut qu'il réponde aux Bohémiens, aux Italiens, aux Suisses, à toute l'Europe. Les fugitifs arrivent de tous côtés. De ceux-ci les plus embarrassants, sans contredit, ce sont les religieuses échappées de leurs couvents, repoussées de leurs familles, et qui viennent chercher un asile auprès de Luther. Cet homme de trente-six ans est obligé de recevoir ces femmes et ces filles, de leur servir de père. Pauvre moine, dans sa situation nécessiteuse (voyez le chapitre IV), il arrache à peine quelques secours pour elles au parcimonieux Électeur, qui le laisse lui-même mourir de faim. Tomber dans ces misères après le triomphe de Worms, c'était de quoi calmer l'exaltation du réformateur.

Les réponses qu'il donne à cette foule qui vient le consulter, sont empreintes d'une libéralité d'esprit dont nous le verrons quelquefois s'écarter plus tard, lorsque, devenu chef d'une église établie, il éprouvera lui-même le besoin d'arrêter le mouvement qu'il avait imprimé à la pensée religieuse.

D'abord c'est le pasteur de Zwickau, Hansman, qui interpelle Luther pour fixer les limites de la liberté évangélique. Il répond : « Nous donnons liberté entière sur l'une et l'autre espèce ; mais à ceux qui s'en approchent dignement et avec crainte. Laissons tout le reste selon le rite accoutumé, et que chacun suive son propre esprit, que chacun écoute sa conscience pour répondre à l'Évangile. » Ensuite viennent les frères Moraves, les Vaudois de la Moravie (26 mars 1522) :

« Le sacrement lui-même, leur écrit Luther, n'est pas tellement nécessaire qu'il rende superflues la foi et la charité. C'est une folie que de s'escrimer pour ces misères, en négligeant les choses précieuses et salutaires. Là où se trouvent la foi et la charité, il ne peut y avoir de péché, ni parce qu'on adore, ni parce qu'on n'adore pas. Au contraire, là où il n'y a pas charité et foi, il ne peut y avoir qu'éternel péché. Si ces ergoteurs ne veulent pas dire concomitance, qu'ils disent autrement et cessent de disputer, puisqu'on s'accorde sur le fond. La foi, la charité n'adore pas (il s'agit du culte des saints), parce qu'elle sait qu'il n'est pas commandé d'adorer, et qu'on ne pèche pas pour ne point adorer. Ainsi elle passe en liberté au milieu de ces gens, et les accorde tous en laissant chacun abonder dans son propre sens. Elle défend de disputer et de se condamner les uns les autres : car elle hait les sectes et les schismes. Je résoudrais la question de l'adoration de Dieu dans les saints, en disant que c'est une chose libre et indifférente. » Il s'exprime sur ce dernier sujet avec une hauteur singulière.

« Le monde entier m'interroge tellement (ce que j'admire) sur le culte des saints, que je suis forcé de mettre au jour mon jugement. Je voudrais qu'on laissât dormir cette question, pour ce seul motif qu'elle n'est pas nécessaire. » (29 mai 1522.) « Quant à l'exposition des reliques, je crois qu'on les a déjà montrées et remontrées par toute la terre. Pour le Purgatoire, je pense que c'est chose fort incertaine. Il est vraisemblable qu'à l'exception d'un petit nombre, tous les morts dorment insensibles. Je ne crois pas que le Purgatoire soit un lieu déterminé, comme l'imaginent les sophistes. A les en croire, tous ceux qui ne sont ni dans le Ciel ni dans l'Enfer sont dans le Purgatoire. Qui oserait l'assurer? les âmes des morts peuvent dormir entre le Ciel, la terre, l'Enfer, le Purgatoire et toutes choses, comme il arrive aux vivants, dans un profond sommeil... Je pense que c'est cette peine qu'on appelle l'avant-goût de l'Enfer, et dont le Christ, Moïse, Abraham, David, Jacob, Job, Ézéchias et beaucoup d'autres ont tant souffert. Comme elle est semblable à l'Enfer, et cependant temporaire, qu'elle ait lieu dans le corps ou hors du corps, c'est pour moi le Purgatoire. » (13 janvier 1522.)

La confession perd, entre les mains de Luther, le caractère que lui avait donné l'Église. Ce n'est plus ce redoutable tribunal qui ouvre et ferme le Ciel. Le prêtre ne fait plus que mettre sa sagesse et son expérience au service du pénitent; de sacrement qu'elle était, la confession devient, pour le prêtre, un ministère de consolation et de bon conseil.

« Dans la confession, il n'est point nécessaire que l'on raconte tous ses péchés; mais les gens peuvent dire ce qu'ils veulent, nous ne les lapidons point pour cela; s'ils avouent du fond du cœur qu'ils sont de pauvres pécheurs, nous nous en contentons.

« Si un meurtrier disait devant les tribunaux que je l'ai absous, je dirais: Je ne sais point s'il est absous; ce n'est pas moi qui confesse et absous, c'est le Christ. A Venise, une femme avait tué et jeté à l'eau un jeune compagnon qui avait couché avec elle. Un moine lui donna l'absolution et la dénonça. La femme s'excusa en montrant l'absolution du moine. Le sénat décida que le moine serait brûlé et la femme bannie de la ville. C'était un jugement bien sage. Mais si je donnais un billet, signé de ma main, à une conscience effrayée, et que le juge eût ce billet, je pourrais justement le réclamer, comme j'ai fait avec le duc Georges. Car celui qui a en main les lettres des autres, sans un bon titre, celui-là est un voleur. »

Quant à la messe, il la traite dès 1519 comme une chose indifférente pour ses formes extérieures. Il écrivait alors à Spalatin : « Tu me demandes un modèle de commémorations pour la messe. Je te supplie de ne pas te tourmenter de ces minuties; prie pour ceux pour lesquels Dieu t'inspirera, et aie la conscience libre sur ce sujet. Ce n'est pas une chose si importante qu'il faille enchaîner encore par des décrets et des traditions l'esprit de liberté : il suffit, et au delà, de la masse déjà excessive des traditions régnantes. » Vers la fin de sa vie, en 1542, il disait encore au même Spalatin (10 novembre) : « Fais, pour l'élévation du sacrement, ce qu'il te plaira de faire. Je ne veux pas que dans les choses indifférentes ou impose aucune chaîne. C'est ainsi que j'écris, que j'écrivis, que j'écrirai toujours à tous ceux qui me fatiguent de cette question. »

Il comprenait pourtant la nécessité d'un culte extérieur : « Bien que les cérémonies ne soient pas nécessaires au salut, cependant elles font impression sur les esprits grossiers. Je parle principalement des cérémonies de la messe, que vous pouvez conserver, comme nous avons fait ici, à Wittemberg. » (11 janvier 1531.) « Je ne condamne aucune cérémonie, si ce n'est celles qui sont contraires à l'Évangile. Nous avons conservé le baptistère et le baptême, bien que nous l'administrions en nous servant de la langue vulgaire. Je permets les images dans le temple; la messe est célébré avec les rites et les costumes accoutumés; seulement on y chante quelques hymnes en langue vulgaire, et les paroles de la consécration sont en allemand. Enfin, je n'aurais point aboli la messe latine pour y substituer la messe en langue vulgaire, si je n'y avais été forcé. » (14 mars 1528.)

« Tu vas organiser l'église de Kœnigsberg; je t'en prie, au nom du Christ, change le moins de choses possible. Il y a près de là des villes épiscopales, il ne faut pas que les cérémonies de la nouvelle Église diffèrent beaucoup des anciens rites. Si la messe en latin n'est pas abolie, ne l'abolis pas; seulement mêles-y quelques chants en allemand. Si elle est abolie, conserve l'ordre et les costumes anciens. » (16 juillet 1528.)

Le changement le plus grave que Luther fit subir à la messe, fut de la traduire en langue vulgaire. « La messe sera dite en allemand pour les laïques, mais l'office de chaque jour se fera en latin, en y joignant toutefois quelques hymnes allemands. » (28 octobre 1525.)

«Je suis bien aise de voir qu'en Allemagne la messe soit à présent célébrée en allemand. Mais que Carlostad fasse de cela une nécessité, voilà qui est encore de trop. C'est un esprit incorrigible. Toujours, toujours des lois, des nécessités, des péchés! Il ne saurait faire autrement... Je dirai volontiers la messe en allemand, et je m'en occupe aussi; mais je voudrais qu'elle eût un véritable air allemand. Traduire simplement le texte latin, en conservant le ton et le chant usités, cela peut aller à la rigueur, mais ne sonne pas bien et ne me satisfait pas. Il faut que tout ensemble, texte et notes, accent et gestes, viennent de notre langue et de notre voix natales; autrement, ce ne sera qu'imitation et singerie... »

« Je désire, plutôt que je ne promets, de vous donner une messe en allemand; car je ne me sens pas capable de ce travail, où il faut à la fois la musique et l'esprit. » (12 novembre 1524.)

« Je te renvoie la messe; je tolèrerai qu'on la chante ainsi, mais il ne me plaît pas qu'on garde la musique latine sur les paroles allemandes. Je voudrais qu'on adoptât le chant allemand. » (26 mars 1525.)

« Je suis d'avis qu'il serait bon, à l'exemple des prophètes et des anciens Pères de l'Église, de faire des psaumes en allemand pour le peuple. Nous cherchons des poètes de tous côtés; mais puisqu'il t'a été donné beaucoup de faconde et d'éloquence dans la langue allemande, et que tu as cultivé ces dons, je te prie de m'aider dans mon travail et d'essayer de traduire quelque psaume sur le modèle de ce que j'ai déjà fait. Je voudrais exclure les mots nouveaux et les termes de cour : il faudrait, pour être compris du peuple, le langage le plus simple et le plus ordinaire, quoique, cependant, pur et juste; il faudrait que la phrase fût claire et le plus près du texte qu'il sera possible. » (1524.)

Ce n'était pas chose facile que d'organiser la nouvelle Église. L'ancienne hiérarchie était brisée. Le principe de la Réforme étant de ramener toute chose au texte de l'Évangile, pour être conséquent, il fallait rendre à l'Église la forme démocratique qu'elle avait aux premiers siècles. Luther y semblait d'abord disposé.

De ministris Ecclesiæ instituendis, adressé aux Bohémiens : « Voilà une belle invention des papistes, que le prêtre est revêtu d'un caractère indélébile, et qu'aucune faute ne peut le lui faire perdre... Le prêtre doit être choisi, élu par les suffrages du peuple, et ensuite confirmé par l'évêque (c'est-à-dire qu'après l'élection le premier, le plus vénérable d'entre les électeurs impose les mains à l'élu). Est-ce que Christ, le premier prêtre du Nouveau-Testament, a eu besoin de la tonsure et de toutes ces momeries de l'ordination épiscopale? Est-ce que ses apôtres, ses disciples en ont eu besoin?... Tous les chrétiens sont prêtres, tous peuvent enseigner la parole de Dieu, administrer le baptême, consacrer le pain et le vin, car Christ a dit : Faites cela en mémoire de moi. Nous tous qui sommes chrétiens, nous avons le pouvoir des clés. Christ a dit aux apôtres, qui représentaient auprès de lui l'humanité tout entière : Je vous le dis en vérité, ce que vous aurez délié sur la terre sera délié dans le ciel. Mais lier et délier n'est autre chose que prêcher et appliquer l'Évangile. Délier, c'est annoncer que Dieu a remis les fautes du pécheur. Lier, c'est ôter l'Évangile et annoncer que les péchés sont retenus.

« Les noms que doivent porter les prêtres sont ceux de ministres, diacres, évêques (surveillants), dispensateurs. Si le ministre cesse d'être fidèle, il doit être déposé ; ses frères peuvent l'excommunier et mettre quelqu'autre ministre à sa place. Le premier office dans l'Église est celui de la prédication. Jésus-Christ et Paul prêchaient, mais ne baptisaient point. » (1523.)

Il ne voulait point, nous l'avons déjà vu, qu'on astreignît toutes les églises à une règle uniforme. « Ce n'est point mon avis qu'on doive imposer à toute l'Allemagne nos règlements de Wittemberg. » Et encore : « Il ne me paraît point sûr de réunir les nôtres en concile, pour établir l'unité des cérémonies ; c'est une chose de mauvais exemple, à quelque bonne intention qu'on l'entreprenne, ainsi que le prouvent tous les conciles de l'Église, depuis le commencement. Ainsi, dans le Concile des Apôtres on a traité des œuvres et des traditions plus que de la foi ; dans ceux qui ont suivi, on n'a jamais parlé de la foi, mais toujours d'opinions et de questions, en sorte que le nom de concile m'est aussi suspect et aussi odieux que le nom de libre arbitre. Si une église ne veut pas imiter l'autre en ces choses extérieures, qu'est-il besoin de se contraindre par des décrets de conciles, qui se changent bientôt en lois et en filets pour les âmes? » (12 novembre 1524.)

Cependant il sentit que cette liberté pouvait aller trop loin et faire tomber la Réforme dans une foule d'abus. « J'ai lu ton ordination, mon cher Hansman, mais je pense qu'il ne faut pas la publier. J'en suis depuis longtemps à me repentir de ce que j'ai fait; depuis qu'à mon exemple tous ont proposé leurs réformes, la variété et la multitude des cérémonies a crû à l'infini, si bien qu'avant peu nous aurons surpassé l'océan des cérémonies papales. » (21 mars 1534.)

Pour mettre quelque unité dans les cérémonies de la nouvelle Église, on institua des visites annuelles, qui se firent dans toute la Saxe. Les visiteurs devaient s'informer de la vie et des doctrines des pasteurs, redresser la foi de ceux qui erraient, et dépouiller du sacerdoce ceux dont les mœurs n'étaient point exemplaires. Ces visiteurs étaient nommés par l'Électeur, d'après les avis de Luther qui, résidant toujours à Wittemberg, formait, avec Jonas, Mélanchton et quelques autres théologiens, une sorte de comité central pour la direction de toutes les affaires ecclésiastiques.

« Ceux de Winsheim ont demandé à notre illustre prince de te permettre de venir gouverner leur église; d'après notre délibération, il a rejeté cette demande. Il t'accorde de retourner dans ta patrie, si nous te jugeons digne de ce ministère. » (Novembre 1531.) Signé : LUTHER, JONAS, MÉLANCHTON.

On trouve dans les lettres de Luther un grand nombre de consultations de ce genre, signées de lui et de plusieurs autres théologiens protestants.

Bien que Luther n'eût aucun titre qui le plaçât au-dessus des autres pasteurs, il exerçait cependant une sorte de suprématie et de contrôle. « Voici, écrit-il à Amsdorf, de nouvelles plaintes sur toi et Frezhans, parce que vous avez excommunié un barbier; je ne veux point décider encore entre vous, mais réponds, je t'en supplie, pourquoi cette excommunication? » (Juillet 1532.)

« Nous ne pouvons que refuser la communion; tenter de donner à l'excommunication religieuse tous les effets de l'excommunication politique, ce serait nous rendre ridicules en essayant de faire ce qui n'est plus de ce siècle, et ce qui est au-dessus de nos forces... Le magistrat civil doit rester en dehors de toutes ces choses. » (26 juin 1533.) Cependant l'excommunication lui semblait parfois une arme bonne à employer. Un bourgeois de Wittemberg avait acheté une maison trente florins, et, après quelques réparations, il voulut la vendre quatre cents. « S'il le fait, dit Luther, je l'excommunie. Nous devrions relever l'excommunication. » — Comme on parlait de rétablir les consistoires, le jurisconsulte Christian Bruck dit à Luther : « Les nobles et les bourgeois craignent que vous ne commenciez par les paysans pour en venir ensuite à eux. — Juriste, répondit

Luther, tenez-vous-en à votre droit et à ce qui touche l'ordre extérieur. » — En 1538, apprenant qu'un homme de Wittemberg méprisait Dieu, sa parole et ses serviteurs, il le fait menacer par deux chapelains. — Plus tard, il défend d'admettre au sacrement un noble qui était usurier.

Une des choses qui tourmentèrent le plus le réformateur, fut l'abolition des vœux monastiques. Dès le milieu de 1522, il publia une exhortation aux quatre ordres mendiants. Les Augustins au mois de mars, les Chartreux au mois d'août se déclarèrent hautement pour lui.

« Aux lieutenants de la Majesté impériale à Nuremberg... Dieu ne peut demander des vœux, qui sont au-dessus de la nature humaine... Chers seigneurs, laissez-vous fléchir. Vous ne savez pas quels horribles et infâmes malices le diable exerce dans les couvents. Ne vous en rendez pas complices, n'en chargez pas votre conscience. Si mes ennemis les plus acharnés savaient ce que j'apprends chaque jour de tous les pays, ah! ils m'aideraient demain à renverser les couvents. Vous me forcez à crier plus haut que je ne voudrais. Cédez, je vous en supplie, avant que les scandales n'éclatent trop honteusement. » (Août 1523.)

« Le décret général des Chartreux sur la liberté qu'auront les moines de sortir et de quitter l'habit, me plaît fort, et je le publierai. L'exemple d'un ordre si considérable aidera nos affaires et appuiera nos décisions. » (20 août 1522.) — Cependant il voulait que les choses se fissent sans bruit ni scandale. Il écrit à Jean Lange : « Ta sortie du monastère n'a pas, je pense, été sans motif, mais j'aurais mieux aimé que tu te misses au-dessus de tous les motifs; non que je condamne la liberté de sortir, mais je voudrais voir enlever à nos adversaires toute occasion de calomnie. »

Il avait beau recommander qu'on évitât toute violence; la Réforme lui échappait en s'étendant chaque jour au dehors. A Erfurth, en 1521, on avait forcé les maisons de plusieurs prêtres, et il s'en était plaint; on alla encore plus loin, en 1522, dans les Pays-Bas. « Tu sais, je pense, ce qui s'est passé à Anvers, et comment les femmes ont délivré par force Henri de Zutphen. Les frères sont chassés du couvent, les uns prisonniers en divers endroits, les autres relâchés après avoir renié le Christ; d'autres encore ont persisté; ceux qui sont fils de la cité ont été jetés dans la maison des Béghards; tout le mobilier du couvent est vendu, et l'église fermée ainsi que le couvent; on va la démolir. Le Saint-Sacrement a été transporté en pompe dans l'église de la Sainte-Vierge, comme si on le tirait d'un lieu hérétique; des bourgeois, des femmes, ont été torturés et punis. Henri lui-même revient à nous par Brême; il s'y est arrêté et y enseigne la parole, à la prière du peuple, sur l'ordre du conseil, en dépit de l'évêque. Le peuple est animé d'un désir et d'une ardeur admirables; enfin, quelques personnes ont établi près de nous un colporteur, qui leur porte des livres de Wittemberg. Henri lui-même voulait avoir de toi des lettres d'obédience; mais nous ne pouvions t'atteindre si promptement. Nous en avons donc donné en ton nom, sous le sceau de notre prieur. » (19 décembre 1522.)

Tous les Augustins de Wittemberg avaient l'un après l'autre abandonné le couvent, le prieur en résigna la propriété entre les mains de l'Électeur, et Luther jeta le froc. Le 9 octobre 1524, il parut en public avec une robe semblable à celle que les prédicateurs portent encore aujourd'hui en Allemagne; c'était l'Électeur qui lui en avait donné le drap.

Son exemple encouragea moines et religieuses à rentrer dans le siècle. Ces femmes, jetées tout à coup hors du cloître et fort embarrassées dans un monde qu'elles ne connaissaient pas, accouraient près de celui dont la parole leur avait fait quitter la solitude du monastère.

« J'ai reçu hier neuf religieuses sortant de captivité, du monastère de Nimpschen, et parmi elles Staupitza et deux autres de la famille de Zeschau. » (8 avril 1523.)

« J'ai grand'pitié d'elles, et surtout des autres qui meurent en foule de cette maudite et incestueuse chasteté. Ce sexe si faible est uni au mâle par la nature, par Dieu même; si on l'en sépare, il périt. O tyrans, ô parents cruels d'Allemagne!... Tu demandes ce que je ferai à leur égard? D'abord je signifierai aux parents qu'ils les recueillent; sinon, j'aurai soin qu'on les reçoive ailleurs. Voici leurs noms : Magdeleine Staupitz, Elsa de Canitz, Ave Grossin, Ave Schonfeld et sa sœur Marguerite Schonfeld, Laneta de Golis,

Marguerite Zeschau et Catherine de Bora. Elles se sont évadées d'une manière étonnante... Mendie-moi auprès de tes riches courtisans quelque argent, dont je puisse les nourrir pendant une huitaine ou une quinzaine de jours, jusqu'à ce que je les rende à leurs parents ou à ceux qui m'ont donné promesse. » (10 avril 1523.)

« Mon maître Spalatin, je m'étonne que vous m'ayez renvoyé cette femme, puisque vous connaissez bien ma main, et que vous ne donnez d'autre raison, sinon que la lettre n'était pas signée... Prie l'Électeur qu'il donne quelque dix florins et une robe neuve ou vieille ou autre chose, enfin qu'il donne pour ces pauvres vierges malgré elles. » (22 avril 1523.)

Le 10 avril 1523, Luther écrit à Léonard Koppe, bourgeois considérable de Torgau, qui avait aidé neuf religieuses à se retirer de leur couvent. Il l'approuve et l'exhorte à ne pas se laisser effrayer par les cris qui s'élèveront contre lui. « Vous avez fait une bonne œuvre, et plût à Dieu que nous pussions délivrer de même tant d'autres consciences qui sont encore prisonnières... La parole de Dieu est maintenant dans le monde et non dans les couvents... »

Le 18 juin 1523, il écrit une lettre de consolation à trois demoiselles que le duc Henri, fils du duc Georges, avaient chassées de sa cour pour avoir lu les livres de Luther. « Bénissez ceux qui vous outragent, etc... Vous n'êtes malheureusement que trop vengées de leur injustice. Il faut avoir pitié de ces furieux, de ces insensés qui ne voient pas qu'ils perdent misérablement leur âme en pensant vous faire du mal... »

« Voici bien du nouveau, que tu sais déjà sans doute, c'est que la duchesse de Montsberg s'est échappée par grand miracle du couvent de Freyberg ; elle est dans ma maison avec deux jeunes filles, l'une Marguerite Volckmarin, fille d'un bourgeois de Leipsick ; l'autre, Dorothée, fille d'un bourgeois de Freyberg. » (20 octobre 1528.)

« Cette malheureuse Élisabeth de Reinsberg, chassée de l'école des filles d'Altenbourg et n'ayant plus de quoi vivre, s'est adressée à moi après s'être plainte au Prince, qui l'a renvoyée à ceux qui sont chargés du séquestre ; elle m'a prié de t'écrire pour que tu l'appuies près d'eux, etc. » (Mars 1533.)

« Cette jeune fille d'Altenbourg, dont le vieux père et la mère ont été pris dans leur maison, s'est adressée à moi pour me supplier de lui donner secours et conseil. Ce que je ferai dans cette affaire, Dieu le sait. » (14 juillet 1533.)

Quelques mots de Luther donnent lieu de croire que ces femmes qui affluaient autour de lui, abusèrent souvent de sa facilité, que plusieurs même prétendaient faussement s'être échappées du cloître. — « Que de religieuses n'ai-je pas soutenues à grands frais !... Que de fois n'ai-je pas été trompé par de prétendues nonnes, de vraies coureuses, quelle que fût leur noblesse (*generosas meretrices*). » (1535, 24 août.)

Ces tristes méprises modifièrent de bonne heure les idées de Luther sur l'opportunité de la suppression des couvents. Dans une préface adressée à la commune de Leisnick (1523), il conseille de ne pas les supprimer violemment ; mais de les laisser s'éteindre en n'y recevant plus de novices. « Comme il ne faut contraindre personne dans les choses de la foi, continue-t-il, on ne doit pas expulser ni maltraiter ceux qui voudront rester dans les couvents, soit à cause de leur grand âge, soit par amour de l'oisiveté et de la bonne chère, soit par motif de conscience. Il faut les laisser jusqu'à leur fin comme ils ont été auparavant, car l'Évangile nous enseigne de faire du bien, même aux indignes ; et il faut considérer ici que ces personnes sont entrées dans leur état, aveuglées par l'erreur commune, et qu'elles n'ont point appris de métier qui puisse les nourrir... Les biens de ces couvents doivent être employés comme il suit : d'abord, je viens de le dire, à l'entretien des religieux qui y restent. Ensuite il faut donner une certaine somme à ceux qui en sortent (quand même ils n'auraient rien apporté), pour qu'ils puissent commencer un autre état ; car ils quittent leur asile pour toujours, et ils auraient pu, pendant qu'ils étaient au couvent, apprendre quelque chose. Quant à ceux qui avaient apporté du bien, il est juste qu'on leur en restitue la plus grande partie, sinon le tout. Ce qui reste sera mis en caisse commune pour en être prêté et donné aux pauvres du pays. On remplira ainsi la volonté des fondateurs ; car, quoi qu'ils se soient laissé séduire à donner leur bien aux couvents, leur intention a pourtant été de le consacrer à l'honneur et au culte de Dieu. Or, il n'est pas de plus beau culte que la charité chrétienne qui vient au secours de l'indigent, comme Jésus-Christ l'attestera lui-même au jugement dernier (saint Mathieu, XXV)... Cependant, si parmi les héritiers des fondateurs il s'en trouvait qui fussent dans le besoin, il serait équitable et conforme à la charité de leur délivrer une partie de la fondation, même le tout, s'il était nécessaire, la volonté de leurs pères n'ayant pu être, ou du moins n'ayant pas dû être d'ôter le pain à leurs enfants et héritiers pour le donner à des étrangers... Vous m'objecterez que je fais le trou trop large, et que de cette manière il restera peu de chose à la caisse commune; chacun, dites-vous, viendra prétendre qu'il lui faut tant et tant, etc. Mais j'ai déjà dit que ce doit être une œuvre d'équité et de charité. Que chacun examine, en sa conscience, combien il lui faudra pour ses besoins et combien il pourra laisser à la caisse, qu'ensuite la commune pèse les circonstances à son tour, et tout ira bien. Quand même la cupidité de quelques particuliers trouverait son profit à cet accommodement, cela vaudrait toujours mieux que les pillages et les désordres qu'on a vus en Bohême...

« Je ne voudrais pas conseiller à des vieillards de quitter le monastère, d'abord parce que, rendus au monde, ils deviendraient peut-être à charge aux autres, et trouveraient difficilement, dans ce refroidissement de la charité, les soins dont ils sont dignes. Dans l'intérieur du monastère, ils ne seront à charge à personne, ni obligés de recourir à la sollicitude des étrangers ; ils pourront faire beaucoup pour le salut de leur prochain, ce qui, dans le monde, leur serait difficile, je dis même impossible. » Luther finit par encourager un moine à rester dans son monastère. « J'y ai moi-même vécu quelques années ; j'y aurais vécu plus longtemps, et j'y serais encore aujourd'hui, si mes frères et l'état du monastère me l'avaient permis. » (28 février 1528.)

Quelques nonnes des Pays-Bas écrivirent au docteur Martin Luther, et se recommandèrent à ses prières. C'étaient de pieuses vierges craignant Dieu, qui se nourrissaient du travail de leurs mains et vivaient dans l'union. Le docteur en eut grande compassion, et il dit : « On doit laisser de pauvres nonnes comme celles-ci vivre toujours à leur manière. Il en est de même des feldkloster, qui ont été fondés par les princes pour ceux de la noblesse. Mais les ordres mendiants... C'est des cloîtres comme ceux dont je parlais tout à l'heure, que l'on peut tirer des gens habiles pour les charges de l'Église, pour le gouvernement civil et pour l'économie. »

Cette époque de la vie de Luther (1521-1528) fut prodigieusement affairée et misérablement laborieuse. Il n'était plus soutenu, comme dans la précédente, par la chaleur de la lutte et l'intérêt du péril. *A Spalatin :* « Je t'en conjure, délivre-moi ; je suis tellement écrasé des affaires des autres, que la vie m'en devient à charge... — Martin Luther, courtisan hors de la cour, et bien malgré lui : *Aulicus extra aulam, et invitus.* (1523.) Je suis très occupé, visiteur, lecteur, prédicateur, auteur, auditeur, acteur, coureur, lutteur, et que sais-je ? » (29 octobre 1528.)

La réforme des paroisses à poursuivre, l'uniformité des cérémonies à établir, la rédaction du grand *Catéchisme*, les réponses aux nouveaux pasteurs, les lettres à l'Électeur dont il fallait obtenir l'agrément pour chaque innovation : c'était bien du travail et bien de l'ennui. Cependant les adversaires de Luther ne le laissaient pas reposer. Érasme publiait contre lui son formidable livre *De libero Arbitrio*, auquel Luther ne se décida à répondre qu'en 1525. La Réforme elle-même semblait se tourner contre le réformateur. Son ancien ami Carlostad avait couru dans la voie où marchait Luther. C'était même pour l'arrêter dans ses rapides et violentes innovations que Luther avait quitté précipitamment le château de Wartbourg. Il ne s'agissait plus seulement de l'autorité religieuse ; l'autorité civile elle-même allait être mise en question. Derrière Carlostad, on entrevoyait Münzer ; derrière les sacramentaires et les iconoclastes, apparaissait dans le lointain la révolte des paysans, une jacquerie, une guerre servile plus raisonnée, plus niveleuse et non moins sanglante que celles de l'antiquité.

CHAPITRE III

Carlostad. — Münzer. — Guerre des paysans. (1523-1525.)

« Priez pour moi, et aidez-moi à fouler aux pieds ce Satan qui s'est élevé à Wittemberg contre l'Évangile, au nom de l'Évangile : nous avons maintenant à combattre un ange devenu, comme il croit, ange de lumière. Il sera difficile de faire céder Carlostad par persuasion ; mais Christ le contraindra, s'il ne cède de lui-même. Car nous sommes maîtres de la vie et de la mort, nous qui croyons au maître de la vie et de la mort. » (12 mars 1523.)

« J'ai résolu de lui interdire la chaire où il est monté témérairement sans aucune vocation, malgré Dieu et les hommes. » (19 mars.)

« J'ai fâché Carlostad, parce que j'ai cassé ses ordinations, quoique je n'aie pas condamné sa doctrine ; il me déplaît cependant qu'il ne s'occupe que de cérémonies et de choses extérieures, négligeant la vraie doctrine chrétienne, c'est-à-dire la foi et la charité...

Par sa sotte manière d'enseigner, il conduisait le peuple à se croire chrétien pour des misères, pour communier sous les deux espèces, pour ne pas se confesser, pour briser des images... Il voulait s'ériger en nouveau docteur et élever ses ordonnances dans le peuple sur la ruine de mon autorité (*pressa mea auctoritate*). » (30 mars.)

« Aujourd'hui même, j'ai pris à part Carlostad, pour le supplier de ne rien publier contre moi; qu'autrement, nous serions forcés de jouer de la corne l'un contre l'autre. Notre homme a juré par tout ce qu'il y a de plus sacré, de ne rien écrire contre moi. » (21 avril.)

« ... Il faut instruire les faibles avec douceur et patience... Veux-tu, après avoir sucé le lait, couper les mamelles et empêcher les autres de se nourrir comme toi? Si les mères jetaient par terre et abandonnaient les enfants qui ne savent pas, en naissant, manger comme les hommes, que serais-tu devenu? Cher ami, si tu as sucé et grandi assez, laisse donc les autres sucer et grandir à leur tour... »

Carlostad abandonna ses fonctions de professeur et d'archidiacre à Wittemberg, mais sans abandonner le traitement, il s'en alla à Orlamunde, puis à Iéna... « Carlostad a érigé une imprimerie à Iéna... Mais l'Électeur et notre académie ont promis, conformément à l'édit impérial, de ne permettre aucune publication qui n'ait été soumise à l'examen des commissaires. On ne peut souffrir que Carlostad et les siens s'affranchissent seuls de la soumission aux princes. » (7 janvier 1524.) « Carlostad est infatigable comme d'habitude; avec ses nouvelles presses qu'il a érigées à Iéna, il a publié et publiera, m'a-t-on dit, dix-huit ouvrages. » (14 janvier 1524.)

« Laissons la tristesse avec l'inquiétude à l'esprit de Carlostad. Pour nous, soutenons le combat sans trop nous en préoccuper; c'est la cause de Dieu, c'est l'affaire de Dieu, ce sera l'œuvre de Dieu, la victoire de Dieu; il saura, sans nous, combattre et vaincre; que s'il nous juge dignes de nous prendre pour cette guerre, nous serons prêts et dévoués. J'écris ceci pour t'exhorter, toi et les autres par ton intermédiaire, à ne pas avoir peur de Satan, à ne pas laisser votre cœur se troubler. Si nous sommes injustes, ne faut-il pas que nous soyons accablés? Si nous sommes justes, il y a un Dieu juste qui fera voir notre justice comme le plein midi. Périsse ce qui périt, survive ce qui survit, ce n'est pas notre affaire. » (22 octobre 1524.)

« Nous rappellerons Carlostad au nom de l'université à l'office de la parole, qu'il doit à Wittemberg; nous le rappellerons du lieu où il n'a pas été appelé; enfin, s'il ne vient pas, nous l'accuserons auprès du prince. » (14 mars 1524.)

Luther crut devoir se transporter lui-même à Iéna. Carlostad, se croyant blessé par un sermon de Luther, lui fit demander une entrevue. Elle eut lieu dans la chambre de Luther, en présence d'un grand nombre de témoins. Après de longues récriminations de part et d'autre, Carlostad dit : « Allons, docteur, prêchez toujours contre moi, je saurai ce que j'ai à faire de mon côté. *Luther :* Si vous avez quelque chose sur le cœur, écrivez-le hardiment. *Carlost.* Aussi ferai-je, et je ne craindrai personne. *Luth.* Oui, écrivez contre moi publiquement. *Carlost.* Si c'est là votre envie, j'ai de quoi vous satisfaire. *Luth.* Faites, je vous donnerai un florin pour gage de bataille. *Carlost.* Un florin ? *Luth.* Que je sois un menteur si je ne le fais. *Carlost.* Eh bien ! j'accepte. » A ce mot, le docteur Luther tira de sa poche un florin d'or qu'il présenta à Carlostad en disant : Prenez et attaquez-moi, hardiment ; allons, sus ! » Carlostad prit le florin, le montra à tous les assistants, et dit : « Chers frères, voilà des arrhes, c'est le signe du droit que j'ai d'écrire contre le docteur Luther. Soyez-en tous témoins. » Ensuite il le mit dans sa bourse et donna la main à Luther. Celui-ci but un coup à sa santé. Carlostad lui fit raison en ajoutant : « Cher docteur, je vous prie de ne pas m'empêcher d'imprimer ce que je voudrai et de ne me persécuter en aucune façon. Je pense me nourrir de ma charrue, et vous serez à même d'éprouver ce que produit la charrue. *Luth.* Comment voudrais-je vous empêcher d'écrire contre moi ? Je vous prie de le faire et je vous donne ce florin tout justement pour que vous ne m'épargniez point. Plus vous m'attaquerez violemment, plus j'en serai aise. » Ils se donnèrent encore une fois la main et se séparèrent.

Cependant comme la ville d'Orlamunde entrait trop vivement dans les opinions de Carlostad, et avait même chassé son pasteur, Luther obtint un ordre de l'Électeur pour l'en faire sortir. Carlostad lut solennellement une lettre d'adieu, aux hommes d'abord, et ensuite aux femmes ; on les avait appelés au son de la cloche, et pendant la lecture tous pleuraient : « Carlostad a écrit à ceux d'Orlamunde, avec cette suscription : *André Bodenstein, chassé, sans avoir été entendu ni convaincu, par Martin Luther.* Tu vois que moi qui ai failli être martyr, j'en suis venu à ce point de faire des martyrs à mon tour. Egranus fait le martyr aussi, et écrit qu'il a été chassé par les papistes et par les luthériens. Tu ne saurais croire combien s'est répandu ce dogme de Carlostad sur le sacrement. *** est venu à résipiscence et demande pardon ; on l'avait aussi forcé de quitter le pays ; j'ai écrit pour lui, et ne sais si j'obtiendrai. Martin d'Iéna, qui avait également reçu l'ordre de partir, a fait en chaire ses adieux, tout en larmes et implorant son pardon : il a reçu pour toute réponse cinq florins, puis en faisant mendier par la ville il a eu encore vingt-cinq gros. Tout cela tournera, je pense, au bien des prédicateurs ; ce sera une épreuve pour leur vocation, qui leur apprendra en même temps à prêcher et à se conduire avec crainte. » (27 octobre 1524.)

Carlostad tourna alors vers Strasbourg, et de là vers Bâle. Ses doctrines se rapprochaient beaucoup de celles des Suisses, d'Œcolampade, de Zwingli, etc.

« Je diffère d'écrire sur l'eucharistie jusqu'à ce que Carlostad ait répandu les poisons qu'il doit répandre, comme il me l'a promis après avoir même reçu de moi une pièce d'or. — Zwingli et Léon le juif, dans la Suisse, tiennent les mêmes opinions que Carlostad ; ainsi se propage ce fléau ; mais le Christ règne, s'il ne combat point. » (12 novembre 1524.)

Toutefois il crut devoir répondre aux plaintes que faisait Carlostad d'avoir été chassé par lui de la Saxe. « D'abord je puis bien dire que je n'ai jamais fait mention de Carlostad devant l'Électeur de Saxe; car je n'ai, de toute ma vie, dit un mot à ce prince; je ne l'ai pas non plus entendu parler, je n'ai pas même vu sa figure, si ce n'est une fois à Worms, en présence de l'Empereur, quand je fus interrogé pour la seconde fois. Mais il est vrai que je lui ai souvent écrit par Spalatin, surtout pour l'engager à résister à l'esprit d'Alstet[1]. Mais mes paroles restèrent sans effet, au point que je me fâchais contre l'Électeur. Carlostad devait donc épargner à un tel prince les outrages qu'il lui a prodigués. Quant au duc Jean-Frédéric, j'avoue que je lui ai souvent parlé de ces affaires; je lui ai signalé les attentats et l'ambition perverse de Carlostad... »

« ... Il n'y a pas à plaisanter avec *Monseigneur tout le monde* (Herr *omnes*); c'est pourquoi Dieu a constitué des autorités; car il veut qu'il y ait de l'ordre ici-bas. »

Enfin Carlostad éclata. « J'ai reçu hier une lettre de mes amis de Strasbourg au sujet de Carlostad; en voyageant de ce côté, il est allé à Bâle, et il a enfin vomi cinq livres, qui seront suivis de deux autres. J'y suis traité de double papiste, d'allié de l'Anti-Christ, que sais-je ? (14 décembre.) Mes amis m'écrivent de Bâle que les amis de Carlostad y ont été punis de la prison, et que peu s'en est fallu

---

1. C'était la résidence de Münzer, chef de la révolte des paysans dont nous parlerons plus bas.

qu'on ne brûlât ses livres. Il y a été aussi lui-même, mais en cachette. Œcolampade et Pellican écrivent pour donner leur assentiment à son opinion. » (13 janvier 1525.)

« Carlostad avait résolu d'aller nicher à Schweindorff ; mais le comte d'Henneberg le lui a interdit par lettres expresses au conseil de ville. Je voudrais bien qu'on en fît autant pour Strauss... » (10 avril 1525.)

Luther parut charmé de voir Carlostad se déclarer : « Le diable s'est tu, écrit-il, jusqu'à ce que je l'eusse gagné avec un florin qui, grâce à Dieu, a été bien placé, et je ne m'en repens pas. » Il écrivit alors divers pamphlets d'une verve admirable *Contre les prophètes célestes*. « On ne craint rien, comme si le Diable dormait, tandis qu'il tourne autour de nous, comme un lion cruel. Mais j'espère que, moi vivant, il n'y aura point de péril. Tant que je vivrai, je combattrai, serve ce que pourra. » Chacun ne cherche que ce qui plaît à la raison. Ainsi les Ariens, les Pélagiens... Ainsi sous la papauté, c'était une proposition bien sonnante que le libre arbitre pût quelque chose pour la grâce. La doctrine de la foi et de la bonne conscience importe plus que celle des bonnes œuvres ; car, si les œuvres manquent, la foi restant, il y a encore espoir de secours. On doit employer les moyens spirituels pour engager les vrais chrétiens à reconnaître leurs péchés. « Mais pour les hommes grossiers, pour *Monsieur tout le monde* (Herr *omnes*), on doit le pousser corporellement et grossièrement à travailler et faire sa besogne, de sorte que, bon gré mal gré, il soit pieux extérieurement sous la loi et sous le glaive, comme on tient les bêtes sauvages en cage et enchaînées.

« L'esprit des nouveaux prophètes veut être le plus haut esprit, un esprit qui aurait mangé le Saint-Esprit avec les plumes et avec tout le reste... Bible, disent-ils, oui, *bibel, bubel, babel*... Eh bien ! puisque le mauvais esprit est si obstiné dans son sens, je ne veux pas lui céder plus que je ne l'ai fait auparavant. Je parlerai des images, d'abord selon la loi de Moïse, et je dirai que Moïse ne défend que les images de Dieu... Contentons-nous donc de prier les princes de supprimer les images, et ôtons-les de nos cœurs. »

Plus loin Luther s'étonne ironiquement de ce que les modernes iconoclastes ne poussent pas leur zèle pieux jusqu'à se défaire aussi de leur argent et de tout objet précieux qui porte des empreintes d'images. « Pour aider la faiblesse de ces saintes gens et les délivrer de ce qui les souille, il faudrait des gaillards qui n'eussent pas grand'chose dans le gousset. La *voix céleste,* à ce qu'il paraît, n'est pas assez forte pour les engager à tout jeter d'eux-mêmes. Il faudrait un peu de violence. »

« ... Lorsqu'à Orlamunde je traitai des images avec les disciples de Carlostad, et que j'eus montré par le texte que dans tous les passages de Moïse qu'ils me citaient il n'était parlé que des idoles des païens, il en sortit un d'entre eux, qui se croyait sans doute le plus habile, et qui me dit : « Écoute ! je puis bien te tutoyer, si tu es chrétien. » Je lui répondis : « Appelle-moi toujours comme tu voudras. » Mais je remarquai qu'il m'aurait plus volontiers encore frappé ; il était si plein de l'esprit de Carlostad, que les autres ne pouvaient le faire taire. « Si tu ne veux pas suivre Moïse, continua-t-il, il faut au moins que tu souffres l'Évangile ; mais tu as jeté l'Évangile sous la table, et il faut qu'il soit tiré de là ; non, il n'y peut pas rester. — Que dit donc l'Évangile ? lui répliquai-je. — Jésus dit dans l'Évangile (ce fut sa réponse), je ne sais pas où cela se trouve, mais mes frères le savent bien, que la fiancée doit ôter sa chemise dans la nuit des noces. Donc il faut ôter et briser toutes les images, afin de devenir purs et libres de la créature. » *Hæc ille.*

« Que devais-je faire, me trouvant parmi de telles gens ? Ce fut du moins pour moi l'occasion d'apprendre que briser les images c'était, d'après l'Évangile, ôter la chemise à la fiancée dans la nuit des noces. Ces paroles et ce mot de l'Évangile jeté sous la table, il les avait entendus de son maître ; sans doute Carlostad m'avait accusé de jeter l'Évangile, pour dire qu'il était venu le relever. Cet orgueil est cause de tous ses malheurs ; voilà ce qui l'a poussé de la lumière dans les ténèbres...

« ... Nous sommes allègres et pleins de courage, et nous combattons contre des esprits mélancoliques, timides, abattus, qui ont peur du bruit d'une feuille sans avoir peur de Dieu ; c'est l'ordinaire des impies (psaume XXV). Leur passion, c'est de régenter Dieu, et sa parole et ses œuvres. Ils ne seraient pas si hardis si Dieu n'était invisible, intangible. Si c'était un homme visible et présent, il les ferait fuir avec un brin de paille.

« Celui que Dieu pousse à parler, le fait librement et publiquement sans s'inquiéter s'il est seul, et si quelqu'un se met de son parti. Ainsi fit Jérémie, et je puis me vanter d'avoir moi-même fait ainsi[1]. C'est donc sans aucun doute le Diable, cet esprit détourné et homicide, qui se glisse par derrière, et qui s'excuse ensuite, disant que d'abord il n'avait pas été assez fort dans la Foi. Non, l'esprit de Dieu ne s'excuse point ainsi. Je te connais bien, mon Diable...

« ... Si tu leur demandes (aux partisans de Carlostad) comment on arrive à cet esprit sublime, ils ne te renvoient point à l'Évangile, mais à leurs rêves, aux espaces imaginaires. « Pose-toi dans l'ennui, disent-ils, comme moi je m'y suis posé, et tu l'apprendras de même ; la voix céleste se fera entendre, et Dieu te parlera en personne. » Si ensuite tu insistes et demandes ce que c'est que cet ennui, ils en savent autant que le docteur Carlostad sait le grec et l'hébreu... Ne reconnais-tu pas ici le Diable, l'ennemi de l'ordre divin ? Le vois-tu comme il ouvre

---

[1]. « L'esprit de ces prophètes s'est toujours chevaleresquement enfui, et voilà qu'il se glorifie comme un esprit magnanime et chevaleresque. — Mais moi, j'ai paru à Leipsick pour y disputer devant le peuple le plus dangereux. Je me suis présenté à Augsbourg, sans sauf-conduit, devant mes plus grands ennemis ; à Worms, devant César et tout l'Empire, quoique je susse bien que le sauf-conduit était brisé. Mon esprit est resté libre comme une fleur des champs.. » (1524..)

une large bouche, criant : Esprit, esprit, esprit ; et tout en criant cela il détruit ponts, chemins, échelles ; en un mot, toute voie par laquelle l'esprit peut pénétrer en toi : à savoir, l'ordre extérieur établi de Dieu dans le saint baptême, dans les signes et dans sa propre parole? Ils veulent que tu apprennes à monter les nues, chevaucher le vent, et ils ne te disent ni comment, ni quand, ni où, ni quoi ; tu dois, comme eux, l'apprendre par toi-même. »

« Martin Luther, indigne ecclésiaste et évangéliste à Wittemberg, à tous les chrétiens de Strasbourg, les tout aimables amis de Dieu : Je supporterais volontiers les emportements de Carlostad dans l'affaire des images. Moi-même j'ai fait, par mes écrits, plus de mal aux images qu'il ne fera jamais par toutes ses violences et ses fureurs. Mais ce qui est intolérable, c'est que l'on excite et que l'on pousse les gens à tout cela, comme si c'était obligatoire, et qu'à moins de briser les images on ne pût être chrétien. Sans doute, les œuvres ne font pas le chrétien ; ces choses extérieures telles que les images et le Sabbat, sont laissées libres dans le Nouveau-Testament, de même que toutes les autres cérémonies de la loi. Saint Paul dit : « Nous savons que les idoles ne sont rien dans le monde. » Si elles ne sont rien, pourquoi donc, à ce sujet, enchaîner et torturer la conscience des chrétiens? Si elles ne sont rien, qu'elles tombent ou qu'elles soient debout, il n'importe. »

Il passe à un sujet plus élevé, à la question de la présence réelle, question supérieure du symbolisme chrétien dont celle des images est le côté inférieur. C'est principalement en ce point que Luther se trouvait opposé à la réforme suisse, et que Carlostad s'y rattachait, quelque éloigné qu'il en fût par la hardiesse de ses opinions politiques.

« J'avoue que si Carlostad ou quelque autre eût pu me montrer, il y a cinq ans, que dans le Saint-Sacrement il n'y a que du pain et du vin, il m'aurait rendu un grand service. J'ai eu des tentations bien fortes alors, je me suis tordu, j'ai lutté ; j'aurais été bien heureux de me tirer de là. Je voyais bien que je pouvais ainsi porter au papisme le coup le plus terrrible... Il y en a bien eu deux encore qui m'ont écrit sur ce point, et de plus habiles gens que le docteur Carlostad, et qui ne torturaient pas comme lui les paroles d'après leur caprice. Mais je suis enchaîné, je ne puis en sortir, le texte est trop puissant, rien ne peut l'arracher de mon esprit.

« Aujourd'hui même, s'il arrivait que quelqu'un pût me prouver, par des raisons solides, qu'il n'y a là que du pain et du vin, on n'aurait pas besoin de m'attaquer si furieusement. Je ne suis malheureusement que trop porté à cette interprétation toutes les fois que je sens en moi mon Adam. Mais ce que le docteur Carlostad imagine et débite sur ce sujet me touche si peu, qu'au contraire j'en suis plutôt confirmé dans mon opinion ; et si je ne l'avais déjà pensé, de telles billevesées prises hors de l'Écriture, et comme en l'air, suffiraient pour me faire croire que son opinion n'est pas la bonne. »

Il avait écrit déjà dans le pamphlet *Contre les prophètes célestes* : « Carlostad dit ne pouvoir *raisonnablement* concevoir que le corps de Jésus-Christ se réduise dans un si petit espace. Mais, si on consulte la raison, on ne croira plus aucun mystère... » Luther ajoute à la page suivante cette bouffonnerie incroyablement audacieuse : « Tu penses apparemment que l'ivrogne Christ, ayant trop bu à souper, a étourdi ses disciples de paroles superflues. »

Cette violente polémique de Luther contre Carlostad était chaque jour aigrie par les symptômes effrayants du bouleversement général qui menaçait l'Allemagne. Les doctrines du hardi théologien répondaient aux vœux, aux pensées dont les masses populaires étaient préoccupées, en Souabe, en Thuringe, en Alsace, dans tout l'occident de l'Empire. Le bas peuple, les paysans, endormis depuis si longtemps sous le poids de l'opression féodale, entendirent les savants et les princes parler de liberté, d'affranchissement, et s'appliquèrent ce qu'on ne disait pas pour eux[1]. La réclamation des pauvres paysans de la Souabe, dans sa barbarie naïve, restera comme un monument de modération courageuse. Peu à peu l'éternelle haine du pauvre contre le riche

---

1. Les paysans n'avaient pas attendu la Réforme pour s'insurger; des révoltes avaient eu lieu dès 1491, dès 1502. Les Villes Libres avaient imité cet exemple : Erfurth en 1509, Spire en 1512, et Worms en 1513. Les troubles avaient recommencé en 1524; mais cette fois par les nobles. Franz de Sickingen, leur chef, crut le moment venu de se jeter sur les biens des princes ecclésiastiques; il osa mettre le siège devant Trèves. Il était, dit-on, dirigé

se réveilla, moins aveugle toutefois que dans la *Jacquerie*, mais cherchant déjà une forme systématique, qu'elle ne devait atteindre qu'au temps des *Niveleurs* anglais. Elle se compliqua de tous les germes de démocratie religieuse qu'on avait cru étouffés au moyen âge. Des Lollardistes, des Béghards, une foule de visionnaires apocalyptiques se remuèrent. Le mot de ralliement devint plus tard la nécessité d'un second baptême ; dès le principe, le but fut une guerre terrible contre l'ordre établi, contre toute espèce d'ordre : guerre contre la propriété, c'était un vol fait au pauvre ; guerre contre la science, elle rompait l'égalité naturelle, elle tentait Dieu qui révélait tout à ses saints ; les livres, les tableaux étaient des inventions du Diable.

Les paysans se soulevèrent d'abord dans la Forêt-Noire, puis autour d'Heilbronn, de Francfort, dans le pays de Bade et Spire. De là, l'incendie gagna l'Alsace, et nulle part il n'eut un caractère plus terrible. Nous le retrouvons encore dans le Palatinat, la Hesse, la Bavière. En Souabe, le chef principal des insurgés était un des petits nobles de la vallée du Necker, le célèbre Goetz de Berlichingen, *Goetz à la main de fer*, qui assurait n'être devenu leur général que malgré lui et par force.

---

par les célèbres réformateurs Œcolampade et Bucer, et par Hutten, alors au service de l'archevêque de Mayence. Le duc de Bavière, le Palatin, le landgrave de Hesse, vinrent délivrer Trèves ; ils voulaient attaquer Mayence, en punition de la connivence présumée de l'archevêque avec Sickingen. Celui-ci périt ; Hutten fut proscrit, et dès lors sans asile, mais toujours écrivant, toujours violent et colérique ; il mourut peu après de misère.

Doélance et demande amiable de toute la réunion des paysans, avec leurs prières chrétiennes. Le tout exposé très brièvement en douze articles principaux. Au lecteur chrétien, paix et grâce divine par le Christ !

« Il y a aujourd'hui beaucoup d'anti-chrétiens qui prennent occasion de la réunion des paysans pour blasphémer l'Évangile, disant que ce sont là les fruits du nouvel Évangile, que personne n'obéisse plus, que chacun se soulève et se cabre, qu'on s'assemble et s'attroupe avec grande violence ; qu'on veuille réformer, chasser les autorités ecclésiastiques et séculières, peut-être même les égorger. A ces jugements pervers et impies répondent les articles suivants.

« D'abord ils détournent l'opprobre dont on veut couvrir la parole de Dieu ; ensuite ils disculpent chrétiennement les paysans du reproche de désobéissance et de révolte.

« L'Évangile n'est pas une cause de soulèvement ou de trouble; c'est une parole qui annonce le Christ, le Messie qui nous était promis ; cette parole et la vie qu'elle enseigne ne sont qu'amour, paix, patience et union. Sachez aussi que tous ceux qui croient en ce Christ seront unis dans l'amour, la paix et la patience. Puis donc que les articles des paysans, comme on le verra plus clairement ensuite, ne sont pas dirigés à une autre intention que d'entendre l'Évangile, et de vivre en s'y conformant, comment les anti-chrétiens peuvent-ils nommer l'Évangile une cause de trouble et de désobéissance? Si les antichrétiens et les ennemis de l'Évangile se dressent contre de telles demandes, ce n'est pas l'Évangile qui en est la cause, c'est le Diable, le mortel ennemi de l'Évangile, lequel, par l'incrédulité, a éveillé dans les siens l'espoir d'opprimer et d'effacer la parole de Dieu qui n'est que paix, amour et union.

« Il résulte clairement de là que les paysans qui, dans leurs articles, demandent un tel Évangile pour leur doctrine et pour leur vie, ne peuvent être appelés désobéissants ni révoltés. Si Dieu nous appelle et nous presse de vivre selon sa parole, s'il veut nous écouter, qui blâmera la volonté de Dieu, qui pourra s'attaquer à son jugement, et lutter contre ce qu'il lui plaît de faire? Il a bien entendu les enfants d'Israël qui criaient à lui, il les a délivrés de la main de Pharaon. Ne peut-il pas encore aujourd'hui sauver les siens? Oui, il les sauvera, et bientôt! Lis donc les articles suivants, lecteur chrétien; lis-les avec soin, et juge. »

Suivent les articles :

« I. En premier lieu, c'est notre humble demande et prière à nous tous, c'est notre volonté unanime, que désormais nous ayons le pouvoir et le droit d'élire et choisir nous-mêmes un pasteur; que nous ayons aussi le pouvoir de le déposer s'il se conduit comme il ne convient point. Le même pasteur choisi par nous doit nous prêcher clairement le Saint-Évangile, dans sa pureté, sans aucune addition de précepte ou de commandement humain. Car en nous annonçant toujours la véritable foi, on nous donne occasion de prier Dieu, de lui demander sa grâce, de former en nous cette même véritable foi et de l'y affermir. Si la grâce divine ne se forme point en nous, nous restons toujours chair et sang, et alors nous ne sommes rien de bon. On voit clairement dans l'Écriture que nous ne pouvons arriver à Dieu que par la véritable foi, et parvenir à la béatitude que par sa miséricorde. Il nous faut donc nécessairement un tel guide et pasteur, ainsi qu'il est institué dans l'Écriture.

« II. Puisque la dîme légitime est établie dans l'Ancien-Testament (que le Nouveau a confirmé en tout), nous voulons payer la dîme légitime du grain, toutefois de la manière convenable... Nous sommes désormais dans la volonté que les prud'hommes établis par une commune reçoivent et rassemblent cette dîme; qu'ils fournissent au pasteur élu par toute une commune de quoi l'entretenir lui et les siens suffisamment et convenablement, après que la commune en aura connu, et ce qui restera, on doit en user pour soulager les pauvres qui se trouvent dans le même village. S'il restait encore quelque chose, on doit le réserver pour les frais de guerre, d'escorte et autres choses semblables, afin de délivrer les pauvres gens de l'impôt établi jusqu'ici pour le paiement de ces frais. S'il est arrivé, d'un autre côté, qu'un ou plusieurs villages aient, dans le besoin, vendu leur dîme, ceux qui l'ont achetée n'auront rien à redouter de nous, nous

nous arrangerons avec eux selon les circonstances, afin de les indemniser au fur et à mesure que nous pourrons. Mais quant à ceux qui, au lieu d'avoir acquis la dîme d'un village par achat, se la sont appropriée de leur propre chef, eux ou leurs ancêtres, nous ne leur devons rien et nous ne leur donnerons rien. Cette dîme sera employée comme il est dit ci-dessus. Pour ce qui est de la petite dîme et de la dîme du sang (du bétail), nous ne l'acquitterons en aucune façon : car Dieu le Seigneur a créé les animaux pour être librement à l'usage de l'homme. Nous estimons cette dîme une dîme illégitime, inventée par les hommes ; c'est pourquoi nous cesserons de la payer. »

Dans leur IIIe article, les paysans déclarent ne plus vouloir être traités comme la propriété de leurs seigneurs, « car Jésus-Christ, par son sang précieux, les a rachetés tous sans exception, le pâtre à l'égal de l'Empereur. » Ils veulent être libres, mais seulement selon l'Écriture, c'est-à-dire sans licence aucune et en reconnaissant l'autorité : car l'Évangile leur enseigne à être humbles et à obéir aux puissances « *en toutes choses convenables et chrétiennes* ».

« IV. Il est contraire à la justice et à la charité, disent-ils, que les pauvres gens n'aient aucun droit au gibier, aux oiseaux et aux poissons des eaux courantes ; de même : qu'ils soient obligés de souffrir, sans rien dire, l'énorme dommage que font à leurs champs les bêtes des forêts ; car, lorsque Dieu créa l'homme, il lui donna pouvoir sur tous les animaux indistinctement. » — Ils ajoutent qu'ils auront, conformément à l'Évangile, des égards pour ceux d'entre les seigneurs qui pourront prouver, par des titres, qu'ils ont acheté leur droit de pêche, mais que pour les autres ce droit cessera sans indemnité.

V. Les bois et forêts anciennement communaux, qui auront passé en les mains de tiers autrement que par suite d'une vente équitable, doivent revenir à leur propriétaire originaire, qui est la commune. Chaque habitant doit avoir le droit d'y prendre le bois qui lui sera nécessaire, au jugement des prud'hommes.

VI. Ils demandent un allègement dans les services qui leur sont imposés, et qui deviennent de jour en jour plus accablants. Ils veulent servir « comme leurs pères, selon la parole de Dieu ».

« VII. Que le seigneur ne demande pas au paysan de faire gratuitement plus de services qu'il n'est dit dans le pacte mutuel (vereinigung).

« VIII. Beaucoup de terres sont grevées d'un cens trop élevé. Que les seigneurs acceptent l'arbitrage d'hommes irréprochables, et qu'ils diminuent le cens selon l'équité, « afin que le paysan ne travaille pas en vain, car tout ouvrier a droit à son salaire ».

« IX. La justice se rend avec partialité. On établit sans cesse de nouvelles dispositions sur les peines. Qu'on ne favorise personne et qu'on s'en tienne aux anciens règlements.

« X. Que les champs et prairies distraits des biens

de la commune, autrement que par une vente équitable, retournent à la commune.

« XI. Les droits de décès sont révoltants et ouvertement opposés à la volonté de Dieu, « car c'est une spoliation des veuves et des orphelins ». Qu'ils soient entièrement et à jamais abolis.

« XII. ... S'il se trouvait qu'un ou plusieurs des articles qui précèdent, fût en opposition avec l'Écriture (ce que nous ne pensons pas), nous y renonçons d'avance. Si, au contraire, l'Écriture nous en indiquait encore d'autres sur l'oppression du prochain, nous les réservons et y adhérons également dès à présent. Que la paix de Jésus-Christ soit avec tous. Amen. »

Luther ne pouvait garder le silence dans cette grande crise. Les seigneurs l'accusaient d'être le premier auteur des troubles. Les paysans se recommandaient de son nom, et l'invoquaient pour arbitre. Il ne refusa pas ce rôle dangereux. Dans sa réponse à leurs douze articles, il se porte pour juge entre le prince et le peuple. Nulle part peut-être il ne s'est élevé plus haut.

Exhortation à la paix, en réponse aux douze articles des paysans de la Souabe, et aussi contre l'esprit de meurtre et de brigandage des autres paysans ameutés.

« Les paysans actuellement rassemblés dans la Souabe viennent de dresser et de faire répandre, par la voie de l'impression, douze articles qui renferment leurs griefs contre l'autorité. Ce que j'approuve le plus dans cet écrit, c'est qu'au douzième article ils se déclarent prêts à accepter toute instruction évangélique meilleure que la leur au sujet de leurs doléances.

« En effet, si ce sont là leurs véritables intentions (et comme ils ont fait leur déclaration à la face des hommes, sans craindre la lumière, il ne me convient pas de l'interpréter autrement), il y a encore à espérer une bonne fin à toutes ces agitations.

« Et moi qui suis aussi du nombre de ceux qui font de l'Écriture sainte leur étude sur cette terre, moi auquel ils s'adressent nommément (s'en rapportant à moi dans un de leurs imprimés), je me sens singulièrement enhardi par cette déclaration de leur part à produire aussi mon sentiment au grand jour sur la matière en question, conformément aux préceptes de la charité, qui doit unir tous les hommes. En quoi faisant, je m'affranchirai et devant Dieu et devant les hommes du reproche d'avoir contribué au mal par mon silence, au cas où ceci finirait d'une manière funeste.

« Peut-être aussi n'ont-ils fait cette déclaration que pour en imposer; et sans doute il y en a parmi eux d'assez méchants pour cela, car il est impossible qu'en une telle multitude tous soient bons chrétiens; il est plutôt vraisemblable que beaucoup d'entre eux font servir la bonne volonté des autres aux desseins pervers qui leur sont propres. Eh bien! s'il y a imposture dans cette déclaration, j'annonce aux imposteurs qu'ils ne réussiront pas; et que, s'ils réussissaient, ce serait à leur dam, à leur perte éternelle.

« L'affaire dans laquelle nous sommes engagés est grande et périlleuse ; elle touche et le royaume de Dieu et celui de ce monde. En effet, s'il arrivait que cette révolte se propageât et prît le dessus, l'un et l'autre y périraient, et le gouvernement séculier et la parole de Dieu, et il s'ensuivrait une éternelle dévastation de toute la terre allemande. Il est donc urgent, dans de si graves circonstances, que nous donnions sur toutes choses notre avis librement, et sans égard aux personnes. En même temps il n'est pas moins nécessaire que nous devenions enfin attentifs et obéissants, que nous cessions de boucher nos oreilles et nos cœurs, ce qui, jusqu'ici, a laissé prendre à la colère de Dieu son plein mouvement, son branle le plus terrible (*seinen vollen gang und schwang*). Tant de signes effrayants qui, dans ces derniers temps, ont apparu au ciel et sur la terre, annoncent de grandes calamités et des changements inouïs à l'Allemagne. Nous nous en inquiétons peu, pour notre malheur ; mais Dieu n'en poursuivra pas moins le cours de ses châtiments, jusqu'à ce qu'il ait enfin fait mollir nos têtes de fer.

« Première Partie. — *Aux princes et seigneurs*. — D'abord nous ne pouvons remercier personne sur la terre de tout ce désordre et de ce soulèvement, si ce n'est vous, princes et seigneurs, vous surtout aveugles évêques, prêtres et moines insensés, qui, aujourd'hui encore, endurcis dans votre perversité, ne cessez de crier contre le Saint-Évangile, quoique vous sachiez qu'il est juste et bon et que vous ne pouvez rien dire contre. En même temps, comme autorités séculières, vous êtes les bourreaux et les sangsues des pauvres gens, vous immolez tout à votre luxe et à votre orgueil effrénés, jusqu'à ce que le peuple ne veuille ni ne puisse vous endurer davantage. Vous avez déjà le glaive à la gorge, et vous vous croyez encore si fermes en selle qu'on ne puisse vous renverser. Vous vous casserez le col avec cette sécurité impie. Je vous avais exhortés mainte fois à vous garder de ce verset (psaume CIV) : *Effundit contemptum super principes* : il verse le mépris sur les princes. Vous faites tous vos efforts pour que ces paroles s'accomplissent sur vous, vous voulez que la massue déjà levée tombe et vous écrase; les avis, les conseils seraient superflus.

« Les signes de la colère de Dieu qui apparaissent sur la terre et au ciel, s'adressent à vous pourtant. C'est vous, ce sont vos crimes que Dieu veut punir. Si ces paysans qui vous attaquent maintenant ne sont pas les ministres de sa volonté, d'autres le seront. Vous les battriez, que vous n'en seriez pas moins vaincus. Dieu en susciterait d'autres; il veut vous frapper et il vous frappera.

« Vous comblez la mesure de vos iniquités en imputant cette calamité à l'Évangile et à ma doctrine. Calomniez toujours. Vous ne voulez pas savoir ce que j'ai enseigné et ce qu'est l'Évangile; il en est un autre à la porte qui va vous l'apprendre, si vous ne vous amendez. Ne me suis-je pas employé de tout temps avec zèle et ardeur à recommander au peuple l'obéissance à l'autorité, à la vôtre même, si tyrannique, si intolérable qu'elle fût? qui plus que moi a combattu la sédition? Aussi les prophètes de meurtre me haïssent-ils autant que vous. Vous persécutiez mon Évangile par tous les moyens qui étaient en vous, pendant que cet Évangile faisait prier le peuple pour vous et qu'il aidait à soutenir votre autorité chancelante.

« En vérité, si je voulais me venger, je n'aurais maintenant qu'à rire dans ma barbe et regarder les paysans à l'œuvre; je pourrais même faire cause commune avec eux et envenimer la plaie. Dieu me préserve de pareilles pensées! C'est pourquoi, chers seigneurs, amis ou ennemis, ne méprisez pas mon loyal secours, quoique je ne sois qu'un pauvre homme; ne méprisez pas non plus cette sédition, je vous supplie : non pas que je veuille dire par là qu'ils soient trop forts contre vous; ce n'est pas eux que je voudrais vous faire craindre, c'est Dieu, c'est le Seigneur irrité. Si celui-là veut vous punir (vous ne l'avez que trop mérité), il vous punira; et s'il n'y avait pas assez de paysans, il changerait les pierres en paysans; un seul des leurs en égorgerait cent des vôtres : tous tant que vous êtes, ni vos cuirasses ni votre force ne vous sauveraient.

« S'il est encore un conseil à vous donner, chers seigneurs, au nom de Dieu reculez un peu devant la colère que vous voyez déchaînée. On craint et on évite l'homme ivre. Mettez un terme à vos exactions, faites trêve à cette âpre tyrannie; traitez les paysans comme l'homme sensé traite les gens ivres ou en démence. N'engagez pas de lutte avec eux, vous ne pouvez savoir comment cela finira. Employez d'abord la douceur, de peur qu'une faible étincelle, gagnant tout autour, n'aille allumer, par toute l'Allemagne, un incendie que rien n'éteindrait. Vous ne perdrez rien par la douceur, et quand même vous y perdriez quelque peu, la paix vous en dédommagerait au centuple. Dans la guerre, vous pouvez vous engloutir et vous perdre, corps et biens. Les paysans ont dressé douze articles dont quelques-uns contiennent des demandes si équitables, qu'elles vous déshonorent devant Dieu et les hommes, et qu'elles réalisent le psaume CVIII, car elles couvrent les princes de mépris.

« Moi, j'aurais bien d'autres articles et de plus importants peut-être à dresser contre vous, sur le gouvernement de l'Allemagne, ainsi que je l'ai fait dans mon livre *A la Noblesse allemande*. Mais mes paroles ont été pour vous comme le vent en l'air, et c'est pour cela qu'il vous faut maintenant essuyer toutes ces réclamations d'intérêts particuliers.

« Quant aux premiers articles, vous ne pouvez leur refuser la libre élection de leurs pasteurs. Ils veulent qu'on leur prêche l'Évangile. L'autorité ne peut ni ne doit y mettre d'empêchement, elle doit même permettre à chacun d'enseigner et de croire ce qui bon lui semblera, que ce soit Évangile ou mensonge. C'est assez qu'elle défende de prêcher le trouble et la révolte.

« Les autres articles, qui touchent l'état matériel des paysans, droits de décès, augmentation des services, etc., sont également justes. Car l'autorité n'est point instituée pour son propre intérêt ni pour faire servir les sujets à l'assouvissement de ses caprices et de ses mauvaises passions, mais bien pour l'intérêt du peuple. Or, on ne peut supporter si longtemps vos criantes exactions. A quoi servirait-il au paysan de voir son champ rapporter autant de florins que d'herbes et de grains de blé, si son seigneur le dépouillait dans la même mesure, et dissipait, comme paille, l'argent qu'il en aurait tiré, l'employant en habits, châteaux et bombances ? Ce qu'il faudrait faire avant tout, ce serait de couper court à tout ce luxe et de boucher les trous par où l'argent s'en va, de façon qu'il en restât quelque peu dans la poche du paysan.

« DEUXIÈME PARTIE. — *Aux Paysans.* — Jusqu'ici, chers amis, vous n'avez vu qu'une chose : j'ai reconnu que les princes et seigneurs qui défendent de prêcher l'Évangile, et qui chargent les peuples de fardeaux intolérables, ont bien mérité que Dieu les précipitât du siège, car ils pèchent contre Dieu et les hommes, ils sont sans excuse. Néanmoins c'est à vous de conduire votre entreprise avec conscience et justice. Si vous avez de la conscience, Dieu vous assistera : quand même vous succomberiez pour le moment, vous triompheriez à la fin; ceux de vous qui périraient dans le combat, seraient sauvés. Mais si vous avez la justice et la conscience contre vous, vous succomberez, et quand même vous ne succomberiez pas, quand même vous tueriez tous les princes, votre corps et votre âme n'en seraient pas moins éternellement perdus. Il n'y a donc pas à plaisanter ici. Il y va de votre corps et de votre vie à jamais. Ce qu'il vous faut considérer, ce n'est pas votre force et le tort de vos adversaires, il faut voir surtout si ce que vous faites est selon la justice et la conscience.

« N'en croyez donc pas, je vous prie, les prophètes de meurtre que Satan a suscités parmi vous, et qui viennent de lui, quoiqu'ils invoquent le saint nom de l'Évangile. Ils me haïront à cause du conseil que je vous donne, ils m'appelleront hypocrite, mais cela ne me touche point. Ce que je désire, c'est de sauver de la colère de Dieu les bonnes et honnêtes gens qui sont parmi vous ; je ne craindrai pas les autres, qu'ils me méprisent ou non. J'en connais Un qui est plus fort qu'eux tous, et celui-là m'enseigne par le psaume III de faire ce que je fais. Les cent mille ne me font pas peur...

« Vous invoquez le nom de Dieu et vous prétendez agir d'après sa parole ; n'oubliez donc pas avant tout que Dieu punit celui qui invoque son nom en vain. Craignez sa colère. Qu'êtes-vous, et qu'est-ce que le monde ? Oubliez-vous qu'il est le Dieu tout-puissant et terrible, le Dieu du déluge, celui qui a foudroyé Sodome ? Or il est facile de voir que vous ne faites pas honneur à son nom. Dieu ne dit-il pas : Qui prend l'épée périra par l'épée ? Et saint Paul : Que toute âme soit soumise à l'autorité en tout respect et honneur ? Comment pouvez-vous, après ces enseignements, prétendre encore que vous agissez d'après l'Évangile? Prenez-y garde, un jugement terrible vous attend.

« Mais, dites-vous, l'autorité est mauvaise, intolérable, elle ne veut pas nous laisser l'Évangile, elle nous accable de charges hors de toute mesure, elle nous perd de corps et d'âme. A cela je réponds que la méchanceté et l'injustice de l'autorité n'excusent pas la révolte, car il ne convient pas à tout homme de punir les méchants. En outre le droit naturel dit que nul ne doit être juge en sa propre cause, ni se venger lui-même, car le proverbe dit vrai : Frapper qui frappe, ne vaut. Le droit divin nous enseigne même chose : La vengeance m'appartient, dit le Seigneur, c'est moi qui veux juger. Votre entreprise est donc contraire non seulement au droit selon la Bible et l'Évangile, mais aussi au droit naturel et à la simple équité. Vous ne pouvez y persister à moins de prouver que vous y êtes appelés par un nouveau commandement de Dieu, tout particulier et confirmé par des miracles.

« Vous voyez la paille dans l'œil de l'autorité, mais vous ne voyez pas la poutre qui est dans le vôtre. L'autorité est injuste en ce qu'elle interdit l'Évangile et qu'elle vous accable de charges; mais combien êtes-vous plus injustes, vous qui, non contents d'entendre la parole de Dieu, la foulez aux pieds, vous qui vous arrogez le pouvoir réservé à Dieu seul? D'un autre côté, qui est le plus grand voleur (je vous en fais juges) de celui qui prend une partie ou de celui qui prend le tout? Or l'autorité vous prend injustement votre bien, mais vous lui prenez à elle non seulement le bien, mais aussi le corps et la vie. Vous assurez bien, il est vrai, que vous lui laisserez quelque chose ; qui vous en croira ? Vous lui avez pris le pouvoir ; qui prend le tout ne craint pas de prendre aussi la partie ; quand le loup mange la brebis, il en mange bien aussi les oreilles.

« Et comment ne voyez-vous donc pas, mes amis, que si votre doctrine était vraie, il n'y aurait plus sur la terre ni autorité, ni ordre, ni justice d'aucune espèce ? Chacun serait son juge à soi ; l'on ne verrait que meurtre, désolation et brigandage.

« Que feriez-vous, si dans votre troupe, chacun voulait également être indépendant, se faire justice, se venger lui-même ? Le souffririez-vous ? Ne diriez-vous pas que c'est aux supérieurs de juger ?

« Telle est la loi que doivent observer même les païens, les Turcs et les juifs, s'il doit y avoir ordre et paix sur la terre. Loin d'être chrétiens, vous êtes donc pires que les païens et les Turcs. Que dira Jésus-Christ en voyant son nom ainsi profané par vous ?

« Chers amis, je crains fort que Satan n'ait envoyé parmi vous des prophètes de meurtre qui convoitent l'empire de ce monde et qui pensent y arriver par vous, sans s'inquiéter des périls et temporels et spirituels dans lesquels ils vous précipitent.

« Mais passons maintenant au droit évangélique. Celui-ci ne lie pas les païens comme le droit dont nous venons de parler. Jésus-Christ, dont vous tirez le nom de chrétiens, ne dit-il pas (saint Mathieu, V) :

Ne résistez pas à celui qui vous fait du mal ; si quelqu'un te frappe à la joue droite, présente aussi l'autre... L'entendez-vous, chrétiens rassemblés ? Comment faites-vous rimer votre conduite avec ce précepte ? Si vous ne savez pas souffrir, comme le demande notre Seigneur, dépouillez vite son nom, vous n'en êtes pas dignes ; ou il va tout à l'heure vous l'arracher lui-même.

« (Suivent d'autres versets de l'Évangile sur la douceur chrétienne.) Souffrir, souffrir, la croix, la croix, voilà la loi qu'enseigne le Christ, il n'y en a point d'autres...

« Eh ! mes amis ; si vous faites de telles choses, quand donc en viendrez-vous à cet autre précepte qui vous commande d'aimer vos ennemis et de leur faire du bien ?... Oh ! plût à Dieu que la plupart d'entre nous fussent avant tout de bons et pieux païens qui observassent la loi naturelle !

« Pour vous montrer jusqu'où vos prophètes vous ont égarés, je n'ai qu'à vous rappeler quelques exemples qui mettent en lumière la loi de l'Évangile. Regardez Jésus-Christ et saint Pierre dans le jardin de Gézémaneh. Saint Pierre ne croyait-il pas faire une bonne action en défendant son maître et seigneur, contre ceux qui venaient pour le livrer aux bourreaux ? Et cependant vous savez que Jésus-Christ le réprimanda comme un meurtrier pour avoir résisté l'épée à la main.

« Autre exemple : Jésus-Christ lui-même attaché à la croix, que fait-il ? Ne prie-t-il pas pour ses persécuteurs, ne dit-il pas : O mon Père, pardonnez-leur, car ils ne savent ce qu'ils font? Et Jésus-Christ ne fut-il pas cependant glorifié après avoir souffert, son royaume n'a-t-il pas prévalu et triomphé? De même Dieu vous aiderait, si vous saviez souffrir comme il le demande.

« Pour prendre un exemple dans le temps même où nous vivons, comment s'est-il fait que ni l'Empereur ni le pape n'aient pu rien contre moi? Plus ils ont fait d'efforts pour arrêter et détruire l'Évangile, plus celui-ci a gagné et pris force? Je n'ai point tiré l'épée, je n'ai point fait de révolte; j'ai toujours prêché l'obéissance à l'autorité, même à celle qui me persécutait; je m'en reposais toujours sur Dieu, je remettais tout entre ses mains. C'est pour cela qu'en dépit du pape et des tyrans, il m'a non seulement conservé la vie, ce qui déjà était un miracle, mais il a aussi de plus en plus avancé et répandu mon Évangile. Et voilà que maintenant, pensant servir l'Évangile, vous vous jetez en travers. En vérité, vous lui portez le coup le plus terrible dans l'esprit des hommes, vous l'écrasez pour ainsi dire par vos perverses et folles entreprises.

« Je vous dis tout ceci, chers amis, pour vous montrer combien vous profanez le nom du Christ et sa sainte loi. Quelque justes que puissent être vos demandes, il ne convient pas au chrétien de combattre ni d'employer la violence : nous devons souffrir l'injustice, telle est notre loi (I. Corinth. VI). Je vous le répète donc, agissez en cette occurrence comme vous voudrez, mais laissez là le nom du Christ, et n'en faites pas honteusement le prétexte et le manteau de votre conduite impie. Je ne le permettrai pas, je ne le tolérerai pas, je vous arracherai ce nom par tous les efforts dont je suis capable, jusqu'à la dernière goutte de mon sang...

« Non que je veuille par là justifier l'autorité : ses torts sont immenses, je l'avoue ; mais ce que je veux, c'est que, s'il faut malheureusement (Dieu veuille nous l'épargner!), s'il faut, dis-je, que vous en veniez aux mains, on n'appelle chrétiens ni l'un ni l'autre parti. Ce sera une guerre de païens et point autre, car les chrétiens ne combattent pas avec les épées ni les arquebuses, mais avec la croix et la patience, de même que leur général Jésus-Christ ne manie pas l'épée, mais se laisse attacher à la croix. Leur triomphe ne consiste pas dans la domination et le pouvoir, mais dans la soumission et l'humilité. Les armes de notre chevalerie n'ont pas d'efficacité corporelle, leur force est dans le Très-Haut.

« Intitulez-vous donc : gens qui veulent suivre la nature et ne pas supporter le mal ; voilà le nom qui vous convient ; si vous ne le prenez pas, mais que vous persistiez à garder et prononcer sans cesse celui du Christ, je ne pourrai que vous regarder comme mes ennemis et comme ceux de l'Évangile, à l'égal du pape et de l'Empereur. Or, sachez que dans ce cas je suis décidé à m'en remettre entièrement à Dieu, et à l'implorer pour qu'il vous éclaire, qu'il soit contre vous et vous fasse échouer.

« J'y risquerai ma tête, comme j'ai fait contre le pape et l'Empereur, car je vois clairement que le Diable n'ayant pu venir à bout de moi par eux, veut m'exterminer et me dévorer par les prophètes de meurtre qui sont parmi vous. Eh bien, qu'il me dévore : un tel morceau ne sera pas de facile digestion.

« Toutefois, chers amis, je vous supplie humblement et comme un ami qui veut votre bien, d'y bien penser avant d'aller plus loin, et de me dispenser de combattre et de prier contre vous ; quoique je ne sois moi-même qu'un pauvre pécheur, je sais pourtant que dans ce cas j'aurais tellement raison que Dieu écouterait immanquablement mes prières. Il nous a enseigné lui-même, dans le saint *Pater noster*, à demander que *son nom soit sanctifié sur la terre comme au Ciel*. Il est impossible que vous ayez, de votre côté, la même confiance en Dieu : car l'Écriture et votre conscience vous condamnent et vous disent que vous agissez en païens, en ennemis de l'Évangile. Si vous étiez chrétiens, vous n'agiriez pas du poing et de l'épée ; vous diriez, *Délivrez-nous du mal*, et *Que ta volonté soit faite* (suivent des versets qui expriment cette pensée). Mais vous voulez être vous-mêmes votre Dieu et votre Sauveur ; le vrai Dieu, le vrai Sauveur vous abandonne donc. Les demandes que vous avez dressées ne sont pas contraires au droit naturel et à l'équité, par leur teneur même, mais par la violence avec laquelle vous les voulez arracher à l'autorité. Aussi celui qui les a dressées n'est pas un homme pieux et sincère; il a cité grand nombre de chapitres de l'Écriture, sans écrire les versets mêmes, afin de rendre votre entreprise spécieuse, de vous séduire et de vous jeter dans les périls. Quand on lit les chapitres qu'il a désignés, on n'y voit pas grand'chose sur votre entreprise, on y trouve plutôt le contraire, à savoir, que l'on doit vivre et agir chrétiennement. Ce sera, je pense, un prophète séditieux qui aura voulu attaquer l'Évangile par vous; Dieu veuille lui résister et vous garder de lui.

« En premier lieu, vous vous glorifiez, dans votre préface, de ne demander qu'à vivre selon l'Évangile. Mais n'avouez-vous pas vous-mêmes que vous êtes en révolte? Et comment, je vous le demande, avez-vous l'audace de colorer une pareille conduite du saint nom de l'Évangile?

« Vous citez en exemple les enfants d'Israël. Vous dites que Dieu entendit les cris qu'ils poussaient vers lui, et qu'il les délivra. Pourquoi donc ne suivez-vous pas cet exemple dont vous vous glorifiez? Invoquez Dieu, comme ils ont fait, et attendez qu'il vous envoie aussi un Moïse qui prouve sa mission par des miracles. Les enfants d'Israël ne s'ameutèrent point contre Pharaon; ils ne s'aidèrent point eux-mêmes comme vous avez dessein de faire. Cet exemple vous est donc directement contraire, et vous damne au lieu de vous sauver.

« Il n'est pas vrai non plus que vos articles, comme vous l'annoncez dans votre préface, enseignent l'Évangile et lui soient conformes. Y en a-t-il un seul, sur les douze, qui renferme quelque point de doctrine évangélique? N'ont-ils pas tous uniquement pour objet d'affranchir vos personnes et vos biens? Ne traitent-ils pas tous de choses temporelles? Vous, vous convoitez le pouvoir et les biens de la terre, vous ne voulez souffrir aucun tort; l'Évangile, au contraire, n'a nul souci de ces choses, et place la vie extérieure dans la souffrance, l'injustice, la croix, la patience et le mépris de la vie, comme de toute affaire de ce monde.

« Il faut donc ou que vous abandonniez votre entreprise, et que vous consentiez à souffrir les torts, si vous voulez porter le nom de chrétiens ; ou bien, si vous persistez dans vos résolutions, il faut que vous dépouilliez ce nom et que vous en preniez un autre. Choisissez, point de milieu.

« Vous dites que l'on empêche l'Évangile de parvenir jusqu'à vous; je vous réponds qu'il n'y a aucune puissance ni sur la terre ni au Ciel qui puisse faire cela. Une doctrine publique marche libre sous le Ciel, elle n'est liée à aucun endroit, aussi peu que l'étoile qui, traversant les airs, annonçait aux sages de l'Orient la naissance de Jésus-Christ... Si l'on interdit l'Évangile dans la ville ou le village où vous êtes, suivez-le ailleurs où on le prêche... Jésus-Christ a dit (saint Mathieu, X): « S'ils vous chassent d'une ville, fuyez dans une autre. » Il ne dit point : « S'ils veulent vous chasser d'une ville, restez-y, attroupez-vous contre les seigneurs, au nom de l'Évangile, et rendez-vous maîtres de la ville. » Qu'est-ce donc que ces chrétiens qui, au nom de l'Évangile, se font brigands, voleurs? Osent-ils bien se dire évangéliques?

« Réponse au Ier article. — Si l'autorité ne veut pas de bon gré entretenir le pasteur qui convient à la commune, il faut, dit Luther, que celle-ci le fasse à ses propres frais. Si l'autorité ne veut pas tolérer ce pasteur, que les fidèles le suivent dans une autre commune.

« Réponse à l'article II. — Vous voulez disposer d'une dîme qui n'est pas à vous : ce serait une spoliation, un brigandage. Si vous voulez faire du bien, faites-le du vôtre et non de ce qui est à autrui. Dieu dit par Isaïe : « Je déteste l'offrande qui vient du vol. »

« Réponse à l'article III. — Vous voulez appliquer à la chair la liberté chrétienne enseignée par l'Évangile. Abraham et les autres patriarches, ainsi que les prophètes, n'ont-ils pas aussi eu des serfs? Lisez saint Paul, l'empire de ce monde ne peut subsister sans l'inégalité des personnes.

« Aux huit derniers articles. — Quant à vos articles sur le gibier, le bois, les *services*, le cens, etc., je les renvoie aux hommes de loi; il ne me convient pas d'en juger, mais je vous répète que le chrétien est un martyr, et qu'il n'a nul souci de toutes ces choses; cessez donc de parler du droit chrétien, et dites plutôt que c'est le droit humain, le droit naturel que vous revendiquez, car le droit chrétien vous commande de souffrir en ces choses, et de ne vous plaindre qu'à Dieu.

« Chers amis, voilà l'instruction que j'ai à vous donner en réponse à la demande que vous m'avez faite. Dieu veuille que vous soyez fidèles à votre promesse, de vous laisser guider selon l'Écriture. Ne criez pas tout d'abord : Luther est un flatteur des princes, il parle contre l'Évangile. Mais lisez auparavant, et voyez si tout ce que je dis n'est pas fondé sur la parole de Dieu.

« *Exhortation aux deux partis*. — Puis donc, mes amis, que ni les uns ni les autres vous ne défendez une chose chrétienne, mais que les deux partis agissent également contre Dieu, renoncez, je vous supplie, à la violence. Autrement vous couvrirez toute l'Allemagne d'un carnage horrible, et cela n'aura pas de fin. Car comme vous êtes également dans l'injustice, vous vous perdrez mutuellement, et Dieu frappera un méchant par l'autre.

« Vous, seigneurs, vous avez contre vous l'Écriture et l'histoire, qui vous enseignent que la tyrannie a toujours été punie. Vous êtes vous-mêmes des tyrans et des bourreaux, vous interdisez l'Évangile. Vous n'avez donc nul espoir d'échapper au sort qui jusqu'ici a frappé vos pareils. Voyez tous ces empires des Assyriens, des Perses, des Grecs, des Romains, ils ont tous péri par le glaive, après avoir commencé par le glaive. Dieu voulait prouver que c'est lui qui est juge de la terre, et que nulle injustice ne reste impunie.

« Vous, paysans, vous avez de même contre vous l'Écriture et l'expérience. Jamais la révolte n'a eu une bonne fin, et Dieu a sévèrement pourvu à ce que cette parole ne fût pas trompeuse : Qui prend l'épée périra par l'épée. Quand même vous vaincriez tous les nobles, vainqueurs des nobles, vous vous déchireriez entre vous comme les bêtes féroces. L'esprit ne régnant pas sur vous, mais seulement la chair et le sang, Dieu ne tarderait pas à envoyer un mauvais esprit, un esprit destructeur, comme il fit à Sichem et à son roi...

« Ce qui me pénètre de douleur et de pitié (et plût au ciel que la chose pût être rachetée de ma vie!), ce sont deux malheurs irréparables qui vont fondre sur l'un et l'autre parti. D'abord, comme vous combattez tous pour l'injustice, il est immanquable que ceux qui périront dans la lutte seront éternellement perdus corps et âme ; car ils mourront dans leurs péchés, sans repentir, sans secours de la grâce. L'autre malheur c'est que l'Allemagne sera dévastée ; un tel carnage une fois commencé, il ne cessera pas avant que tout soit détruit. Le combat s'engage aisément, mais il n'est pas en notre pouvoir de l'arrêter. Insensés, que vous ont-ils donc fait, ces enfants, ces femmes, ces vieillards, que vous entraînez dans votre perte, pour que vous remplissiez le pays de sang, de brigandage, pour que vous fassiez tant de veuves et d'orphelins?

« Oh! Satan se réjouit! Dieu est dans son courroux le plus terrible, et il menace de le lâcher contre nous. Prenez-y garde, chers amis, il y va des uns comme des autres. A quoi vous servira-t-il de vous damner éternellement et de gaieté de cœur, et de laisser après vous un pays ensanglanté et désert?

« C'est pourquoi mon conseil serait de choisir quelques comtes et seigneurs parmi la noblesse, de choisir également quelques conseillers dans les villes, et de les laisser accorder les affaires à l'amiable. Vous, seigneurs, si vous m'écoutez, vous renoncerez à cet orgueil outrageant qu'il vous faudrait bien dépouiller à la fin; vous adoucirez votre tyrannie, de sorte que le pauvre homme puisse avoir aussi un peu d'aise. Vous, paysans, vous céderez de votre côté, et vous abandonnerez quelques-uns de vos articles qui vont trop loin. De cette manière, les affaires n'auront pas été traitées selon l'Évangile, mais du moins accordées conformément au droit humain.

« Si vous ne suiviez pas un semblable conseil (ce qu'à Dieu ne plaise), je ne pourrai vous empêcher d'en venir aux mains. Mais je serai innocent de la perte de vos âmes, de votre sang, de votre bien. C'est sur vous que pèseront vos péchés. Je vous l'ai déjà dit, ce n'est pas un combat de chrétiens contre chrétiens, mais de tyrans, d'oppresseurs, contre des brigands, des profanateurs du nom de l'Évangile. Ceux qui périront seront éternellement damnés. Pour moi, je prierai Dieu avec les miens, afin qu'il vous réconcilie et vous empêche d'en venir où vous voulez. Néanmoins, je ne puis vous cacher que les signes terribles qui se sont fait voir dans ces derniers temps, attristent mon âme et me font craindre que la colère de Dieu ne soit trop allumée, et qu'il ne dise comme dans Jérémie : Quand même Noé, Job et Daniel se placeraient devant ce peuple, je n'aurais pas d'entrailles pour lui. Dieu veuille que vous craigniez sa colère et que vous vous amendiez, afin que la calamité soit au moins différée! Tels sont les conseils que je vous donne en chrétien et en frère, ma conscience m'en est témoin, Dieu fasse qu'ils portent fruit. Amen. »

Le caractère biographique de cet ouvrage et les proportions dans lesquelles nous devons le resserrer, ne nous permettent pas d'entrer dans l'histoire de cette *Jacquerie* allemande (Voy. toutefois nos *Additions* et *Éclaircissements*). Nous nous contenterons ici de rapporter la sanguinaire proclamation du docteur Thomas Münzer, chef des paysans de Thuringe; elle forme un singulier contraste avec le ton de modération et de douceur qu'on a pu remarquer dans les Douze articles que nous avons donnés plus haut :

« La vraie crainte de Dieu avant tout.

« Chers frères, jusqu'à quand dormirez-vous? Désobéirez-vous toujours à la volonté de Dieu, parce que, bornés comme vous êtes, vous vous croyez abandonnés? Que de fois vous ai-je répété mes enseignements! Dieu ne peut se révéler plus longtemps. Il faut que vous teniez ferme. Sinon, le sacrifice, les douleurs, tout aura été en vain. Vous recommencerez alors à souffrir, je vous le prédis. Il faut ou souffrir pour la cause de Dieu, ou devenir le martyr du Diable.

« Tenez donc ferme, résistez à la peur et à la paresse, cessez de flatter les rêveurs dévoyés du chemin, et les scélérats impies. Levez-vous et combattez le combat du Seigneur. Le temps presse. Faites respecter à vos frères le témoignage de Dieu; autrement, tous périront. L'Allemagne, la France, l'Italie sont tout entières soulevées; le Maître veut jouer son jeu, l'heure des méchants est venue.

« A Fulde, quatre églises de l'évêché ont été saccagées la semaine sainte; les paysans de Klégen en Hégau, et ceux de la Forêt-Noire, se sont levés au nombre de trois cent mille. Leur masse grossit chaque jour. Toute ma crainte, c'est que ces insensés ne donnent dans un pacte trompeur, dont ils ne prévoient pas les suites désastreuses. Vous ne seriez que trois, mais confiants en Dieu, cherchant son honneur et sa gloire, que cent mille ennemis ne vous feraient pas peur.

« Sus, sus, sus! (*dran, dran, dran!*) il est temps, les méchants tremblent. Soyez sans pitié, quand même Esaü vous donnerait de belles paroles (*Genèse*, XXXIII); n'écoutez pas les gémissements des impies; ils vous supplieront bien tendrement, ils pleureront comme les enfants; n'en soyez pas touchés; Dieu défendit à Moïse de l'être (*Deut.*, VII), et il nous a révélé la même défense. Soulevez les villes et les villages, surtout les mineurs des montagnes...

« Sus, sus, sus! (*dran, dran, dran!*) pendant que le feu chauffe; que le glaive tiède de sang n'ait pas le temps de refroidir. Forgez Nemrod sur l'enclume, *pink pank,* tuez tout dans la tour; tant que ceux-là vivront, vous ne serez jamais délivrés de la crainte des hommes. On ne peut vous parler de Dieu, tant qu'ils règnent sur vous.

« Sus, sus, sus! (*dran, dran, dran!*) pendant qu'il fait jour; Dieu vous précède; suivez. Toute cette histoire est décrite et expliquée dans saint Mathieu, chapitre XXIV. N'ayez donc peur. Dieu est avec vous, comme il est dit chapitre II, paragraphe 2. Dieu vous dit de ne rien craindre. N'ayez peur du nombre. Ce n'est pas votre combat, c'est celui du Seigneur; ce n'est pas vous qui combattez. Soyez hardis, et vous éprouverez la puissance du secours d'en haut. Amen. Donné à Mülhausen, en 1525. Thomas Munzer, serviteur de Dieu contre les impies. »

Dans une lettre à l'Électeur Frédéric et au duc Jean, Luther se compare à Münzer... « Moi, je ne suis qu'un pauvre homme; j'ai commencé mon entreprise avec crainte et tremblement; ainsi fit saint Paul (il l'avoue lui-même, Cor., I, 3-6), lui qui, cependant, pouvait se glorifier d'entendre une voix céleste. Moi, je n'entends pas de telles voix, et je ne suis pas soutenu de l'Esprit. Avec quels humbles ménagements n'ai-je pas attaqué le pape! quels n'ont pas été mes combats contre moi-même! quelles supplications n'ai-je pas faites à Dieu! mon premier écrit en fait foi. Cependant j'ai fait avec ce pauvre esprit ce que n'a pas encore osé ce terrible esprit *croque-monde* (weltfressergeist)[1]. J'ai disputé à Leipsick, entouré du peuple le plus hostile. J'ai comparu à Augsbourg devant mon plus grand ennemi. J'ai tenu à Worms devant César et tout l'Empire, quoique je susse bien que mon sauf-conduit était rompu et que l'astuce et la trahison m'attendaient.

« Quelque faible et pauvre que je fusse alors, mon cœur me disait pourtant qu'il fallait entrer dans Worms, dussé-je y trouver autant de diables que de tuiles sur les toits... Il m'a fallu, dans mon coin, disputer sans relâche, que ce fût contre un, contre deux, contre trois, n'importe, de quelque façon qu'on le demandât. Faible et pauvre d'esprit, j'ai dû pourtant rester à moi-même, comme la fleur des champs; je ne pouvais choisir ni l'adversaire, ni le temps, ni le lieu, ni le mode, ni la mesure de l'attaque; j'ai dû me tenir prêt à répondre à tout le monde, comme l'enseigne l'apôtre (saint Pierre, Ep., I, 3-15).

« Et cet esprit qui est élevé au-dessus de nous autant que le soleil l'est au-dessus de la terre, cet esprit qui nous regarde à peine comme des insectes et des vermisseaux, il lui faut une assemblée toute composée de gens favorables et sûrs desquels il n'ait rien à craindre, et il refuse de répondre à deux ou trois tenants qui l'interrogeraient à part... C'est que nous n'avons de force que celle que Jésus-Christ nous donne; s'il nous livre à nous-mêmes, le bruit d'une feuille peut nous faire trembler; s'il nous soutient,

---

[1]. Münzer se refusait à toute controverse privée ou tenue devant une assemblée qui ne lui fût pas favorable.

notre esprit sent bien en soi la puissance et la gloire du Seigneur... Je suis forcé de me vanter moi-même, quelque folie qu'il y ait en cela; saint Paul y fut bien contraint aussi (Cor., II, 11-16); je m'en abstiendrais volontiers, si je le pouvais en présence de ces esprits de mensonge. »

Immédiatement après la défaite des paysans, Mélanchton publia une petite histoire de Münzer. Il est inutile de dire que ce récit est singulièrement défavorable aux vaincus. L'auteur assure que Münzer, réfugié à Frankenhausen, se cacha dans un lit, et fit le malade, mais un cavalier le trouva, et son portefeuille le fit reconnaître...

« Quand on lui serra les menottes, il poussa des cris; à cette occasion le duc Georges s'avisa de lui dire : « Tu souffres, Thomas, mais ils ont souffert davantage aujourd'hui, les pauvres gens qu'on a tués, et c'est toi qui les avais poussés là. — Ils ne l'ont pas voulu autrement », répondit Thomas, en éclatant de rire, comme s'il eût été possédé du Diable... »

« Münzer avoua dans son interrogatoire qu'il songeait depuis longtemps à réformer la chrétienté, et que le soulèvement des paysans de la Souabe lui avait paru une occasion favorable.

Il se montra très pusillanime au dernier moment. Il était tellement égaré, qu'il ne put réciter seul le *Credo*. Le duc Henri de Brunswick le lui dit et il le répéta. — Il avoua aussi publiquement qu'il avait eu tort; quant aux princes, il les exhorta à être moins durs envers les pauvres gens, et à lire les *Livres des*

Rois, disant que s'ils suivaient ses conseils, ils n'auraient plus de semblables dangers à craindre. Après ce discours il fut décapité. Sa tête fut attachée à une pique, et resta exposée pour l'exemple. »

Il écrivit avant de mourir aux habitants de Mülhausen, pour leur recommander sa femme et les prier de ne point se venger sur elle. « Avant de quitter la terre, disait-il, il croyait devoir les exhorter instamment à renoncer à la révolte et à éviter toute nouvelle effusion de sang. »

De quelques atroces violences que se soient souillés Münzer et les paysans, on s'étonne de la dureté avec laquelle Luther parle de leur défaite. Il ne leur pardonne pas d'avoir compromis le nom de la Réforme... « O misérables esprits de troubles, où sont maintenant ces paroles par lesquelles vous excitiez et ameutiez les pauvres gens? quand vous disiez qu'ils étaient le peuple de Dieu, que Dieu combattait pour eux, qu'un seul d'entre eux abattrait cent ennemis, qu'avec un chapeau ils en tueraient cinq de chaque coup, et que les pierres des arquebuses, au lieu de frapper devant, tourneraient contre ceux qui les auraient tirées? Où est maintenant Münzer avec cette manche dans laquelle il se faisait fort d'arrêter tout ce qu'on lancerait contre son peuple? Quel est maintenant ce Dieu qui, pendant plus d'une année, a prophétisé par la bouche de Münzer? »

« Je crois que tous les paysans doivent périr plutôt que les princes et les magistrats, parce que les paysans prennent l'épée sans autorité divine... Nulle miséricorde, nulle tolérance n'est due aux paysans, mais l'indignation de Dieu et des hommes. » (30 mai 1525.) — « Les paysans, dit-il ailleurs, sont dans le ban de Dieu et de l'Empereur. On peut les traiter comme des chiens enragés. » — Dans une lettre du 21 juin, il énumère les horribles massacres qu'en ont faits les nobles, sans donner le moindre signe d'intérêt ou de pitié.

Luther montra plus de générosité à l'égard de son ennemi Carlostad. Celui courait alors le plus grand danger. Il avait peine à se justifier d'avoir enseigné des doctrines analogues à celles de Münzer. Il revint à Wittemberg, s'humilia auprès de Luther. Celui-ci intercéda en sa faveur et obtint de l'Électeur que Carlostad pût, selon son désir, s'établir comme laboureur à Kemberg.

« Le pauvre homme me fait beaucoup de peine, et Votre Grâce sait qu'on doit être clément envers les malheureux, surtout quand ils sont innocents. » (12 septembre 1525.)

Le 22 novembre 1526, il écrit encore : « ... Le docteur Carlostad m'a vivement prié d'intercéder auprès de Votre Grâce pour qu'il lui fût accordé d'habiter la ville de Kemberg ; la malice des paysans lui rend pénible le séjour d'un village. Or, comme il s'est tenu tranquille jusqu'à présent, et que d'ailleurs le prévôt de Kemberg le pourrait bien surveiller, je prie humblement Votre Grâce Électorale de lui accorder sa demande, quoique Votre Grâce ait déjà fait beaucoup pour lui et qu'elle se soit même attiré à son sujet des soupçons et des calomnies. Mais Dieu vous le rendra d'autant plus abondamment. C'est à lui de songer au salut de son âme, cela le regarde : pour ce qui est du corps et de la subsistance, nous devons le bien traiter. »

« A tous les chers chrétiens qui le présent écrit verront, grâce et paix de Dieu notre père et de notre Seigneur Jésus-Christ. Le docteur Martin Luther. Le docteur Andréas Carlostad vient de m'envoyer un petit livre par lequel il se disculpe d'avoir été l'un des chefs des rebelles, et il me prie instamment de faire imprimer cet écrit pour sauver l'honneur de son nom et peut-être même sa vie qui se trouve en péril, par suite de la précipitation avec laquelle on jugerait les accusés. En effet, le bruit court que l'on va procéder rapidement contre beaucoup de pauvres gens, et par pure colère exécuter les innocents avec les coupables, sans les avoir entendus ni convaincus; et je crains bien que les lâches tyrans qui, auparavant, tremblaient au bruit d'une feuille, ne s'enhardissent maintenant à assouvir leur mauvais vouloir, jusqu'à ce que, au jour marqué, Dieu les jette bas à leur tour.

« Or, quoique le docteur Carlostad soit mon plus grand ennemi, dans des questions de doctrine, et qu'il n'y ait pas de réconciliation à espérer entre nous sur ces points, la confiance avec laquelle il s'adresse à moi dans ses alarmes, plutôt qu'à ses anciens amis qui l'animaient autrefois contre moi, cette confiance ne sera point trompée, et je lui rendrai volontiers ce service, ainsi que d'autres s'il y a lieu. »

Luther exprime l'espoir que, par la grâce de Dieu, tout pourra encore bien tourner pour Carlostad, et qu'il finira par renoncer à ses erreurs touchant le sacrement. En même temps il se défend contre ceux qui croiraient qu'en faisant cette démarche, il cède en quoi que ce soit sur les points de doctrine. Quant à ceux qui l'accuseraient d'un excès de crédulité, il leur répond « qu'il ne lui convient ni à lui ni à personne de juger le cœur d'autrui. La charité n'est pas soupçonneuse, dit saint Paul, et ailleurs : La charité croit et confie tout ».

« Voici donc mon opinion : tant que le docteur Carlostad s'offre à se faire juger selon le droit, et à souffrir ce qui est juste au cas où il serait convaincu d'avoir pris part à la rébellion, je dois ajouter foi à son livre et à son dire, quoique moi-même auparavant je fusse disposé à le croire animé, lui et les siens, d'un esprit séditieux. Mais à présent je dois aider à ce qu'il obtienne l'enquête qu'il désire. »

Dans ce qui suit, Luther attribue, en grande partie, ce qui arrive à la violence avec laquelle les princes et les évêques se sont opposés à l'introduction de la Réforme religieuse. De là parmi le peuple cette fureur qui naturellement ne cessera point avant que les tyrans ne soient dans la boue; car les choses ne peuvent durer quand un maître ne sait qu'inspirer la crainte, au lieu de se faire aimer.

« Non, laissons plutôt notre prêtraille et nos hobereaux fermer l'oreille aux avertissements; qu'ils aillent, qu'ils aillent, qu'ils continuent d'accuser l'Évangile du mal qu'ils ont mérité, qu'ils disent toujours : Je m'en moque. Tout à l'heure il en viendra un Autre qui leur répondra : « Je veux que dans quelque temps il ne reste sous le ciel ni prince ni évêque. » Laissez-les donc faire; ils ne tarderont pas à trouver ce qu'ils cherchent depuis si longtemps; la chose est en train. Dieu veuille encore qu'ils se convertissent à temps ! Amen.

« Je prie en conséquence les nobles et les évêques et tout le monde, de laisser se défendre le docteur Carlostad, qui assure si solennellement pouvoir se justifier de toute rébellion, de peur que Dieu ne soit tenté davantage, et que la colère du peuple ne devienne plus violente et plus juste... Il n'a jamais menti Celui qui a promis d'entendre les cris des opprimés, et ce n'est non plus la puissance qui lui manque pour punir. Que Dieu nous accorde sa grâce. Amen. » (1525).

« L'Allemagne est perdue, j'en ai peur. Il faut bien qu'elle périsse puisque les princes ne veulent employer que l'épée. Ah! ils croient qu'on peut ainsi arracher, poil à poil, la barbe du bon Dieu; il le leur rendra sur la face. » (1526.)

« L'esprit de ces tyrans est impuissant, lâche, étranger à toute pensée honnête. Ils sont dignes d'être les esclaves du peuple. Mais par la grâce de Christ, je suis assez vengé par le mépris que j'ai pour eux et pour Satan, leur dieu. » (Fin de décembre 1525.)

CHAPITRE IV

Attaques des rationalistes contre Luther. — Zwingli, Bucer, etc. Érasme. (1524-1527.)

Pendant cette terrible tragédie de la guerre des paysans, la guerre théologique continuait contre Luther. Les réformateurs de la Suisse et du Rhin, Zwingli, Bucer, Œcolampade, partageaient les principes théologiques de Carlostad : ils n'en différaient guère que par leur soumission à l'autorité civile. Aucun d'eux ne voulait rester dans les bornes que Luther prétendait imposer à la Réforme. Durs et froids logiciens, ils effaçaient chaque jour ce qu'il essayait de sauver de la vieille poésie chrétienne. Moins hardi, et plus dangereux encore, le roi des gens de lettres, le froid et ingénieux Érasme lui portait des coups plus terribles.

Pendant longtemps, Zwingli et Bucer[1], esprits poli-

---

1. Les érudits du seizième siècle traduisaient ordinairement en grec leur nom propre. Ainsi Kuhhorn (corne de vache) avait changé son nom en celui

tiques, essayèrent de sauver à tout prix l'apparente unité du protestantisme. Bucer, *le grand architecte des subtilités* (Bossuet), dissimula quelque temps ses opinions aux yeux de Luther et se fit même le traducteur de ses ouvrages allemands. « Personne, dit Luther, personne n'a traduit en latin mes ouvrages avec plus d'habileté et d'exactitude que maître Bucer. Il n'y mêle rien de ses folies relativement au sacrement. Si je voulais montrer mon cœur et ma pensée avec des mots, je ne pourrais pas mieux faire. »

Ailleurs il semble s'être aperçu de l'infidélité de la traduction. Le 13 septembre 1527, il écrit à un imprimeur que Bucer, en traduisant ses ouvrages en latin, avait altéré certains passages de manière à lui faire dire ce qu'il ne pensait pas. « C'est ainsi que nous avons rendu les Pères hérétiques. » Et il le prie, s'il réimprime le volume où se trouvent les changements de Bucer, de faire lui-même une préface pour avertir le lecteur. En 1527, Luther écrivit contre Zwingli et Œcolampade un livre où il les appelait nouveaux wiclefistes et déclarait leurs opinions dangereuses et sacrilèges.

Enfin, en 1528, il disait : « Je connais assez et plus qu'assez l'iniquité de Bucer, pour ne pas m'étonner qu'il tourne contre moi ce que j'ai écrit pour le sacrement... Que le Christ te garde, toi qui vis au milieu de

---

de Bucer, Hauschein (lumière domestique) se fit appeler Œcolampade, Didier (de *desiderium*, désir) Érasme, Schwarz-Erde (terre-noire), Mélanchton, etc. Luther et Zwingli, les deux réformateurs populaires, gardent seuls le nom qu'ils ont reçu, dans la langue vulgaire.

ces bêtes féroces, de ces vipères, de ces lionnes, de ces panthères, avec presque plus de danger que Daniel dans la fosse aux lions. »

« Je crois Zwingli bien digne d'une sainte haine, pour sa téméraire et criminelle manière de traiter la parole de Dieu. » (27 octobre 1527.) — « Quel homme que ce Zwingli, si ignorant dans la grammaire et la dialectique pour ne rien dire des autres sciences! » (28 novembre 1527.)

Dans un second ouvrage qu'il publia contre eux en 1528, il dit : « Je rejette et condamne comme pure erreur toute doctrine qui parle du libre arbitre. » C'était là sa grande querelle avec Érasme. Elle avait commencé dès l'année 1525, où Érasme publia son livre *De libero Arbitrio;* jusqu'alors ils avaient été en relations amicales. Érasme avait plusieurs fois pris la défense de Luther, et celui-ci, en retour, consentait à respecter la neutralité d'Érasme. La lettre suivante montre que Luther croyait en 1524 avoir besoin de garder encore quelques ménagements.

« Voilà assez longtemps que je me tais, cher Érasme; et quoique j'attendisse que toi, le premier et le plus grand des deux, tu rompisses le silence, j'ai cru que la charité même m'ordonnait de commencer. D'abord je ne te reproche pas d'être resté éloigné de nous, de crainte d'embarrasser la cause que tu soutenais contre nos ennemis, les papistes. Enfin je ne me suis pas autrement fâché de ce que, dans les livres que tu as publiés en plusieurs endroits pour capter leur faveur ou adoucir leur furie, tu nous as harcelés de quelques morsures et piqûres assez vives. Nous voyons que le Seigneur ne t'a pas donné encore l'énergie ou le sens qu'il faudrait pour attaquer ces monstres librement et courageusement, et nous ne sommes pas gens à exiger de toi ce qui est au-dessus de tes forces. Nous avons respecté en toi ta faiblesse et la mesure du don de Dieu. Le monde entier ne peut nier que tu n'aies fait fleurir les lettres, par où l'on arrive à la véritable intelligence des Écritures, et que ce don de Dieu ne soit en toi magnifique et admirable; c'est de quoi il faut rendre grâce. Aussi, n'ai-je jamais désiré de te voir sortir de la mesure où tu te tiens pour entrer dans notre camp; tu y rendrais de grands services sans doute par ton talent et ton éloquence; mais, puisque le cœur fait défaut, mieux vaut servir dans ce que Dieu t'a donné. On craignait seulement que tu ne te laissasses entraîner par nos adversaires à attaquer nos dogmes dans des livres, et alors j'aurais été contraint de te résister en face. Nous avons apaisé quelques-uns des nôtres qui avaient préparé des livres pour te traîner dans l'arène. C'est pour cette raison que je n'aurais pas voulu voir publier l'*Expostulatio* d'Hutten, et encore moins ton *Éponge d'Hutten*. Tu as pu, dans cette dernière circonstance, sentir par toi-même combien il est aisé d'écrire sur la modération et d'accuser l'emportement de Luther, mais difficile, impossible de pratiquer ces leçons, sinon par un don singulier de l'esprit. Crois-le donc ou ne le crois pas, le Christ m'est témoin que je te plains du fond de l'âme, à voir tant de haines et de passions irritées contre toi, desquelles je ne puis croire (ta vertu est humaine et trop faible pour de tels orages) que tu ne ressentes aucune émotion. Cependant peut-être les nôtres sont poussés par un zèle légitime ; il leur semble que tu les as indignement provoqués... Pour moi, quoique irritable et souvent entraîné par la colère à écrire avec amertume, je ne l'ai jamais fait qu'à l'égard des opiniâtres. Cette clémence et cette douceur envers les pécheurs et les impies, quelque insensés et iniques qu'ils puissent être, ma conscience m'en rend témoignage, et je puis en appeler à l'expérience de bien des gens. De même j'ai retenu ma plume, malgré tes piqûres, j'ai promis de la retenir jusqu'à ce que tu te fusses ouvertement déclaré. Car, quels que soient nos dissentiments, avec quelque impiété ou quelque dissimulation que tu exprimes ta désapprobation ou tes doutes sur les points les plus importants de la religion, je ne puis ni ne veux t'accuser d'entêtement. Mais que faire maintenant? Des deux côtés les choses sont très envenimées. Moi, je voudrais, si je pouvais servir de médiateur, qu'ils cessassent de t'attaquer avec tant de furie, et laissassent ta vieillesse s'endormir en paix dans le Seigneur. Ils le feraient, je pense, s'ils considéraient ta faiblesse et s'ils appréciaient la grandeur de cette cause qui a depuis longtemps dépassé ta petite mesure. Les choses en sont venues à ce point qu'il n'y a guère de péril à craindre pour notre cause, lors même qu'Érasme réunirait contre nous toutes ses forces... Toutefois il y a bien quelque raison pour que les nôtres supportent mal tes attaques ; c'est que la faiblesse humaine s'inquiète et s'effraie de l'autorité et du nom d'Érasme; être mordu d'Érasme une seule fois, c'est tout autre chose que d'être en butte aux attaques de tous les papistes conjurés. Je voulais te dire tout cela, cher Érasme, en preuve de ma candeur, et parce que je désire que le Seigneur t'envoie un esprit digne de ton nom. Si cela tarde, je demande de toi que, du moins, tu restes spectateur de notre tragédie. Ne joins pas tes forces à nos adversaires; ne publie pas de livres contre moi, et je n'en publierai pas contre toi. Quant à ceux qui se plaignent d'être attaqués au nom de Luther, souviens-toi que ce sont des hommes semblables à toi et à moi, auxquels il faut accorder indulgence et pardon, et que, comme dit saint Paul, *il nous faut porter le fardeau les uns des autres.* C'est assez de se mordre, il faut songer à ne pas nous dévorer les uns les autres... » (Avril 1524.)

A Borner. « Érasme en sait moins sur la prédestination que n'en avaient jamais su les sophistes de l'École. Érasme n'est pas redoutable sur cette matière, non plus que dans toutes les choses chrétiennes.

« Je ne provoquerai pas Érasme, et même, s'il me provoque une fois, deux fois, je ne riposterai pas. Il n'est pas sage à lui de préparer contre moi les forces de son éloquence... Je me présenterai avec confiance devant le très éloquent Érasme, tout bégayant que je suis en comparaison de lui; je ne me soucie point de son crédit, de son nom, de sa réputation. Je ne me fâche pas contre Mosellanus de ce qu'il s'attache à Érasme plutôt qu'à moi. Dis-lui même qu'il soit érasmien de toute sa force. » (28 mai 1522.)

Ces ménagements ne pouvaient durer. La publication du *De libero Arbitrio* fut une déclaration de guerre. Luther reconnut que la véritable question venait d'être enfin posée. « Ce que j'estime, ce que je loue en toi, c'est que seul tu as touché le fond de l'affaire, et ce qui est le tout des choses ; je veux dire : le libre arbitre. Toi, tu ne me fatigues pas de querelles étrangères, de papauté, de purgatoire, d'indulgences et autres fadaises, pour lesquelles ils m'ont relancé. Seul, tu as saisi le nœud, tu as frappé à la gorge. Merci, Érasme!... »

« Il est irréligieux, dis-tu, il est superflu, de pure curiosité, de savoir si Dieu est doué de prescience, si notre volonté agit dans ce qui touche le salut éternel, ou seulement souffre l'action de la grâce ; si ce que nous faisons de bien ou de mal, nous le faisons ou le souffrons... Grand Dieu! qu'y aura-t-il donc de religieux, de grave, d'utile? Érasme, Érasme, il est difficile d'alléguer ici l'ignorance. Un homme de ton âge, qui vit au milieu du peuple chrétien et qui a longtemps médité l'Écriture! il n'y a pas moyen de t'excuser ni de bien penser de toi... Eh quoi! vous, théologien, vous, docteur des chrétiens, vous ne restez pas même dans votre scepticisme ordinaire ; vous décidez que ces choses n'ont rien de nécessaire, sans lesquelles il n'y a plus ni Dieu, ni Christ, ni Évangile, ni foi, rien qui subsiste, je ne dis pas du christianisme, mais du judaïsme! »

Mais Luther a beau être fort, éloquent, il ne peut

briser les liens qui l'enserrent. « Pourquoi, dit Érasme, Dieu ne change-t-il pas le vice de notre volonté, puisqu'elle n'est pas en notre pouvoir; ou pourquoi nous l'impute-t-il, puisque ce vice de la volonté est inhérent à l'homme? Le vase dit au potier : « Pourquoi m'avez-vous fait pour le feu éternel!... » Si l'homme n'est pas libre, que signifient *précepte, action, récompense*, enfin toute la langue? Pourquoi ces mots : Convertissez-vous, etc.? »

Luther est fort embarrassé de répondre à tout cela : « Dieu nous parle ainsi, dit-il, seulement pour nous convaincre que nous sommes impuissants si nous n'implorons le secours de Dieu. Satan dit : Tu peux agir. Moïse dit : Agis, pour nous convaincre contre Satan que nous ne pouvons agir. » Réponse, ce semble, ridicule et cruelle; c'est lier les gens pour leur dire : Marchez, et les frapper chaque fois qu'ils tombent. Reculant devant les conséquences qu'Érasme tire ou laisse entrevoir, Luther rejette tout système d'interprétation de l'Écriture, et lui-même se trouve forcé d'y recourir pour échapper aux conclusions de son adversaire. C'est ainsi, par exemple, qu'il explique le *Indurabo cor Pharaonis* : « En nous, c'est-à-dire par nous, Dieu fait le mal, non par sa faute, mais par suite de nos vices; car nous sommes pécheurs par nature, tandis que Dieu ne peut faire que le bien. En vertu de sa toute-puissance, il nous entraîne dans son action, mais il ne peut faire, quoiqu'il soit le bien même, qu'un mauvais instrument ne produise pas le mal. »

Ce dut être une grande joie pour Érasme, de voir l'ennemi triomphant de la papauté s'agiter douloureusement sous les coups qu'il lui portait, et saisir pour le combattre une arme si dangereuse à celui qui la tient. Plus Luther se débat, plus il prend avantage, plus il s'enfonce dans sa victoire, et plus il plonge dans l'immoralité et le fatalisme, au point d'être contraint d'admettre que Judas devait nécessairement trahir le Christ. Aussi Luther garda un long souvenir de cette querelle. Il ne se fit point illusion sur son triomphe ; la solution du terrible problème ne se trouvait point, il le sentait, dans son *De servo Arbitrio*, et jusqu'à son dernier jour le nom de celui qui l'avait poussé jusqu'aux plus immorales conséquences de la doctrine de la grâce, se mêle dans ses écrits et dans ses discours aux malédictions contre les blasphémateurs du Christ.

Il s'indignait surtout de l'apparente modération d'Érasme qui, n'osant attaquer à sa base l'édifice du christianisme, semblait vouloir le détruire lentement, pierre à pierre. Ces détours, cette conduite équivoque, n'allaient point à l'énergie de Luther. « Érasme, dit-il, ce roi amphibole qui siège tranquille sur le trône de l'amphibologie, nous abuse par ses paroles ambiguës, et bat des mains quand il nous voit enlacés dans ses insidieuses figures, comme une proie tombée dans ses rets. Trouvant alors une occasion pour sa rhétorique, il tombe sur nous à grands cris, déchirant, flagellant, crucifiant, nous jetant tout l'enfer à la tête, parce qu'on a compris, dit-il, d'une manière calomnieuse, infâme et satanique, des paroles qu'il voulait cependant que l'on comprît ainsi... Voyez-le s'avancer en rampant comme une vipère pour tenter les âmes simples, comme le serpent qui sollicita Ève au doute et lui rendit suspects les préceptes de Dieu. » Cette querelle causa à Luther, quoi qu'il en dise, tant d'embarras et de tourments, qu'il finit par refuser le combat, et qu'il empêcha ses amis de répondre pour lui. « Quand je me bats contre de la boue, vainqueur ou vaincu, je suis toujours sali[1]. »

« Je ne voudrais pas, écrit-il à son fils Jean, recevoir dix mille florins, et me trouver devant Notre-Seigneur dans le péril où sera Jérôme, encore moins dans celui d'Érasme.

« Si je reprends de la santé et de la force, je veux pleinement et librement confesser mon Dieu contre Érasme. Je ne veux pas vendre mon cher petit Jésus. J'avance tous les jours vers le tombeau ; c'est pourquoi je veux auparavant confesser mon Dieu à pleine bouche et sans mettre une feuille devant. — Jusqu'ici j'ai hésité, je me disais : Si tu le tues, qu'arrivera-t-il ? J'ai tué Münzer dont la mort me pèse sur le col. Mais je l'ai tué parce qu'il voulait tuer mon Christ. »

Au jour de la Trinité, le docteur Martin Luther dit : « Je vous prie, vous tous, pour qui l'honneur de Christ et de l'Évangile est une chose sérieuse, que vous veuilliez être ennemis d'Érasme... »

---

1. Hoc scio pro certo, quod, si cum stercore certo,
   Vinco vel vincor, semper ego maculor.

Un jour le docteur Luther dit au docteur Jonas et au docteur Pomeranus, avec un grand et sérieux zèle de cœur : « Je vous recommande comme ma dernière volonté d'être terribles pour ce serpent... Dès que je reviendrai en santé, je veux, avec l'aide de Dieu, écrire contre lui, et le tuer. Nous avons souffert qu'il se moquât de nous et nous prît à la gorge ; mais aujourd'hui qu'il en veut faire autant au Christ, nous voulons nous mettre contre lui... Il est vrai qu'écraser Érasme, c'est écraser une punaise ; mais mon Christ dont il se moque, m'importe plus que le péril d'Érasme.

« Si je vis, je veux, avec l'aide de Dieu, purger l'Église de son ordure. C'est lui qui a semé et fait connaître Crotus, Egranus, Witzeln, Œcolampade, Campanus et autres visionnaires ou épicuriens. Je ne veux plus le reconnaître dans l'Église, qu'on le sache bien. »

Luther dit un jour en voyant le portrait d'Érasme : « Érasme, comme sa figure le montre, est un homme plein de ruse et de malice, qui s'est moqué de Dieu et de la religion. Il emploie de belles paroles : « le cher Seigneur Christ, la parole de salut, les saints sacrements » ; mais il tient la vérité pour une très froide chose. S'il prêche, cela sonne faux, comme un vase fêlé. Il a attaqué la papauté, et maintenant il tire sa tête du lacs. »

CHAPITRE V

Mariage de Luther. Pauvreté. Découragement. Abandon. Maladie. Croyance à la fin du monde. (1526-1529.)

L'âme la plus ferme aurait eu peine à résister à tant de secousses; celle de Luther faiblit visiblement après la crise de 1525. Son rôle avait changé, et de la manière la plus triste. L'opposition d'Érasme signalait l'éloignement des gens de lettres qui, d'abord, avaient servi si puissamment la cause de Luther. Il avait laissé sans réponse sérieuse le livre *De libero Arbitrio*. Le grand novateur, le chef du peuple contre Rome, s'était vu dépassé par le peuple, maudit du peuple, dans la guerre des paysans. Il ne faut pas s'étonner du découragement qui s'empara de lui à cette époque. Dans cet affaiblissement de l'esprit, la chair redevint forte; il se maria. Les deux ou trois ans qui suivent, sont une sorte d'éclipse pour Luther; nous le voyons généralement préoccupé de soins matériels, qui ne peuvent remplir le vide qu'il éprouve. Enfin il succombe; une grande crise physique marque la fin de cette période d'atonie. Il est réveillé de sa léthargie par le danger de l'Allemagne envahie par Soliman (1529), et menacée par Charles-Quint dans sa liberté et sa foi à la diète d'Augsbourg (1530).

« Puisque Dieu a créé la femme telle qu'elle doit nécessairement être auprès de l'homme, n'en demandons pas davantage, Dieu est de notre côté. Honorons donc le mariage comme chose honorable et divine.

« Ce genre de vie est le premier qui ait plu à Dieu, c'est celui qu'il a perpétuellement maintenu, c'est le dernier qu'il glorifiera sur tout autre. Où étaient les royaumes et les empires, lorsque Adam et les patriarches vivaient dans le mariage? — De quel autre genre de vie dérive l'empire sur toutes choses? quoique par la malice des hommes les magistrats aient été obligés de l'usurper en grande partie, et que le mariage soit devenu un empire de guerre, tandis que le mariage, dans sa pureté et sa simplicité, est l'empire de la paix. » (17 janvier 1525.)

« Tu m'écris, mon cher Spalatin, que tu veux abandonner la Cour et ton office... Mon avis est que tu restes, à moins que tu ne partes pour te marier... Pour moi, je suis dans la main de Dieu, comme une créature dont il peut changer et rechanger le cœur, qu'il peut tuer ou vivifier à tout instant et à toute heure. Cependant dans l'état où a toujours été et où est encore mon cœur, je ne prendrai point de femme, non que je ne sente ma chair et mon sexe, je ne suis ni de bois ni de pierre, mais mon esprit n'est pas tourné au mariage, lorsque j'attends chaque jour la mort et le supplice des hérétiques. » (30 novembre 1524.)

« Ne t'étonne pas que je ne me marie point, *qui sic famosus sum amator*. Il faut plutôt s'étonner que moi, qui écris tant sur le mariage, et qui suis sans cesse mêlé aux femmes, je ne sois pas devenu femme depuis longtemps, sans parler de ce que je n'en ai épousé aucune. Cependant, si tu veux te régler sur mon exemple, en voici un bien puissant. J'ai eu jusqu'à trois épouses en même temps, et je les ai aimées si fort que j'en ai perdu deux qui vont prendre d'autres époux. Pour la troisième, je la retiens à peine de la main gauche, et elle va s'échapper. » (16 avril 1525.)

A Amsdorf. « J'espère vivre encore quelque temps, et je n'ai point voulu refuser de donner à mon père l'espoir d'une postérité. Je veux d'ailleurs faire moi-même ce que j'ai enseigné, puisque tant d'autres se sont montrés pusillanimes pour pratiquer ce qui est si clairement dit dans l'Évangile. C'est la volonté de Dieu que je suis ; je n'ai point pour ma femme un amour brûlant, désordonné, mais seulement de l'affection. » (21 juin 1525.)

Celle qu'il épousa était une jeune fille noble, échappée du couvent, âgée de vingt-quatre ans et remarquablement belle ; elle se nommait Catherine de Bora ; il paraît qu'elle avait aimé d'abord Jérôme

Baumgartner, jeune savant de Nuremberg. Luther écrivait à celui-ci, le 12 octobre 1524 : « Si tu veux obtenir ta Catherine de Bora, hâte-toi, avant qu'on ne la donne à un autre, qui l'a sous la main. Cependant elle n'a pas encore triomphé de son amour pour toi. Moi, je me réjouirais fort de vous voir unis. »

Il écrit à Stiefel, un an après le mariage (12 août 1526) : « Catherine, ma chère *côte*, te salue ; elle se porte fort bien, grâce à Dieu ; douce pour moi, obéissante et facile en toutes choses, au delà de mon espérance. Je ne voudrais pas changer ma pauvreté pour les richesses de Crésus. »

Luther, en effet, était très pauvre alors. Préoccupé des soins de son ménage et de la famille dont il devait bientôt se trouver chargé, il cherchait à se faire un métier ; il travaillait de ses mains : « Si le monde ne veut plus nous nourrir pour la parole, apprenons à vivre de nos mains. » Il eût choisi sans doute, s'il avait pu choisir, quelqu'un de ces arts qu'il aimait, l'art d'Albert Dürer et de son ami Lucas Cranach, ou la musique, qu'il appelait la première science après la théologie ; mais il n'avait point de maître. Il se fit tourneur. « Puisque parmi nous autres barbares il n'y a point d'art ni d'esprit cultivé, moi et Wolfgang, mon serviteur, nous nous sommes mis à tourner. » Il chargea Wenceslas Link de lui acheter des instruments à Nuremberg. Il se mit aussi à jardiner et à bâtir : « J'ai planté un jardin, écrit-il à Spalatin, j'ai construit une fontaine, et à l'un comme à l'autre j'ai assez bien réussi. Viens et tu seras couronné de lis et de roses. » (Décembre 1525.) Au mois d'avril 1527, un abbé de Nuremberg lui fit présent d'une horloge : « Il faut, lui répondit-il, que je me fasse disciple des mathématiciens pour comprendre tout ce mécanisme; car je n'ai jamais rien vu de pareil. » Et un mois après : « J'ai reçu les instruments pour tourner, et le cadran avec le cylindre et l'horloge de bois. Mais tu as oublié de me dire combien il me restait à payer. J'ai pour le moment assez d'outils, à moins que tu n'en aies de nouvelle espèce qui puissent tourner d'eux-mêmes pendant que mon serviteur ronfle ou lève le nez en l'air. Je suis déjà maître passé en horlogerie. Cela m'est précieux pour marquer l'heure à mes ivrognes de Saxons, qui font plus attention à leurs verres qu'à l'heure, et ne s'inquiètent pas beaucoup si le soleil, l'horloge ou celui qui la règle se trompent. » (19 mai 1527.) « Mes melons ainsi que mes courges et mes citrouilles croissent à vue d'œil. Tu vois que j'ai su bien faire venir les graines que vous m'avez envoyées. » (5 juillet.)

Le jardinage n'était pas une grande ressource. Luther se trouvait dans une situation affligeante et bizarre. Cet homme qui régentait les rois, se voyait, pour les besoins de la subsistance journalière, dans la dépendance de l'Électeur. La nouvelle Église ne s'était affranchie de la papauté qu'en s'assujettissant à l'autorité civile; elle se voyait, dès sa naissance, négligée, affamée par celle-ci.

En 1523, Luther avait écrit à Spalatin qu'il voulait

résigner son revenu de couvent entre les mains de l'Électeur. « ... Puisque nous ne lisons plus, ni ne braillons, ni ne messons, ni ne faisons aucune chose de ce qu'a institué la fondation, nous ne pouvons plus vivre de cet argent; on a droit de le réclamer. » (Novembre 1523.)

« Staupitz ne paie encore rien de nos revenus... Tous les jours les dettes nous enveloppent davantage, et je ne sais s'il faut demander encore à l'Électeur, ou laisser aller les choses, et que ce qui périsse, périsse, jusqu'à ce qu'enfin la misère me force de quitter Wittemberg, et de faire satisfaction aux gens du pape et de l'Empereur. » (Novembre 1523.) Sommes-nous ici pour payer à tout le monde, et que personne ne nous paie? Cela est vraiment étrange. » (1er février 1524.) « Je suis de jour en jour plus accablé de dettes. Il me faudra chercher l'aumône de quelque autre manière..» (24 avril 1524.) « Cette vie ne peut durer. Comment ces lenteurs du prince n'exciteraient-elles pas de justes soupçons? Pour moi, j'aurais depuis longtemps abandonné le couvent pour me loger ailleurs, en vivant de mon travail (quoiqu'ici je ne vive pas sans travail non plus), si je n'avais craint un scandale pour l'Évangile et même pour le prince. » (Fin de décembre 1524.)

« Tu me demandes huit florins, mais où les prendrais-je? Comme tu le sais, il faut que je vive avec la plus stricte économie, et mon imprudence m'a fait contracter cette année une dette de plus de cent florins que je dois à l'un et à l'autre. J'ai été obligé de laisser trois gobelets pour gage de cinquante florins. Il est vrai que mon Seigneur, qui avait ainsi puni mon imprudence, m'a enfin libéré... Ajoute que Lucas et Christian ne veulent plus m'accepter pour répondant, ayant éprouvé que de cette manière ils perdent tout, ou épuisent jusqu'au fond de ma bourse. » (2 février 1527.)

« Dis à Nicolas Endrissus qu'il me demande quelques exemplaires de mes ouvrages. Quoique je sois très pauvre, cependant je me suis réservé certains droits avec mes imprimeurs : je ne leur demande rien pour tout mon travail, si ce n'est de pouvoir prendre parfois un exemplaire de mes livres. Ce n'est pas trop, je pense, puisque d'autres écrivains, même des traducteurs, reçoivent un ducat par cahier. » (5 juillet 1527.)

« Qu'est-il arrivé, mon cher Spalatin, pour que tu m'écrives avec tant de menaces et d'un ton si impérieux? Jonas n'a-t-il pas assez essuyé tes mépris et ceux de ton prince, pour que vous vous acharniez encore sur cet homme excellent? Je connais le caractère du prince, je sais comme il traite légèrement les hommes... C'est donc ainsi que nous honorons l'Évangile, en refusant à ses ministres une petite prébende pour vivre... N'est-ce pas une iniquité et une odieuse perfidie que de lui ordonner de partir, et toutefois de faire en sorte qu'on n'ait pas l'air de lui en avoir donné l'ordre? Et vous croyez que le Christ ne s'aperçoit pas de cette ruse?... Je ne pense pas cependant que nous ayons été pour le prince une cause de dommage... Il en est venu dans sa bourse passablement des biens de ce monde, et il en vient chaque jour davantage. — Dieu saura bien nous repaître, si vous nous refusez l'aumône et quelque maudite monnaie. — ... Cher Spalatin, traite-nous, je te prie, nous les pauvres et les exilés de Christ, avec plus de douceur, ou explique-toi nettement, afin que nous sachions où nous allons, que nous ne soyons plus forcés de nous perdre nous-mêmes en suivant un ordre à double sens, qui, tout en nous contraignant de partir, ne nous permet pas de nommer ceux qui nous y forcent. » (27 novembre 1524.)

« Nous avons reçu avec plaisir, mon cher Gérard Lampadarius, et la lettre et le drap que tu nous a envoyés avec tant de candeur d'âme et de bienveillance de cœur... Nous nous servons constamment, et chaque nuit, de tes lampes, ma Catherine et moi, et nous nous plaignons ensemble de ne t'avoir pas fait de cadeau et de n'avoir rien à t'envoyer qui entretînt auprès de toi notre souvenir. J'ai grande honte de ne t'avoir pas même fait un présent de papier, lorsque cela m'était facile... Je ne laisserai pas de t'envoyer au moins quelque liasse de livres. Je t'aurais dès maintenant envoyé un Isaïe allemand qui vient de naître, mais on m'a arraché tous les exemplaires, et je n'en ai plus un seul. » (14 octobre 1528.)

A Martin Gorlitz, qui lui avait fait un présent de bière : « Ta Cérès de Torgau a été heureusement et glorieusement consommée. On l'avait réservée pour moi et pour les visiteurs, qui ne pouvaient se lasser de la vanter par-dessus tout ce qu'ils avaient jamais goûté. Et moi, en vrai rustre, je ne t'en ai pas remercié encore, toi et ton Émilia. Je suis un οἰκοδεσπότης si négligent de mes affaires, que j'avais oublié, et que j'ignorais entièrement que je l'eusse dans ma cave; c'est mon serviteur qui me l'a rappelé. Salue pour moi tous nos frères, et surtout ton Émilia et son fils, la biche gracieuse et le jeune faon. Que le Seigneur te bénisse et te fasse multiplier à milliers, selon l'esprit comme selon la chair. » (15 janvier 1529.)

Luther écrit à Amsdorf qu'il va donner l'hospitalité à une nouvelle mariée. « Si ma Catherine accouchait en même temps, et que tout cela vînt à coïncider, tu en deviendrais plus pauvre. Ceins-toi donc, non pas du fer et du glaive, mais d'or et d'argent et d'un bon sac, à tout événement, car je ne te lâcherai pas sans un présent. » (29 mars 1529.)

A Jonas. « J'en étais à la dixième ligne de ta lettre quand on vint m'annoncer que ma Ketha m'avait donné une fille. *Gloria et laus Patri in cœlis.* Mon petit Jean est sauvé, la femme d'Augustin va bien; enfin Marguerite Mochinn a échappé à la mort contre toute attente. En compensation, nous avons perdu cinq porcs... Puisse la peste se contenter de cette contribution. *Ego sum, qui sum hactenus, scilicet ut apostolus, quasi mortuus, et ecce vivo.* »

La peste régnait alors à Wittemberg. La femme de Luther était enceinte, son fils malade des dents; deux femmes, Hanna et Marguerite Mochinn, avaient été atteintes de la peste. Il écrit à Amsdorff : « Ma maison est devenue un hôpital. » (1ᵉʳ novembre 1527.)

« La femme de Georges, le chapelain, est morte d'une fausse couche et de la peste... Tout le monde était frappé de terreur. J'ai recueilli le curé avec sa famille. » (4 novembre 1527.) « Ton petit Jean ne te salue pas, parce qu'il est malade, mais il te demande tes prières. Voici douze jours qu'il n'a rien mangé. C'est une chose admirable combien cet enfant a la volonté d'être gai et allègre comme de coutume, mais l'excès de sa faiblesse ne le lui permet pas. On a ouvert hier l'apostème de Marguerite Mochinn; elle commence à se rétablir; je l'ai renfermée dans notre chambre d'hiver, et nous, nous nous tenons dans la grande salle de devant, Hänschen dans ma chambre à poêle, et la femme d'Augustin dans la sienne : nous commençons à espérer la fin de la peste. Adieu, embrasse ta fille et sa mère, et souvenez-vous de nous dans vos prières. » (10 novembre 1527.)

« Mon pauvre fils était mort, mais il est ressuscité ; depuis douze jours il ne mangeait plus. Le Seigneur a augmenté ma famille d'une petite fille. Nous nous portons tous bien, à l'exception de Luther lui-même qui, sain de corps, isolé du monde entier, souffre à l'intérieur des atteintes du Diable et de tous ses anges. J'écris pour la seconde et la dernière fois contre les sacramentaires et leurs vaines paroles », etc. (31 décembre 1527.)

« Ma petite fille Élisabeth est morte; je m'étonne comme elle m'a laissé le cœur malade, un cœur de femme, tant je suis ému. Je n'aurais jamais cru que l'âme d'un père fût si tendre pour son enfant. »

(5 août 1528.) « Je pourrais t'apprendre ce que c'est qu'être père, *præsertim sexus, qui ultra filiorum casum etiam habet misericordiam valde moventem.* » (5 juin 1530.)

Vers la fin de l'année 1527, Luther lui-même fut plusieurs fois très malade de corps et d'esprit. Le 27 octobre il termine ainsi une lettre à Mélanchton : « Je n'ai pas encore lu le nouvel ouvrage d'Érasme, et que lirais-je, moi serviteur malade de Jésus-Christ, moi qui suis à peine vivant? que faire? qu'écrire? Dieu veut-il ainsi m'abîmer de tous les flots à la fois? Et ceux qui devraient avoir compassion de moi, viennent, après tant de souffrances, me donner le coup de grâce! Puisse Dieu les éclairer et les convertir! Amen ! »

Deux amis intimes de Luther, les docteurs Jean Bugenhagen et Jonas nous ont laissé la note suivante sur une défaillance qui surprit Luther, vers la fin de 1527 : « Le samedi de la Visitation de Notre-Dame (1527), dans l'après-midi, le docteur Luther se plaignait de douleurs de tête et de bourdonnements d'oreilles d'une violence inexprimable. Il croyait y succomber. Dans la matinée il fit appeler le docteur Bugenhagen pour se confesser à lui. Il lui parla avec effroi des tentations qu'il venait d'éprouver, le supplia de le soutenir, de prier Dieu pour lui, et il termina en disant : « Parce que j'ai quelquefois l'air gai et joyeux, beaucoup de gens se figurent que je ne marche que sur des roses; Dieu sait ce qu'il en est dans mon cœur.

Je me suis souvent proposé, dans l'intérêt du monde, de prendre un extérieur plus austère et plus saint (je ne sais trop comment dire), mais Dieu ne m'a pas donné de faire comme je voulais. »

« L'après-midi du même jour, il tomba sans connaissance, devint froid, et ne donna plus signe de vie. Quand il fut rappelé à lui-même, par les secours qu'on lui prodiguait, il se mit à prier avec grande ferveur : « Tu sais, ô mon Dieu, disait-il, que j'eusse volontiers versé mon sang pour ta parole, mais tu as voulu qu'il en fût autrement. Que ta volonté soit faite! Sans doute je n'en étais pas digne. La mort serait mon bonheur; cependant, ô mon Dieu, si tu le voulais, je vivrais volontiers encore pour répandre ta sainte parole et consoler ceux des tiens qui faiblissent. Si mon heure est venue, néanmoins, que ta volonté soit faite! Tu es le maître de la vie et de la mort.

« O mon Seigneur Jésus-Christ, je te remercie de m'avoir fait la grâce de connaître ton saint nom. Tu sais que je crois en toi, au Père et au Saint-Esprit; tu es mon divin médiateur et sauveur... Tu sais, ô mon Seigneur, que Satan m'a dressé maint pièges, pour tuer mon corps par les tyrans et mon âme par ses *flèches ardentes*, par ses tentations infernales. Jusqu'ici tu m'as protégé miraculeusement contre toutes ses fureurs. Protège-moi encore, ô mon Seigneur fidèle, si telle est ta volonté. »

« Ensuite il se tourna vers nous deux (Bugenhagen et Jonas), et nous dit : « Le monde aime le mensonge, et il y en aura beaucoup qui diront que je me suis rétracté avant de mourir. Je vous demande donc instamment de recevoir ma profession de foi : je déclare, en conscience, avoir enseigné la vraie parole de Dieu, comme le Seigneur me l'a imposé et m'y a contraint. Oui, je le déclare, ce que j'ai prêché sur la foi, la charité, la croix, le Saint-Sacrement et autres articles de la doctrine chrétienne, est juste, bon et salutaire.

« Beaucoup m'accusent d'avoir été trop violent et trop dur. Je l'avoue, j'ai quelquefois été violent et dur envers mes ennemis. Cependant je n'ai jamais recherché le préjudice de qui que ce soit, bien moins encore la perdition d'aucune âme. Je m'étais proposé d'écrire sur le baptême et contre Zwingli, mais, à ce qu'il semble, Dieu en a décidé autrement. »

« Ensuite il parla des sectes qui viendront pervertir la parole de Dieu et qui n'épargneront pas, disait-il, le troupeau que le Seigneur a racheté de son sang. Il pleurait en parlant ainsi. « Jusqu'ici, disait-il encore, Dieu m'a permis de lutter avec vous contre ces esprits de désordre, et je le ferais volontiers encore; mais seuls, vous serez trop faibles contre eux tous. Jésus-Christ me rassure pourtant; car il est plus fort que Satan et toutes ses armes : il est le Seigneur de Satan. »

« Quelque temps après, quand on l'eut un peu réchauffé par des frictions et l'application de coussins bien chauds, il demanda à sa femme : « Où donc est mon petit cœur, mon bien-aimé petit Jean? » Quand l'enfant fut apporté, il sourit à son père qui se mit à dire les larmes aux yeux : « O cher pauvre petit enfant, je te recommande bien à Dieu, toi et ta bonne mère, ma chère Catherine. Vous n'avez rien. Mais Dieu aura soin de vous. Il est le père des orphelins et des veuves. Conserve-les, ô mon Dieu, instruis-les, comme tu m'as conservé et instruit jusqu'à ce jour. » Ensuite il dit quelques mots à sa femme au sujet de quelques gobelets d'argent. Tu sais, ajouta-t-il, que nous n'avons rien que cela. »

« Un sommeil profond lui rendit des forces, et le lendemain il se trouva beaucoup mieux. Il dit alors au docteur Jonas : « Je n'oublierai jamais la journée d'hier. Le Seigneur conduit l'homme dans l'Enfer et l'en retire. La tempête qui fondit hier matin sur mon âme, a été bien plus terrible que celle que mon corps a essuyée vers le soir. Dieu tue et vivifie. Il est le maître de la vie et de la mort. »

« Pendant près de trois mois, j'ai langui non de corps mais d'esprit; au point que c'est à peine si j'ai pu écrire quelques lignes. Ce sont là les persécutions de Satan. » (8 octobre 1527.)

« Je voudrais répondre aux sacramentaires; mais si mon âme ne se fortifie, je ne suis capable de rien. » (1ᵉʳ novembre 1527.) « Je n'ai pas encore lu Érasme ni les sacramentaires, si ce n'est environ trois cahiers de Zwingli. C'est bien fait à eux de me fouler aux pieds misérablement, afin que je puisse dire avec Jésus-Christ : *Il a persécuté le faible, le pauvre, celui dont la mortification avait brisé le cœur.* » Seul je porte le poids de la colère de Dieu, parce que j'ai péché envers lui; le pape et César, les princes, les évêques, le monde entier me hait et m'assaille ; mais ce n'est pas assez encore, si mes frères mêmes ne viennent me tourmenter ; mes péchés, la mort, Satan et ses anges, sévissent sans interruption contre moi. Et qu'est-ce qui me garderait, qui me consolerait, si Christ lui-même m'abandonnait, lui pour qui j'ai encouru leur haine? Mais il n'abandonnera pas, à la fin dernière, le malheureux pécheur, car je pense bien que je serai le dernier de tous les hommes. Oh! plaise, plaise au Ciel qu'Érasme et les sacramentaires éprouvent, un quart d'heure seulement, les misères de mon cœur! » (10 novembre 1527.)

« Satan me fait endurer de merveilleuses tentations, mais les prières des saints ne m'abandonnent pas, quoique les blessures de mon cœur ne soient pas faciles à guérir. Ma consolation, c'est qu'il en est bien d'autres qui ont à livrer les mêmes combats. Sans doute il n'y a point de maux que mes péchés n'aient mérités. Mais ma vie, ma force, c'est que j'ai la conscience d'avoir enseigné pour le salut de beaucoup la vraie et pure parole du Christ; c'est là ce qui brûle Satan; il voudrait me voir, moi avec le Verbe, noyé et perdu. Aussi je n'ai rien à souffrir des tyrans de ce monde, tandis que d'autres sont tués, brûlés, et meurent pour le Christ; mais je n'en ai que plus à souffrir spirituellement du Prince de ce monde. » (21 août 1527.)

« Quand je veux travailler, ma tête est comme remplie de tintements, de tonnerres, et si je ne cessais à l'instant, je tomberais en syncope. Voici le troisième jour que je n'ai pu même regarder une lettre. Ma tête devient un petit chapitre; que cela continue, et elle ne sera bientôt plus qu'un paragraphe, qu'une phrase (*caput meum factum est capitulum, perget vero fietque paragraphus, tandem periodus*)... Le jour où tes lettres m'arrivèrent de Nuremberg, j'eus une visite de Satan; j'étais seul; Vitus et Cyriacus étaient éloignés. Cette fois il fut le plus fort, me chassa de mon lit, me força d'aller chercher des visages d'hommes. » (12 mai 1530.)

« Quoique bien portant, je suis toujours malade des persécutions de Satan; cela m'empêche d'écrire et de rien faire. — Le dernier jour, je le crois bien, n'est pas loin de nous. Adieu, ne cesse de prier pour le pauvre Luther. » (28 février 1529.) — « On peut éteindre les tentations de la chair, mais qu'il est difficile de lutter contre la tentation du blasphème et du désespoir! Nous ne comprenons point le péché, ni ne savons où est le remède. » — Après une semaine de souffrances continuelles, il écrivait : « Ayant perdu presque mon Christ, j'étais battu des flots et des tempêtes du désespoir et du blasphème. » (2 août 1527.)

Au milieu de ces troubles intérieurs, Luther, loin d'être soutenu et consolé par ses amis, les voyait les uns tièdes et timidement sceptiques; les autres, lancés dans la route du mysticisme que lui-même leur avait ouverte, et s'éloignant de lui chaque jour. Le premier qui se déclara fut Agricola, le chef des *Antinomiens* (ennemis de la Loi). Nous verrons au dernier livre combien cette polémique, contre un ami si cher, troubla Luther dans ses derniers jours.

« Quelqu'un m'a fait un conte à ton sujet, mon cher Agricola, et il a insisté, jusqu'à ce que je lui eusse promis de t'en écrire et de m'en assurer. Ce conte, c'est que tu commencerais à mettre en avant que l'on peut avoir la foi sans les œuvres, et que tu défendrais cette nouveauté envers et contre tous, à grand renfort de mots grecs et d'artifices de rhétorique... Je t'avertis de te défier des pièges de Satan... A quoi me suis-je jamais moins attendu qu'à la chute d'Œcolampade et de Regius? Et que n'ai-je pas à craindre maintenant pour ces hommes qui ont été mes intimes? Il n'est pas étonnant que je tremble aussi pour toi que, pour rien au monde, je ne voudrais voir séparé d'opinion. » (11 septembre 1528.)

« Pourquoi m'irriterais-je contre les papistes? Tout ce qu'ils me font est de bonne guerre. Nous sommes ennemis déclarés. Mais ceux qui me font le plus de mal, ce sont mes plus chers enfants. *Fraterculi mei, aurei amiculi mei*, eux qui, si Luther n'avait point écrit, ne sauraient rien de Christ et de l'Évangile, et n'auraient pas secoué la tyrannie papale; du moins, s'ils en eussent eu le pouvoir, le courage leur aurait manqué. Je croyais avoir jusqu'à présent souffert et épuisé toutes les adversités; mais mon Absalon, l'enfant de mon cœur, n'avait pas encore délaissé son père; il n'avait point versé l'ignominie sur David. Mon Judas, la terreur des disciples de Christ, le traître qui livra son maître, ne m'avait point encore vendu, et voici maintenant que tout cela a été fait.

« Il y a maintenant contre nous une persécution clandestine, mais bien dangereuse. Notre ministère est méprisé. Nous-mêmes nous sommes haïs, persécutés, on nous laisse périr de faim. Voilà quel est aujourd'hui le sort de la parole de Dieu; lorsqu'elle vient à ceux qui en ont besoin, ils ne veulent pas la recevoir... Christ n'aurait point été crucifié s'il était sorti de Jérusalem. Mais le prophète ne veut point mourir hors de Jérusalem, et cependant ce n'est que dans sa patrie que le prophète est sans honneur. C'est ainsi qu'il en est de nous... Il arrivera bientôt que tous les grands de ce duché l'auront rendu vide de ministres de la parole; ceux-ci seront chassés par la faim, pour ne rien dire des autres injures. » (18 octobre 1531.)

« Il n'y a rien de très certain sur les apparitions dont on fait tant de bruit en Bohême; beaucoup nient le fait. Quant au gouffre qui s'est formé ici, sous mes propres yeux, le dimanche après l'Épiphanie, à huit heures du soir, c'est une chose certaine, et qui s'est vue en plusieurs endroits jusqu'à la mer. De plus, en décembre, on a vu le Ciel en feu au-dessus de l'église de Breslau, à ce que m'écrit le docteur Hess; un autre jour, ajoute-t-il, on a vu deux charpentes embrasées, et, au milieu, une tourelle de feu. C'est le dernier jour, si je ne me trompe, qu'annoncent ces signes. L'Empire tombe, les rois tombent, les prêtres tombent, et le monde entier chancelle, comme une grande maison qui va crouler, annonce sa ruine par de petites lézardes. Cela ne tardera point à moins que le Turc, ainsi qu'Ézéchiel le prophétise de Gog et de Magog, ne se perde dans sa victoire et son orgueil, avec le pape son allié. » (7 mars 1529.)

« Grâce et paix en Notre-Seigneur Jésus-Christ. Le monde court à sa fin, et il me vient souvent cette pensée que le jour du Jugement pourrait bien arriver avant que nous eussions achevé notre traduction de la Sainte-Écriture. Toutes les choses temporelles qui y sont prédites se trouvent accomplies. L'Empire romain penche vers sa ruine, le Turc est arrivé au comble de sa puissance, la splendeur papale s'éclipse, le monde craque en tous les coins comme s'il allait crouler. L'Empire, si l'on veut, s'est relevé un peu sous notre empereur Charles, mais c'est peut-être pour la dernière fois; ne serait-ce pas comme la lumière qui, au moment de s'éteindre pour toujours, jette une vive et dernière flamme?... »

« Le Turc va fondre sur nous; ce sera, je le crois bien, le réformateur envoyé par la colère de Dieu. » (15 mars.)

« J'ai chez moi un homme arrivé de Venise qui affirme que le fils du doge est à la cour du Turc : ainsi nous combattons jusqu'à présent contre celui-ci, en attendant que le pape, les Vénitiens, les Français se soient ouvertement et impudemment faits Turcs. Le même homme rapporte encore qu'il y avait dans l'armée du Français, à Pavie, huit cents Turcs, dont trois cents sont retournés sains et saufs dans leur pays, par ennui de la guerre. Comme tu ne m'écris pas ces monstruosités, j'ai pensé que tu les ignorais;

pour moi elles m'ont été racontées et par écrit et de vive voix, avec des détails qui ne me permettent pas d'en douter. L'heure de minuit approche où l'on entendra ce cri : *L'époux arrive, sortez au-devant de lui.* » (6 mai 1529.)

.

.

LIVRE III

(1529-1546.)

CHAPITRE PREMIER

Les Turcs. Danger de l'Allemagne. — Augsbourg, Smalkalde.
Danger du protestantisme. (1529-1532.)

Luther fut tiré de son abattement et ramené à la vie active par les dangers qui menaçaient la Réforme et l'Allemagne. Lorsque ce *fléau de Dieu*, qu'il attendait avec résignation comme le signe du Jugement, fondit en effet sur l'Allemagne, lorsque les Turcs vinrent camper devant Vienne, Luther se ravisa, appela le peuple aux armes, et fit un livre contre les Turcs, qu'il dédia au landgrave de Hesse. Le 9 octobre 1528, il écrivit à ce prince pour lui exposer les motifs qui l'avaient décidé à composer ce livre. « Je ne puis me taire, dit-il; il est malheureusement parmi nous des prédicateurs qui font croire au peuple qu'on ne doit point s'occuper de la guerre des Turcs; il y en a même d'assez extravagants pour prétendre, qu'en toutes circonstances, il est défendu aux chrétiens d'avoir recours aux armes temporelles; d'autres encore qui, regardant le peuple allemand comme un peuple de brutes incorrigibles, vont jusqu'à désirer qu'il tombe au pouvoir des Turcs. Ces folies, ces horribles malices, sont imputées à Luther et à l'Évangile, comme, il y a trois ans, la révolte des paysans, et en général tout le mal qui arrive dans le monde. Il est donc urgent que j'écrive à ce sujet, tant pour confondre les calomniateurs que pour éclairer les consciences innocentes sur ce qu'il faut faire contre le Turc... »

« Nous avons appris hier que le Turc est parti de Vienne pour la Hongrie, par un grand miracle de Dieu. Car après avoir livré inutilement le vingtième assaut, il a ouvert la brèche par une mine en trois endroits. Mais rien n'a pu ramener son armée à l'attaque, Dieu l'avait frappée de terreur; ils aimaient mieux se laisser égorger par leurs chefs que de tenter ce dernier assaut. On croit qu'il s'est retiré ainsi de peur des bombardes et de notre future armée; d'autres en jugent autrement. Dieu a manifestement combattu pour nous cette année. Le Turc a perdu vingt-six mille hommes, et il a péri trois mille des nôtres dans les sorties. J'ai voulu te communiquer ces nouvelles, afin que nous rendions grâces et que nous priions ensemble. Car le Turc, devenu notre voisin, ne nous laissera pas éternellement la paix. » (27 octobre 1529.)

L'Allemagne était sauvée, mais le protestantisme allemand n'en était que plus en péril. L'irritation des deux partis avait été portée au comble par un événement antérieur à l'invasion de Soliman. Si l'on en croit le biographe catholique de Luther, Cochlœus, que nous avons déjà cité, le chancelier du duc Georges, Otto Pack, supposa une ligue des princes catholiques contre l'Électeur de Saxe et le landgrave de Hesse; il apposa à ce prétendu projet le sceau du duc Georges, puis livra ces fausses lettres au landgrave qui, se croyant menacé, leva une armée et s'unit étroitement à l'Électeur.

Les catholiques et surtout le duc Georges se défendirent vivement d'avoir jamais songé à menacer l'indépendance religieuse des princes luthériens; ils rejetèrent tout sur le chancelier qui n'avait fait peut-être que divulguer les secrets desseins de son maître. « Le docteur Pack, captif volontaire du landgrave, à ce que je pense, est jusqu'à présent accusé d'avoir formé cette alliance des princes. Il prétend se tirer d'affaire à son honneur, et fasse Dieu que cette trame retombe sur la tête du rustre qui en est, je crois, l'auteur, sur celle de notre grand adversaire, tu sais de qui je parle (le duc Georges de Saxe). » (14 juillet 1528.)

« Cette ligue des princes impies, qu'ils nient cependant, tu vois quels troubles elle a excités; pour moi, je prends la froide excuse du duc Georges pour un aveu. Dieu confondra ce fou enragé, ce Moab qui dresse sa superbe au-dessus de ses forces. Nous prierons contre ces homicides; assez d'indulgence. S'ils ourdissent encore quelque projet, nous invoquerons

Dieu, puis nous appellerons les princes pour qu'ils soient perdus sans miséricorde. »

Bien que tous les princes eussent déclaré ces lettres fausses, les évêques de Mayence, Bamberg, etc., furent tenus de payer cent mille écus d'or, comme indemnité des armements qu'avaient faits les princes luthériens. Ceux-ci ne demandaient pas mieux que de commencer la guerre. Ils se comptaient et sentaient leurs forces. Le grand-maître de l'Ordre teutonique avait sécularisé la Prusse, les ducs de Mecklembourg et de Brunswick, encouragés par ce grand événement, avaient appelé des prédicateurs luthériens (1525). La Réforme dominait dans le nord de l'Allemagne. En Suisse et sur le Rhin, les Zwingliens, chaque jour plus nombreux, cherchaient à se rapprocher de Luther. Enfin au sud et à l'est, les Turcs, maîtres de Bude et de la Hongrie, menaçaient toujours l'Autriche et tenaient en échec l'Empereur. A son défaut, le duc Georges de Saxe et les puissants évêques du Nord s'étaient constitués les adversaires de la Réforme. Une violente polémique s'était engagée depuis longtemps entre ce prince et Luther. Le duc écrivait à celui-ci : « Tu crains que nous n'ayons commerce avec les hypocrites, la présente te fera voir ce qui en est. Si nous dissimulons dans cette lettre, tu pourras dire de nous tout ce que tu voudras; sinon, il faudra chercher les hypocrites là où l'on t'appelle un prophète, un Daniel, l'apôtre de l'Allemagne, l'évangéliste... Tu t'imagines peut-être que tu es envoyé de Dieu vers nous, comme ces prophètes à qui Dieu donna mission de convertir les princes et les puissants. Moïse fut envoyé à Pharaon, Samuel à Saül, Nathan à David, Isaïe à Ézéchias, saint Jean-Baptiste à Hérode, nous le savons. Mais, parmi tous ces prophètes, nous ne trouvons pas un seul apostat. Ils ont tous été gens constants dans leur doctrines, hommes sincères et pieux, sans orgueil, sans avarice, amis de la chasteté...

« Nous ne faisons pas non plus grand cas de tes prières ni de celles des tiens; nous savons que Dieu hait l'assemblée de tes apostats... Dieu a puni par nous Münzer de sa perversité; il pourra bien en faire autant de Luther, et nous ne refuserons pas d'être encore en ceci son indigne instrument.

« Non, reviens plutôt, Luther, ne te laisse pas mener plus longtemps par l'esprit qui séduisit l'apostat Sergius : l'Église chrétienne ne ferme pas son sein au pécheur repentant... Si c'est l'orgueil qui t'a perdu, regarde ce fier manichéen, saint Augustin, ton maître, dont tu as juré d'observer la règle : reviens comme lui, reviens à ta fidélité et à tes serments, sois comme lui une lumière de la Chrétienté... Voilà les conseils que nous avons à te donner pour le nouvel an. Si tu t'y conformes, tu en seras éternellement récompensé de Dieu et nous ferons tout ce qui est en notre pouvoir pour obtenir ta grâce de l'Empereur. » (28 décembre 1525.)

Mémoire de Luther contre le duc Georges qui avait intercepté une de ses lettres (1529). « Quant aux belles dénominations que le duc Georges me donne, misérable, scélérat, parjure et sans honneur, je n'ai qu'à l'en remercier; ce sont là les émeraudes, les rubis et les diamants dont les princes doivent m'orner en retour de l'honneur et de la puissance que l'autorité temporelle tire de la restauration de l'Évangile... »

« ... Ne dirait-on pas que le duc Georges ne connaît pas de supérieur? Moi, hobereau des hobereaux, dit-il, je suis seul maître et prince, je suis au-dessus de tous les princes de l'Allemagne, au-dessus de l'Empire, de ses lois et de ses usages. C'est moi que l'on doit craindre, à moi seul que l'on doit obéir; ma volonté doit faire loi en dépit de quiconque pensera et parlera autrement. — Amis, où s'arrêtera la superbe de ce Moab? Il ne lui reste plus qu'à escalader le ciel, à espionner, punir les lettres et les pensées jusque dans le sanctuaire de Dieu même. Voilà notre petit prince, et avec cela il veut être glorifié, respecté. adoré! à la bonne heure, grand merci! »

En 1529, l'année même du traité de Cambrai et du siège de Vienne par Soliman, l'Empereur avait convoqué une diète à Spire. (15 mars.) On y décida que les États de l'Empire devaient continuer d'obéir au décret lancé contre Luther en 1524, et que toute innovation demeurerait interdite jusqu'à la convocation d'un concile général. C'est alors que le parti de la Réforme éclata. L'Électeur de Saxe, le margrave de Brandebourg, le landgrave de Hesse, les ducs de Lunebourg, le prince d'Anhalt, et avec eux les députés de quatorze villes impériales, firent contre le décret de la diète une protestation solennelle, le déclarant injuste et impie. Ils en gardèrent le nom de *protestants*.

Le landgrave de Hesse sentait la nécessité de réunir toutes les sectes dissidentes pour en former un parti redoutable aux catholiques de l'Allemagne; il essaya de réconcilier Luther avec les sacramentaires. Luther prévoyait bien l'inutilité de cette tentative.

« Le landgrave de Hesse nous a convoqués à Marbourg pour la Saint-Michel, afin de tenter un accord entre nous et les sacramentaires... Je n'en attendais rien de bon; tout est plein d'embûches, je le vois bien. Je crains que la victoire ne leur reste, comme au siècle d'Arius. On a toujours vu de pareilles assemblées être plus nuisibles qu'utiles... Ce jeune homme de Hesse est inquiet et plein de pensées qui fermentent. Le Seigneur nous a sauvés, dans ces deux dernières années, de deux grands incendies qui auraient embrasé toute l'Allemagne. » (2 août 1529.)

« Nous avons reçu du landgrave une magnifique et splendide hospitalité. Il y avait là Œcolampade, Zwingli, Bucer, etc. Tous demandaient la paix avec une humilité extraordinaire. La conférence a duré deux jours; j'ai répondu à Œcolampade et à Zwingli en leur opposant ce passage : *Hoc est corpus meum;* j'ai réfuté toutes leurs objections. En somme, ce sont des gens ignorants et incapables de soutenir une discussion. » (12 octobre 1529.)

« Je me réjouis, mon cher Amsdorf, de te voir te réjouir de notre synode de Marbourg; la chose est petite en apparence, mais au fond très importante. Les prières des gens pieux ont fait que nous les voyons confondus, morfondus, humiliés.

« Toute l'argumentation de Zwingli se réduisait à ceci : que le corps ne peut être sans lieu ni dimension. Œcolampade soutenait que les Pères appelaient le pain un signe, que ce n'était donc pas le corps même... Ils nous suppliaient de leur donner le nom de frères. Zwingli le demandait au landgrave en pleurant. Il n'y a aucun lieu sur la terre, disait-il, où j'aimerais le mieux passer ma vie qu'à Wittemberg... Nous ne leur avons pas accordé ce nom de frères, mais seulement ce que la charité nous oblige à donner, même à nos ennemis... Ils se sont en tout point conduits avec une incroyable humilité et douceur. C'était, comme il est visible aujourd'hui, pour nous amener à une feinte concorde, pour nous faire les partisans, les patrons de leurs erreurs... O rusé Satan! mais Christ qui nous a sauvés est plus habile que toi. Je ne m'étonne plus maintenant de leurs impudents mensonges. Je vois qu'ils ne peuvent faire autrement, et je me glorifie de leur chute. » (1er juin 1530.)

Cette guerre théologique de l'Allemagne remplit les intermèdes de la grande guerre européenne que Charles-Quint soutenait contre François Ier et contre les Turcs. Mais dans les crises les plus violentes de celle-ci, l'autre se ralentit à peine. C'est un imposant spectacle que celui de l'Allemagne absorbée dans la pensée religieuse, et près d'oublier la ruine prochaine dont semblaient la menacer les plus formidables ennemis. Pendant que les Turcs franchissaient toutes les anciennes barrières et que Soliman répandait ses Tartares au delà de Vienne, l'Allemagne disputait sur la transsubstantiation et sur le libre arbitre. Ses guerriers les plus illustres siégeaient dans les diètes et interrogeaient les docteurs. Tel était le flegme intrépide de cette grande nation, telle sa confiance dans sa force et dans sa masse.

La guerre des Turcs et celle des Français, la prise de Rome et la défense de Vienne occupaient tellement Charles-Quint et Ferdinand que les protestants avaient obtenu la tolérance jusqu'au prochain concile. Mais en 1530, Charles-Quint, voyant la France abattue, l'Italie asservie, Soliman repoussé, entreprit de juger le grand procès de la Réforme. Les deux partis comparurent à Augsbourg. Les sectateurs de Luther, désignés par le nom général de *protestants*, voulurent se distinguer de tous les autres ennemis de Rome, dont les excès auraient calomnié leur cause, des zwingliens républicains de la Suisse, odieux aux princes et à la noblesse, des anabaptistes surtout, proscrits comme ennemis de l'ordre et de la société. Luther, sur qui pesait encore la sentence prononcée à Worms, qui le déclarait hérétique, ne put s'y rendre; il fut remplacé par le savant et pacifique Mélanchton, esprit doux et timide comme Érasme, dont il restait l'ami malgré Luther.

L'Électeur amena du moins celui-ci le plus près possible d'Augsbourg, dans la forteresse de Cobourg. De là Luther pouvait entretenir, avec les ministres protestants, une active et facile correspondance. Le 22 avril il écrit à Mélanchton : « Je suis enfin arrivé à mon Sinaï, cher Philippe, mais de ce Sinaï je ferai une Sion, et j'y élèverai trois tabernacles : l'un au psalmiste, l'autre aux prophètes, l'autre enfin à Ésope (dont il traduisait alors les fables). Rien ne manque pour que ma solitude soit complète. J'ai une vaste maison qui domine le château, et les clefs de toutes les chambres. A peine y a-t-il trente personnes dans toute la forteresse, encore douze sont des veilleurs de nuit, et deux autres des sentinelles toujours postées sur les tours. » (22 avril.)

A Spalatin (9 mai). « Vous allez à Augsbourg sans avoir pris les auspices, et ne sachant quand ils vous permettront de commencer. Moi, je suis déjà au milieu des comices, en présence de magnanimes souverains, devant des rois, des ducs, des grands, des nobles, qui confèrent avec gravité sur les affaires de l'État, et d'une voix infatigable remplissent l'air de leurs décrets et de leurs prédications. Ils ne siègent point enfermés dans ces antres et ces royales cavernes que vous appelez des palais, mais sous le soleil; ils ont le ciel pour tente, pour tapis, riche et varié, la verdure des arbres sous lesquels ils sont en liberté ; pour enceinte, la terre jusqu'à ses dernières limites. Ce luxe stupide de l'or et de la soie leur fait horreur; tous, ils ont mêmes couleurs, même visage. Ils sont tous également noirs, tous font la même musique, et, dans ce chant sur une seule note, l'on n'entend que l'agréable dissonance de la voix des jeunes se mêlant à celle des vieux. Nulle part je n'ai vu ni entendu parler de leur Empereur; ils méprisent souverainement ce quadrupède qui sert à nos chevaliers; ils ont quelque chose de meilleur, avec quoi ils peuvent se moquer de la furie des canons. Autant que j'ai pu comprendre leurs décrets, grâce à un interprète, ils ont décidé, à l'unanimité, de faire la guerre, pendant toute cette année, à l'orge, au blé et à la farine, enfin à ce qu'il y a de mieux parmi les fruits et les graines. Et il est à craindre qu'ils ne soient presque partout vainqueurs, car c'est une race de guerriers adroits et rusés, également habiles à butiner par force ou par surprise. Moi, oisif spectateur, j'ai assisté avec grande satisfaction à leurs comices. L'espoir où je suis des victoires que leur courage leur donnera sur le blé et l'orge, ou sur tout autre ennemi, m'a rendu le fidèle et sincère ami de ces *patres patriæ*, de ces sauveurs de la République. Et si par des vœux je puis les servir, je demande au Ciel que, délivrés de l'odieux nom de corbeaux, etc. Tout cela n'est qu'une plaisanterie, mais une plaisanterie sérieuse et nécessaire pour repousser les pensées qui m'accablent, si toutefois elle les repousse. » (9 mai.)

« Les nobles seigneurs qui forment nos comices courent ou plutôt naviguent à travers les airs. Le matin, de bonne heure, ils s'en vont en guerre, armés de leurs becs invincibles, et tandis qu'ils pillent, ravagent et dévorent, je suis délivré pour quelque temps de leurs éternels chants de victoire. Le soir, ils reviennent triomphants; la fatigue ferme leurs yeux, mais leur sommeil est doux et léger comme celui d'un vainqueur. Il y a quelques jours j'ai pénétré dans leur palais pour voir la pompe de leur empire. Les malheureux eurent grand'peur; ils s'imaginaient que je venais détruire leur industrie. Ce fut un bruit, une frayeur, des visages consternés!!! Quand je vis que moi seul je faisais trembler tant d'Achille et d'Hector, je battis des mains, je jetai mon chapeau en l'air, pensant que j'étais bien assez vengé si je pouvais me moquer d'eux. Tout ceci n'est point un simple jeu, c'est une allégorie, un présage de ce qui arrivera. Ainsi devant la parole de Dieu l'on verra trembler toutes ces harpies qui sont maintenant à Augsbourg, criant et romanisant. » (19 juin.)

Mélanchton, transformé à Augsbourg en chef de parti, ayant à batailler chaque jour avec les légats, les princes, l'Empereur, se trouvait fort mal de cette vie active qu'on lui avait imposée. Plusieurs fois il fit part de ses peines à Luther, qui, pour toute consolation, le tançait rudement :

« Vous me parlez de vos travaux, de vos périls, de vos larmes, et moi, suis-je donc assis sur des roses? est-ce que je ne porte pas une part de votre fardeau? Ah! plût au Ciel que ma cause fût telle qu'elle permît les larmes ! » (29 juin 1530.)

« Dieu récompense selon ses œuvres le tyran de Saltzbourg qui te fait tant de mal! Il méritait de toi une autre réponse, telle que je la lui aurais faite peut-être, telle qu'il n'en a jamais entendu de semblable. Il faudra qu'ils entendent, je le crains, cette parole de Jules César : *Ils l'ont voulu...*

« Tout ce que j'écris est inutile, parce que tu veux, selon ta philosophie, gouverner toutes ces choses avec ta raison, c'est-à-dire déraisonner avec la raison. Va, continue de te tuer à cette chose, sans voir que ta main ni ton esprit ne peuvent la saisir, qu'elle ne veut pas de tes soins. » (30 juin 1530.)

« Dieu a mis cette cause dans un certain lieu que ne connaissaient point ta rhétorique ni ta philosophie. Ce lieu, on l'appelle la foi ; là toutes choses sont inaccessibles à la vue ; quiconque veut les rendre visibles, apparentes et compréhensibles, celui-là ne gagne pour prix de son travail que des peines et des larmes, comme tu en as gagné. Dieu a dit qu'il habitait dans les nues, qu'il était assis dans les ténèbres. Si Moïse avait cherché un moyen d'éviter l'armée de Pharaon, Israël serait peut-être encore en Égypte... Si nous n'avons pas la foi, pourquoi ne pas chercher consolation dans la foi d'autrui? car il y en a nécessairement qui croient, si nous ne croyons pas. Ou bien, faut-il dire que le Christ nous a abandonnés, avant la consommation des siècles? S'il n'est pas avec nous, où est-il en ce monde, je vous le demande? Si nous ne sommes point l'Église ou une partie de l'Église, où est l'Église? Est-ce Ferdinand, le duc de Bavière, le pape, le Turc et leurs semblables? Si nous n'avons la parole de Dieu, qui donc l'aura? Toi, tu ne comprends point toutes ces choses ; car Satan te travaille et te rend faible. Puisse le Christ te guérir! c'est ma sincère et continuelle prière. » (29 juin.)

« Ma santé est faible... Mais je méprise cet ange de Satan qui vient souffleter ma chair. Si je ne puis lire ni écrire, au moins je puis penser et prier, et même me quereller avec le Diable; ensuite dormir, paresser, jouer et chanter. Quant à toi, mon cher Philippe, ne te macère point pour cette affaire qui n'est point en ta main, mais en celle d'Un plus puissant à qui personne ne pourra l'enlever. » (31 juillet.)

Mélanchton croyait qu'il était possible de rapprocher les deux partis. Luther comprit de bonne heure qu'ils étaient irréconciliables. Dans le commencement de la Réforme, il avait souvent réclamé les conférences et les disputes publiques; il lui fallait alors tout tenter, avant d'abandonner l'espérance de conserver l'unité chrétienne; mais sur la fin de sa vie, dès le temps même de la diète d'Augsbourg, il se prononçait contre tous ces combats de parole, où le vaincu ne veut jamais avouer sa défaite.

(26 août 1530). « Je suis contre toute tentative faite pour accorder les deux doctrines; car c'est chose impossible, à moins que le pape ne veuille abolir sa papauté. C'est assez pour nous d'avoir rendu raison de notre croyance et de demander la paix. Pourquoi espérer de les convertir à la vérité? »

A Spalatin (26 août 1530). « J'apprends que vous avez entrepris une œuvre admirable, de mettre d'accord Luther et le pape. Mais le pape ne le veut pas, et Luther s'y refuse; prenez garde d'y perdre votre temps et vos peines. Si vous en venez à bout, pour suivre votre exemple, je vous promets de réconcilier Christ et Bélial. »

Dans une lettre du 21 juillet il écrivait à Mélanchton : «Vous verrez si j'étais un vrai prophète quand je répétais sans cesse qu'il n'y avait point d'accord possible entre les deux doctrines, et que ce serait assez pour nous d'obtenir la paix publique.

Ces prophéties ne furent pas écoutées; les conférences eurent lieu, et l'on demanda aux protestants une profession de foi. Mélanchton la rédigea, en prenant l'avis de Luther sur les points les plus importants.

A Mélanchton. « J'ai reçu votre *Apologie*, et je m'étonne que vous me demandiez ce qu'il faut céder aux papistes. Pour ce qui est du prince, et de ce qu'il faut lui accorder si quelque danger le menace, c'est une autre question. Quant à moi, il a été fait dans cette *Apologie* plus de concessions qu'il n'était convenable; et s'ils les rejettent, je ne vois que je puisse aller plus loin, à moins que leurs raisons et leurs livres ne me paraissent meilleurs qu'ils ne m'ont semblé jusqu'à cette heure. J'emploie les jours et les nuits à cette affaire, réfléchissant, interprétant, discutant, parcourant toute l'Écriture; chaque jour augmente ma certitude et me confirme dans ma doctrine. »

(20 septembre 1530). « Nos adversaires ne nous cèdent pas un poil; et nous, il ne faut pas seulement que nous leur cédions le canon, les messes, la communion sous une espèce, la juridiction accoutumée; mais encore il faudrait avouer que leurs doctrines, leurs persécutions, tout ce qu'ils ont fait ou pensé, a été juste et légitime, et que c'est à tort que nous les avons accusés. C'est-à-dire qu'ils veulent que notre

propre témoignage les justifie et nous condamne. Ce n'est pas là simplement nous rétracter, mais nous maudire trois fois nous-mêmes. »

« ... Je n'aime pas que dans cette cause vous vous appuyiez de mes opinions. Je ne veux être ni paraître votre chef; quand même l'on interpréterait cela à bien, je ne veux pas de ce nom. Si ce n'est point votre propre cause, je ne veux pas qu'on dise que c'est la mienne, et que je vous l'ai imposée. Je la défendrai moi-même, s'il n'y a que moi qui la soutienne. »

Deux jours avant, il avait écrit à Mélanchton : « Si j'apprends que les choses vont mal de votre côté, j'aurai peine à m'empêcher d'aller voir cette formidable rangée des dents de Satan. » Et quelque temps après : « J'aurais voulu être la victime sacrifiée par ce dernier concile, comme Jean Huss a été à Constance celle du dernier jour de la fortune papale. » (21 juillet 1530.)

La profession de foi des protestants fut présentée à la diète et « lue par ordre de César devant tout l'Empire, c'est-à-dire devant tous les princes et les États de l'Empire. C'est une grande joie pour moi d'avoir vécu jusqu'à cette heure, que je voie Christ prêché par ses confesseurs devant une telle assemblée, et dans une si belle confession ». (6 juillet.)

Cette confession était signée de cinq Électeurs, trente princes ecclésiastiques, vingt-trois princes séculiers, vingt-deux abbés, trente-deux comtes et barons, trente-neuf villes libres et impériales. « Le prince Électeur de Saxe, le margrave Georges de

Brandebourg, Jean Frédéric-le-Jeune, landgrave de Hesse; Ernest et François, ducs de Lunebourg; le prince Wolfgang de Anhalt; les villes de Nuremberg et de Reutlingen, ont signé la confession... Beaucoup d'évêques inclinent à la paix sans s'inquiéter des sophismes d'Eck et de Faber. L'archevêque de Mayence est très porté pour la paix; de même le duc Henri de Brunswick, qui a invité familièrement Mélanchton à dîner, l'assurant qu'il ne pouvait nier les articles touchant les deux espèces, le mariage des prêtres et l'inutilité d'établir des différences entre les choses qui servent à la nourriture. Les nôtres avouent que personne ne s'est montré plus conciliant dans toutes les conférences que l'Empereur. Il a reçu notre prince non seulement avec bonté, mais avec respect. » (6 juillet.)

L'évêque d'Augsbourg, le confesseur même de Charles-Quint, étaient favorablement disposés pour les luthériens. L'Espagnol disait à Mélanchton qu'il s'étonnait qu'en Allemagne on contestât la doctrine de Luther sur la foi, que lui il avait toujours pensé de même sur ce point (*Relation* de Spalatin sur la diète d'Augsbourg).

Quoi qu'en dise ici Luther des douces dispositions de Charles-Quint, il termina les discussions en sommant les réformés de renoncer à leurs erreurs sous peine d'être mis au ban de l'Empire. Il sembla même prêt à employer la violence et fit un instant fermer les portes d'Augsbourg.

« Si l'Empereur veut faire un édit, qu'il le fasse;

après Worms aussi il en fit un. Écoutons l'Empereur puisqu'il est l'Empereur, rien de plus. Que nous importe ce rustre qui veut se poser comme Empereur (il parle du duc Georges)? » (15 juillet 1530.)

« Notre cause se défendra mieux de la violence et des menaces que de ces ruses sataniques que j'ai craintes, surtout jusqu'à ce jour... Qu'ils nous rendent Léonard, Keiser et tant d'autres, qu'ils ont si injustement fait mourir. Qu'ils nous rendent tant d'âmes perdues par leur doctrine impie; qu'ils rendent toutes ces richesses qu'ils ont prises avec leurs trompeuses indulgences et leurs fraudes de toute espèce. Qu'ils rendent à Dieu sa gloire violée par tant de blasphèmes; qu'ils rétablissent dans les personnes et dans les mœurs la pureté ecclésiastique, si honteusement souillée. Que dirais-je encore? Alors nous aussi nous pourrons parler *de possessorio.* » (13 juillet.)

« L'Empereur va ordonner simplement que toutes choses soient rétablies en leur état, que le règne du pape recommence, ce qui excitera, je le crains, de grands troubles pour la ruine des prêtres et des clercs. Les villes les plus puissantes, Nuremberg, Ulm, Augsbourg, Francfort, Strasbourg et douze autres rejettent ouvertement le décret impérial, et font cause commune avec nos princes. Tu as entendu parler de l'inondation de Rome, de celle de Flandre et de Brabant. Ce sont des signes envoyés de Dieu, mais les impies ne peuvent les comprendre. Tu sais encore la vision des moines de Spire. Brentius m'écrit qu'à Bade on a vu dans les airs une armée nombreuse, et sur le flanc de cette armée un soldat qui brandissait une lance d'un air triomphant, et qui passa la montagne voisine et le Rhin. » (5 décembre.)

La diète fut à peine dissoute, que les princes protestants se rassemblèrent à Smalkalde et y conclurent une ligue défensive, par laquelle ils devaient former un même corps (31 décembre). Ils protestèrent contre l'élection de Ferdinand au titre de roi des Romains. On se prépara à combattre ; les contingents furent fixés : on s'adressa aux rois de France, d'Angleterre et de Danemarck. Luther fut accusé d'avoir poussé les protestants à prendre cette attitude hostile.

« Je n'ai point conseillé, comme on l'a dit, la résistance à l'Empereur. Voici mon avis comme théologien : Si les juristes montrent par leurs lois que cela est permis, moi je leur permettrai de suivre leurs lois. Si l'Empereur a établi dans ses lois qu'en pareil cas on peut lui résister, qu'il souffre de la loi que lui-même a faite... Le prince est une personne politique ; s'il agit comme prince, il n'agit pas comme chrétien : car le chrétien n'est ni prince, ni homme, ni femme, ni aucune personne de ce monde. Si donc il est permis au prince, comme prince, de résister à César, qu'il le fasse selon son jugement et sa conscience. Quant au chrétien, rien ne lui est permis, il est mort au monde. » (15 janvier 1531.)

En 1531, Luther écrit un mémoire contre un petit livre anonyme imprimé à Dresde, dans lequel on reprochait aux protestants de s'armer en secret et de vouloir surprendre les catholiques, pendant que ceux-ci ne songeaient, disait-on, qu'à la paix et à la concorde.

« ... On cache soigneusement d'où ce livre vient, personne ne doit le savoir. Eh bien! je le veux donc ignorer aussi. Je veux avoir le rhume pour cette fois et ne pas *sentir* le maladroit pédant. Cependant j'essaierai toujours mon savoir-faire et je frapperai hardiment sur le sac : si les coups tombent sur l'âne qui s'y trouve, ce ne sera pas ma faute ; ce n'est pas à lui, c'est au sac que j'en voulais.

« Qu'il soit vrai ou non que les luthériens se préparent et se rassemblent, cela ne me regarde pas ; ce n'est pas moi qui le leur ai ordonné ni conseillé ; je ne sais pas ce qu'ils font ou ce qu'ils ne font pas ; mais puisque les papistes annoncent par ce livre qu'ils croient à ces armements, j'accueille ce bruit avec plaisir et je me réjouis de leurs illusions et de leurs alarmes ; j'augmenterais même volontiers ces illusions, si je le pouvais, rien que pour les faire mourir de peur. Si Caïn tue Abel, si Anne et Caïphe persécutent Jésus, il est juste qu'ils en soient punis. Qu'ils vivent dans les transes, qu'ils tremblent au bruit d'une feuille, qu'ils voient partout le fantôme de l'insurrection et de la mort, rien de plus équitable.

« ... N'est-il pas vrai, imposteurs, que lorsqu'à Augsbourg les nôtres présentèrent leur confession de foi, un papiste a dit : Ils nous donnent là un livre écrit avec de l'encre ; je voudrais, moi, qu'on leur répondît avec du sang?

« N'est-il pas vrai que l'Électeur de Brandebourg

et le duc Georges de Saxe ont promis à l'Empereur de fournir cinq mille chevaux contre les luthériens?

« N'est-il pas vrai qu'un grand nombre de prêtres et de seigneurs ont parié qu'avant la Saint-Michel c'en serait fait de tous les luthériens?

« N'est-il pas vrai que l'Électeur de Brandebourg a déclaré publiquement que l'Empereur et tout l'Empire s'emploieraient corps et biens pour arriver à ce but?...

« Croyez-vous que l'on ne connaisse pas votre édit? que l'on ignore que par cet édit toutes les épées de l'Empire sont aiguisées et dégainées, toutes les arquebuses chargées, toute la cavalerie lancée, pour fondre sur l'Électeur de Saxe et son parti, pour tout mettre à feu et à sang, tout remplir de pleurs et de désolation? voilà votre édit, voilà vos entreprises meurtrières scellées de votre sceau et de vos armes, et vous voulez que l'on appelle cela de la paix? vous osez accuser les luthériens de troubler le bon accord? O impudence, ô hypocrisie sans bornes!... Mais je vous entends : vous voudriez que les nôtres ne s'apprêtassent point à la guerre dont leurs ennemis mortels les menacent depuis si longtemps, mais qu'ils se laissassent égorger sans crier ni se défendre, comme des brebis à l'abattoir. Grand merci, mes bonnes gens! Moi, prédicateur, je dois endurer cela, je le sais bien, et ceux à qui cette grâce est donnée doivent l'endurer également. Mais que tous les autres en feront de même, je ne puis le garantir aux tyrans. Si je donnais publiquement ce conseil aux nôtres, les tyrans s'en prévaudraient, et je ne veux point leur ôter la peur qu'ils ont de notre résistance. Ont-ils envie de gagner leurs éperons en nous massacrant? qu'ils les gagnent donc avec péril comme il convient à de braves chevaliers. Égorgeurs de leur métier, qu'ils s'attendent du moins à être reçus comme des égorgeurs...

« .... Que l'on m'accuse, ou non, d'être trop violent, je ne m'en soucie plus. Je veux que ce soit ma gloire et mon honneur désormais, que l'on dise de moi comme je tempête et sévis contre les papistes. Voilà plus de dix ans que je m'humilie et que je donne de bonnes paroles. A quoi tant de supplications ont-elles servi? A empirer le mal. Ces rustres n'en sont que plus fiers. — Eh bien! puisqu'ils sont incorrigibles, puisqu'il n'y a plus d'espoir d'ébranler leurs infernales résolutions par la bonté, je romps avec eux, je les poursuivrai de mes imprécations, sans fin ni repos, jusqu'à ma tombe. Ils n'auront plus jamais une bonne parole de moi; je veux qu'on les enterre au bruit de mes foudres et de mes éclairs.

« Je ne puis plus prier sans maudire. Si je dis, *Que ton nom soit sanctifié*, il faut que j'ajoute : Maudit soit le nom des papistes et de tous ceux qui te blasphèment! Si je dis, *Que ton royaume arrive*, je dois ajouter : Maudits soient la papauté et tous les royaumes qui sont opposés au tien! Si je dis, *Que ta volonté soit faite*, je dis encore : Maudits soient et périssent les desseins des papistes et de tous ceux qui te combattent !... Ainsi je prie ardemment tous les jours, et avec moi tous les vrais fidèles de Jésus-Christ... Cependant je garde encore à tout le monde un cœur bon et aimant, et mes plus grands ennemis eux-mêmes le savent bien.

« Souvent la nuit, quand je ne puis dormir, je cherche dans mon lit, avec douleur et anxiété, comment on pourrait encore déterminer les papistes à la pénitence avant le jugement terrible qui les menace. Mais il semble que cela ne doit pas être. Ils repoussent toute pénitence et demandent à grands cris notre sang. L'évêque de Salzbourg a dit à maître Philippe, à la diète d'Augsbourg : « Pourquoi disputer si longtemps ? Nous savons bien que vous avez raison. » Et un autre jour : « Vous ne voulez pas céder, nous non plus, il faut donc qu'un parti extermine l'autre. Vous êtes le petit et nous le grand : nous verrons qui aura le dessus. » Jamais je n'aurais cru qu'on pût dire de telles paroles. »

CHAPITRE II

Anabaptistes de Munster. (1534-1536.)

Pendant que les deux grandes ligues des princes sont en présence, et semblent se défier, un tiers s'élève entre deux, pour l'effroi commun des deux partis. Cette fois, c'est encore le peuple, comme dans la guerre des paysans, mais un peuple organisé, maître d'une riche cité. La *Jacquerie* du Nord, plus systématique que celle du Midi, produit l'idéal de la démagogie allemande du seizième siècle, une royauté biblique, un David populaire, un messie artisan. Le mystique compagnonnage allemand intronise un tailleur.

L'entreprise du tailleur fut hardie, mais non absurde. L'anabaptisme avait de grandes forces. Il n'éclata que dans Munster; mais il était répandu dans la Westphalie, dans le Brabant, la Gueldre, la Hollande, la Frise, et tout le littoral de la Baltique jusqu'en Livonie.

Les anabaptistes formulèrent la malédiction que les paysans vaincus avaient jetée sur Luther. Ils détestèrent en lui l'ami de la noblesse, le soutien de l'autorité civile, le *remora* de la Réforme. « Quatre prophètes, deux vrais et deux faux ; les vrais sont David et Jean de Leyde ; les faux, le pape et Luther, mais Luther est pire que le pape. »

Comment l'Évangile a d'abord pris naissance à Munster, et comment il y a fini après la destruction des anabaptistes. Histoire véritable et bien digne d'être lue et conservée dans la mémoire (car l'esprit des anabaptistes de Munster vit encore), décrite par Henricus Dorpius de cette ville. Nous nous contenterons de donner un extrait de ce prolixe récit :

La réforme commença à Munster en 1532, par Rothmann, prédicateur luthérien ou zwinglien. Elle y eut un si grand succès, que l'évêque, cédant à l'intercession du landgrave de Hesse, accorda aux évangéliques six de ses églises. Plus tard, un garçon tailleur, Jean de Leyde, y apporta la doctrine des anabaptistes, et la propagea dans quelques familles. Il fut aidé dans son œuvre par un prédicateur nommé Hermann Stapraeda, de Moersa, anabaptiste comme lui. Bientôt leurs assemblées secrètes devinrent si nombreuses, que les catholiques et les réformés en furent également alarmés, et chassèrent les anabaptistes de la ville. Mais ceux-ci revinrent plus hardis ; ils intimidèrent le conseil, et l'obligèrent de fixer un jour où il y aurait discussion publique dans la maison commune, sur le baptême des enfants. Dans cette discussion, le pasteur Rothmann passa du côté des anabaptistes, et devint lui-même un de leurs chefs... Un jour, un autre de leurs prédicateurs se met à courir dans les rues, en criant : « Faites pénitence, faites pénitence, amendez-vous, faites-vous baptiser, ou Dieu va vous punir ! » Soit crainte, soit zèle religieux, beaucoup de gens qui entendirent ces cris, se hâtèrent de demander le baptême. Alors les anabaptistes remplissent le marché en criant : « Sus aux païens qui ne veulent pas du baptême ! » Ils s'emparent des canons, des munitions, de la maison de ville, et maltraitent les catholiques et les luthériens qu'ils rencontrent. Ceux-ci se forment en nombre et attaquent les anabaptistes à leur tour. Après divers combats sans résultat, les deux partis éprouvèrent le besoin de se rapprocher, et convinrent que chacun serait libre de professer sa croyance. Mais les anabaptistes n'observèrent point ce traité ; ils écrivirent sous main à tous ceux de leur secte qui étaient dans les villes voisines pour les faire venir à Munster. « Quittez ce que vous avez, écrivaient-ils : maisons, femmes, enfants, laissez tout pour venir à nous. Tout ce que vous aurez abandonné, vous sera rendu au décuple... » Quand les riches s'aperçurent que la ville se remplissait d'étrangers, ils en sortirent comme ils purent, n'y laissant de leur parti que les gens du bas peuple (carême de l'année 1534.)

Les anabaptistes, enhardis par leur départ et par

les renforts qui leur étaient arrivés, déposèrent aussitôt le conseil de ville qui était luthérien, et en composèrent un d'hommes de leur parti.

Quelques jours plus tard, ils pillèrent les églises et les couvents, et coururent la ville en tumulte, armés de hallebardes, d'arquebuses et de bâtons, criant comme des furieux : « Faites pénitence, faites pénitence ! » et après : « Hors la ville, impies ! hors la ville, ou l'on vous assomme ! » Ainsi ils chassèrent sans pitié tout ce qui n'était pas des leurs. Ni vieillard ni femme enceinte ne fut excepté. Un grand nombre de ces pauvres fugitifs tombèrent entre les mains de l'évêque, qui se préparait à assiéger la ville. Sans avoir égard à ce qu'ils n'étaient point du parti des anabaptistes, il les fit emprisonner ; beaucoup d'entre eux furent même cruellement mis à mort.

Les anabaptistes étant maîtres de la ville, leur prophète suprême, Jean de Matthiesen, ordonna que tout le monde mît son avoir en commun, sans rien céler, sous peine de la vie. Le peuple eut peur et obéit. Les biens des fugitifs furent saisis de même. Ce prophète décida encore que l'on ne garderait aucun autre livre que la Bible et le Nouveau-Testament. Tous les autres qu'on put trouver furent brûlés dans la cour de la cathédrale. Ainsi le voulait le Père du ciel, disait le prophète. On en brûla au moins pour vingt mille florins.

Un maréchal ferrant ayant parlé injurieusement des prophètes, toute la commune est assemblée sur le marché et Jean Matthiesen le tue d'un coup de feu. Peu après, ce prophète court tout seul hors la ville, une hallebarde à la main, criant que le Père lui a ordonné de repousser les ennemis. Il avait à peine passé la porte qu'il fut tué.

Jean de Leyde lui succéda comme prophète suprême, et il épousa sa veuve. Il releva le courage du peuple abattu par la mort de son prédécesseur. A la Pentecôte, l'évêque fit donner l'assaut, mais il fut repoussé avec grande perte. Jean de Leyde nomma douze fidèles (parmi lesquels se trouvaient trois nobles) pour être les anciens dans Israël... Il déclara aussi que Dieu lui avait révélé des doctrines nouvelles sur le mariage ; il discuta avec les prédicateurs, qui enfin, se rangèrent à son avis et prêchèrent trois jours de suite sur la pluralité des femmes. Un assez grand nombre d'habitants se déclarèrent contre la nouvelle doctrine, et firent même prisonniers les prédicateurs avec l'un des prophètes ; mais bientôt ils furent obligés de les relâcher, et quarante-neuf d'entre eux périrent.

A la Saint-Jean de l'année 1534, un nouveau prophète, auparavant orfèvre à Warendorff, assembla le peuple et lui annonça qu'il avait eu une révélation d'après laquelle Jean de Leyde devait régner sur toute la terre, et occuper le trône de David jusqu'au temps où Dieu-le-Père viendrait lui redemander le gouvernement... Les douze anciens furent déposés et Jean de Leyde proclamé roi.

Plus les anabaptistes prenaient de femmes, plus

l'esprit de libertinage augmentait parmi eux ; ils commirent d'horribles excès sur des jeunes filles de dix, douze et quatorze ans. Ces violences barbares et les maux du siège irritèrent une partie du peuple. Plusieurs soupçonnaient Jean de Leyde d'imposture et songeaient à le livrer à l'évêque. Le roi redoubla de vigilance et nomma douze ducs chargés de maintenir la ville dans la soumission (jour des Rois 1535.) Il promit à ces douze chefs qu'ils régneraient à la place de tous les princes de la terre, et il leur distribua d'avance des électorats et des principautés. Le « noble landgrave de Hesse » est seul excepté de la proscription ; ils espèrent, disent-ils, qu'il deviendra leur frère... Le roi désigna le jour de Pâques comme l'époque où la ville serait délivrée.

... L'une des reines ayant dit à ses compagnes qu'elle ne croyait pas conforme à la volonté de Dieu qu'on laissât ainsi le pauvre peuple mourir de misère et de faim, le roi la conduisit au marché avec ses autres femmes, lui ordonna de s'agenouiller au milieu de ses compagnes prosternées comme elle, et lui trancha la tête. Les autres reines chantèrent : *Gloire à Dieu au haut des cieux!* et tout le peuple se mit à danser autour. Cependant il n'avait plus à manger que du pain et du sel! Vers la fin du siège, la famine fut si grande que l'on y distribuait régulièrement la chair des morts; on n'exceptait que ceux qui avaient eu des maladies contagieuses. A la Saint-Jean de l'année 1535, l'évêque apprit d'un transfuge le moyen d'attaquer la ville avec avantage. Elle fut prise le jour même de la Saint-Jean, et, après une résistance opiniâtre, les anabaptistes furent massacrés. Le roi, ainsi que son vicaire et son lieutenant, fut emmené entre deux chevaux, une chaîne double au cou, la tête et les pieds nus... L'évêque l'interpella durement sur l'horrible désastre dont il était cause ; il lui répondit : « François de Waldeck (c'était son nom), si les choses avaient été à mon gré, ils seraient tous morts de faim, avant que je t'eusse livré la ville. »

Nous trouvons beaucoup d'autres détails intéressants dans une pièce insérée au second volume des Œuvres allemandes de Luther (édition De Wette), sous le titre suivant : *Nouvelle sur les anabaptistes de Munster*.

« ... Huit jours après que l'assaut a été repoussé par les anabaptistes, le roi a commencé son règne en s'entourant d'une cour complète, à l'égal d'un prince séculier. Il a institué des maîtres des cérémonies, des maréchaux, des huissiers, des maîtres de cuisine, des fourriers, des chanceliers, des orateurs (*redner*), des serviteurs pour la table, des échansons, etc.

« Une de ses femmes a été élevée au rang de reine, et elle a également sa cour à elle. C'est une belle et noble femme de Hollande, mariée auparavant à un autre prophète qui a été tué devant Munster et de qui elle est encore enceinte.

« Le roi a en outre trente et un chevaux couverts de drap d'or. Il s'est fait faire des habits précieux en or et en argent avec les ornements de l'église. Son écuyer est paré comme lui de vêtements superbes pris de ces ornements, et il porte en outre des bagues d'or; de même la reine avec ses vierges et ses femmes.

« Lorsque le roi, dans sa majesté, traverse la ville à cheval, des pages l'accompagnent : l'un porte à son côté droit la couronne et la Bible, l'autre une épée nue. L'un d'eux est le fils de l'évêque de Munster. Il est prisonnier et il sert le roi dans sa chambre.

« Le roi a de même, dans sa triple couronne surmontée d'une chaîne d'or et de pierreries, la figure du monde percée d'une épée d'or et d'une épée d'argent. Au milieu du pommeau des deux épées se trouve une petite croix sur laquelle est écrit : *Un roi de la justice sur le monde.* La reine porte les mêmes ornements.

« En cet appareil le roi se rend trois fois par semaine au marché, où il monte sur un siège élevé qu'on a fait exprès. Le lieutenant du roi, nommé Knipperdolling, se tient une marche plus bas, puis viennent les conseillers. Celui qui a affaire au roi s'incline deux fois, se laisse tomber à terre à la troisième, et expose ensuite ce qu'il a à dire.

« Un mardi ils ont célébré la sainte Cène dans la *cour du dôme;* ils étaient à table au nombre de près de quatre mille deux cents. Trois plats furent servis : à savoir du bouilli, du jambon et du rôti; le roi et ses femmes et tous leurs domestiques servirent les convives.

« Après le repas, le roi et la reine prirent du gâteau de froment, le rompirent et en donnèrent aux autres, disant : « Prenez, mangez et annoncez la mort du Seigneur. » De même ils prirent une cruche de vin, disant : « Prenez, buvez-en tous et annoncez la mort du Seigneur. »

« Les convives rompirent de même des gâteaux et se les présentèrent les uns aux autres en prononçant ces paroles : « Frère et sœur, prends et mange. De même que Jésus-Christ s'est dévoué pour moi, de même je veux me dévouer pour toi ; et de même que dans ce gâteau les grains de froment sont joints et que les raisins ont été unis pour former ce vin, de même nous aussi nous sommes unis. » Ils s'exhortaient en même temps à ne rien dire de frivole, ni qui fût contraire à la loi du Seigneur. Ensuite ils remercièrent Dieu, d'abord par des prières, et puis par des cantiques, surtout par le cantique : *Gloire à Dieu au haut des cieux!* Le roi et ses femmes, avec leurs serviteurs, se mirent à table également, ainsi que ceux qui revenaient de la garde.

« Quand tout fut fini, le roi demanda à l'assemblée s'ils étaient tous disposés à faire et à souffrir la volonté du Père. Ils répondirent tous : *Oui*. Puis le prophète Jean de Warendorff se leva et dit « que Dieu lui avait ordonné d'envoyer quelques-uns d'entre eux pour annoncer les miracles dont ils avaient été témoins ». Le même prophète ajouta que, selon l'ordre de Dieu, ceux qu'il nommerait devaient se rendre dans quatre villes de l'Empire et y prêcher... On donna à chacun un fenin d'or de la valeur de neuf florins avec de la monnaie ordinaire pour le voyage, et ils partirent le soir même.

« La veille de Saint-Gall ils parurent dans les villes désignées, faisant grand bruit et criant : « Conver-

« tissez-vous et faites pénitence, car la miséricorde
« du Père est à sa fin. La cognée frappe déjà la racine
« de l'arbre. Que votre ville accepte la paix, ou elle
« va périr. » Arrivés devant le conseil des quatre
villes, ils étendirent leurs manteaux [par terre et y
jetèrent les susdites pièces d'or, en disant : « Nous
« sommes envoyés par le Père pour vous annoncer la
« paix. Si vous l'acceptez, mettez tout votre bien en
« commun ; si vous ne voulez pas faire cela, nous
« protesterons devant Dieu avec cette pièce d'or, et
« nous prouverons par elle que vous avez rejeté la
« paix qu'il vous envoyait. Il est arrivé maintenant, le
« temps annoncé par tous les prophètes, ce temps où
« Dieu ne voudra plus souffrir sur la terre que la jus-
« tice ; et quand le roi aura fait régner la justice sur
« toute la face de la terre, alors Jésus-Christ remettra
« le gouvernement entre les mains du Père. »

« Alors ils furent mis en prison et questionnés sur
leur croyance, leur vie, etc... (Suit l'interrogatoire.) ...
Ils disaient qu'il y avait quatre prophètes, deux vrais
et deux faux ; que les vrais, c'étaient David et Jean
de Leyde, et les faux, le pape et Luther. « Luther,
disaient-ils, est pire encore que le pape. » Ils tiennent
aussi pour damnés tous les autres anabaptistes, quelque
part qu'ils se trouvent.

« ... Dans Munster, disaient-ils, les hommes ont
communément cinq, six, sept ou huit femmes, selon
leur bon plaisir[1]. Mais chacun est obligé d'habiter

---

[1]. L'un des interrogés dit que le roi en avait cinq. D'après une autre relation, le nombre en serait monté à la fin jusqu'à dix-sept.

d'abord avec l'une d'entre elles, jusqu'à ce qu'elle soit enceinte. Ensuite, il peut faire comme il lui plaît. Toutes les jeunes filles qui ont passé douze ans doivent se marier.

« ... Ils détruisent les églises et toutes maisons consacrées à Dieu...

« ... Ils attendent à Munster des gens de Groningue et d'autres contrées de la Hollande. Eux venus, le roi se lèvera avec toutes ses forces et subjuguera la terre entière.

« Ils tiennent aussi qu'il est impossible de bien comprendre l'Écriture sans que des prophètes l'aient expliquée. Quand on discute avec eux et qu'ils en viennent à ne pouvoir justifier leur entreprise par l'Écriture, ils disent que le Père ne leur donne pas de s'expliquer là-dessus. D'autres répondent : Le prophète l'a dit par l'ordre de Dieu.

« Il ne s'en trouva aucun qui voulût se rétracter, ni qui acceptât sa grâce à ce prix. Ils chantaient et remerciaient Dieu qui les avait jugés dignes de souffrir pour son nom. »

Les anabaptistes, sommés par le landgrave de Hesse de se justifier relativement au roi qu'ils s'étaient donné, lui répondirent (janvier 1535) « que les temps de la restitution annoncés par les Livres saints étaient arrivés, que l'Évangile leur avait ouvert la prison de Babylone, et qu'il fallait à présent rendre aux Babyloniens selon leurs œuvres; qu'une lecture attentive des prophètes, de l'Apocalypse, etc., montrerait évidemment au landgrave si c'était d'eux-mêmes qu'ils avaient institué un roi, ou bien par l'ordre de Dieu », etc.

Suit la convention qui fut arrêtée, l'an 1533, entre l'évêque de Munster et cette ville par l'entremise des des conseillers du landgrave : ... Les anabaptistes envoyèrent au landgrave de Hesse leur livre *De Restitutione*. Il le lut avec indignation et ordonna à ses théologiens d'y répondre et d'opposer particulièrement aux anabaptistes neuf articles qu'il désigna. Dans ces articles il leur reproche entre autres choses : 1° de faire consister la justice non pas dans la foi seule, mais dans la foi et les œuvres ensemble; 2° d'accuser injustement Luther de n'avoir jamais enseigné les bonnes œuvres; 3° de défendre le libre arbitre.

Dans le livre *De Restitutione*, les anabaptistes divisaient toute l'histoire du monde en trois parties principales. « Le premier monde, disent-ils, celui qui exista jusqu'à Noé, fut submergé par les eaux. Le second, celui dans lequel nous-mêmes nous vivons encore, sera fondu et purifié par le feu. Le troisième sera un nouveau ciel et une nouvelle terre, habités par la justice. C'est ce que Dieu a désigné par l'arche sainte, dans laquelle il y avait le vestibule, le sanctuaire et le saint des saints... La venue du troisième monde sera précédée d'une restitution et d'un châtiment universels. Les méchants seront tués, le règne de la justice préparé, les ennemis du Christ jetés à bas, et toutes choses restituées. C'est ce temps qui commence maintenant. »

Entretien ou discussion qu'Antoine Corvinus et Jean Kymeus ont eue à Béverger avec Jean de Leyde, le roi de Munster. — « Quand le roi entra dans notre chambre avec l'escorte qui l'avait tiré de sa prison, nous le saluâmes d'une manière amicale et l'invitâmes à s'asseoir près du feu. Nous lui demandâmes comment il se portait et s'il souffrait dans sa prison. Il répondit qu'il souffrait du froid et se sentait mal au cœur, mais qu'il devait tout endurer avec patience, puisque Dieu avait ainsi disposé de lui. Peu à peu, toujours en lui parlant amicalement, car on ne pouvait rien obtenir de lui d'une autre manière, nous arrivâmes à parler de son royaume et de sa doctrine de la manière qu'il suit » :

PREMIER POINT DE L'INTERROGATOIRE. — *Les ministres.* « Cher Jean, nous entendons dire de votre gouvernement des choses extraordinaires et horribles. Si elles sont telles qu'on le dit, et malheureusement cela n'est que trop vrai, nous ne pouvons concevoir comment il vous est possible de justifier une semblable entreprise par la Sainte-Écriture... »

Le roi. « Ce que nous avons fait et enseigné, nous l'avons fait et enseigné à bon droit, et nous pouvons justifier toute notre entreprise, nos actions et notre doctrine devant Dieu et à qui il appartient. »

Les ministres lui objectent que dans l'Écriture il n'était question que d'un règne spirituel de Jésus-Christ : « Mon royaume n'est pas de ce monde », a-t-il dit lui-même.

Le roi. « J'entends très bien ce que vous dites du

royaume spirituel de Jésus-Christ et je n'attaque nullement les passages que vous citez. Mais vous devez savoir distinguer le royaume spirituel de Jésus-Christ, lequel se rapporte aux temps de la souffrance et duquel après tout ni vous ni Luther vous n'avez une juste idée, et l'autre royaume, celui qui, après la résurrection, sera établi dans ce monde pendant mille ans. Tous les versets qui traitent du royaume spirituel de Jésus-Christ ont rapport au temps de la souffrance, mais ceux qui se trouvent dans les prophètes et dans l'Apocalypse et qui traitent du royaume temporel doivent être rapportés au temps de la gloire et de la puissance que Jésus-Christ aura dans le monde avec les siens.

« Notre royaume de Munster a été une image de ce royaume temporel du Christ; vous savez que Dieu annonce et désigne beaucoup de choses par des figures. Nous avions cru que notre royaume durerait jusqu'à la venue du Seigneur, mais nous voyons à présent qu'en ce point notre entendement a failli et que nos prophètes ne l'ont pas bien compris eux-mêmes. Dieu nous en a, dans la prison, ouvert et révélé la véritable intelligence...

« Je n'ignore pas que vous rapportez communément au royaume spirituel du Christ ces passages et d'autres semblables, qui pourtant doivent, sans aucun doute, être entendus du royaume temporel. Mais qu'est-ce que ces interprétations spirituelles, et à quoi servent-elles, si rien ne doit se réaliser un jour?... Dieu a créé le monde principalement pour se complaire dans les hommes auxquels il a donné un reflet de sa force et de sa puissance. »

Les ministres. « ... Et comment vous justifierez-vous quand Dieu vous dira au Jugement dernier : Qui t'a fait roi ? Qui t'a ordonné de répandre dans le monde de si effroyables erreurs, au détriment de ma parole ? »

Le roi. « Je répondrai : Les prophètes de Munster me l'ont ordonné comme étant votre volonté divine, en preuve de quoi ils m'ont donné en gage leur corps et leur âme. »

Les ministres lui demandent ce qu'il en est des révélations divines qu'il aurait eues, dit-on, au sujet de son élévation à la royauté.

Le roi. « Je n'ai pas eu de révélation à ce sujet ; seulement il m'est venu des pensées, comme s'il devait y avoir un roi à Munster, et que moi je dusse être ce roi. Ces pensées m'ébranlèrent et m'affligèrent profondément. Je priais Dieu de vouloir bien prendre en considération mon inhabileté et de ne point me charger d'un tel fardeau. Au cas où il ne voudrait pas m'épargner cette peine, je le priais de me faire désigner par des prophètes dignes de foi et en possession de sa parole. Je m'en tins là et n'en dis rien à personne. Mais quinze jours après un prophète se leva au milieu de la commune et s'écria que Dieu lui avait signifié que Jean de Leyde devait être roi. Il annonça la même chose au conseil, qui aussitôt se conforma à ce qu'il disait, se démit de son pouvoir et me proclama roi avec toute la commune. Il me remit aussi le glaive de la justice. C'est ainsi que je suis devenu roi. »

Deuxième article. — *Le roi.* « ... Nous ne nous sommes opposés à l'autorité que parce qu'elle voulait nous interdire notre baptême et la parole de Dieu. Nous avons résisté à la violence. Vous prétendez que nous avons agi injustement en cela, mais saint Pierre ne dit-il pas qu'on doit obéir à Dieu plutôt qu'aux hommes?... Vous ne réprouveriez pas tout ce que nous avons fait, si vous saviez comment les choses se sont passées... »

Les ministres. « Parlez et justifiez vos actes, comme vous voudrez, vous n'en serez pas moins éternellement des rebelles, coupables du crime de lèse-majesté. Le chrétien doit souffrir et ne point résister au méchant. Quand même tout le conseil se fût rangé de votre parti (ce qui n'a pas eu lieu), vous auriez dû supporter la violence plutôt que de commencer un schisme, une sédition, une tyrannie pareils, contrairement à la parole de Dieu, à la majesté de l'Empereur, à la dignité royale, à celle de l'électorat et des princes et États de l'Empire. »

Le roi. « Nous savons ce que nous avons fait : Que Dieu soit notre juge. »

Les ministres. « Nous aussi, nous savons sur quoi est fondé ce que nous disons. Que Dieu soit notre juge aussi. »

Troisième article. — *Le roi.* « ... Nous avons été assiégés et détruits à cause de la parole divine ; c'est pour elle que nous avons souffert la faim et tous les maux, que nous avons perdu les nôtres, et que nous sommes tombés dans une si lamentable calamité!

Ceux d'entre nous qui sont encore en vie, mourront sans résistance et sans plainte, comme l'agneau qu'on immole... »

Cinquième article. — Le roi dit qu'il a longtemps été de l'avis de Zwingli, mais qu'il est revenu à croire en la transsubstantiation. Seulement il n'accorde pas à ses interlocuteurs que celle-ci s'opère aussi dans celui qui n'a pas la foi.

Sixième article. — *Les ministres.* « ... Que voulez-vous donc faire de Jésus-Christ, s'il n'a pas reçu chair et sang de sa mère Marie ? Voulez-vous qu'il soit un fantôme, un spectre ? Il serait besoin que notre Urbanus Regius fît imprimer un second livre pour vous faire comprendre votre langue natale[1] ; sans cela vos têtes d'ânes résisteront toujours à l'instruction. »

Le roi. « Si vous saviez quelle consolation infinie est renfermée dans cette connaissance que Jésus-Christ, Dieu et Fils du Dieu vivant, s'est fait homme et a versé son sang, non pas celui de Marie, pour racheter nos péchés (lui qui est pur de toute faute), vous ne parleriez pas comme vous faites et vous ne trouveriez pas notre opinion si mauvaise. »

Septième article sur la polygamie. — Le roi oppose aux ministres l'exemple des patriarches. Les ministres se retranchent derrière l'usage généralement établi dans les temps modernes, et déclarent que le mariage est *res politica*. Le roi dit qu'il vaut

---

1. Ceci se rapporte à l'interprétation du mot : né, *geboren*.

mieux avoir beaucoup d'épouses que beaucoup de prostituées, et termine cet entretien, comme le second, par ces mots : « Que Dieu soit notre juge. »

Quoique rédigé par les prédicateurs, l'effet de cette discussion ne leur est pas favorable. On ne peut s'empêcher d'admirer la fermeté, le bon sens et la modeste simplicité du roi de Munster, qui ressort encore par la dureté pédantesque de ses interlocuteurs.

Corvinus et Kymeus au lecteur chrétien. — « Nous avons représenté notre entretien avec le roi à peu près mot pour mot, sans passer un seul de ses arguments ; seulement nous les avons mis en notre langage et posés plus convenablement qu'il ne le faisait... Environ huit jours après, il envoya vers nous pour nous prier de venir encore une fois traiter avec lui... Nous discutâmes de nouveau pendant deux jours ; il se trouva plus docile que la première fois, mais nous n'avons vu en cela que le désir de sauver sa vie. Il déclara de son propre mouvement que si on le prenait en grâce, il voulait, avec le secours de Melchior Hoffmann et de ses reines, exhorter tous les anabaptistes, qui sont très nombreux, selon lui, dans la Hollande, le Brabant, l'Angleterre et la Frise, à se taire désormais, à obéir, et même à faire baptiser leurs enfants, jusqu'à ce que l'autorité s'arrangeât avec eux sur les affaires de religion. »

... Suit la nouvelle confession de foi de Jean de Leyde, par laquelle il modifie quelques points de la première. En exhortant les anabaptistes à l'obéissance, il n'entend qu'une obéissance extérieure. Il ne cède point sur le fond des doctrines, et veut qu'on laisse les consciences libres. Quant à l'eucharistie, il déclare que tous ses confrères sont zwingliens sur ce point, et que lui-même il l'avait toujours été, mais que dans sa prison Dieu lui a fait connaître ses erreurs. Cette confession est signée en hollandais : *Moi, Jean de Leyde, signé de ma propre main.*

Le 19 janvier 1536, Jean de Leyde, ainsi que Knipperdolling et Krechting, son vicaire et son lieutenant, furent tirés de leurs cachots. Le lendemain, l'évêque leur envoya son chapelain pour conférer avec chacun d'eux séparément, sur leurs croyances et sur les actes qu'ils avaient commis. Le roi témoigna du repentir et se rétracta, mais les deux autres persistèrent et ne s'avouèrent coupables en rien... Le 22 au matin, toutes les portes de Munster furent fermées ; on ne laissa plus entrer ni sortir, et vers les huit heures le roi, dépouillé jusqu'à la ceinture, fut conduit sur un échafaud dressé dans le marché. Deux cents fantassins et trois cents cavaliers se tenaient auprès. L'affluence du peuple était extrême. Il fut attaché à un poteau, et deux bourreaux le déchirèrent tour à tour avec des tenailles ardentes. Enfin l'un d'eux lui plongea un couteau dans la poitrine, et termina ainsi l'exécution qui durait depuis une heure.

« Aux trois premiers coups de tenailles le roi ne laissa entendre aucun cri, mais après il s'écria sans cesse, les yeux tournés au ciel : *O mon Père, ayez pitié de moi !* et il pria Dieu avec ardeur pour la rémission de ses péchés. Quand il se sentit défaillir, il dit : *O mon Père, je remets mon esprit entre tes mains !* et il expira. »

« Le cadavre fut jeté sur une claie et traîné devant la tour de Saint-Lambert, où étaient préparés trois paniers de fer. Arrivé là, on l'attacha avec des chaînes dans l'un de ces paniers, et les paysans le hissèrent au haut de la tour, où il fut suspendu à un crochet. » — Le supplice de Knipperdolling et de Krechting fut le même que celui du roi. Ils persistèrent jusqu'à la fin dans tout ce qu'ils avaient dit. « Pendant l'exécution ils n'invoquèrent que le Père, sans faire mention du Christ, comme c'était l'usage de leur secte. Ni l'un ni l'autre ne dit rien de remarquable : peut-être leur silence était-il la suite des tourments qu'ils avaient endurés dans la prison, car ils semblaient déjà plus morts que vifs. Leurs corps furent mis dans les deux autres paniers de fer, et hissés par les paysans, l'un à la droite, l'autre à la gauche du roi, mais plus bas de la hauteur d'un homme. Alors on rouvrit les portes de la ville, et il y entra une grande foule de gens venus trop tard pour voir l'exécution. »

Préface de Luther aux Nouvelles, sur les affaires de Munster. « Ah ! que dois-je, et comment dois-je écrire contre ou sur ces pauvres gens de Munster ! N'est-il pas visible que le Diable y règne en personne, ou plutôt qu'il y a là toute une bande de diables ?

« Reconnaissons pourtant ici la grâce et la miséricorde infinies de Dieu. Après que l'Allemagne, par tant de blasphèmes, par le sang de tant d'innocents, a mérité une si rude férule, le Père de toute miséricorde ne permet pas encore au Diable de frapper son vrai coup, il nous avertit d'abord paternellement par ce jeu grossier que Satan fait à Munster. La puissance de Dieu contraint l'esprit aux cent ruses à s'y prendre d'abord avec gaucherie et maladresse, afin de nous laisser le temps d'échapper par la pénitence aux coups mieux calculés qu'il nous réservait.

« En effet, l'esprit qui veut tromper le monde ne doit pas commencer par prendre des femmes, par étendre la main vers les honneurs et le glaive royal, ou bien par égorger les gens; ceci est trop grossier. Chacun s'aperçoit que cet esprit ne veut autre chose que s'élever lui-même et opprimer les autres. Ce qu'il faut pour tromper, c'est de mettre un habit gris, de prendre un air triste et piteux, de pencher la tête, de refuser l'argent, de ne pas manger de viande; de fuir les femmes à l'égal du poison, de repousser comme damnable tout pouvoir temporel, de rejeter le glaive; puis, de se baisser tout doucement vers la couronne, le glaive et les clés, pour les ramasser et s'en saisir furtivement. Voilà qui pourrait réussir, voilà qui tromperait même les sages, les hommes tournés au spirituel. Ce serait là un beau diable, à plumes plus belles que plumes de paon et de faisan.

« Mais saisir la couronne si impudemment, prendre non seulement une femme, mais autant de femmes que dit le caprice et le plaisir, ah ! c'est le fait d'un diablotin écolier, d'un diable à l'A B C ; ou bien c'est le véritable Satan, le Satan docte et habile, mais garrotté par la main de Dieu de chaînes si puissantes qu'il n'a pu agir plus adroitement. C'est pour nous menacer tous et nous exhorter à craindre ses châtiments, avant qu'il ne laisse le champ libre à un diable savant qui nous attaquerait, non plus avec l'A B C, mais avec le véritable texte, le texte difficile. S'il fait de telles choses comme diablotin à l'école, que ne pourrait-il faire comme diable raisonnable, sage, savant, légiste, théologien?

« ... Lorsque Dieu est en colère et qu'il nous prive de sa parole, nulle tromperie du Diable n'est trop grossière. Les commencements de Mahomet aussi furent grossiers ; cependant, Dieu n'y mettant obstacle, il en est sorti un empire damnable et infâme, comme tout le monde sait. Si Dieu ne nous eût pas été en aide contre Münzer, il se fût élevé par lui un empire turc, comme celui de Mahomet. En somme : nulle étincelle n'est si petite que, Dieu y laissant souffler le Diable, il n'en puisse sortir un feu qui dévore le monde, et que personne n'éteigne. La meilleure arme contre le Diable c'est le glaive de l'esprit, la parole de Dieu ; le Diable est un esprit et il se moque des cuirasses, des chevaux et des cavaliers.

« Mais nos seigneurs évêques et princes ne veulent pas souffrir que l'on prêche l'Évangile, et que, par la parole divine, l'on arrache les âmes au Diable ;

ils pensent qu'il suffit d'égorger. De cette manière ils prennent au Diable les corps, ils lui laissent les âmes; ils réussiront comme les Juifs, qui croyaient exterminer Christ en le crucifiant...

« ... Ceux de Munster, entre autres blasphèmes, parlent de la naissance de Jésus-Christ comme s'il ne venait pas (c'est leur langage) de la semence de Marie et que cependant il fût de la semence de David. Mais ils ne s'expliquent pas clairement. Le Diable garde la bouillie ardente dans la bouche et ne fait que grommeler : *mum*, *mum*, voulant probablement dire pis. Toutefois ce que l'on comprend, c'est que, d'après eux, la semence ou la chair de Marie ne pourrait pas nous racheter. Eh bien! Diable, grommèle et crache tant que tu voudras, le seul petit mot : *né*, renverse tout cela. Dans toutes les langues, sur toute la terre, on appelle *né* l'enfant de chair et de sang qui sort des entrailles de la femme, et non autre chose. Or, l'Écriture dit partout que Jésus-Christ est *né* de sa mère Marie, qu'il est son fils premier-né : ainsi Isaïe, Gabriel et ailleurs : « Tu seras enceinte en ton corps », etc. Mon cher, *être enceinte* ne signifie pas : être un tuyau par lequel il coule de l'eau (selon les blasphèmes de Manichée); mais cela veut dire qu'un enfant est pris de la chair et du sang de sa mère, qu'il est nourri en elle, qu'il y prend croissance, qu'il est à la fin mis au monde.

« L'autre proposition de ces gens, celle par laquelle ils condamnent le baptême des enfants et en font une chose païenne, est de même assez grossière. Ils regardent comme mauvais tout ce que les impies ont et donnent. Pourquoi donc alors ne tiennent-ils pas pour mauvais l'or, l'argent et les autres biens qu'ils ont pris aux impies dans Munster? Ils devraient faire de l'or et de l'argent tout neufs...

« Leur méchant royaume est si visiblement un royaume de grossière imposture et de révolte qu'il n'est pas besoin d'en parler. J'en ai déjà trop dit : je m'arrête. »

CHAPITRE III

Dernières années de la vie de Luther. — Polygamie du landgrave de Hesse, etc. (1536-1545.)

Les catholiques et les protestants réunis, un instant contre les anabaptistes, n'en furent ensuite que plus ennemis. On parlait toujours d'un concile général; personne n'en voulait sérieusement. Le pape le redoutait, les protestants le récusaient d'avance.

« On m'écrit de la diète, que l'Empereur presse les nôtres de consentir à un concile, et qu'il se courrouce de leur refus. Je ne comprends pas ces monstruosités. Le pape nie que les hérétiques comme nous puissent avoir place à un concile : l'Empereur veut que nous consentions au concile et à ses décrets. C'est peut-être Dieu qui les rend fous... Mais voici sans doute leur combinaison. Comme jusqu'à présent ils n'ont pu, sous le nom du pape, de l'Église, de l'Empereur, des diètes, rendre redoutable leur mauvaise cause, ils pensent maintenant à se couvrir du nom de concile afin de pouvoir crier contre nous : que nous sommes des gens tellement perdus et désespérés que nous ne voulons écouter ni le pape, ni l'Église, ni l'Empereur, ni l'Empire, ni le concile même que nous avons tant de fois demandé. Voyez l'habileté de Satan contre ce pauvre sot de Dieu, qui aura sans doute de la peine à se tirer de pièges si bien dressés!... Non, c'est le Seigneur qui se jouera de ceux qui se jouent de lui. S'il nous faut consentir à un concile ainsi disposé pour nous, pourquoi, il y a vingt-cinq ans, ne nous sommes-nous pas soumis au pape, seigneur des conciles, et à toutes ses bulles? » (9 juillet 1545.)

Ce concile aurait pu resserrer l'unité de la hiérarchie catholique, mais non rétablir celle de l'Église. Les armes devaient seules décider. Déjà les protestants avaient chassé les Autrichiens du Wurtemberg. Ils dépouillaient Henri de Brunswick, qui exécutait à son profit les arrêts de la chambre impériale. Ils encourageaient l'archevêque de Cologne à imiter l'exemple d'Albert de Brandebourg, en sécularisant son archevêché, ce qui lui eût donné la majorité dans le conseil électoral. Cependant il y eut encore quelques tentatives de conciliation. Des conférences s'ouvrirent à Worms et à Ratisbonne (1540-1541). Elles furent aussi inutiles que celles qui les avaient précédées. Luther ne s'y trouva point et donna même peu d'attention à ces disputes qui de jour en jour prenaient un caractère plus politique que religieux.

« Il ne m'est rien venu de Worms, si ce n'est ce que m'écrit Mélanchton, qu'il s'y est réuni une telle multitude de doctes personnages de France, d'Italie, d'Espagne et d'Allemagne, que dans aucun synode pontifical on n'en pourra jamais voir un aussi grand nombre. » (27 novembre 1540.)

« J'ai reçu des nouvelles de Worms. Les nôtres procèdent avec force et sagesse ; nos adversaires, comme gens sots et ineptes, n'usent que de ruses et de mensonges. On croirait voir Satan lui-même, quand se lève l'aurore, courir çà et là cherchant, sans pouvoir trouver, quelque sombre repaire pour échapper à cette lumière qui le poursuit. » (9 janvier 1541.)

Après une nouvelle conférence de théologiens des deux partis, on voulut avoir l'opinion de Luther sur dix articles dont on était convenu. « Notre prince, apprenant que l'on venait directement à moi sans s'adresser à lui, accourut avec Pontanus, et tous deux arrangèrent la réponse à leur façon. »

Quelques années auparavant, cette intervention du prince aurait soulevé l'indignation de Luther. Ici il en parle sans colère, le dégoût et la lassitude commencent à s'emparer de lui. Il voit bien qu'en travaillant à rétablir l'Évangile dans sa pureté primitive, il n'a fait que fournir aux puissants du siècle les moyens de satisfaire leurs ambitions terrestres, et qu'ils font chaque jour bon marché de son Christ.

« Notre excellent prince m'a donné à lire les conditions qu'il veut proposer pour avoir la paix avec l'Empereur et nos adversaires. Je vois qu'ils regardent toute cette affaire comme une comédie qui se joue entre eux, tandis que c'est une tragédie entre Dieu et Satan, où Satan triomphe et où Dieu est humilié. Mais viendra la catastrophe où le Tout-Puissant, auteur de cette tragédie, nous donnera la victoire. Je suis indigné qu'on se joue ainsi de si grandes choses. » (4 avril 1541.)

Nous avons vu de bonne heure dans quelle triste dépendance la Réforme s'était trouvée à l'égard des princes qui la protégeaient; Luther eut le temps de voir les conséquences où cette dépendance devait aboutir. Ces princes, c'étaient des hommes; il fallut les servir, non seulement comme princes, mais comme hommes, dans leurs caprices, dans les besoins de leur humanité. De là, des concessions qui, sans être contraires aux principes de la Réforme, semblèrent peu honorables aux réformateurs.

Le chef le plus belliqueux du parti protestant, l'impétueux et colérique landgrave de Hesse, fit représenter à Luther et aux ministres que sa santé ne lui permettait pas de se contenter d'une femme. Les instructions qu'il donna à Bucer pour négocier cette affaire avec les théologiens de Wittemberg, sont un curieux mélange de sensualité, de craintes religieuses et de naïveté hardie.

« Depuis mon mariage, écrit-il, je vis dans l'adultère et la fornication; et comme je ne veux point abandonner cette vie, je ne puis m'approcher de la Sainte Table; car saint Paul a dit que l'adultère ne possédera pas le royaume des cieux. » Il énumère ensuite les raisons qui le forcent à vivre ainsi. « Ma femme, dit-il, n'est ni belle ni aimable; elle sent mauvais, elle boit, et mes chambellans savent bien comment elle se comporte alors », etc. — Je suis d'une forte complexion, les médecins peuvent le témoigner, souvent je vais aux diètes impériales. « *Ubi laute vivitur et corpus curatur; quomodo me ibi gerere queam absque uxore, cum non semper magnum gynæceum mecum ducere possim?...* » Comment puis-je punir la fornication et les autres crimes, lorsque moi-même je m'en rends coupable, lorsque tous pourraient me dire : Maître, commence par toi... Si nous prenions les armes pour la cause de l'Évangile, je ne le ferais qu'avec une conscience troublée, car je me dirais : « Si tu meurs en cette guerre, tu vas au démon... J'ai lu avec soin l'Ancien et le Nouveau-Testament, et je n'y ai trouvé d'autre remède que de prendre une seconde femme; car je ne puis, ni ne veux changer la vie que je mène. Je l'atteste par-devant Dieu, ce qu'Abraham, Jacob, David, Lamech et Salomon ont fait, pourquoi ne le puis-je faire? » Cette question de la polygamie avait été agitée déjà dans les premières années du protestantisme; on la trouvait partout dans l'Écriture, à laquelle la Réforme disait vouloir ramener le monde. Les réformateurs considéraient d'ailleurs le mariage *ut res politica*, et sujette aux règlements du prince. En présence de cette question, Luther recula d'abord; la chose lui répugnait, mais il n'osait condamner l'Ancien-Testament. D'ailleurs la doctrine que le landgrave invoquait, était précisément celle que Luther avait adoptée en principe dès les commencements de la Réforme, quoiqu'il ne conseillât pas de la pratiquer;

il avait écrit en 1524 : « Il faut que le mari soit certain, par sa propre conscience et par la parole de Dieu, que la polygamie lui est permise... Pour moi, j'avoue que je ne puis mettre d'opposition à ce qu'on épouse plusieurs femmes, et que cela ne répugne pas à l'Écriture sainte. Cependant je ne voudrais pas que cet exemple s'introduisît parmi les chrétiens, à qui il convient de s'abstenir même de ce qui est permis, pour éviter le scandale et pour maintenir l'*honestas* que saint Paul exige en toute occasion. Il est tout à fait indigne d'un chrétien de courir avec tant d'ardeur pour son propre avantage jusqu'aux dernières limites de la liberté, et de négliger pourtant les choses les plus vulgaires et les plus nécessaires de la charité. Aussi je n'ai point voulu, dans mon sermon, ouvrir cette fenêtre. » (13 janvier 1524.)

« La polygamie permise autrefois aux Juifs et aux Gentils ne peut, d'après la foi, exister chez les chrétiens si ce n'est dans un cas d'absolue nécessité, comme quand on est obligé de se séparer de sa femme lépreuse, etc. Tu diras donc à ces hommes de chair que s'ils veulent être chrétiens, il leur faut maîtriser la chair et ne pas lui lâcher la bride. S'ils veulent être Gentils, qu'ils le soient, mais à leurs risques et périls. » (21 mars 1527.)

Un jour Luther demanda au docteur Basilius si, d'après les lois, le mari dont la femme aurait quelque maladie incurable, et serait, pour ainsi dire, plus morte que vivante, pourrait être autorisé à prendre une concubine. Le docteur Basilius ayant répondu que dans certains cas cette permission serait probablement accordée, Luther dit : « C'est là une chose dangereuse, car si l'on admet les cas de maladie, l'on pourrait venir chaque jour inventer de nouvelles raisons de dissoudre les mariages. » (1539.)

Le message du landgrave jeta Luther dans un grand embarras. Tout ce qu'il y avait de théologiens protestants à Wittemberg se réunit pour dresser une réponse; on résolut de composer avec ce prince. On lui accorda le double mariage, mais à condition que sa seconde femme ne serait point reconnue publiquement. « Votre Altesse comprend assez d'elle-même la différence qu'il y a d'établir une loi universelle ou d'user de dispense en un cas particulier pour de pressantes raisons. Nous ne pouvons introduire publiquement et sanctionner comme pour une loi la permission d'épouser plusieurs femmes... Nous prions Votre Altesse de considérer dans quel danger serait un homme convaincu d'avoir introduit en Allemagne une telle loi, qui diviserait les familles et les engagerait en des procès éternels..... Votre Altesse est d'une complexion faible, elle dort peu; de grands ménagements lui sont nécessaires... Le grand Scanderbeg exhortait souvent ses soldats à la chasteté, disant qu'il n'y avait rien de si nuisible à leur profession que le plaisir de l'amour... Qu'il plaise donc à Votre Altesse d'examiner sérieusement les considérations du scandale, des travaux, des soins, des chagrins et des infirmités qui lui ont été représentées... Si cependant Votre Altesse est entièrement résolue d'épouser une seconde femme, nous jugeons qu'elle doit le faire secrètement... Fait à Wittemberg, après la fête de saint Nicolas, de l'an 1539. Martin LUTHER, Philippe MÉLANCHTON, Martin BUCER, Antoine CORVIN, ADAM, Jean LENING, Justin WINTFERT, Dyonisius MELANTHER. »

C'était une chose dure que de forcer Luther qui, comme théologien et père de famille, tenait à la sainteté du mariage, de déclarer qu'en vertu de l'Ancien-Testament deux femmes pouvaient s'asseoir avec leurs jalousies et leurs haines au même foyer domestique. Cette croix, il la sentit douloureusement.

« Quant à l'affaire *macédonique*, ne t'en afflige pas trop, puisque les choses en sont venues au point que ni joie ni tristesse n'y peuvent rien. Pourquoi nous tuer nous-mêmes? pourquoi souffrir que la tristesse nous ôte la pensée de celui qui a vaincu toutes les morts et toutes les tristesses? Celui qui a vaincu le Diable et jugé le Prince de ce monde, n'a-t-il pas en même temps jugé et vaincu ce scandale?... A leurs yeux, nos vertus sont des vices quand nous n'adorons point Satan avec eux. Que Satan triomphe donc, et n'en concevons ni chagrin ni tristesse; mais réjouissons-nous en Christ, qui brisera les efforts de tous nos ennemis. » (18 juin 1540.)

Il semble qu'il ait espéré, pour éviter ce scandale, l'intervention de l'Empereur.

« Si César et l'Empire le voulaient, comme ils seront forcés de le vouloir, ils feraient bientôt cesser par un édit ce scandale, afin que cela ne puisse devenir pour l'avenir un droit ou un exemple. »

Depuis cette époque, les lettres de Luther, comme celles de Mélanchton, sont pleines de dégoût et de tristesse.

Quelqu'un demandant à Luther de l'appuyer par une lettre près de la cour de Dresde, Luther lui répond qu'il a perdu tout crédit, toute influence. Dans les lettres précédentes, il se trouve parfois des expressions amères contre cette cour. *Mundana illa Aula.*

« J'assisterai à tes noces, mon cher Lauterbach, mais en esprit et par la prière. Car que j'y aille de corps, ce n'est pas seulement la multitude des affaires qui m'en empêche, mais le danger d'offenser ces mamelucks et la reine de ce royaume (la duchesse Catherine de Saxe?); car qui n'est offensé de la folie de Luther? »

« Tu me demandes, mon cher Jonas, de t'écrire de temps à autre quelques mots de consolation. Mais c'est moi plus que personne qui ai besoin que tes lettres viennent rendre quelque vie à mon esprit, moi qui comme Loth ai tant à souffrir au milieu de cette infâme et satanique ingratitude, de cet horrible mépris de la parole du Seigneur. Il faut que je voie Satan posséder les cœurs de ceux qui croient qu'à eux seuls sont réservées les premières places dans le royaume de Christ! »

Les protestants commençaient déjà à se relâcher de leur sévérité. On rouvrait les maisons de débauche. Il vaudrait mieux, dit Luther, ne pas avoir chassé Satan que de le ramener en plus grande force. (13 septembre 1540.)

« Le pape, l'Empereur, le Français, Ferdinand, ont envoyé auprès du Turc, pour demander la paix, une ambassade magnifique chargée de riches présents. Et ce qu'il y a de plus beau, c'est que pour ne pas blesser les yeux des Turcs, ils ont tous quitté le costume de leur pays, et se sont parés de longues robes à la mode turque... J'espère que ce sont les signes bienheureux de la fin imminente de toutes choses. » (17 juillet 1745.)

A Jonas. « Je te dis à l'oreille que j'ai de grands soupçons qu'on nous enverra seuls, nous autres luthériens, à la guerre contre le Turc. Le roi Ferdinand a enlevé de Bohême l'argent de la guerre, et a défendu qu'on fît partir un seul soldat. L'Empereur ne fait rien. Et si c'était leur dessein que nous fussions exterminés par le Turc? » (29 décembre 1542.)

« Rien de nouveau ici, sinon que le margrave de Brandebourg se fait une mauvaise réputation par tout le monde au sujet de la guerre de Hongrie. Ferdinand n'en a pas une meilleure. Je vois un concours de tant de motifs et de très vraisemblables, que je ne puis m'empêcher de croire que tout cela indique une horrible et funeste trahison. » (26 janvier 1542.)

« Je le demande, qu'arrivera-t-il enfin de cette horrible trahison des princes et des rois? » (16 décembre 1543.)

« Puisse Dieu nous venger des incendiaires (presque tous les mois il parle d'incendies qui ont lieu à Wittemberg)! Satan a trouvé un nouveau moyen de nous tuer. On jette du poison dans le vin, du plâtre dans le lait. A Iéna, douze personnes ont été empoisonnées dans du vin. Peut-être sont-elles mortes seulement pour avoir trop bu. Cependant on assure qu'à Magdebourg et à Northuse on a trouvé des marchands vendant du lait empoisonné. » (Avril 1541.) Dans une des lettres suivantes, il fait mention d'une histoire d'hosties empoisonnées. — A Amsdorf, à l'occasion de la peste de Magdebourg : « Ce que tu me mandes de la frayeur que l'on a aujourd'hui de la peste, j'en ai fait aussi l'épreuve il y a quelques années ; et je m'étonne de voir que, plus se répand la prédication de la vie en Jésus-Christ, plus augmente dans le peuple la peur de la mort, soit qu'auparavant, sous le règne du pape, un faux espoir de vie diminuât pour eux la crainte de la mort, et que maintenant la véritable espérance de vie étant mise devant leurs yeux, ils sentent combien la nature est faible pour croire au vainqueur de la mort, soit que Dieu nous tente par ces faiblesses et laisse prendre à Satan, au milieu de cette frayeur, plus de hardiesse et de force. Tant que nous avons vécu dans la foi du pape, nous étions comme des gens ivres, endormis ou fous, prenant la mort pour la vie, c'est-à-dire ignorant ce que c'est que la mort et la colère de Dieu. Maintenant que la lumière a brillé et que la colère de Dieu nous est mieux connue, la nature est sortie du sommeil et de la folie. De là vient qu'ils ont plus de peur qu'autrefois... J'ajoute et j'applique ici ce passage du psaume LXXI : *Ne me rejetez pas dans le temps de ma vieillesse; lorsque ma force succombera, ne m'abandonnez pas.* Car je pense que ce temps suprême est la vieillesse du Christ et le temps de l'abattement, c'est-à-dire que c'est le grand et dernier assaut du Diable, comme David, dans ses derniers jours, affaibli par l'âge, eût été tué par le géant, si Abisaï ne fût venu à son aide... J'ai appris presque toute cette année à chanter avec saint Paul : *Quasi mortui et ecce vivimus*. Et ailleurs : *Per gloriam vestram quotidie morior*. Et quand il dit aux Corinthiens : *In mortibus frequenter*, ce n'a pas été chez lui spéculation ou méditation sur la mort, mais sentiment de la mort elle-même, comme s'il n'y avait plus d'espérance de vie. » (20 novembre 1538.)

« J'espère qu'au milieu du déchirement du monde, le Christ va hâter son jour et fera écrouler l'univers, *Ut fractus illabatur orbis.* » (12 février 1538.)

LIVRE IV

(1530-1546.)

CHAPITRE PREMIER

Conversations de Luther. — La famille, la femme, les enfants. — La nature.

Arrêtons-nous dans cette triste histoire des dernières années de la vie publique. Réfugions-nous, comme Luther, dans la vie privée ; asseyons-nous à sa sa table, à côté de sa femme, au milieu de ses enfants et de ses amis ; écoutons les paroles graves du pieux et tendre père de famille.

« Celui qui insulte les prédicateurs et les femmes ne réussira pas bien. C'est des femmes que viennent les enfants par quoi se maintient le gouvernement de la famille et de l'État. Qui les méprise, méprise Dieu et les hommes.

« Le droit saxon est trop dur, lorsqu'il donne seulement à la veuve un siège et une quenouille. Par le premier mot, il faut entendre la maison ; par le second, l'entretien, la subsistance. On paie bien un valet. Que dis-je? on donne plus à un mendiant.

« Il n'y a point de doute que les femmes en mal d'enfant qui meurent dans la foi, sont sauvées, parce qu'elles meurent dans la charge et la fonction pour laquelle Dieu les a créées.

« C'est l'usage dans les Pays-Bas que chaque nouveau et jeune prêtre se choisisse une petite fille qu'il tient pour sa fiancée, et cela, pour honorer le saint état du mariage. »

On disait à Luther : Si un prédicateur chrétien doit souffrir la prison et la persécution pour l'amour de la parole, ne doit-il pas, à plus forte raison, se passer du mariage? Il répondit à cela : « Il est plus facile de supporter la prison que de brûler : je l'ai éprouvé moi-même. Plus je macérais mon corps, plus je tâchais de le dompter, et plus je brûlais. Quand on aurait le don de rester chaste dans le célibat, on doit encore se marier pour faire dépit au pape... Si j'étais mort à l'improviste, j'aurais voulu, pour honorer le mariage, faire venir à mon lit de mort une pieuse fille que j'aurais prise comme épouse, et à laquelle j'aurais donné deux gobelets d'argent pour don de noces et présent de lendemain (morgengabe). »

Lettre à un ami qui lui demande conseil pour se marier : « Si tu brûles, il faut prendre femme... Tu voudrais bien en avoir une, belle, pieuse et riche. Très bien, mon cher; on t'en donnera une en peinture, avec des joues roses et des jambes blanches. Ce sont aussi les plus pieuses, mais elles ne valent rien pour la cuisine ni pour le lit... Se lever de bonne heure et se marier jeune, personne ne s'en repentira.

« Il n'est guère plus possible de se passer de femme que de boire ou de manger. Conçu, nourri, porté dans le corps des femmes, notre chair est à elles dans sa plus grande partie, et il nous est impossible de nous en séparer tout à fait.

« Si j'avais voulu faire l'amour, il y a treize ans, j'aurais pris Ave Schonfeld, qui est aujourd'hui au docteur Basilius, le médecin de Prusse. Je n'aimais pas alors ma Catherine; je la soupçonnais d'être fière et hautaine, mais il a plu ainsi à Dieu; il a voulu que j'eusse pitié d'elle, et cela m'a fort bien tourné; Dieu soit loué!

« La plus grande grâce de Dieu est d'avoir un bon et pieux époux, avec qui vous viviez en paix, à qui vous puissiez confier tout ce que vous avez, même votre corps et votre vie, et avec qui vous ayez de petits enfants. Catherine, tu as un homme pieux qui t'aime, tu es une impératrice. Grâce soit rendue à Dieu! »

Quelqu'un excusait ceux qui courent après les filles, le docteur Luther répondit : « Qu'ils sachent que c'est mépriser le sexe féminin. Ils abusent des femmes qui n'ont pas été créées pour cela. C'est une grande chose qu'une jeune fille puisse toujours être aimée; le Diable le permet rarement... Elle disait bien, mon hôtesse d'Eisenach, quand j'y étais aux écoles : *Il n'est sur terre chose plus douce que d'être aimé d'une femme.* »

« Au jour de la Saint-Martin, anniversaire de la

naissance du docteur Martin Luther, maître Ambrosius Brend vint lui demander sa nièce... Un jour qu'il les surprit dans un entretien secret, il se mit à rire et dit : « Je ne m'étonne pas qu'un fiancé ait tant à dire à sa fiancée ; pourraient-ils se lasser jamais ? Mais on ne doit point les gêner ; ils ont privilège par-dessus droit et coutume. » — En la lui accordant, il dit ces paroles : « Monsieur et cher ami, je vous présente cette jeune fille telle que Dieu me l'a donnée dans sa bonté. Je la remets entre vos mains ; Dieu vous bénisse, de sorte que votre union soit sainte et heureuse ! »

Le docteur Martin Luther était à la noce de la fille de Jean Luffte. Après le souper, il conduisit la mariée au lit, et dit à l'époux que, d'après le commun usage, il devait être le maître dans la maison... quand la femme n'y était pas ; et pour signe, il ôta un soulier à l'époux et le mit sur le ciel du lit, afin qu'il prît ainsi la domination et le gouvernement.

« Fais comme moi, cher compagnon, quand je voulus prendre ma Catherine, je priai Notre-Seigneur, mais je priai sérieusement. Fais-en autant, tu n'as pas encore sérieusement prié. »

En 1541, Luther fut un jour extrêmement gai et enjoué à table. « Ne vous scandalisez pas de me voir de si bonne humeur, dit-il à ses amis, j'ai reçu aujourd'hui beaucoup de mauvaises nouvelles, et je viens de lire une lettre très violente contre moi. Nos affaires vont bien, puisque le Diable tempête si fort. »

Il riait du bavardage de sa femme, et lui demandait si, avant de prêcher si bien, elle avait dit un *Pater*.

Si elle l'eût fait, Dieu lui aurait sans doute défendu de prêcher.

« Si je devais encore faire l'amour, je voudrais me tailler dans la pierre une femme obéissante ; sans cela je désespère d'en trouver.

« La première année du mariage, on a d'étranges pensées. Si on est à table, on se dit : Auparavant tu étais seul ; aujourd'hui tu es à deux (*Selbander*). Au lit, si l'on s'éveille, on voit une autre tête à côté de soi. Dans la première année, ma Catherine se tenait assise à côté de moi quand j'étudiais, et comme elle ne savait que dire, elle me demandait : « Seigneur docteur, en Prusse, le maître d'hôtel n'est-il pas frère du margrave ? »

« Il ne faut pas mettre d'intervalle entre les fiançailles et les noces... Les amis mettent des obstacles, comme il m'est arrivé avec maître Philippe et pour le mariage d'Eisleben (Agricola). Tous mes meilleurs amis criaient : Point celle-là, mais une autre. »

Lucas Cranach l'aîné avait fait le portrait de la femme de Luther. Lorsque le tableau fut suspendu à la muraille et que le docteur le vit : « Je veux, dit-il, faire peindre aussi un homme, envoyer à Mantoue les deux portraits pour le concile, et demander aux saints pères s'ils n'aimeraient pas mieux l'état du mariage que le célibat des ecclésiastiques. »

« Un signe certain que Dieu est ennemi de la papauté, c'est qu'il lui a refusé cette bénédiction du fruit corporel (la génération des enfants...).

« Quand Ève fut amenée devant Adam, il devint

plein du Saint-Esprit et lui donna le plus beau, le plus glorieux des noms : il l'appela *Eva*, c'est-à-dire la mère de tous les vivants ; il ne l'appela point sa femme, mais la mère, la mère de tous les vivants. C'est là la gloire et l'ornement le plus précieux de la femme : elle est *Fons omnium viventium*, la source de toute vie humaine. Cette parole est brève, mais ni Démosthènes ni Cicéron n'aurait pu dire ainsi. C'est le Saint-Esprit lui-même qui parle ici par notre premier père, et comme il a fait un si noble éloge du mariage, il est juste que nous couvrions et cachions ce qu'il y a de fragile dans la femme. Jésus-Christ, le Fils de Dieu, n'a pas non plus méprisé le mariage ; il est lui-même né d'une femme, ce qui est un grand éloge du mariage.

« On trouve l'image du mariage dans toutes les créatures, non seulement dans les animaux de la terre, de l'air et des eaux, mais encore dans les arbres et les pierres. Tout le monde sait qu'il est des arbres, tels que le pommier et le poirier, qui sont comme mari et femme, qui se demandent réciproquement, et qui prospèrent mieux quand ils sont plantés ensemble. Parmi les pierres on remarque la même chose, surtout dans les pierres précieuses, le corail, l'émeraude et autres. Le ciel est aussi le mari de la terre. Il la vivifie par la chaleur du soleil, la pluie et le vent, et lui fait ainsi porter toutes sortes de plantes et de fruits. »

Les petits enfants du docteur se tenaient debout devant la table, en regardant avec bien de l'attention les pêches qui étaient servies ; le docteur se mit à dire : « Qui veut voir l'image d'une âme qui jouit dans l'espérance, la trouvera bien ici. Ah! si nous pouvions attendre avec autant de joie la vie à venir! »

On amena au docteur sa petite fille Magdalena, pour qu'elle chantât à son cousin le chant qui commence ainsi : *Le pape invoque l'Empereur et les rois*, etc. Mais elle ne le voulut point, quoique sa mère l'en priât fort. Le docteur dit à ce sujet : « Rien de bien par force. Sans la grâce, il ne résulte rien de bon des œuvres de la loi. »

« *Servez le Seigneur avec crainte et réjouissez-vous avec tremblement.* Il n'y a pas là, pour moi, de contradiction. C'est ce que mon petit Jean fait à l'égard de son père. Mais je ne puis en faire autant à l'égard de Dieu. Si je suis à ma table, et que j'écrive ou que je fasse autre chose, Jean me chante une petite chanson ; s'il chante trop haut et que je l'avertisse, il continue, mais en lui-même et avec quelque crainte. Dieu veut aussi que nous soyons toujours gais, mais d'une gaieté mêlée de crainte et de réserve. »

Au premier jour de l'an, un petit enfant du docteur pleurait et criait, au point que personne ne pouvait le calmer : le docteur avec sa femme en fut triste et chagriné une grande heure ; ensuite il dit : « Tels sont les désagréments et les charges du mariage... C'est pour cela qu'aucun des Pères n'a rien écrit de remarquablement bon à ce sujet. Jérôme a parlé assez salement, je dirais presque anti-chrétiennement, du mariage, etc. Au contraire saint Augustin... »

Après qu'il eut joué avec sa petite Magdalena, sa

femme lui donna le plus jeune de ses enfants, et il dit : « Je voudrais être mort à l'âge de cet enfant; j'aurais bien renoncé à tout l'honneur que j'ai et que je puis obtenir encore en ce monde. » Et comme l'enfant l'eut sali, il dit : « Oh! combien Notre-Seigneur doit en souffrir de nous plus qu'une mère de son enfant! »

Il disait à son petit enfant : « Tu es l'innocent petit fou de Notre-Seigneur, sous la grâce et non sous la loi. Tu es sans crainte, sans inquiétude ; tout ce que tu fais est bien fait. »

« Les enfants sont les plus heureux. Nous autres vieux fous nous nous tourmentons et nous affligeons par nos éternelles disputes sur la parole. « Est-ce vrai? Est-ce possible? Comment est-ce possible? » nous demandons-nous sans cesse... Les enfants, dans la simplicité et la pureté de leur foi, ont la certitude et ne doutent en rien de ce qui fait leur salut... Pour être sauvés, nous devons, à leur exemple, nous en remettre à la simple parole. Mais le Diable, pour nous empêcher, nous jette sans cesse quelque chose en travers. C'est pourquoi le mieux c'est de mourir sans différer et de nous en aller vite sous terre.

Une autre fois que son petit enfant Martin prenait le sein de sa mère, le docteur dit : « Cet enfant, et tout ce qui m'appartient, est haï du pape et du duc Georges, haï de leurs partisans, haï des diables. Cependant tous ces ennemis n'inquiètent guère le cher enfant, il ne s'inquiète pas de ce que tant et de si puissants seigneurs lui en veulent, il suce gaiement la mamelle, regarde autour de lui en riant tout haut, et les laisse gronder tant qu'ils veulent. »

Comme maître Spalatin et maître Lenhart Beier, pasteur de Zwickau, étaient chez le docteur Martin Luther, il jouait bonnement avec son petit enfant Martin, qui babillait et caressait tendrement sa poupée. Le docteur dit : « Telles étaient nos pensées dans le Paradis, simples et naïves; innocentes, sans méchanceté ni hypocrisie; nous eussions été véritablement comme cet enfant quand il parle de Dieu et qu'il en est si sûr. »

« Quels ont dû être les sentiments d'Abraham, lorsqu'il a consenti à sacrifier et égorger son fils unique? Il n'en aura rien dit à Sara. La chose lui eût trop coûté. Vraiment, je disputerais avec Dieu, s'il m'imposait et m'ordonnait une telle chose. » Alors la femme du docteur prit la parole et dit : « Je ne puis croire que Dieu demande à personne qu'il égorge son enfant. »

« Ah! combien mon cœur soupirait après les miens, lorsque j'étais malade à la mort dans mon séjour à Smalkalde. Je croyais que je ne reverrais plus ma femme ni mes petits enfants; que cette séparation me faisait de mal!... Il n'est personne assez dégagé de la chair pour ne pas sentir ce penchant de la nature. C'est une grande chose que le lien et la société qui unissent l'homme et la femme! »

Il est touchant de voir comme tout ramenait Luther à des réflexions pieuses sur la bonté de Dieu, sur l'état de l'homme avant sa chute, sur la vie à venir. Ainsi une belle branche chargée de cerises que le docteur Jonas met sur table, la joie de sa femme qui sert des poissons du petit étang de leur jardin, la simple vue d'une rose, etc. « Le 9 avril 1539, le docteur se trouvait dans son jardin et regardait attentivement les arbres tout brillants de fleurs et de verdure. Il dit avec admiration : « Gloire à Dieu qui de la créature morte fait ainsi sortir la vie au printemps ! Voyez ces rameaux, comme ils sont forts et gracieux; ils sont déjà tout gros de fruits. Voilà une belle image de la résurrection des hommes. L'hiver est la mort et l'été la résurrection. Alors tout revit, tout est verdoyant. »

« Philippe et moi, nous sommes accablés d'affaires et d'embarras. Moi qui suis vieux et *emeritus*, j'aimerais mieux maintenant prendre un plaisir de vieillard dans les jardins, à contempler les merveilles de Dieu dans les arbres, les fleurs, les herbes, les oiseaux, etc.; c'est ce plaisir et ce loisir qui me reviendraient, si mes péchés ne m'avaient mérité d'en être privé par ces affaires importunes et souvent inutiles. » (8 avril 1538.)

Le 18 avril 1539, sur le soir, il y eut un orage très fort, suivi d'une pluie bienfaisante qui rendit la verdure à la terre et aux arbres. Le docteur Martin dit en regardant le ciel : « Voilà un beau temps ! Tu nous l'accordes, ô mon Dieu ! à nous qui sommes si ingrats, si pleins de méchanceté et d'avarice. Tu es un Dieu de bonté. Ce n'est pas là une œuvre de

Satan ; non, c'est un tonnerre bienfaisant qui ébranle la terre et l'ouvre pour lui faire porter des fruits et répandre un parfum semblable à celui que répand la prière du chrétien pieux. »

Un autre jour, sur la route de Leipsick, le docteur, voyant la plaine couverte de blés superbes, se mit à prier avec ferveur; il disait : « O Dieu de bonté, tu nous donnes une année heureuse! Ce n'est pas à cause de notre piété, c'est pour glorifier ton saint nom. Fais, ô mon Dieu, que nous nous amendions et que nous croissions dans ta parole! Tout en toi est miracle. Ta voix fait sortir de la terre, et même du sable aride, ces plantes et épis si beaux qui réjouissent la vue. O mon père, donne à tous tes enfants leur pain quotidien! »

« Supportons les difficultés qui accompagnent nos fonctions, avec égalité d'âme, et attendons le secours du Christ. Considère, dans ces violettes et ces pensées que tu foules en te promenant sur la lisière de nos jardins, un emblème de notre condition. Nous consolons le peuple (?) lorsque nous remplissons l'Église; il y a là la robe de pourpre, la couleur des afflictions, mais au fond la fleur d'or rappelle la foi qui ne se flétrit pas. »

Un soir le docteur Martin Luther voyait un petit oiseau perché sur un arbre et s'y posant pour passer la nuit; il dit : « Ce petit oiseau a choisi son abri et va dormir bien paisiblement; il ne s'inquiète pas, il ne songe point au gîte du lendemain; il se tient bien tranquille sur sa petite branche, et laisse Dieu songer pour lui. »

Vers le soir, vinrent deux oiseaux qui faisaient un nid dans le jardin du docteur. Ils étaient souvent effrayés dans leur vol par ceux qui passaient. Il se mit à dire : « Ah! cher petit oiseau, ne fuis point, je te souhaite du bien de tout mon cœur; si tu pouvais seulement me croire! C'est ainsi que nous refusons de nous confier en Dieu, qui, bien loin de vouloir notre perte, a donné pour nous son propre fils. »

CHAPITRE II

La Bible. — Les Pères. — Les Scolastiques. — Le Pape. — Les Conciles.

Le docteur Martin Luther avait écrit avec de la craie, sur le mur qui se trouvait derrière son poêle, les paroles suivantes (Luc, XVI) : « Qui est fidèle dans la plus petite chose, sera fidèle dans la plus grande. Qui est infidèle dans le petit sera infidèle dans le grand ».

« Le petit enfant Jésus (il le montrait peint sur la muraille), dort encore dans les bras de Marie, sa mère. Il se réveillera un jour et nous demandera compte de ce que nous avons fait. »

Luther, se faisant un jour couper les cheveux et faire la barbe en présence du docteur Jonas, dit à celui-ci : « Le péché originel est en nous comme la barbe : on la coupe aujourd'hui, nous avons le visage frais, et demain elle repousse et ne cesse de pousser jusqu'à ce que nous soyons sous terre. De même le péché originel ne peut être extirpé en nous; il remue tant que nous vivons. Néanmoins nous devons lui résister de toutes nos forces et le couper sans relâche. »

« La nature humaine est si corrompue qu'elle n'éprouve pas même le désir des choses célestes. Elle est comme l'enfant nouveau-né à qui l'on aurait beau promettre tous les trésors et tous les plaisirs de la terre : il n'en a nul souci et ne connaît que le sein de sa mère. De même, quand l'Évangile nous parle de la vie éternelle que Jésus-Christ nous a promise, nous sommes sourds à ses paroles divines, nous nous engourdissons dans la chair, et nous n'avons que des pensées frivoles et périssables. La nature humaine n'a pas l'intelligence, pas même le sentiment de ce mal mortel qui l'accable. »

Dans les choses divines, le Père est la *Grammaire*, car il donne les mots, il est la source d'où coulent les bonnes, pures et belles paroles que l'on peut prononcer. Le Fils est la *Dialectique* : il donne la disposition, la manière de placer les choses dans un bel ordre, de sorte qu'elles suivent et résultent les unes les autres. Le Saint-Esprit est la *Rhétorique* : il sait bien exposer, pousser les choses et les étendre, donner la vie et la force, de manière à faire impression et saisir les cœurs.

« La Trinité se retrouve dans toute la création. Dans le soleil, il y a la substance, l'éclat et la chaleur; dans les fleuves, la substance, le cours et la puissance. De même dans les arts. Dans l'astronomie, le mouvement, la lumière et l'influence; dans la musique, les trois notes *ré, mi, fa,* etc. Les scolastiques ont négligé ces signes importants, pour s'attacher à des niaiseries.

« Le Décalogue est la *doctrina doctrinarum*, le symbole l'*historia historiarum*, le Pater *oratio orationum*, les sacrements *ceremoniæ ceremoniarum*. »

On demandait au docteur Martin Luther si, pendant la domination du pape, les gens qui n'ont pas connu cette doctrine de l'Évangile que nous avons aujourd'hui, grâce à Dieu, avaient pu être sauvés. Il répondit : « Je n'en sais rien, à moins que je ne pense que le baptême a pu produire cet effet. J'ai vu beaucoup de moines auxquels on a présenté la croix de Christ à leur lit de mort, comme c'était alors l'usage. Ils peuvent avoir été sauvés par leur foi en ses mérites et ses souffrances.

« Cicéron est bien supérieur à Aristote dans sa morale. Cicéron était un homme sage et laborieux, qui a beaucoup fait et beaucoup souffert. J'espère que Notre-Seigneur sera clément pour lui et pour ceux qui lui ressemblent, quoiqu'il ne nous appartienne pas d'en parler avec certitude. Que Dieu ne puisse faire des exceptions et établir une distinction entre les païens, c'est ce qu'on ne pourrait dire. Il y aura un nouveau Ciel et une nouvelle terre bien plus larges et plus vastes que ceux d'aujourd'hui. »

On demandait à Luther si l'offensé devait aller jusqu'à demander pardon à l'offenseur. Il répondit : « Non, Jésus-Christ ne l'a pas fait lui-même, il ne l'a pas commandé. Il suffit qu'on pardonne les offenses dans son cœur, qu'on les pardonne publiquement, s'il y a lieu, et qu'on prie pour celui qui les a commises. J'étais moi-même allé une fois demander pardon à deux personnes qui m'avaient offensé, M. E. et D. H. S. (maître Eisleben) [Agricola] et le docteur Jérôme Schurff?); mais par hasard ni l'un ni l'autre ne fut chez lui, et depuis je n'y suis pas retourné. Je remercie Dieu maintenant qu'il ne m'ait point permis de faire comme je voulais. »

Le docteur Martin Luther soupirait un jour en pensant aux perturbateurs et aux sectaires qui méprisaient la parole de Dieu. « Ah! disait-il, si j'étais un grand poète, je voudrais écrire un chant, un poème magnifique sur l'utilité et l'efficacité de la parole divine. Sans elle... Pendant plusieurs années je lisais la Bible deux fois par an ; c'est un grand et puissant arbre dont chaque parole est un rameau, je les ai secoués tous, tant j'étais curieux de savoir ce que chaque branche portait, ce qu'elle pouvait donner, et j'en faisais tomber chaque fois une couple de poires ou de pommes.

« Autrefois sous la papauté, on faisait des pèlerinages pour visiter les saints. On allait à Rome, à Jérusalem, à Saint-Jacques de Compostelle, pour l'expiation de ses péchés. Aujourd'hui nous pouvons faire des pèlerinages chrétiens dans la foi. Quand nous lisons avec soin les prophètes, les psaumes et les Évangiles, nous allons, non pas par la Ville-Sainte, mais par nos pensées et nos cœurs, jusqu'à Dieu. C'est là visiter la véritable Terre-Promise et le Paradis de la vie éternelle. »

« Que sont les saints en comparaison du Christ? Rien de plus que les petites gouttes de la rosée des nuits sur la tête de l'Époux et dans les boucles de sa chevelure. »

Luther n'aimait pas qu'on insistât sur les miracles. Il regardait ce genre de preuves comme secondaire. « Les preuves convaincantes sont dans la parole de Dieu. Nos adversaires lisent la Bible traduite beaucoup plus que les nôtres. Je crois que le duc Georges l'a lue avec plus de soin que tous ceux de la noblesse qui tiennent pour nous. Il dit à quelqu'un : « Pourvu que le moine achève de traduire la Bible, il peut partir ensuite quand il voudra. »

Le docteur Luther disait que Mélanchton l'avait forcé de traduire le Nouveau-Testament.

« Que nos adversaires s'emportent et fassent rage. Dieu n'a pas opposé un mur de pierre aux vagues de la mer, ni une montagne d'acier. Il a suffi d'un rivage, d'une digue de sable.

« J'ai beaucoup lu la Bible dans ma jeunesse pendant que j'étais moine. Mais cela ne servait à rien, je faisais simplement du Christ un Moïse. Maintenant nous l'avons retrouvé, ce cher Christ. Rendons grâce et tenons-nous-y ferme, et souffrons pour lui ce que nous devons souffrir.

« Pourquoi enseigne-t-on et observe-t-on les dix commandements? C'est que les lois naturelles ne se trouvent nulle part si bien rangées et décrites que dans Moïse. Je voudrais même qu'on lui fît d'autres emprunts dans les choses temporelles, telles que les lois sur la *lettre de divorce*, le jubilé, l'année d'affranchissement, les dîmes, etc. Le monde en serait mieux gouverné... C'est ainsi que les Romains ont pris leurs Douze Tables chez les Grecs... Quant au sabbat ou dimanche, ce n'est pas une nécessité de l'observer, et si nous l'observons, nous devons le faire, non pas à cause du commandement de Moïse, mais parce que la nature aussi nous enseigne à nous donner de temps en temps un jour de repos, afin qu'hommes et animaux reprennent des forces, et que l'on aille entendre le sermon et la parole de Dieu. »

« Puisque, dans ce siècle, on commence à restituer toutes choses, comme si déjà c'était le jour de la restauration universelle, il m'est venu dans l'esprit d'essayer si on ne pourrait pas aussi restituer Moïse et rappeler les rivières à leur source. J'ai eu soin d'abord de traiter toutes choses le plus simplement du monde, et de ne pas me laisser entraîner aux explications mystiques, comme on les appelle... Je ne vois pas d'autre raison pour que Dieu ait voulu former le peuple juif par ces cérémonies, sinon qu'il a vu le penchant du peuple à se laisser prendre à ces choses extérieures. Afin que ce ne fussent pas des fantômes vides et de purs simulacres, il a ajouté sa parole pour y mettre du poids et de la substance, de sorte qu'elles devinssent choses sérieuses et graves.

« J'ai ajouté à chaque chapitre de courtes allégories, non que j'en tienne beaucoup de compte, mais afin de prévenir la manie de plusieurs à traiter l'allégorie. Ainsi, dans Jérôme, Origène et autres anciens écrivains, nous voyons une malheureuse et stérile habitude d'imaginer des allégories qui ramènent tout à la morale et aux œuvres, tandis qu'il faudrait tout ramener à la parole et à la foi. » (Avril 1525.)

« Le *Pater noster* est ma prière; c'est celle que je dis, et j'y mêle en même temps quelque chose des psaumes, pour que les faux docteurs soient confondus et couverts de honte. Le *Pater* n'a aucune prière qui lui soit comparable; je l'aime mieux qu'aucun psaume[1]. »

« J'avoue franchement que j'ignore si je possède ou non le sens légitime des psaumes, bien que je ne doute pas de la vérité de celui que je donne. — L'un se trompe en quelques endroits, l'autre en plusieurs; je vois des choses que n'a pas vues saint Augustin; et d'autres, je le sais, verront bien des choses que je ne vois pas.

« Qui oserait prétendre que personne ait complètement entendu un seul psaume? Notre vie est un commencement et un progrès, et non une consommation; celui-là est le meilleur, qui approche le plus de l'esprit. Il y a des degrés dans la vie et l'action, pourquoi n'y en aurait-il pas dans l'intelligence? L'Apôtre dit que nous nous transformons de lumière en lumière. »

Du Nouveau-Testament. « L'Évangile de saint Jean est le vrai et pur Évangile, l'Évangile principal, parce qu'il renferme le plus de paroles de Jésus-Christ. De

---

1. C'est ce que dit Montaigne dans ses *Essais*.

même, les Épîtres de saint Paul et de saint Pierre sont bien au-dessus des Évangiles de saint Mathieu, de saint Marc et de saint Luc. En somme, l'Évangile de saint Jean et sa première Épître, les Épîtres de saint Paul, notamment celles aux Romains, aux Galates, aux Éphésiens, et la première de saint Pierre, voilà les livres qui te montrent Jésus-Christ et qui t'enseignent tout ce qu'il t'est nécessaire et utile de savoir, quand même tu ne verrais jamais d'autre livre. »

Il ne regardait comme apostoliques ni l'Épître aux Hébreux ni celle de saint Jacques. Il s'exprime de la manière suivante sur celle de saint Jude : « Personne ne peut nier que cette Épître ne soit un extrait ou une copie de la seconde Épître de saint Pierre ; les mots sont presque les mêmes. Jude y parle des apôtres comme leur disciple et comme après leur mort. Il cite des versets et des événements qu'on ne trouve nulle part dans l'Écriture. »

L'opinion de Luther sur l'Apocalypse est remarquable : « Que chacun, dit-il, juge de ce livre d'après ses lumières et son sens particulier. Je ne pretends imposer à personne mon opinion : je dis tout simplement ce que je pense. Je ne le regarde ni comme apostolique, ni comme prophétique... » Et ailleurs : « Beaucoup de Pères ont rejeté ce livre, et chacun peut en penser ce que son esprit lui inspirera. Pour moi, je ne puis me faire à cet ouvrage. Une seule raison suffirait pour m'en détourner ; c'est que Jésus-Christ n'y est adoré ni enseigné tel que nous le connaissons. »

Des Pères. « On peut lire Jérôme pour l'étude de l'histoire : quant à la foi et à la bonne vraie religion et doctrine, il n'y en a pas un mot dans ses écrits. J'ai déjà proscrit Origène. Chrysostome n'a point d'autorité chez moi. Basile n'est qu'un moine; je n'en donnerais pas un cheveu. L'*Apologie* de Philippe Mélanchton est au-dessus des écrits de tous les docteurs de l'Église, sans excepter Augustin. Hilaire et Théophylacte sont bons. Ambroise aussi; il marche bien sur l'article le plus essentiel, le pardon des péchés.

« Bernard est au-dessus de tous les docteurs dans ses prédications; mais, quand il dispute, il devient un tout autre homme; alors il accorde trop à la loi et au libre arbitre.

« Bonaventure est le meilleur des théologiens scolastiques.

« Parmi les Pères, Augustin a sans contredit la première place, Ambroise la seconde, Bernard la troisième. Tertullien est un vrai Carlostad. Cyrille a les meilleures sentences. Cyprien le martyr est un faible théologien. Théophylacte est le meilleur interprète de saint Paul. »

(Pour prouver que l'antiquité n'ajoute pas à l'autorité) : « Nous voyons combien saint Paul se plaint avec douleur des Corinthiens et des Galates. Parmi les apôtres mêmes, le Christ trouva un traître dans Judas.

« Les livres que les Pères ont écrits sur la Bible n'ont jamais rien de concluant; ils laissent le lecteur suspendu entre le Ciel et la terre. Lisez Chrysostome, le meilleur rhéteur et parleur de tous. »

Il remarque que les Pères ne disaient rien de la justification par la grâce pendant leur vie, mais y croyaient à leur mort. Cela était plus prudent pour ne point encourager le mysticisme, ni décourager les bonnes œuvres.

« Les chers Pères ont mieux vécu qu'écrit. »

Il fait l'éloge de l'*Histoire* de saint Épiphane et des *Poésies* de Prudence.

« Augustin et Hilaire, entre tous, ont écrit avec le plus de clarté et de vérité ; les autres doivent être lus *cum judicio*.

« Ambroise a été mêlé aux affaires du monde, comme nous le sommes aujourd'hui. Nous sommes obligés de nous occuper au consistoire d'affaires de mariage plus que de la parole de Dieu.

« On a nommé Bonaventure le séraphique, Thomas l'angélique, Scot le subtil ; Martin Luther sera nommé l'archi-hérétique. »

Saint Augustin était peint dans un livre avec un capuchon de moine. Luther dit, en voyant cette image : « Ils font tort au saint homme, car il a mené une vie commune, comme tout autre homme du pays ; il se servait de cuillers et de tasses d'argent ; il n'a pas mené une vie à part comme les moines.

« Macaire, Antoine, Benoît, ont fait un grand et remarquable tort à l'Église avec leur moinerie, et je crois que dans le Ciel ils seront placés bien plus bas qu'un citoyen père de famille, pieux et craignant Dieu.

« Saint Augustin me plaît plus que tous les autres. Il a enseigné une pure doctrine et soumis ses livres, avec l'humilité chrétienne, à la Sainte-Écriture... Augustin est favorable au mariage; il parle bien des évêques qui étaient les pasteurs d'alors, mais le temps et les disputes des Pélagiens l'ont aigri et lui ont fait mal... S'il eût vu le scandale de la papauté, il ne l'eût certes pas souffert.

« Saint Augustin est le premier Père de l'Église qui ait traité du péché originel. »

Après avoir parlé de saint Augustin, Luther ajoute : « Mais depuis que j'ai compris Paul par la grâce de Dieu, je n'ai pu estimer aucun docteur; ils sont devenus tout à fait petits à mes yeux.

« Je ne connais aucun des Pères dont je sois si ennemi que de saint Jérôme. Il n'écrit que sur le jeûne, les aliments, la virginité, etc. Il n'enseigne rien sur la foi, etc. Le docteur Staupitz avait coutume de dire : « Je voudrais bien savoir comment Jérôme a pu être sauvé. »

« Les nominaux sont dans les hautes écoles une secte à laquelle j'ai aussi appartenu. Ils tiennent contre les thomistes, scotistes et albertistes. Ils s'appellent eux-mêmes occamistes. C'est la secte la plus nouvelle de toutes, et aujourd'hui la plus puissante, nommément à Paris. »

Luther fait cas du *Maître des sentences* de Pierre Lombard; mais il trouve qu'en général les scolastiques donnaient trop peu à la grâce, trop au libre arbitre.

« Gerson seul, entre tous les docteurs, a fait mention des tentations spirituelles. Tous les autres,

Grégoire de Nazianze, Augustin, Scot, Thomas, Richard, Occam, n'ont senti que les tentations corporelles. Le seul Gerson a écrit sur le découragement. L'Église, à mesure qu'elle est plus ancienne, doit éprouver de telles tentations spirituelles. Nous sommes dans cet âge de l'Église.

« Guillaume de Paris a aussi éprouvé quelque chose de ces tentations spirituelles. Mais les scolastiques ne sont jamais parvenus à la connaissance du catéchisme. Le seul Gerson sert à rassurer et relever les consciences... Il a sauvé beaucoup de pauvres âmes du désespoir, en amoindrissant et exténuant la loi, de manière toutefois que la loi subsistât. — Mais Christ ne perce point le tonneau, il le défonce. Il dit : « Tu ne dois point te confier dans la loi ni te reposer sur elle, mais sur moi, sur le Christ. Si tu n'es pas bon, je le suis. »

« Le docteur Staupitz nous parlait un jour d'André Zacharias qui, à ce qu'on prétend, a vaincu Jean Huss dans la dispute. Il nous racontait que le docteur Proles, de Gotha, voyant dans un couvent Zacharias peint avec une rose à son bonnet, dit à ce sujet : Dieu me garde de porter une telle rose, car il a vaincu Jean Huss injustement et au moyen d'une Bible falsifiée. Il y a dans le xxxive chapitre d'Ézéchiel : *C'est moi qui vais visiter et punir mes pasteurs;* mais on y avait ajouté ces mots : *et non point le peuple;* ceux du concile lui montrèrent ce texte dans sa propre Bible falsifiée comme les autres, et conclurent ainsi : Tu vois que tu ne dois point punir le pape, que Dieu s'en charge lui-même. Ainsi le saint homme a été condamné et brûlé.

« Maître Jean Agricola lisait un écrit de Jean Huss, plein d'esprit, de résignation et de ferveur, où l'on voyait comme dans sa prison il souffrait le martyre des douleurs de la pierre, et se voyait rebuté par l'empereur Sigismond. Le docteur Luther admirait tant d'esprit et de courage... C'est bien injustement, disait-il, que nous sommes appelés hérétiques, Jean Huss et moi...

« Jean Huss est mort, non comme un anabaptiste, mais comme un chrétien. On voit en lui la faiblesse chrétienne; mais en même temps s'éveille dans son âme la force de Dieu qui le relève. Le combat de la chair et de l'esprit, dans le Christ et dans Huss, est doux et aimable à voir... Constance est aujourd'hui une pauvre misérable ville. Je crois que Dieu l'a punie... Jean Huss a été brûlé; et moi aussi, je pense que je serai tué, s'il plaît à Dieu. Il a arraché quelques épines de la vigne du Christ, en attaquant seulement les scandales de la papauté. Mais moi, docteur Martin Luther, je suis venu dans un champ déjà noir et bien labouré, j'ai attaqué la doctrine du pape, et l'ai terrassé.

« Jean Huss était la semence qui doit mourir et être enfoncée dans la terre pour sortir ensuite, et croître avec force. »

Luther improvisa un jour à table le vers suivant :

Pestis eram vivens, moriens ero mors tua, Papa.

« La tête de l'Anti-Christ, c'est à la fois le pape

et le Turc. Le pape en est l'esprit, le Turc la chair.

« C'est ma pauvre et infirme condition (pour ne point parler de la justice de ma cause) qui a fait le malheur du pape. « Si j'ai défendu ma doctrine contre tant de rois et d'empereurs, se disait-il, comment craindrais-je un simple moine? » S'il m'avait estimé un ennemi dangereux, il aurait pu m'étouffer dès l'origine.

« J'avoue que j'ai souvent été trop violent, mais jamais à l'égard de la papauté. Il devrait y avoir contre celle-ci une langue à part dont tous les mots fussent des coups de foudre.

« Les papistes sont confondus et vaincus par les témoignages de l'Écriture. Dieu merci, je connais leur erreur sous toutes ses faces, de l'*alpha* à l'*oméga*. Cependant aujourd'hui même qu'ils avouent que l'Écriture est contre eux, la splendeur et la majesté du pape m'éblouissent quelquefois et c'est avec tremblement que je l'attaque...

« Le pape se dit : « Céderais-je à un moine qui veut me dépouiller de ma couronne et de ma majesté? Bien fou qui céderait. » Je donnerais mes deux mains pour croire en Jésus-Christ aussi fermement, aussi sûrement, que le pape croit que Jésus-Christ n'est rien.

« D'autres ont attaqué les mœurs des papes, comme Érasme et Jean Huss. Mais moi, j'ai renversé les deux piliers sur lesquels reposait la papauté : les vœux et les messes particulières. »

Des Conciles. — « Les conciles ne doivent point ordonner de la foi, mais de la discipline. »

Le docteur Martin Luther levait un jour les yeux vers le ciel; il soupira, et dit : « Ah! un concile général, libre et vraiment chrétien! Dieu saura bien le faire; la chose est sienne; il connaît et il a dans sa main tous les conseils les plus secrets. »

« Lorsque Pierre-Paul Vergerius, légat du pape, vint à Wittemberg, l'an 1533, et que je montai au château où il était, il nous cita, et nous somma d'aller au concile. J'irai, lui dis-je, et j'ajoutai : Vous autres papistes, vous travaillez inutilement. Si vous tenez un concile, vous n'y traitez point des sacrements, de la justification par la foi, des bonnes œuvres, mais seulement de babioles et d'enfantillage, comme de fixer la longueur des habits, ou la largeur des ceintures des prêtres, ou la dimension de la tonsure, etc. Il se détourna de moi, appuya sa tête sur sa main, et dit à son compagnon : « Celui-ci touche vraiment le fond des choses, etc. »

On demandait quand le pape convoquerait le concile : « Il me semble, dit le docteur Martin Luther, qu'il n'en sera rien avant le jugement dernier. C'est alors que notre Seigneur Dieu tiendra lui-même un concile. »

Luther conseillait de ne point refuser d'aller au concile, mais d'exiger qu'il fût libre; « si on le refuse, il n'y a pas de meilleure excuse pour nous. »

Des Biens ecclésiastiques. — Luther voudrait qu'ils

fussent appliqués à l'entretien des écoles et des pauvres théologiens. Il déplore la spoliation des églises. Il prédit que les princes vont bientôt se disputer les dépouilles des églises. « Lè pape prodigue maintenant les biens ecclésiastiques aux princes catholiques pour se faire des amis et des alliés.

« Ce ne sont point tant nos princes de la confession d'Augsbourg qui pillent les biens ecclésiastiques ; c'est plutôt Ferdinand, l'Empereur et l'archevêque de Mayence. Ferdinand a rançonné tous les monastères. Les Bavarois sont les plus grands voleurs des biens ecclésiastiques ; ils ont de riches abbayes. Mon gracieux seigneur et le landgrave n'ont que de pauvres monastères d'ordres mendiants. On voulait à la diète mettre les monastères à la disposition de l'Empereur, qui y aurait établi ses gouvernements militaires. Je donnai le conseil suivant : *Il faut auparavant réunir tous les monastères en un même lieu. Qui voudrait souffrir dans sa terre les gens de l'Empereur ?* Tout cela a été poussé par l'archevêque de Mayence. »

Dans la réponse à la lettre où le roi de Danemarck lui demandait ses conseils, Luther désapprouve l'article de la réunion des biens ecclésiastiques à la couronne. « Voyez, dit-il, au contraire, notre prince Jean-Frédéric, comme il applique les biens de l'Église à l'entretien des pasteurs et des professeurs. »

« Le proverbe a raison : *Biens de prêtres ne profitent pas* (pfaffengut raffengut). Burchard Hund, conseiller de l'Électeur de Saxe, Jean, avait coutume de dire : Nous autres de la noblesse, nous avons réuni les biens des cloîtres à nos biens nobles, et les biens des cloîtres ont dévoré les biens nobles, de sorte que nous n'avons plus ni les uns ni les autres. » Luther ajoute la fable du renard qui venge ses petits en brûlant l'arbre et les petits de l'aigle.

Un ancien précepteur du fils de Ferdinand, roi des Romains, nommé Severus, contait à Luther l'histoire du chien qui défendait la viande et qui pourtant, quand les autres la lui arrachaient, en prenait sa part. C'est ce que fait maintenant l'Empereur, dit Luther, pour les biens ecclésiastiques (Utrecht et Liège).

Des Cardinaux et des Évêques. — « En Italie, en France, en Angleterre, en Espagne, les évêques sont ordinairement les conseillers des rois; c'est qu'ils sont pauvres. Mais en Allemagne, où ils sont riches, puissants et où ils ont une grande considération, les évêques gouvernent en leur propre nom.

« Je veux mettre tous mes soins pour que les canonicats et les petits évêchés subsistent, de sorte qu'on puisse, avec ce revenu, établir des prédicateurs et des pasteurs dans les villes. Les grands évêchés seront sécularisés. »

Le jour de l'Ascension le docteur Martin Luther dîna avec l'Électeur de Saxe, et l'on résolut que les évêques conserveraient leur autorité, à condition qu'ils abjureraient le pape. « Nos gens les examineront, et les ordonneront, par l'imposition des mains. C'est ainsi que je suis évêque à présent. »

Dans les disputes d'Heidelberg, on demandait d'où

venaient les moines. — *Réponse* : « Dieu ayant fait le prêtre, le Diable voulut l'imiter, mais il fit la tonsure trop grande, de là les moines.

« La moinerie ne se rétablira point aussi longtemps que l'article de la justification restera pur.

« Autrefois, les moines étaient en si grande considération que le pape les redoutait plus que les rois et les évêques. Car ils avaient le commun peuple dans leurs mains. Les moines étaient les meilleurs oiseleurs du pape. Le roi d'Angleterre a beau ne plus reconnaître le pape pour le chef suprême de la chrétienté, il ne fait rien que tourmenter le corps, en fortifiant l'âme de la papauté. » (Henri VIII n'avait pas encore supprimé les monastères.)

CHAPITRE III

Des écoles et universités, et des arts libéraux.

« On doit tirer des écoles des pasteurs qui édifient et soutiennent l'Église. Des écoles et des pasteurs, cela vaut mieux que des conciles, comme je l'ai dit déjà.

« J'espère que si le monde dure encore, les universités d'Erfurth et de Leipsick se relèveront et prendront des forces, pourvu qu'elles adoptent la saine théologie, à quoi elles semblent déjà disposées. Mais il faut que quelques-uns s'endorment auparavant. — Je m'étonnais d'abord qu'une université eût été fondée ici, à Wittemberg. — Erfurth est situé au mieux pour cela : là il doit y avoir une ville, quand même celle qui existe serait brûlée, ce que Dieu veuille empêcher. L'université d'Erfurth était jadis si renommée, que toutes les autres en comparaison étaient considérées comme de petites écoles. Maintenant cette gloire et cette majesté ont disparu, et l'université d'Erfurth est tout à fait morte.

« Autrefois on avançait les maîtres, on les honorait, on portait devant eux des flambeaux. Je trouve qu'il n'y a jamais eu en ce monde de joie comparable à celle-là. C'était aussi une grande fête quand on faisait des docteurs. On allait à cheval autour de la ville; on s'habillait avec plus de soin, on se parait. Tout cela ne se fait plus, mais je voudrais bien que l'on fît revivre ces bonnes coutumes.

« Malheur à l'Allemagne qui néglige les écoles, qui les méprise et les laisse tomber! Malheur à l'archevêque de Mayence et d'Erfurth qui pourrait d'un mot relever les universités de ces deux villes, et qui les laisse désolées et désertes! Un seul coin de l'Allemagne, celui où nous sommes, fleurit encore, grâce à Dieu, par la pureté de la doctrine et la culture des arts libéraux. Les papistes voudront rebâtir l'étable, lorsque le loup aura mangé les brebis. — La faute en est à l'archevêque de Mayence, c'est un fléau pour les écoles et pour toute l'Allemagne. Aussi en est-il déjà justement puni. Il a sur son visage une couleur de mort, comme de la boue mêlée de sang.

« C'est à Paris, en France, que se trouve la plus célèbre et la plus excellente école. Il y a une foule d'étudiants, dans les vingt mille et au delà. Les théologiens y ont à eux le lieu le plus agréable de la ville, une rue particulière fermée de portes aux deux bouts; on l'appelle la *Sorbonne*. Peut-être, à ce que j'imagine, tire-t-elle ce nom de ces fruits de cormier (*sorbus*) qui viennent sur les bords de la mer Morte, et qui présentent au dehors une agréable apparence; ouvrez-les, ce n'est que cendres au dedans. Telle est l'Université de Paris, elle présente une grande foule, mais elle est la mère de bien des erreurs. S'ils disputent, ils crient comme des paysans ivres, en latin, en français. Enfin on frappe des pieds pour les faire taire. Ils ne font point de docteurs en théologie à moins qu'on n'étudie dix ans dans leur sophistique et futile dialectique. Le répondant doit siéger un jour entier et soutenir la dispute contre tout venant, de six heures du matin à six heures du soir.

« A Bourges en France, dans les promotions publiques de docteurs en théologie qui se font dans l'église métropolitaine, on leur donne à chacun un filet, apparemment pour qu'ils s'en servent à prendre les gens.

« Nous avons, grâce à Dieu, des universités qui ont embrassé la parole de Dieu. Il y a encore beaucoup de belles écoles particulières qui se disposent bien, telles que Zwickau, Torgau, Wittemberg, Gotha, Eisenach, Deventer, etc.

Extrait du Traité de Luther sur l'Éducation. — L'éducation domestique est insuffisante. — Il faut que les magistrats veillent à l'instruction des enfants. Établir des écoles est un de leurs principaux soins. Les fonctions publiques ne doivent même être confiées qu'aux plus doctes. — Importance de l'étude des langues. Le

Diable redoute cette étude, et cherche à l'éteindre. N'est-ce pas par elle que nous avons retrouvé la vraie doctrine? La première chose que Christ ait donnée à ses apôtres, c'est le don des langues. — Luther se plaint de ce que, dans les monastères, on ne sait plus le latin, à peine l'allemand.

« Pour moi, si j'ai jamais des enfants, et que ma fortune me le permette, je veux qu'ils deviennent habiles dans les langues et dans l'histoire; qu'ils apprennent même la musique et les mathématiques. » Suit un éloge des poètes et des historiens.

Qu'on envoie au moins les enfants une heure ou deux par jour à l'école; qu'ils emploient le reste à soigner la maison et à apprendre quelque métier.

Il doit aussi y avoir des écoles pour les filles. — On devrait fonder des bibliothèques publiques. D'abord des livres de théologie, latins, grecs, hébreux, allemands, puis des livres pour apprendre la langue, tels que les orateurs, les poètes, peu importe qu'ils soient chrétiens ou païens; les livres qui traitent des arts libéraux et des arts mécaniques; les livres de jurisprudence et de médecine; les annales, les chroniques, les histoires, dans la langue où elles ont été écrites, doivent tenir la première place dans une bibliothèque, etc.

Des Langues. — « Les Grecs, comparés aux Hébreux, ont bien de bonnes et agréables paroles, mais n'ont point de *sentences*. La langue hébraïque est la plus riche; elle ne mendie point, comme le grec, le latin et l'allemand. Elle n'a pas besoin de recourir aux mots composés.

« Les Hébreux boivent à la source, les Grecs au ruisseau, les Latins au bourbier. »

« J'ai peu d'usage de la langue latine, élevé comme je le fus, dans la barbarie des doctrines scolastiques. » (12 novembre 1544.)

« Je ne suis point de dialecte particulier en allemand. J'emploie la langue commune, de manière à être entendu dans la haute et dans la basse Allemagne. Je parle d'après la chancellerie de Saxe, que tous suivent, en Allemagne, dans leurs actes publics, rois, princes, villes impériales. Aussi, est-ce le langage le plus commun. L'empereur Maximilien et l'Électeur Frédéric de Saxe ont ainsi ramené les dialectes allemands à une langue certaine. La langue des Marches est encore plus douce que celle de Saxe. »

De la Grammaire. — « Autre chose est la grammaire, autre chose est la langue hébraïque. La langue hébraïque, puis la grammaire positive, a péri en grande partie chez les Juifs ; elle est tombée avec la chose même, et avec l'intelligence, comme dit Isaïe (XXIX). Il ne faut donc rien accorder aux rabbins dans les choses sacrées; ils torturent et violentent les étymologies et les constructions, parce qu'ils veulent forcer la chose par les mots, soumettre la chose aux mots, tandis que ce sont les choses qui doivent commander.

« On voit de semblables débats entre les Cicéroniens

et les autres Latinistes. Pour moi, je ne suis ni latin, ni grammairien, encore moins cicéronien ; cependant, j'approuve ceux qui aiment mieux prétendre à ce dernier nom. De même, dans la littérature sacrée, j'aimerais à être simplement mosaïque, davidique ou isaïque, s'il se pouvait, plutôt qu'un Hébreu kumique, ou semblable à tout autre rabbin. » (1537.)

« Je regrette de n'avoir pas plus de temps à donner à l'étude des poètes et des rhéteurs : j'avais acheté un Homère pour devenir Grec. » (29 mars 1523.)

« Si je devais écrire sur la Dialectique, j'exprimerais tout en allemand ; je rejetterais tous ces mots étrangers : *propositio, syllogismus, enthymema, exemplum...*

« Ceux qui introduisent de nouveaux mots, doivent aussi introduire de nouvelles choses, comme Scot avec sa *réalité,* son *hiccité;* comme les anabaptistes et les prédicateurs de troubles, avec leurs *besprengung, entgrobung, gelassenheit.* Qu'on se garde donc de tous ceux qui s'étudient à trouver des mots nouveaux et inusités. »

Luther citait la fable de la *Cour du Lion* et disait, « qu'après la Bible il ne connaissait pas de meilleur livre que les *Fables d'Ésope* et les écrits de Caton ; de même que Donat lui semblait le meilleur grammairien. Ce n'est point un seul homme qui a fait ces fables ; beaucoup de grands esprits y ont travaillé à chaque époque du monde. »

Des Savants. — Avant peu d'années, on manquera entièrement de savants. On aurait beau creuser pour en déterrer, rien ne servira; on pèche trop contre Dieu. »

A un ami. « Ne te laisse pas aller à la crainte que l'Allemagne ne devienne plus barbare qu'elle ne l'a jamais été, par la chute des lettres que causerait notre théologie. » (29 mars 1523.)

CHAPITRE IV

Drames. — Musique. — Astrologie. — Imprimerie. — Banque, etc.

Des Représentations théâtrales. — Luther ne désapprouve point un maître d'école qui jouait les comédies de Térence. Il énumère les diverses utilités de la comédie. Si on s'abstenait de la comédie, parce qu'il s'agit souvent d'amour, on n'oserait non plus lire la Bible.

« — Notre cher Joachim m'a demandé mon jugement sur ces représentations d'histoires saintes, que blâment plusieurs de vos ministres. Voici, en peu de mots, mon opinion. Il a été commandé à tous les hommes de répandre et de propager le Verbe de Dieu, par tous les moyens, non pas seulement par la parole, mais par écritures, peintures, sculptures, psaumes, chansons, instruments de musique, comme dit le psaume : *Laudate eum in tympano et choro, laudate eum chordis et organo.* Et Moïse dit : *Ligabis ea quasi signum in manu tua, eruntque et movebuntur inter oculos tuos, scribesque ea in limine et ostiis domus tuæ.* Moïse veut que la parole se meuve devant les yeux, et comment cela se pourrait-il faire mieux et plus clairement que par des représentations semblables, mais graves et modestes, et non par des farces, comme autrefois sous la papauté? De tels spectacles frappent les yeux du peuple, et l'émeuvent souvent bien plus que des prédications publiques. Je sais que dans la basse Allemagne, où l'on a interdit la profession publique de l'Évangile, des drames, tirés de la loi et de l'Évangile, en ont converti un grand nombre. » (5 avril 1543.)

De la Musique. — « La musique est un des plus beaux et des plus magnifiques présents de Dieu. Satan en est l'ennemi. Par elle on repousse bien des tentations et de mauvaises pensées. Le Diable ne tient pas contre.

« Quelques-uns de la noblesse, et des courtisans, pensent que mon gracieux seigneur pourrait épargner en musique trois mille florins par an ; et l'on dépense, en choses inutiles, trente mille florins.

« Le duc Georges, le landgrave de Hesse et l'Électeur de Saxe, Jean-Frédéric, entretenaient des chanteurs et des musiciens. Aujourd'hui, c'est le duc de Bavière, l'empereur Ferdinand et l'empereur Charles. »

En 1538, 17 décembre, Luther ayant des musiciens pour hôtes, et les ayant entendus, dit avec admiration : « Si Notre-Seigneur nous accorde de si nobles dons dans cette vie même, qui n'est qu'ordure et misère, que sera-ce donc dans la vie éternelle? En voici un commencement.

« Chanter est le meilleur exercice. Il n'a rien à voir avec le monde... Aussi je me réjouis de ce que Dieu a refusé aux paysans (*sans doute aux paysans révoltés*) un don et une consolation si grande; ils n'entendent point la musique et n'écoutent point la parole. »

Il disait un jour à un joueur de harpe : « Mon ami, joue-moi un air, comme faisait David. Je crois que, s'il revenait aujourd'hui, il serait bien étonné de trouver les gens si habiles.

« Comment se fait-il pourtant que nous ayons tant de belles choses dans le genre mondain, et que, dans le spirituel, nous n'ayons rien que de froid et de mauvais? (et il répétait quelques chansons allemandes). Pour ceux qui méprisent la musique, comme font tous les rêveurs et les mystiques, je ne puis m'accorder avec eux.

« ...Je demanderai au prince qu'avec cet argent il établisse une musique. » (Avril 1541.)

Le 4 octobre 1530, il écrit à Ludovic Senfel, musicien de la cour de Bavière, pour lui demander de lui mettre en musique le : *In pace in id ipsum*. « L'amour de la musique m'a fait surmonter la crainte d'être repoussé, lorsque vous verrez un nom qui vous est sans doute odieux. Ce même amour me donne aussi l'espérance que mes lettres ne vous attireront aucun désagrément. Qui pourrait, fût-il le Turc, vous en faire un sujet de reproches?... Après la théologie, il n'y a aucun art que l'on puisse mettre à côté de la musique. »

Luther recommande à son ami Amsdorf, un peintre nommé Sébastien, et ajoute : « Je ne sais si vous aurez besoin de lui. Je désirerais cependant que ton habitation fût plus ornée et plus élégante, à cause de la chair à qui reviennent aussi quelques soins et quelques récréations, lorsqu'elles sont sans péché et sans faute. » (6 février 1542.)

Peinture. — Les pamphlets de Luther contre le pape, étaient presque toujours accompagnés de gravures symboliques. — « Quant à ces trois furies, dit-il, dans l'explication d'une de ces gravures satiriques, je n'avais autre chose dans l'esprit, lorsque j'en faisais l'application au pape, que d'exprimer l'atrocité de l'abomination papale par ces expressions les plus énergiques, les plus atroces de la langue latine; car les Latins ignorent ce que c'est que Satan ou le Diable, comme l'ignorent aussi les Grecs et toutes les nations. » (8 mai 1546.)

C'était Lucas Cranach qui en avait fait les figures. — Luther écrit : « Maître Lucas est un peintre peu délicat. Il pouvait épargner le sexe féminin en considération de nos mères et de l'œuvre de Dieu. Il pouvait peindre d'autres formes plus dignes du pape, je veux dire plus diaboliques. » (3 juin 1545.)

« Je ferai tous mes efforts, si je vis, pour que le peintre Lucas substitue à cette peinture obscène une image plus honnête. » (15 juin.)

Luther professait pour Albert Dürer une grande admiration. Lorsqu'il apprit sa mort, il écrivit : « Il est douloureux sans doute de l'avoir perdu. Réjouissons-nous cependant de ce que Christ, par une fin si heureuse, l'a tiré de cette terre de misères et de troubles, qui, peut-être bientôt, sera déchirée par des troubles plus grands encore. Dieu n'a pas voulu que celui qui était né pour un siècle heureux, vît de si tristes choses; qu'il repose en paix avec ses pères. » (Avril 1528.)

De l'Astronomie et de l'Astrologie. — « Il est vrai que les astrologues peuvent prédire l'avenir aux impies, et leur annoncer la mort qui les attend : car le Diable sait les pensées des impies, et il les a en sa puissance. »

On fit mention d'un nouvel astronome, qui voulait prouver que c'est la terre qui tourne, et non point le firmament, le soleil et la lune; il en est de même, disait-il, pour les habitants de la terre que pour ceux qui sont dans un chariot ou dans un vaisseau, et qui croient voir le rivage ou les arbres fuir derrière eux[1]. « Ainsi va le monde aujourd'hui; quiconque veut être habile, ne doit pas se contenter de ce que font et savent les autres. Le sot veut changer tout l'art de l'astronomie; mais, comme le dit la Sainte-Écriture, Josué commanda au soleil de s'arrêter, et non à la terre. »

---

1. Sans doute Copernic qui termina vers 1530 son livre *De orbium cœlestium revolutionibus*, imprimé, en 1543, à Nuremberg, avec une dédicace au pape Paul III. Dès 1540, une lettre de son disciple Rheticus fit connaître le nouveau système.

« Les astrologues ont tort d'attribuer aux étoiles la mauvaise influence qui appartient en effet aux comètes.

« Maître Philippe tient fort à cela, mais il n'a jamais pu me persuader. Il prétend que l'art est réel, mais qu'il n'y a point de maître qui s'y entende. »

Comme on montrait un horoscope au docteur Luther, il dit : « C'est une belle et agréable imagination, et qui plaît à la raison. On va bien régulièrement d'une ligne à l'autre... Il en est de l'astrologie comme de l'art des sophistes, *de decem prædicamentis realiter distinctis;* tout est faux et artificiel; mais dans cette œuvre vaine et fictive, il y a un admirable ensemble; dans tant de siècles et parmi tant de sectes, thomistes, albertistes, scotistes, ils sont restés fidèles aux mêmes règles.

« La science, qui a pour objet la matière, est incertaine. Car la matière est sans forme et dépourvue de qualités et propriétés. Or, l'astrologie a pour objet la matière, etc.

« Ils avaient dit qu'il y aurait un déluge en 1524, et la chose n'arriva qu'en 1525, époque du soulèvement des paysans. Déjà le bourgmestre Hendorf avait fait monter au haut de sa maison un quart de bière pour y attendre le déluge. »

Maître Philippe disait que l'empereur Charles devait vivre jusqu'à quatre-vingt-quatre ans; le docteur Luther répondit : « Le monde ne durera pas si longtemps. Ézéchiel y est contraire. Si nous chassons le Turc, la prophétie de Daniel est accomplie, et certainement le jour du jugement est à la porte. »

Une grande étoile rouge, qui avait paru dans le Ciel, et qui forma ensuite une croix en 1516, reparut plus tard; « mais alors, dit Luther, la croix parut brisée; car l'Évangile était obscurci par les sectes et les révoltes. Je ne trouve rien de certain dans de tels signes; ce sont communément des signes diaboliques et trompeurs. Nous en avons vu beaucoup ces quinze dernières années. »

Imprimerie. — « L'imprimerie est le dernier et suprême don, le *summum et postremum donum*, par lequel Dieu avance les choses de l'Évangile. C'est la dernière flamme qui luit avant l'extinction du monde. Grâce à Dieu, elle est venue à la fin. *Sancti patres dormientes desiderarunt videre hunc diem revelati Evangelii.* »

Comme on lui montrait un écrit des Fugger, orné de lettres d'une forme si bizarre, que personne ne pouvait le lire, il dit : « C'est une invention d'hommes habiles et prévoyants. Mais c'est la marque d'une époque bien corrompue. Nous lisons que Jules César employait de pareilles lettres. On dit que l'Empereur, se défiant de ses secrétaires, les fait écrire, dans les affaires les plus importantes, de deux manières qui se contredisent : et ils ne savent point auquel des deux écrits il doit mettre son sceau. »

Banque. — « Un cardinal, évêque de Brixen, étant mort fort riche à Rome, on ne trouva point d'argent chez lui, mais seulement un petit billet dans sa manche. Le pape Jules II se douta bien que c'était une lettre de change; il envoya sur-le-champ chercher le facteur des Fugger, à Rome, et lui demanda s'il ne connaissait point cet écrit. — Oui, répondit-il, c'est la reconnaissance de ce que Fugger et compagnie doivent au cardinal; cela fait trois cent mille florins. Le pape demanda s'il pouvait lui payer tout cet argent. A toute heure, répondit l'autre. Le pape fit venir ensuite les cardinaux de France et d'Angleterre, et leur demanda si leurs rois pourraient trouver en une heure trois tonnes d'or. Ils répondirent que non. — Eh bien! dit-il, un bourgeois d'Augsbourg peut le faire.

« Fugger devant un jour donner au conseil d'Augsbourg l'estimation de ses biens, il répondit qu'il ne savait pas ce qu'il avait, car son argent était dans tout le monde, en Turquie, en Grèce, à Alexandrie, en France, en Portugal, en Angleterre, en Pologne, etc., mais qu'il pouvait bien donner l'estimation de ce qu'il avait à Augsbourg. »

CHAPITRE V

De la prédication. — Style de Luther. — Il avoue la violence de son caractère.

« Oh! combien je tremblais lorsque, pour la première fois, il me fallut monter en chaire! mais on me forçait de prêcher. Il fallait d'abord prêcher les frères... »

« J'ai bien, sous ce même poirier où nous sommes, opposé au docteur Staupitz quinze arguments contre ma vocation à la prédication. Je lui dis enfin : « Seigneur docteur Staupitz, vous voulez me tuer; je ne vivrai pas trois mois. » Il me répondit : « Eh bien! Notre-Seigneur a de grandes affaires; on a besoin de gens habiles là-haut. »

« Je n'apporte guère de zèle et d'ardeur à la distribution de mes œuvres en tomes; j'ai une faim de Saturne, je les voudrais tous dévorer. Car il n'y a pas un de mes livres dont je sois satisfait, si ce n'est peut-être le *Traité du serf Arbitre* et le *Catéchisme*. » (9 juillet 1537.)

« Je n'aime pas que Philippe assiste à mes leçons ou prédications ; mais je mets la croix devant moi, et je me dis : Philippe, Jonas, Pomeranus, tous les autres, ne font rien à la chose ; et je m'imagine alors qu'il ne s'est assis dans la chaire personne de plus habile que moi. »

Le docteur Jonas lui disait : « Seigneur docteur, je ne puis du tout vous suivre dans la prédication. » Le docteur Luther répondit : « Je ne le puis moi-même, car souvent c'est ma propre personne ou quelque chose de particulier qui me donne l'occasion d'un sermon, selon le temps, les circonstances, les auditeurs. Si j'étais plus jeune, je voudrais retrancher beaucoup dans mes prédications, car j'y ai mis trop de paroles. »

« Je veux que l'on enseigne bien au peuple le catéchisme ; je me fonde sur lui dans tous mes sermons, et je prêche aussi simplement que possible. Je veux que les hommes du commun, les enfants, les domestiques, me comprennent. Ce n'est point pour les savants que l'on monte en chaire ; ils ont les livres. »

Le docteur Erasmus Alberus, prêt à partir pour la Marche, demandait au docteur Luther comment il fallait prêcher devant le prince. « Tes prédications, dit-il, doivent s'adresser, non aux princes, mais au simple et grossier peuple. Si, dans les miennes, je songeais à Mélanchton et aux autres docteurs, je ne ferais rien de bon ; mais je prêche tout simplement pour les ignorants, et cela plaît à tous. Si je sais du grec, de l'hébreu, du latin, je le réserve pour nos réunions de savants. Alors nous en disons de si subtiles que Dieu même en est étonné. »

« Albert Dürer, le fameux peintre de Nuremberg, avait coutume de dire qu'il ne prenait aucun plaisir aux peintures chargées de couleurs, mais à celles qui étaient faites avec le plus de simplicité. J'en dis autant des prédications. »

« Oh! que j'eusse été heureux, lorsque j'étais au cloître d'Erfurth, si j'avais pu une fois, une seule fois, entendre prêcher un pauvre petit mot sur l'Évangile ou sur le moindre des psaumes! »

« Rien n'est plus agréable et plus utile au commun des auditeurs, que de prêcher la loi et les exemples. Les prédications sur la Grâce et sur l'article de la justification sont froides pour leurs oreilles. »

Parmi les qualités que Luther exige d'un prédicateur, il veut qu'il soit beau de sa personne, et tel que les bonnes femmes et les petites filles puissent l'aimer.

Dans le *Traité sur les Vœux monastiques*, Luther demande pardon au lecteur de dire bien des choses qu'on a coutume de taire. — « Pourquoi n'oser dire ce que le Saint-Esprit, pour instruire les hommes, a dicté à Moïse? Mais nous voulons que nos oreilles soient plus pures que la bouche du Saint-Esprit. »

A. J. Brentius. « Je ne veux point te flatter, je ne te trompe pas, je ne me trompe pas moi-même, quand je dis que je préfère tes écrits aux miens. Ce n'est point Brentius que je loue, mais l'Esprit-Saint, qui en toi est plus doux, plus tranquille; tes paroles coulent plus pures, plus limpides. Mon style, à moi, inhabile et inculte, vomit un déluge, un chaos de paroles; turbulent et impétueux comme un lutteur toujours aux prises avec mille monstres qui se succèdent; et si j'ose comparer de petites choses aux grandes, il me semble qu'il m'a été donné quelque chose de ce quadruple esprit d'Élie, rapide comme le vent, dévorant comme le feu, qui renverse les montagnes et brise les pierres; à toi, au contraire, le doux murmure de la brise légère et rafraîchissante. Une chose me console, c'est que le divin père de famille a besoin, dans cette famille immense, de l'un et de l'autre serviteur, du dur contre les durs, de l'âpre contre les âpres, comme d'un mauvais coin contre de mauvais nœuds. Pour purger l'air et rendre la terre plus fertile, ce n'est point assez de la pluie qui arrose et pénètre, il faut encore les éclats de la foudre. » (20 août 1530.)

« Je suis loin de me croire sans défaut; mais je puis au moins me glorifier avec saint Paul de ne pouvoir être accusé d'hypocrisie et d'avoir toujours dit la vérité, peut-être, il est vrai, un peu trop rudement. Mais j'aime mieux pécher par la dureté de mes paroles, en jetant la vérité dans le monde, que de la retenir honteusement captive. Si les grands seigneurs s'en trouvent blessés, qu'ils se mêlent de leurs affaires sans plus se soucier des miennes et de nos doctrines. Est-ce que je leur ai fait quelque tort, quelque injustice? Si je pèche, ce sera à Dieu de me pardonner. (5 février 1522.) »

A Spalatin. « Je ne puis nier que je ne sois plus violent qu'il ne faudrait; mais ils le savaient, c'était à eux de ne pas irriter le dogue. Tu peux savoir par toi-même combien c'est une chose difficile que de modérer son feu et de contenir sa plume. Et voilà pourquoi j'ai toujours haï de paraître en public; mais plus je le hais, plus j'y suis forcé malgré moi. » (Février 1520.)

Le docteur Luther disait souvent : « J'ai trois mauvais chiens, *ingratitudinem*, *superbiam* et *invidiam* (l'ingratitude, l'orgueil et l'envie). Celui qu'ils mordent est bien mordu. »

« Si je meurs, les papistes verront quel adversaire ils ont eu en moi. D'autres prédicateurs n'auront pas la même mesure, la même modération. On l'a déjà éprouvé avec Münzer, avec Carlostad, Zwingli et les anabaptistes. »

« Dans la colère mon tempérament se retrempe, mon esprit s'aiguise, et toutes les tentations, tous les ennuis se dissipent. Je n'écris et ne parle jamais mieux qu'en colère. »

A Michel Marx. « Tu ne saurais croire combien j'aime à voir mes adversaires s'élever chaque jour davantage contre moi. Je ne suis jamais plus superbe et plus audacieux que lorsque j'apprends que je leur déplais. Docteurs, évêques, princes, que m'importe? Il est écrit : *Tremuerunt gentes et populi meditati sunt inania. Adstiterunt reges terræ, et principes convenerunt in unum adversus Deum et adversus Christum ejus.* »

« J'ai un tel dédain pour ces satans, que si je

n'étais retenu ici, j'irais tout droit à Rome, en haine du Diable et de toutes ces furies. »

« Il faut que j'aie de la patience avec le pape, avec mes disciples, avec mes domestiques, avec Catherine de Bora, avec tout le monde, et ma vie n'est autre chose que la patience. »

LIVRE V

CHAPITRE PREMIER

<small>Mort du père de Luther, de sa fille, etc.</small>

« Il n'est pas d'alliance ni de société plus belle, plus douce et plus heureuse qu'un bon mariage. C'est une joie de voir deux époux vivre unis et en paix. Mais aussi, rien n'est plus amer et plus douloureux que quand ce lien se déchire. Après cela vient la mort des enfants. Cette dernière douleur je la connais, hélas! »

— « Je suis triste en t'écrivant, car j'ai reçu la nouvelle de la mort de mon père, ce vieux Luther si bon et si aimé. Et bien que par moi il ait eu un si facile et si pieux passage en Christ, et que, délivré des monstres d'ici-bas, il repose dans la paix éternelle, cependant mes entrailles se sont émues, car c'est par lui que Dieu m'a fait naître et m'a élevé. » — Dans une lettre du même jour à Mélanchton : « ... Je succède à son nom; voici maintenant que je suis pour ma famille le vieux Luther. C'est mon tour, c'est mon droit de le suivre par la mort dans ce royaume que Christ nous a promis à nous tous qui, à cause de lui, sommes les plus misérables des hommes, et l'opprobre du monde... Je me réjouis cependant qu'il ait vécu dans ce temps, et qu'il ait pu voir la lumière de la vérité. Dieu soit béni dans tous ses actes, dans tous ses desseins! » (5 juin 1530.)

« La nouvelle étant venue de Freyberg que maître Hansman était mort, nous la cachâmes au docteur Luther, et lui dîmes d'abord qu'il était malade, puis qu'il était au lit, puis qu'il s'était bien doucement endormi dans le Christ. Le docteur se mit à pleurer bien fort, et dit : « Voici des temps bien périlleux; Dieu balaie son aire et sa grange. Je le prie de ne pas laisser vivre longtemps après ma mort ma femme et mes enfants. » Il resta assis tout le jour; il pleurait et s'affligeait. Il était avec le docteur Jonas, maître Philippe (Mélanchton), maître Joachim Camerarius, et Gaspard de Keckeritz, et, au milieu d'eux, il était assis, tout affligé et en larmes. » (1538.)

« Lorsqu'il perdit sa fille Magdalena, âgée de quatorze ans, la femme du docteur pleurait et se lamentait. Il lui dit : « Chère Catherine, songe pourtant où elle est allée. Elle a certes fait un heureux voyage. La chair saigne, sans doute, c'est sa nature; mais l'esprit vit et se trouve selon ses souhaits. Les enfants ne disputent point; comme on leur dit, ils croient. Chez les enfants tout est simple. Ils meurent sans chagrin ni angoisses, sans disputes, sans tentations de la mort, sans douleur corporelle, tout comme s'ils s'endormaient. »

« Comme sa fille était fort malade, il disait : « Je l'aime bien! Mais, ô mon Dieu! si c'est ta volonté de la prendre d'ici, je veux la savoir sans regret auprès de toi. » Et comme elle était au lit, il lui disait : « Ma chère petite fille, ma petite Madeleine, tu resterais volontiers ici auprès de ton père, et tu irais pourtant volontiers aussi à ton autre père. » Elle répondit : « Oui, mon cher père, comme Dieu voudra. » « Chère petite fille! ajouta-t-il, l'esprit veut, mais la chair est faible. » Il se promena en long et en large et dit : « Oui, je l'ai aimée bien fort. Si la chair est si forte, que sera-ce donc de l'esprit? »

« Il disait entre autres choses : « Dieu n'a pas donné depuis mille ans à aucun évêque d'aussi grands dons qu'à moi; car on doit se glorifier des dons de Dieu. Eh bien! je suis en colère contre moi-même de ce que je ne puis m'en réjouir de cœur, ni rendre grâce; je chante bien de temps en temps à Notre-Seigneur un petit cantique, et le remercie un peu.

« Eh bien! que nous vivions ou que nous mourions, *Domini sumus* au génitif ou au nominatif. Allons, seigneur docteur, tenez ferme. »

« La nuit qui précéda la mort de Magdalena, la femme du docteur avait eu un songe; il lui semblait voir deux beaux jeunes garçons bien parés qui voulaient prendre sa fille et la mener à la noce. Lorsque Philippe Mélanchton vint le matin dans le cloître, et demanda à la dame : « Que faites-vous de votre fille ? elle lui raconta son rêve. Il en fut bien effrayé, et dit aux autres : « Les jeunes garçons sont les saints anges qui vont venir pour mener la vierge à la véritable noce du royaume céleste. » Et en effet le même jour elle mourut.

« Lorsque la petite Magdalena était à l'agonie et allait mourir, le père tomba à genoux devant son lit, et pleura amèrement, et pria Dieu qu'il voulût bien la sauver. Elle expira et s'endormit dans les bras de son père. La mère était bien dans la même chambre, mais plus loin du lit, à cause de son affliction. Le docteur répétait souvent : « Que la volonté de Dieu soit faite ! ma fille a encore un père dans le ciel. » Alors maître Philippe se mit à dire : « L'amour des parents est une image de la divinité imprimée au cœur des hommes. Dieu n'aime pas moins le genre humain que les parents leurs enfants. » Lorsqu'on la mit dans la bière, le père dit : « Pauvre chère petite Madeleine, te voilà bien maintenant ! » Il la regarda ainsi étendue, et dit : « O cher enfant, tu ressusciteras, tu brilleras comme une étoile ! Oui, comme le soleil !... Je suis joyeux en esprit, mais dans la chair je suis bien triste. C'est une chose merveilleuse de savoir qu'elle est certainement en paix, qu'elle est bien, et cependant d'être si triste. »

« Et lorsque le peuple vint pour aider à emporter le corps, et que, selon le commun usage, ils lui disaient qu'ils prenaient part à son malheur, il leur dit : « Ne vous chagrinez pas, j'ai envoyé une sainte au Ciel. Oh! puissions-nous avoir une telle mort! Une telle mort, je l'accepterais sur l'heure! » — Lorsque l'on chanta : *Seigneur qu'il ne vous souvienne pas de nos anciens péchés!* il ajouta : « Non seulement des anciens, mais de ceux d'aujourd'hui. Car nous sommes avides, usuriers, etc.; le scandale de la messe existe encore dans le monde! »

« Au retour, il disait entre autres choses : « On doit s'inquiéter du sort de ses enfants, et surtout des pauvres filles. Je ne plains pas les garçons; un garçon vit partout pourvu qu'il sache travailler. Mais le pauvre petit peuple des filles doit chercher sa vie un bâton à la main. Un garçon peut aller aux écoles, et devenir un habile garçon (éin feiner man). Une petite fille ne peut en faire autant. Elle tourne facilement au scandale et devient grosse. Aussi je donne bien volontiers celle-ci à Notre-Seigneur. »

A Jonas. « La renommée t'aura, je pense, informé de la renaissance de ma fille Madeleine au royaume du Christ; et bien que moi et ma femme nous dussions ne songer qu'à rendre de joyeuses actions de grâces pour un si heureux passage et une fin si désirable, par où elle a échappé à la puissance de la chair, du monde, du Turc et du Diable, cependant la force τῆς στοργῆς est si grande que je ne puis le supporter sans sanglots, sans gémissement, disons mieux, sans une véritable mort du cœur. Dans le plus profond de mon cœur sont encore gravés ses traits, ses paroles, ses gestes, pendant sa vie et sur son lit de mort, mon obéissante et respectueuse fille! La mort même du

Christ (et que sont toutes les morts en comparaison ?) ne peut me l'arracher de la pensée, comme elle le devrait... Elle était, comme tu sais, douce de caractère, aimable et pleine de tendresse » (23 septembre 1542).

CHAPITRE II

De l'Équité, de la Loi. — Opposition du théologien et du juriste.

« Il vaut mieux se gouverner *d'après la raison naturelle que d'après la loi écrite,* car la raison est l'âme et la reine de la loi. Mais où sont les gens qui ont une telle intelligence? on en peut à peine trouver un par siècle. Notre gracieux seigneur, l'Électeur Frédéric, était un tel homme. Il y a eu encore son conseiller le seigneur Fabian de Feilitzsch, un laïque, qui n'avait point étudié et qui répondait sur *apices et medullam juris* mieux que les juristes d'après leurs livres. — Maître Philippe Mélanchton enseigne les arts libéraux, de manière qu'il en tire moins de lumière qu'il ne leur en prête lui-même. Moi aussi, je porte mon art dans les livres, je ne l'en tire point. Celui qui voudrait imiter les quatre hommes dont je viens de parler, ferait aussi bien d'y renoncer; il faut plutôt qu'il apprenne et qu'il écoute. De tels prodiges sont rares. La loi écrite est pour le peuple et l'homme du commun.

La raison naturelle et la haute intelligence sont pour les hommes dont j'ai parlé. »

« Il y a un éternel combat entre les juristes et les théologiens ; c'est la même opposition qu'entre la loi et la grâce. »

« Le droit est une belle fiancée, pourvu qu'elle reste dans son lit nuptial. Si elle monte dans un autre lit et veut gouverner la théologie, c'est une grande p... Le droit doit ôter sa barette devant la théologie. »

A Mélanchton. « Je pense comme autrefois sur le droit du glaive ; je pense avec toi que l'Évangile n'a rien enseigné ni conseillé sur ce droit, et que cela ne devait être en aucune façon, parce que l'Évangile est la loi des volontés et des libertés, qui n'ont rien à faire avec le glaive ou le droit du glaive. Mais ce droit n'y est pas aboli, il y est même confirmé et recommandé ; ce qui n'a lieu pour aucune des choses simplement permises. »

« Avant moi, il n'y a aucun juriste qui ait su ce qu'est le droit, relativement à Dieu. Ce qu'ils ont, ils l'ont de moi. Il n'est point mis dans l'Évangile que l'on doive adorer les juristes. Si notre Seigneur Dieu veut juger, que lui importent les juristes ? Pour ce qui regarde le monde, je les laisse maîtres. Mais dans les choses de Dieu ils doivent être sous moi. Mon psaume à moi, c'est celui-ci : *Rois, soyez châtiés*, etc. S'il faut qu'un des deux périsse, périsse le droit, règne le Christ !

« *Principes convenerunt in unum.* David le dit lui-même, *contre son fils se dresseront la puissance, la sagesse, la multitude du monde, et il doit être seul contre beaucoup, insensé contre les sages, impuissant contre les puissants*. Certes, c'est là une merveilleuse conduite des choses. Notre-Seigneur Dieu ne manque de rien que de gens sages, mais derrière sonne le terrible *Et nunc, reges, intelligite ; erudimini qui judicatis terram* (Comprenez maintenant, ô rois ; instruisez-vous, juges de la terre).

« Si les juristes ne prient point pour le pardon de leurs péchés et n'acceptent point l'Évangile, je veux les confondre, de sorte qu'ils ne sachent plus comment se tirer d'affaire. Je n'entends rien au droit, mais je suis seigneur du droit dans les choses qui touchent la conscience.

« Nous sommes redevables aux juristes d'avoir enseigné et d'enseigner au monde tant d'équivoques, de chicanes, de calomnies, que le langage est devenu plus confus que dans une Babel. Ici nul ne peut comprendre l'autre, là nul ne veut comprendre. O sycophantes, ô sophistes, pestes du genre humain. Je t'écris tout en colère, et je ne sais si, de sang-froid, j'enseignerais mieux. » (6 février 1546.)

La veille d'un jour où on allait faire un docteur en droit, Luther disait : « Demain on fera une nouvelle vipère contre les théologiens. »

« On a raison de dire : *un bon juriste est un mauvais chrétien*. En effet, le juriste estime et vante la justice des œuvres, comme si c'était par là qu'on est juste devant Dieu. S'il devient chrétien, il est considéré parmi les juristes comme un animal monstrueux, il faut qu'il mendie son pain, les autres le regardent comme séditieux.

« Qu'on frappe la conscience des juristes, ils ne savent ce qu'ils doivent faire. Münzer les attaquait avec l'épée ; c'était un fou.

« Si j'étudiais seulement deux ans en droit, je voudrais devenir plus savant que le docteur C. ; car je parlerais des choses selon qu'elles sont véritablement justes ou injustes. Mais lui, il chicane sur les mots.

« La doctrine des juristes n'est rien qu'un *nisi*, un *excepté*. La théologie ne procède pas ainsi, elle a un ferme fondement.

« L'autorité des théologiens consiste en ce qu'ils peuvent obscurcir les universaux, et tout ce qui s'y rapporte. Ils peuvent élever et abaisser. Si la Parole se fait entendre, Moïse et l'Empereur doivent céder.

« Le droit et les lois des Perses et des Grecs sont tombés en désuétude et abolis. Le droit romain ou impérial ne tient plus qu'à un fil. Car si un empire ou un royaume tombe, ses lois et ordonnances doivent tomber aussi.

« Je laisse le cordonnier, le tailleur, le juriste pour ce qu'ils sont. Mais qu'ils n'attaquent point ma chaire !...

« Beaucoup de gens croient que la théologie qui est révélée aujourd'hui, n'est rien. Si cela a lieu de notre vivant, que sera-ce après notre mort ? En récompense beaucoup d'entre nous sont gros de cette pensée dont ils accoucheront plus tard, que le droit n'est rien.

Sermon contre les juristes, prêché le jour des Rois. « Voilà comme agissent nos fiers juristes et chevaliers ès lois de Wittemberg... Ils ne lisent point nos livres, les appellent catoniques (pour canoniques), ne s'inquiètent pas de Notre-Seigneur, et ne visitent point nos églises. Eh bien! puisqu'ils ne reconnaissent point le docteur Pomeranus pour évêque de Wittemberg, ni moi pour prédicateur de cette église, je ne les compte plus dans mon troupeau.

« Mais, disent-ils, vous allez contre le droit impérial. J'emm...e ce droit, qui fait tort au pauvre homme. »

Suit un dialogue du juriste avec le plaideur, à qui il promet pour dix thalers de faire traîner une affaire dix ans... « Bonnes et pieuses gens comme Reinicke Fuchs, dans le poème de *Renart*... »

« Bon peuple, veuillez agréer les motifs pour lesquels je veux être impitoyable envers les juristes... Ils vantent le droit canonique, la m...e du pape, et le représentent comme une chose magnifique, lorsque nous l'avons, avec tant de peine, repoussé et chassé de nos églises... Je te le conseille, juriste, laisse dormir le vieux dogue. Une fois éveillé, tu ne le ramènerais pas aisément à la loge.

« Les juristes se plaignent fort, et m'en veulent. Qu'y puis-je faire? Si je ne devais pas rendre compte de leurs âmes, je ne les châtierais point. » Il déclare pourtant ensuite qu'il n'a point parlé des juristes pieux.

CHAPITRE III

La Loi, la Foi.

A Gerbellius. « Dans cette cohue de scandales, ne te démens pas toi-même. Je te la rends pour te soutenir, l'épouse (la foi) que tu m'as montrée jadis; je te la rends vierge et sans tache. Mais ce qu'il y a en elle d'admirable et d'inouï, c'est qu'elle désire et attire une infinité de rivaux, et qu'elle est d'autant plus chaste qu'elle est l'épouse d'un plus grand nombre. . . . .
. . . .

« Notre rival, Philippe Mélanchton, te salue. Adieu, sois heureux avec la fiancée de ta jeunesse. » (23 janvier 1523.)

A Mélanchton. « Sois pécheur et pèche fortement, mais aie encore plus forte confiance, et réjouis-toi en Christ, qui est le vainqueur du péché, de la mort et du monde. Il faut pécher, tant que nous sommes ici. Cette vie n'est point le séjour de la justice; non, nous attendons, comme dit Pierre, les cieux nouveaux et la terre nouvelle où la justice habite... »

« Prie grandement ; car tu es un grand pécheur. »

« Je suis maintenant tout à fait dans la doctrine de la rémission des péchés. Je n'accorde rien à la Loi ni à tous les diables. Celui qui peut croire en son cœur à la rémission des péchés, celui-là est sauvé. »

« De même qu'il est impossible de rencontrer dans la nature le point *mathématique, indivisible*, de même l'on ne trouve nulle part la justice telle que la Loi la demande. Personne ne peut satisfaire à la Loi entièrement, et les juristes eux-mêmes, malgré tout leur art, sont bien souvent obligés de recourir à la rémission des péchés, car ils n'atteignent pas toujours le but, et quand ils ont rendu un faux jugement, et que le Diable leur tourmente la conscience, ni Barthole, ni Baldus, ni tous leurs autres docteurs ne leur servent de rien. Pour résister, ils sont forcés de se couvrir de l'ἐπιείκεια, c'est-à-dire de la rémission des péchés. Ils font leur possible pour bien juger, et après cela il ne leur reste plus qu'à dire : « Si j'ai mal jugé, ô mon Dieu, pardonne-le-moi. » C'est la théologie seule qui possède le point mathématique, elle ne tâtonne pas, elle a le Verbe même de Dieu. Elle dit : « Il n'est qu'une justice, Jésus-Christ. Qui vit en lui, celui-là est juste. »

« La Loi sans doute est nécessaire, mais non pour la béatitude, car personne ne peut l'accomplir ; mais le pardon des péchés la consomme et l'accomplit.

« La Loi est un vrai labyrinthe qui ne peut que brouiller les consciences, et la justice de la Loi est un minotaure, c'est-à-dire une pure fiction qui ne nous conduit point à la béatitude, mais nous attire en enfer. »

Addition de Luther à une lettre de Mélanchton sur la Grâce et la Loi... — « Pour me délivrer entièrement de la vue de la Loi et des œuvres, je ne me contente pas même de voir en Jésus-Christ mon maître, mon docteur et mon donateur; je veux qu'il soit lui-même ma doctrine et mon don, de telle sorte qu'en lui je possède toute chose. Il dit : « Je suis le chemin, la vérité et la vie », non pas : « Je te montre, ou je te donne le chemin, la vérité et la vie », comme s'il opérait seulement ceci en moi, et que lui-même il fût néanmoins en dehors de moi... » — « Il n'est qu'un seul point dans toute la théologie : vraie foi et confiance en Jésus-Christ. Cet article contient tous les autres. — « Notre foi est un soupir inexprimable. » Et ailleurs : « Nous sommes nos propres geôliers. (C'est-à-dire que nous nous enfermons dans nos œuvres, au lieu de nous élancer dans la foi.)

« Le Diable veut seulement une justice *active*, une justice que nous fassions nous-mêmes en nous, tandis que nous n'en avons qu'une *passive* et étrangère qu'il ne veut point nous laisser. Si nous étions bornés à l'*active*, nous serions perdus, car elle est défectueuse dans tous les hommes. »

Un docteur anglais, Antonius Barns, demandait au docteur Luther si les chrétiens, justifiés par la foi en

Christ, méritaient quelque chose pour les œuvres qui venaient ensuite. Car cette question était souvent agitée en Angleterre. — *Réponse* : 1° Nous sommes encore pécheurs après la justification; 2° Dieu promet récompense à ceux qui font bien. Les œuvres ne méritent point le ciel, mais elles ornent la foi qui nous justifie. Dieu ne couronne que les dons mêmes qu'il nous a faits.

FIDELIS ANIMÆ VOX AD CHRISTUM. *Ego sum tuum peccatum, tu mea justitia; triumpho igitur securus*, etc.

« Pour résister au désespoir, il ne suffit pas d'avoir de vains mots sur la langue, ni une vaine et faible opinion; mais il faut qu'on relève la tête, que l'on prenne une âme ferme et que l'on se confie en Christ contre le péché, la mort, l'enfer, la Loi et la mauvaise conscience. »

« Quand la Loi t'accuse et te reproche tes fautes, ta conscience te dit : Oui, Dieu a donné la Loi et commandé de l'observer sous peine de damnation éternelle; il faut donc que tu sois damné. A cela tu répondras : Je sais bien que Dieu a donné la Loi, mais il a aussi donné par son fils l'Évangile qui dit : Celui qui aura reçu le baptême et qui croira sera sauvé. Cet Évangile est plus grand que toute la Loi, car la Loi est terrestre et nous a été transmise par un homme; l'Évangile est céleste et nous a été apporté par le Fils de Dieu. — N'importe, dit la conscience, tu as péché et transgressé le commandement de Dieu; donc tu seras damné. — *Réponse* :

Je sais fort bien que j'ai péché, mais l'Évangile m'affranchit de mes péchés, parce que je crois en Jésus, et cet Évangile est élevé au-dessus de la Loi autant que le ciel l'est au-dessus de la terre. C'est pourquoi le corps doit rester sur la terre et porter le fardeau de la Loi, mais la conscience monter, avec Isaac, sur la montagne, et s'attacher à l'Évangile, qui promet la vie éternelle à ceux qui croient en Jésus-Christ. — N'importe, dit encore la conscience, tu iras en Enfer; tu n'as pas observé la Loi. — *Réponse* : Oui, si le Ciel ne venait à mon secours; mais il est venu à mon secours, il s'est ouvert pour moi; le Seigneur a dit : Celui qui sera baptisé et qui croira, sera sauvé. »

« Dieu dit à Moïse : Tu verras mon dos, mais non point mon visage. Le dos c'est la Loi, le visage c'est l'Évangile. »

« La loi ne souffre pas la Grâce et à son tour la Grâce ne souffre pas la Loi. La Loi est donnée seulement aux orgueilleux, aux arrogants, à la noblesse, aux paysans, aux hypocrites et à ceux qui ont mis leur amour et leur plaisir dans la multitude des lois. Mais la Grâce est promise aux pauvres cœurs souffrants, aux humbles, aux affligés; c'est eux que regarde le pardon des péchés. A la Grâce appartiennent maître Nicolas Hansman, Cordatus, Philippe (Mélanchton) et moi. »

« Il n'y a point d'auteur, excepté saint Paul, qui ait écrit d'une manière complète et parfaite sur la Loi, car c'est la mort de toute raison de juger la Loi : l'esprit en est le seul juge. » (15 août 1530.)

« La bonne et véritable théologie consiste dans la pratique, l'usage et l'exercice. Sa base et son fondement, c'est le Christ, dont on comprend avec la foi la passion, la mort et la résurrection. Ils se font aujourd'hui, pour eux, une *théologie spéculative* d'après la raison. Cette *théologie spéculative* appartient au Diable dans l'Enfer. Ainsi Zwingli et les sacramentaires *spéculent* que le corps du Christ est dans le pain, mais seulement dans le sens spirituel. C'est aussi la théologie d'Origène. David n'agit pas ainsi, mais il reconnait ses péchés et dit : *Miserere mei, Domine!* »

« J'ai vu naguère deux signes au ciel. Je regardais par la fenêtre au milieu de la nuit, et je vis les étoiles et toute la voûte majestueuse de Dieu se soutenir sans que je pusse apercevoir les colonnes sur lesquelles le Maître avait appuyé cette voûte. Cependant elle ne s'écroulait pas. Il y en a maintenant qui cherchent ces colonnes et qui voudraient les toucher de leurs mains. Mais comme ils n'y peuvent arriver, ils tremblent, se lamentent, et craignent que le ciel ne tombe. Ils pourraient les toucher que le ciel n'en bougerait pas.

« Plus tard je vis de gros nuages, tout chargés, qui flottaient sur ma tête comme un océan. Je n'apercevais nul appui qui les pût soutenir. Néanmoins, ils ne tombaient pas, mais nous saluaient tristement et passaient. Et comme ils passaient, je distinguai dessous la courbe qui les avait soutenus, un délicieux arc-en-ciel. Mince il était sans doute, bien délicat, et l'on devait trembler pour lui en voyant la masse des nuages. Cependant cette ligne aérienne suffisait pour porter cette charge et nous protéger. Nous en voyons toutefois qui craignent le poids du nuage, et ne se fient pas au léger soutien; ils voudraient bien en éprouver la force, et, ne le pouvant, ils craignent que les nuages ne fondent et ne nous abîment de leurs flots..... Notre arc-en-ciel est faible, leurs nuages sont lourds. Mais la fin jugera de la force de l'arc. *Sed in fine videbitur cujus toni.* » (Août 1530.)

CHAPITRE IV

Des novateurs : Mystiques, etc.

« Le comment nous réussit mal, c'est la cause de la ruine d'Adam.

« Je crains deux choses : l'épicuréisme et l'enthousiasme, deux sectes qui doivent régner encore.

« Otez le Décalogue, il n'y a plus d'hérésie. L'Écriture sainte est le livre de tous les hérétiques. »

Luther nommait les esprits séditieux et présomptueux, « des saints précoces qui, avant la maturité, étaient piqués des vers et au moindre vent tombaient de l'arbre. Les rêveurs (schwermer) sont comme les papillons. D'abord c'est une chenille qui se pend à un mur, s'y fait une petite maison, éclôt à la chaleur du soleil, et s'envole en papillon. Le papillon meurt sur un arbre et laisse une longue traînée d'œufs. »

Le docteur Martin Luther disait au sujet des faux frères et hérétiques qui se séparent de nous, qu'il fallait les laisser faire et ne pas s'en inquiéter; s'ils ne nous écoutent point, nous les enverrons avec tous leurs beaux semblants en Enfer.

« Quand je commençai à écrire contre les indulgences, je fus pendant trois ans tout seul, et personne ne me tendait la main. Aujourd'hui ils veulent tous triompher. J'aurais bien assez de mal avec mes ennemis sans celui que me font mes bons petits frères. Mais qui peut résister à tous? ce sont des jeunes gens tout frais, qui n'ont rien fait jusqu'ici; moi je suis vieux maintenant, et j'ai eu de grandes peines, de grands travaux. Osiander peut faire le fier; il a du bon temps; il a deux prédications à faire par semaine et quatre cents florins par an. »

« En 1521, il vint chez moi l'un de ceux de Zwickau, du nom de Marcus, assez affable dans ses manières, mais frivole dans ses opinions et dans sa vie. Il voulait conférer avec moi au sujet de sa doctrine. Comme il ne parlait que de choses étrangères à l'Écriture, je lui dis que je ne reconnaissais que la parole de Dieu, et que, s'il voulait établir autre chose, il devait au moins prouver sa mission par des miracles. Il me répondit : « Des miracles? ah! vous en verrez dans sept ans. Dieu même ne pourrait m'enlever ma foi. » Il dit aussi : « Je vois de suite si quelqu'un est élu ou non. » — Après qu'il m'eut beaucoup parlé du *talent* qu'il ne fallait pas enfouir, du *dégrossissement*, de l'*ennui*, de l'*attente*, je lui demandai qui comprenait cette langue. Il me répondit qu'il ne prêchait que devant les disciples croyants et habiles. — Comment vois-tu qu'ils sont habiles? lui dis-je. — Je n'ai qu'à les regarder, répondit-il, pour voir leur *talent*. — Quel *talent*, mon ami, trouves-tu en moi par exemple? — Vous êtes encore au premier degré de la mobilité, me répondit-il, mais il viendra un temps où vous serez au premier de l'immobilité comme moi. — Sur ce, je lui citai plusieurs textes de l'Écriture et nous nous séparâmes. Quelque temps après, il m'écrivit une lettre très amicale, pleine d'exhortations; mais je lui répondis : Adieu, cher Marcus.

« Plus tard, il vint chez moi un tourneur qui se disait aussi prophète. Il me rencontra au moment où je sortais de ma maison, et me dit d'un ton hardi : « Monsieur le docteur, je vous apporte un message de mon Père. — Qui est donc ton père? lui dis-je. — Jésus-Christ, répondit-il. — C'est notre Père commun, lui dis-je; que t'a-t-il ordonné de m'annoncer? — Je dois vous annoncer, de la part de mon Père, que Dieu est irrité contre le monde. — Qui te l'a dit? — Hier, en sortant par la porte de Koswick, j'ai vu dans l'air un petit nuage de feu; cela prouve évidemment que Dieu est irrité. » Il me parla encore d'un autre signe. « Au milieu d'un sommeil profond, dit-il, j'ai vu des ivrognes assis à table, qui disaient : Buvons, buvons; et la main de Dieu était au-dessus d'eux. Soudain l'un d'eux me versa de la bière sur la tête et je m'éveillai. — Écoute, mon ami, lui dis-je alors, ne plaisante pas ainsi avec le nom et les ordres de Dieu; et je le réprimandai vivement. Quand il vit dans quelles dispositions j'étais à son égard, il s'en alla tout en colère et murmurant : « Sans doute quiconque ne pense pas comme Luther est un fou. »

« Une autre fois encore, j'eus affaire à un homme des Pays-Bas. Il voulait disputer avec moi *jusqu'au feu inclusivement*, disait-il. Quand je vis son ignorance, je lui dis : « Ne vaudrait-il pas mieux que nous disputassions sur quelques canettes de bière? » Ce mot le fâcha, et il s'en alla. Le Diable est un esprit orgueilleux; il ne saurait souffrir qu'on le méprise. »

Maître Stiefel vint à Wittemberg, parla secrètement avec le docteur Luther, et lui montra son opinion en vingt articles, sur le jugement dernier. Il pensait que le jugement aurait lieu le jour de Saint-Luc. On lui dit de se tenir tranquille et de n'en point parler; ce qui le chagrina fort. « Cher seigneur docteur, dit-il, je m'étonne que vous me défendiez de prêcher ceci, et que vous ne vouliez pas me croire. Il est cependant sûr que je dois en parler, quoique je ne le fasse point volontiers. » Le docteur Luther lui répliqua : « Cher maître, vous avez bien pu vous taire dix ans sur ce sujet, pendant le règne de la papauté; tenez-vous encore tranquille pour le peu de temps qui reste. — Mais ce matin même, comme je me mettais en marche de bonne heure, j'ai vu un arc-en-ciel très beau, et j'ai pensé à la venue du Christ. — Non, il n'y aura point alors d'arc-en-ciel; d'un même coup le feu du tonnerre consumera toute créature. Un fort et puissant son de trompette nous réveillera tous. Ce n'est pas avec le son du chalumeau que l'on se fera entendre sur-le-champ à ceux qui sont dans la tombe. » (1533.)

« Michel Stiefel croit être le septième ange qui annonce le dernier jour ; il donne ses livres et ses meubles, comme s'il n'en avait plus besoin.

« Bileas est certainement damné, quoiqu'il ait eu de bien grandes révélations, pas moindres que celles de Daniel ; car il embrasse aussi les quatre empires. C'est un terrible exemple pour les orgueilleux. Oh ! humilions-nous. »

« Le docteur Jeckel est un compagnon de l'espèce de Eisleben (Agricola). Il faisait la cour à ma nièce Anna ; mais je lui dis : « Cela ne doit point se faire, dans toute l'éternité ! » Et à la petite fille : « Si tu veux l'avoir, ôte-toi pour toujours de devant mes yeux ; je ne veux plus te voir ni t'entendre. »

Le duc Henri de Saxe étant venu à Wittemberg, le docteur Martin Luther lui parla deux fois contre le docteur Jeckel, et exhorta le prince à songer aux maux de l'Église. Jeckel avait prêché la doctrine suivante : « Fais ce que tu veux, crois seulement, tu seras sauvé. — Il faudrait dire : Quand tu seras *rené*, et devenu un nouvel homme, fais alors ce qui se présente à toi. Les sots ne savent point ce que c'est que la foi... » Un pasteur de Torgau vint se plaindre au docteur Luther de l'insolence et de l'hypocrisie du docteur Jeckel, qui par ses ruses avait attiré à lui tous ceux de la noblesse, du conseil, et le prince même. Le docteur, l'ayant entendu, frémit, soupira, se tut, et se mit en prière ; et le même jour, il ordonna qu'on exigeât d'Eisleben (Agricola) qu'il fît une rétractation publique, ou qu'il fût publiquement confondu.

« Le docteur Luther faisant reproche à Jeckel de ce qu'ayant si peu d'expérience, étant si peu exercé dans la Dialectique et la Rhétorique, il osait entreprendre de telles choses contre ses maîtres et précepteurs; il répondit : « Je dois craindre Dieu plus que mes précepteurs; j'ai un Dieu aussi bien que vous... » Le docteur Jeckel se mit ensuite à table pour souper; il avait l'air sombre; et le docteur Luther se curait les dents, ainsi que les convives venus de Freyberg. Alors Luther se mit à dire : « Si j'avais rendu la Cour aussi pieuse que vous le monde, j'aurais bien travaillé, etc. » Et Jeckel se tenait toujours avec un air sombre, les yeux baissés, montrant, par cette contenance, ce qu'il avait en esprit. Enfin Luther se leva, et voulut sortir; Jeckel aurait encore bien voulu s'expliquer et discuter avec lui; mais le docteur ne voulut plus lui parler. »

Des Antinomiens et particulièrement d'Eisleben (Agricola). — « Ah! combien cela fait mal, quand on perd un bon ami qu'on aimait beaucoup! J'ai eu cet homme-là à ma table; il a été mon bon compagnon, il riait avec moi, il était gai... et voilà qu'il se met contre moi!... Cela n'est point à souffrir. Rejeter la loi sans laquelle il n'y a ni église, ni gouvernement, cela ne s'appelle pas percer le tonneau, mais le défoncer.... C'est le moment de combattre... Puis-je le voir s'enorgueillir pendant ma vie, et vouloir gouverner?... Il ne suffit pas qu'il dise, pour s'excuser, qu'il n'a parlé que du docteur Creuziger et de maître Roerer. Le *Catéchisme*, l'*Explication du Décalogue* et la *Confession d'Augsbourg* sont miens, et non point à Creuziger ou à Roerer... Il veut enseigner la pénitence par l'amour de la justice. Ainsi, il ne prêche qu'aux hommes justes et pieux la révélation du courroux divin. Il ne prêche pas pour les impies. Cependant saint Paul dit : *La Loi est donnée aux injustes*. En somme, en ôtant la Loi, il ôte aussi l'Évangile ; il tire notre croyance du ferme appui de la conscience, pour la soumettre aux caprices de la chair. »

« Qui aurait pensé à la secte des antinomiens ?... J'ai surmonté trois cruels orages : Münzer, les sacramentaires et les anabaptistes. Il faudra donc écrire sans fin ! Je ne désire pas vivre longtemps, car il n'y a plus de paix à espérer. » (1538.)

Le docteur Luther ordonna à maître Ambroise Bernd d'apprendre aux professeurs de l'Université à ne point être factieux, à ne point préparer de schisme, et il défendit que maître Eisleben fût élu doyen... « Dites cela à vos facultistes, et s'ils n'en font rien, je prêcherai contre eux. » (1539.)

Le dernier jour de novembre, Luther était en joie et en gaieté avec ses cousins, son frère, sa sœur, et quelques bons amis de Mansfeld. On fit mention de maître Grickel, et ils le priaient pour lui. Le docteur répondit : « J'ai tenu cet homme-là pour mon plus fidèle ami ; mais il m'a trompé par ses ruses, j'écrirai bientôt contre lui ; qu'il y prenne garde ; il n'y a en lui aucune pénitence. » (1538.)

« J'ai eu tant de confiance en cet homme-là (Eisleben) que, lorsque j'allai à Smalkalde, en 1537, je lui recommandai ma chaire, mon Église, ma femme, mes enfants, ma maison, tout ce que j'avais de secret. »

Le dernier jour de janvier 1539, au soir, le docteur Luther lut les propositions qu'Eisleben allait soutenir contre lui ; il y avait mis je ne sais quelles absurdités de Saül et de Jonathas (J'ai mangé un peu de miel et c'est pour cela que je meurs). — Jonathas, dit Luther, c'est maître Eisleben qui mange le miel et prêche l'Évangile ; Saül, c'est Luther... Ah ! Eisleben, es-tu donc un tel... Oh ! Dieu te pardonne ton amertume ! »

« Si la Loi est ainsi renvoyée de l'Église au conseil, à l'autorité civile, celle-ci dira à son tour : Nous sommes aussi de fidèles chrétiens, la Loi ne nous regarde point. Le bourreau finira par en dire autant. Il n'y aura plus que grâce, douceur, et bientôt caprices effrénés et scélératesse. Ainsi commença Münzer. »

En 1540, Luther donna un repas auquel assistèrent les principaux membres de l'Université. Vers la fin du repas, quand tout le monde fut en belle humeur, un verre à cercles de couleurs fut apporté. Luther y versa du vin et le vida à la santé des convives. Ceux-ci lui rendirent son salut en vidant le verre chacun à son tour, à la santé de leur hôte. Quand ce fut le tour de maître Eisleben, Luther lui présenta le verre en disant : « Mon cher, ce qui, dans ce verre, est au-dessus du premier cercle, ce sont les dix Commandements ; de là jusqu'au second, c'est le *Credo* ; jusqu'au troisième c'est le *Pater noster* ; le catéchisme est au fond. » Puis il le vida lui-même, le fit remplir de nouveau et le donna à maître Eisleben. Celui-ci n'alla point au delà du premier cercle, il remit le verre sur la table et ne le put regarder sans une espèce d'horreur. Luther le vit, et il dit aux convives : « Je savais bien que maître Eisleben ne boirait qu'aux Commandements, et qu'il laisserait le *Credo*, le *Pater noster* et le catéchisme. »

Maître Jobst, étant à la table de Luther, lui montra des propositions d'après lesquelles on ne devait point prêcher la Loi, puisque ce n'est pas elle qui nous justifie. Luther s'emporta et dit : « Faut-il que les nôtres commencent de telles choses, même de notre vivant! Ah! combien nous devons honorer maître Philippe (Mélanchton), qui enseigne avec clarté et vérité l'usage et l'utilité de la Loi. Elle se vérifie, la prophétie du comte Albert de Mansfeld qui m'écrivait : *Il y a derrière cette doctrine un Münzer*. En effet, celui qui détruit la doctrine de la Loi, détruit en même temps *politicam et œconomiam*. Si l'on met la Loi en dehors de l'Église, il n'y aura plus de péché reconnu dans le monde : car l'Évangile ne définit et ne punit le péché qu'en recourant à la Loi. » (1541.)

« Si, au commencement, j'ai dans ma doctrine parlé et écrit si durement contre la Loi, cela est venu de ce que l'Église chrétienne était chargée de superstitions, sous lesquelles Christ était tout à fait obscurci et enterré. Je voulais sauver et affranchir de cette tyrannie la conscience, les âmes pieuses et craignant Dieu. Mais je n'ai jamais rejeté la Loi... »

CHAPITRE V

Tentations : Regrets et doutes des amis, de la femme ; Doutes de Luther lui-même.

Maître Philippe Mélanchton dit un jour la fable suivante à la table du docteur Martin Luther : « Un homme avait pris un petit oiseau, et le petit oiseau aurait bien voulu être libre, et il disait à l'homme : O mon bon ami, lâche-moi, je te montrerai une belle perle qui vaut bien des milliers de florins ! — Tu me trompes, dit l'homme. — Oh non ! aie confiance, viens avec moi, je vais te la montrer. L'homme lâche l'oiseau, qui se perche sur un arbre et lui chante : *Crede parum, tua serva, et quæ periere, relinque* (Ne te confie pas trop, garde bien le tien, laisse ce qui est perdu sans retour). C'était en effet une belle perle qu'il lui laissait. »

« Philippe me demandait une fois que je voulusse lui tirer de la Bible une devise, mais telle qu'il ne s'en lassât point. On ne peut rien donner à l'homme dont il ne se lasse. »

« Si Philippe n'eût pas été si affligé par les tentations, il aurait eu des idées et des opinions singulières. »

Le paradis de Luther est très grossier. Il croit que, dans le nouveau Ciel et la nouvelle terre, il y aura aussi des animaux utiles. « Je pense souvent à la vie éternelle et aux joies que l'on doit y trouver; mais je ne puis comprendre à quoi nous y passerons le temps, car il n'y aura aucun changement, aucun travail, ni boire, ni manger, ni affaire; mais je pense que nous aurons assez d'objets à contempler. Sur cela, Philippe Mélanchton dit très bien : Maître, montrez-nous le Père; cela nous suffit. »

« Les paysans ne sont pas dignes de tant de fruits que porte la terre. Je remercie plus Notre-Seigneur pour un arbre que tous les paysans pour tous leurs champs. Ah! *domine doctor*, dit Mélanchton, exceptez-en quelques-uns, tels qu'Adam, Noé, Abraham, Isaac. »

« Le docteur Jonas disait à souper : Ah! comme saint Paul parle magnifiquement de la mort. Je ne puis pourtant le croire. — Il me semble aussi, dit le docteur Luther, que saint Paul lui-même ne pouvait penser sur cette matière avec autant de force qu'il parlait; moi-même, malheureusement, je ne puis sur cet article croire aussi fortement que prêcher, parler et écrire, aussi fortement que d'autres gens s'imaginent que je crois. Et il ne serait peut-être pas bon que nous fissions tout ce que Dieu commande, car c'en serait fait de sa divinité; il se trouverait menteur, et ne pourrait rester véridique dans ses paroles. »

« Un méchant et horrible livre contre la sainte Trinité ayant été publié par l'impression, en 1532, le docteur Martin Luther dit : « Ces esprits chimériques ne croient pas que d'autres gens aient eu aussi des tentations sur cet article. Mais pourquoi opposer ma pensée à la parole de Dieu et au Saint-Esprit (*opponere meam cogitationem verbo Dei, et Spiritui Sancto*)? Cette opposition ne soutient pas l'examen. »

La femme du docteur lui disait : « Seigneur docteur, d'où vient que sous la papauté nous priions si souvent et avec tant de ferveur, tandis qu'aujourd'hui notre prière est tout à fait froide, et nous prions rarement? » Le docteur répondit : « Le Diable pousse sans cesse ses serviteurs à pratiquer diligemment son culte. »

Le docteur Martin Luther exhortait sa femme à lire et écouter avec soin la parole de Dieu, particulièrement le psautier. Elle répondit qu'elle l'écoutait suffisamment, et en lisait chaque jour; qu'elle pourrait même, s'il plaisait à Dieu, en répéter beaucoup de choses. Le docteur soupira et dit : « Ainsi commence le dégoût de la parole de Dieu. C'est le signe d'un mal futur. Il viendra de nouveaux livres, et la Sainte-Écriture sera méprisée, jetée dans un coin, et, comme on dit : sous la table. »

Luther demandait à sa femme si elle aussi croyait qu'elle fût sainte? Elle s'en étonna, et dit : « Comment puis-je être sainte? je suis une grande pécheresse. » Il dit alors : « Voyez pourtant l'horreur de la doctrine papale, comme elle a blessé les cœurs et préoccupé tout l'homme intérieur. Ils ne sont plus capables de rien voir, hors la piété et la sainteté personnelle et extérieure des œuvres que l'homme même fait pour soi. »

« Le *Pater noster* et la foi me rassurent contre le Diable. Ma petite Madeleine et mon petit Jean prient en outre pour moi, ainsi que beaucoup d'autres chrétiens... J'aime ma Catherine, je l'aime plus que moi-même, car je voudrais mourir plutôt que de lui voir arriver du mal à elle et à ses enfants; j'aime aussi mon Seigneur Jésus-Christ qui, par pure miséricorde, a versé son sang pour moi; mais ma foi devrait être beaucoup plus grande et plus vive. O mon Dieu! ne juge point ton serviteur! »

« Ce qui ne contribue pas peu à affliger et tenter les cœurs, c'est que Dieu semble capricieux et changeant. Il a donné à Adam des promesses et des cérémonies, et cela a fini avec l'arc-en-ciel et l'arche de Noé. Il a donné à Abraham la circoncision, à Moïse des signes miraculeux, à son peuple la Loi; mais au Christ, et par le Christ, l'Évangile, qui est considéré comme annulant tout cela. Et voilà que les Turcs effacent cette voix divine, et disent : Votre loi durera bien quelque temps, mais elle finira par être changée. » (Luther n'ajoute aucune réflexion.)

CHAPITRE VI

Le Diable. — Tentations.

« Une fois, dans notre cloître à Wittemberg, j'ai entendu distinctement le bruit que faisait le Diable. Comme je commençais à lire le psautier, après avoir chanté matines, que j'étais assis, que j'étudiais et que j'écrivais pour ma leçon, le Diable vint et fit trois fois du bruit derrière mon poêle, comme si l'on eût traîné un boisseau. Comme il ne voulait point finir, je rassemblai mes petits livres et allai me mettre au lit... Je l'entendis encore une nuit au-dessus de ma chambre dans le cloître ; mais comme je remarquai que c'était le Diable, je n'y fis pas attention et me rendormis. »

« Une jeune fille qui était l'amie du vieil économe à Wittemberg, se trouvant malade, il se présenta à elle une vision comme si c'eût été le Christ sous une forme belle et magnifique ; elle y crut et se mit à prier cette figure. On envoya en hâte au cloître chercher le docteur Luther. Lorsqu'il eût vu la figure, qui n'était qu'un jeu et une singerie du Diable, il exhorta la fille à ne pas se laisser duper ainsi. En effet, dès qu'elle eut craché au visage du fantôme, le Diable disparut, la figure se changea en un grand serpent qui courut à la fille et la mordit à l'oreille, de sorte que le sang coula. Le serpent s'évanouit bientôt. Le docteur Luther vit la chose de ses propres yeux, avec beaucoup d'autres personnes. (L'éditeur des *Conversations* ne dit point tenir cette histoire de Luther.)

Un pasteur des environs de Torgau se plaignait à Luther que le Diable faisait, la nuit, un bruit, un tumulte et un renversement extraordinaires dans sa maison, qu'il lui cassait ses pots et sa vaisselle de bois, lui jetait les morceaux à la tête, et riait ensuite. Il faisait ce manège depuis un an, et ni sa femme ni ses enfants ne voulaient plus rester dans la maison. Luther dit au pasteur : « Cher frère, sois fort dans le Seigneur, ne cède point à ce meurtrier de Diable. Si l'on n'a point invité et attiré cet hôte chez soi par ses péchés, on peut lui dire : *Ego auctoritate divina hic sum pater familias et vocatione cœlesti pastor ecclesiæ;* mais toi, Diable, tu te glisses dans cette maison comme un voleur et un meurtrier. Pourquoi ne restes-tu pas dans le ciel? Qui t'a invité ici? »

Sur une possédée. — « Puisque ce Diable est un esprit jovial, et qu'il se moque de nous tout à son aise, il nous faut d'abord prier sérieusement pour la jeune fille qui souffre ainsi à cause de nos péchés. Ensuite il faut mépriser cet esprit et s'en rire, mais ne pas aller l'éprouver par des exorcismes et autres choses sérieuses, parce que la superbe diabolique se rit de tout cela. Persévérons dans la prière pour la jeune fille et dans le mépris pour le Diable, et enfin, avec la grâce du Christ, il se retirera. Il serait bon aussi que les princes voulussent réformer leurs vices, dans lesquels cet esprit malin nous montre qu'il triomphe. Je te prie, puisque c'est une chose digne d'être publiée, de t'informer exactement de toutes les circonstances ; pour écarter toute fraude, assure-toi si les pièces d'or que cette fille avale sont de vraies pièces d'or, et de bon aloi. Car j'ai été jusqu'à présent obsédé de tant de fourberies, de ruses, de machinations, de mensonges, d'artifices, que je ne me prête plus aisément à rien croire que je n'aie vu faire et dire. » (5 août 1536.)

« Que ce pasteur n'ait pas la conscience troublée de ce qu'il a enseveli cette femme qui s'était tuée elle-même, si toutefois elle s'est tuée. Je connais beaucoup d'exemples semblables ; mais je juge ordinairement que les gens ont été tués simplement et immédiatement par le Diable, comme un voyageur est tué par un brigand. Car, lorsqu'il est évident que que le suicide n'a pu avoir lieu naturellement, quand il s'agit d'une corde, d'une ceinture ou (comme dans le cas dont tu me parles) d'un voile pendant et sans nœud, qui ne tuerait pas même une mouche, il faut croire, selon moi, que c'est le Diable qui fascine les hommes et leur fait croire qu'ils font toute autre chose, par exemple une prière ; et cependant le Diable les tue. Néanmoins le magistrat fait bien de punir avec la même sévérité, de peur que Satan ne prenne courage pour s'introduire. Le monde mérite bien de tels avertissements, puisqu'il épicurise et pense que le démon n'est rien. » (1er décembre 1544.)

« Satan a voulu tuer notre prieur, en jetant sur lui un pan de mur. Mais Dieu l'a miraculeusement sauvé. » (4 juillet 1524.)

« Les fous, les boiteux, les aveugles, les muets sont des hommes chez qui les démons se sont établis. Les médecins qui traitent ces infirmités comme ayant des causes naturelles, sont des ignorants qui ne connaissent point toute la puissance du démon. » (14 juillet 1528.)

« Il y a des lieux dans beaucoup de pays où habitent les diables. La Prusse a grand nombre de mauvais esprits. En Suisse, non loin de Lucerne, sur une haute montagne, il y a un lac qu'on appelle l'étang de Pilate ; le Diable y est établi d'une manière terrible. Dans mon pays, il y a un étang situé de même. Si l'on y jette une pierre, il s'élève un grand orage, et tout le pays tremble à l'entour. C'est une habitation de diables qui y sont prisonniers.

« Le Diable a emporté à Sussen, le jour du Vendredi saint, trois écuyers qui s'étaient voués à lui. » (1538.)

Un jour de grand orage, Luther disait : « C'est le Diable qui fait ce temps-là ; les vents ne sont autre chose que de bons ou de mauvais esprits. Le Diable respire et souffle. »

Deux nobles avaient juré de se tuer l'un l'autre

(du temps de Maximilien). Le Diable ayant tué l'un d'eux dans son lit avec l'épée de l'autre, le survivant fut amené sur la place publique. On enleva la terre couverte par son ombre, et on le bannit du pays. C'est ce qui s'appelle *mors civilis*. Le docteur Grégoire Bruck, chancelier de Saxe, fit ce récit à Luther.

Suivent deux histoires de gens avertis d'avance qu'ils seraient emportés par le Diable, et qui, *quoiqu'ils eussent reçu le Saint-Sacrement, et qu'ils fussent gardés avec des cierges par leurs amis* en prière, n'en furent pas moins emportés au jour et à l'heure marqués. « Il a bien crucifié Notre-Seigneur lui-même. Mais, pourvu qu'il n'emporte pas l'âme, tout va bien. »

« Le Diable promène les gens dans leur sommeil de côté et d'autre, de sorte qu'ils font toute chose comme s'ils veillaient. Autrefois les papistes, comme gens superstitieux, disaient que de tels hommes devaient ne pas avoir été bien baptisés, ou qu'ils l'avaient peut-être été par un prêtre ivre. »

« Aux Pays-Bas et en Saxe, un chien monstrueux sent les gens qui doivent mourir et rôde autour...

« Les moines conduisaient chez eux un possédé. Le Diable qui était en lui, dit aux moines : « O mon peuple, que t'ai-je fait ! » *Popule meus, quid feci tibi ?* »

On racontait à la table de Luther qu'un jour, dans une cavalcade de gentilshommes, l'un d'eux s'était écrié en piquant des deux : « Au diable le dernier ! » Comme il avait deux chevaux, il en lâcha un ; et celui-ci restant le dernier, le Diable l'emporta avec lui dans les airs. Luther dit à cette occasion : « Il ne faut pas convier Satan à notre table. Il vient sans avoir été prié. Tout est plein de diables autour de nous ; nous-mêmes, qui veillons et qui prions journellement, nous avons assez affaire à lui. »

« Un vieux curé, faisant un jour sa prière, entendit derrière lui le Diable qui voulait l'en empêcher, et qui grognait comme aurait fait tout un troupeau de porcs. Le vieux curé, sans se laisser effrayer, se retourna et lui dit : « Maître Diable, il t'est bien advenu ce que tu méritais ; tu étais un bel ange, et te voilà maintenant un vilain porc. » Aussitôt les grognements cessèrent, car le Diable ne peut souffrir qu'on le méprise... La foi le rend faible comme un enfant. »

« Le Diable redoute la parole de Dieu. Il ne la peut mordre ; il s'y ébrèche les dents. »

« Un jeune vaurien, sauvage et emporté, buvait un jour avec quelques compagnons dans un cabaret. Quand il n'eut plus d'argent, il dit que s'il se trouvait quelqu'un qui lui payât un bon écot, il lui vendrait son âme. Peu après, un homme entra dans le cabaret, se mit à boire avec le vaurien, et lui demanda s'il était véritablement prêt à vendre son âme. Celui-ci répondit hardiment oui, et l'homme lui paya à boire toute la journée. Sur le soir, quand le garçon fut ivre, l'inconnu dit aux autres qui étaient dans le cabaret : « Messieurs, qu'en pensez-vous ? si quelqu'un achète un cheval, la selle et la bride ne lui appartiennent-elles pas aussi ? » Les assistants s'effrayèrent beaucoup à ces mots, et ne voulurent d'abord pas répondre ;

mais, comme l'étranger les pressait, ils dirent à la fin : « Oui, la selle et la bride sont aussi à lui. » Aussitôt le Diable (car c'était lui) saisit le mauvais sujet et l'emporta avec lui à travers le plafond, de sorte que l'on n'a jamais su ce qu'il est devenu. »

Une autre fois, Luther raconta l'histoire d'un soldat, qui avait déposé de l'argent chez son hôte, dans le Brandebourg. Cet hôte, quand le soldat lui redemanda son argent, nia d'avoir rien reçu. Le soldat furieux se jeta sur lui et le maltraita ; mais le fourbe le fit arrêter par la justice et l'accusa d'avoir violé la *paix domestique* (*hausfriede*). Pendant que le soldat était en prison, le Diable vint chez lui et lui dit : « Demain tu seras condamné à mort et exécuté. Si tu me vends ton corps et ton âme, je te délivre. » Le soldat n'y consentit point. Alors le Diable lui dit : « Si tu ne veux pas, écoute au moins le conseil que je te donne. Demain, quand tu seras devant les juges, je me tiendrai près de toi, en bonnet bleu avec une plume blanche. Demande alors aux juges qu'ils me laissent plaider ta cause, et je te tirerai de là. Le lendemain, le soldat suivit le conseil du Diable, et comme l'hôte persistait à nier, l'avocat en bonnet bleu lui dit : « Mon ami, comment peux-tu ainsi te parjurer ? L'argent du soldat se trouve dans ton lit, sous le traversin. Seigneurs échevins, envoyez-y et vous verrez que je dis vrai. » Quand l'hôte entendit cela, il s'écria avec un gros jurement : « Si j'ai reçu l'argent, je veux que le Diable m'enlève sur l'heure. » Mais les sergents envoyés à l'auberge trouvèrent l'argent à la place indiquée, et l'apportèrent devant le tribunal. Alors l'homme au bonnet bleu dit en ricanant : « Je savais bien que j'aurais l'un des deux, le soldat ou l'aubergiste. » Il tordit le cou à celui-ci et l'emporta dans les airs. — Luther, ayant conté l'histoire, ajouta qu'il n'aimait pas qu'on jurât par le Diable, comme faisaient beaucoup de gens, « car, disait-il, le mauvais drôle n'est pas loin ; l'on n'a pas besoin de le peindre sur les murs pour qu'il soit présent. »

« Il y avait à Erfurth deux étudiants dont l'un aimait si fort une jeune fille, qu'il en serait devenu bientôt fou. L'autre, qui était sorcier, sans que son camarade en sût rien, lui dit : « Si tu promets de ne point lui donner un baiser et de ne point la prendre dans tes bras, je ferai en sorte qu'elle vienne te trouver. » Il la fit venir en effet. L'amant, qui était un beau jeune homme, la reçut avec tant d'amour, et il lui parlait si vivement que le sorcier craignait toujours qu'il ne l'embrassât ; enfin il ne put se contenir. A l'instant même elle tomba et mourut. Quand ils la virent morte, ils eurent grand'peur, et le sorcier dit : « Employons notre dernière ressource. » Il fit si bien que le Diable la reporta chez elle, et qu'elle continua de faire tout ce qu'elle faisait auparavant dans la maison ; mais elle était fort pâle et ne parlait point. Au bout de trois jours, les parents allèrent trouver les théologiens, et leur demandèrent ce qu'il fallait faire. A peine ceux-ci eurent-ils parlé fortement à la fille, que le Diable se retira d'elle ; le cadavre tomba raide avec une grande puanteur. »

« Le docteur Luc Gauric, le sorcier que vous avez fait venir d'Italie, m'a souvent avoué que son maître conversait avec le Diable. »

« Le Diable peut se changer en homme ou en femme pour tromper, de telle manière qu'on croit être couché avec une femme en chair et en os, et qu'il n'en est rien ; car, suivant le mot de saint Paul, le Diable est bien fort avec les fils de l'impiété. Comme il en résulte souvent des enfants ou des diables, ces exemples sont effrayants et horribles. C'est ainsi que ce qu'on appelle le *nix* attire dans l'eau les vierges ou les femmes pour créer des diablotins. Le diable peut aussi dérober des enfants ; quelquefois, dans les six premières semaines de leur naissance, il enlève à leur mère ces pauvres créatures pour en substituer à leur place d'autres, nommés *suppositi*, et par les Saxons *kilkropff*.

« Il y a huit ans, j'ai vu et touché moi-même à Dessau un enfant qui n'avait pas de parents, et qui venait du Diable. Il avait douze ans et était tout à fait conformé comme un enfant ordinaire. Il ne faisait que manger et mangeait autant que quatre paysans ou batteurs en grange. Il faisait aussi tous ses besoins. Mais quand on le touchait, il criait comme un possédé ; s'il arrivait quelque accident malheureux dans la maison, il s'en réjouissait et riait ; si, au contraire, tout allait bien, il pleurait continuellement. Je dis au prince d'Anhalt avec qui j'étais : Si j'avais à commander ici, je ferais jeter cet enfant dans la Moldau, au risque de m'en faire le meurtrier. Mais l'Électeur de Saxe et les princes n'étaient pas de mon opinion. Je leur dis alors de faire prier Dieu dans l'église pour qu'il enlevât le démon. On répéta ces prières tous les jours pendant une année, et après ce temps l'enfant mourut. » Quand le docteur eut raconté cette histoire, quelqu'un lui demanda pourquoi il aurait voulu jeter cet enfant à l'eau. C'est, répondit-il, que les enfants de cette espèce ne sont autre chose, à mon sens, qu'une masse de chair sans âme. Le Diable est bien capable de produire de ces choses; tout ainsi qu'il anéantit les facultés des hommes, quand il les possède corporellement, de manière à leur enlever la raison et à les rendre sourds et aveugles pour quelque temps, de même il habite dans ces masses de chair et est lui-même leur âme. — Il faut que le Diable soit bien puissant pour tenir ainsi nos esprits prisonniers. Origène, ce me semble, n'a pas assez compris cette puissance; autrement, il n'aurait point pensé que le Diable pourra obtenir grâce au jugement dernier. Quel horrible péché de se révolter ainsi sciemment contre son Dieu, son créateur!

« En Saxe, près de Halberstadt, il y avait un homme qui avait un *kilkropff*. Cet enfant pouvait épuiser sa mère et cinq autres femmes en les tétant, et il dévorait outre cela tout ce qu'on lui présentait. On donna à l'homme le conseil de faire un pèlerinage à Holckelstadt, de vouer son *kilkropff* à la Vierge Marie et de le faire bercer en cet endroit. L'homme suivit cet avis, et il emporta son enfant dans un panier; mais, en passant sur un pont, un autre diable, qui était dans la rivière, se mit à crier: *Kilkropff! kilkropff!* L'enfant, qui était dans le panier, et qui n'avait jamais encore prononcé un' seul mot, répondit : Oh! oh! oh! Le diable de la rivière lui demanda ensuite : Où vas-tu? L'enfant du panier répondit : Je m'en vais à Holckelstadt, à notre Mère bien-aimée, pour me faire bercer. Le paysan, très effrayé, jeta l'enfant et le panier dans la rivière ; sur quoi les deux diables se mirent à s'envoler ensemble. Ils crièrent : Oh! oh! oh! firent quelques cabrioles l'un par-dessus l'autre et s'évanouirent. »

Luther, en sortant un dimanche de l'église du château où il avait prêché, rencontra un landsknecht qui s'adressa à lui, se plaignant des tentations continuelles qu'il avait à essuyer de la part du Diable, disant qu'il venait souvent à lui et le menaçait de l'enlever dans les airs. Pendant qu'il parlait ainsi, le docteur Pomeranus, qui passait par ce chemin, s'approcha aussi de lui et aida Luther à le consoler. « Ne désespérez pas, lui disaient-ils, car malgré ces tentations du Diable vous n'êtes point à lui. Notre-Seigneur Jésus-Christ a aussi été tenté par lui, mais il l'a surmonté par la parole de Dieu. Défendez-vous de même par la parole de Dieu et par la prière. Luther ajouta : « Si le Diable te tourmente et te menace de t'emmener, réponds-lui : « Je suis à Jésus-Christ, qui est mon Seigneur; c'est en lui que je crois, et c'est auprès de lui que je serai un jour. Il a dit lui-même qu'aucune puissance ne pourra enlever les chrétiens de sa main. » Pense plutôt à Dieu qui est au ciel qu'au Diable, et cesse de t'effrayer de ses ruses. Je sais bien qu'il serait fort aise de t'enlever, mais il ne le peut. Il est comme le voleur qui voudrait bien mettre la main sur le coffre-fort du riche ; la volonté ne lui manque pas, mais le pouvoir. De même Dieu ne permettra pas au Diable de te faire du mal. Écoute fidèlement la parole divine, prie avec ferveur, travaille, ne sois pas trop souvent seul, et tu verras que Dieu te délivrera de Satan et te conservera dans son troupeau. »

Un jeune ouvrier, maréchal ferrant de son état, prétendait être poursuivi par un spectre à travers toutes les rues de la ville. Luther le fit venir chez lui et l'interrogea en présence de plusieurs personnes doctes. Le jeune homme disait que le spectre qui le poursuivait lui avait reproché comme un sacrilège d'avoir communié sous les deux espèces, et qu'il lui avait dit : « Si tu retournes dans la maison de ton maître, je te tors le cou. » C'est pourquoi il n'était pas rentré depuis plusieurs jours. Le docteur, après l'avoir beaucoup interrogé, lui dit : « Prends garde, mon ami, de ne pas mentir. Crains Dieu, écoute sa parole avec attention ; retourne chez ton maître, fais ton travail, et si Satan revient, dis-lui : « Je ne veux pas t'obéir. Je n'obéirai qu'à Dieu qui m'a appelé à ce métier : je resterai ici à mon travail, et un ange même viendrait que je ne m'en laisserais pas détourner. »

« Le docteur Luther, devenu plus âgé, éprouva

peu de tentations de la part des hommes; mais le Diable, comme il le reconnaît lui-même, allait promener avec lui dans le dortoir du cloître; il le vexait et le tentait. Il avait un ou deux diables qui l'épiaient, et s'ils ne pouvaient parvenir au cœur, ils saisissaient la tête et la tourmentaient.

« ... Cela m'est arrivé souvent. Quand je tenais un couteau dans les mains, il me venait de mauvaises pensées; souvent je ne pouvais prier, et le Diable me chassait de la chambre. Car nous autres nous avons affaire aux grands diables qui sont docteurs en théologie. Les Turcs et les papistes ont de petits diablotins qui ne sont point théologiens, mais seulement juristes.

« Je sais, grâce à Dieu, que ma cause est bonne et divine; si Christ n'est point dans le ciel et Seigneur du monde, alors mon affaire est mauvaise. Cependant le Diable me serre souvent de si près dans la dispute, qu'il m'en vient la sueur. Il est éternellement irrité, je le sens bien, je le comprends. Il couche avec moi plus près que ma Catherine. Il me donne plus de trouble qu'elle de joie... Il me pousse quelquefois : La Loi, dit-il, est aussi la parole de Dieu; pourquoi l'opposer toujours à l'Évangile ? — « Oui, dis-je à mon tour; mais elle est aussi loin de l'Évangile que le ciel l'est de la terre, etc. »

« Le Diable n'est pas, à la vérité, un docteur qui a pris ses grades, mais du reste il est bien savant, bien expérimenté. Il n'a pourtant fait son métier que depuis six mille ans. Si le Diable est sorti quelquefois des possédés, lorsqu'il était conjuré par les moines et les prêtres papistes, en laissant après lui quelque signe, un carreau cassé, une fenêtre brisée, un pan de mur ouvert, c'était pour faire croire aux gens qu'il avait quitté le corps, mais en effet pour posséder l'esprit, pour les confirmer dans leurs superstitions. »

Au mois de janvier 1532, Luther tomba dangereusement malade. Le médecin le crut menacé d'une attaque d'apoplexie. Mélanchton et Roerer, assis auprès de son lit, ayant parlé de la joie que la nouvelle de sa mort causerait sans doute aux papistes, il leur dit avec assurance : « Je ne mourrai pas encore, je le sais certainement. Dieu ne confirmera point à présent l'abominable papisme par ma mort. Il ne voudra point, après celle de Zwingli et d'Œcolampade, accorder aux papistes un nouveau sujet de triomphe. Satan, il est vrai, ne songe qu'à me tuer; il ne me quitte pas d'un pas. Mais ce n'est pas sa volonté qui s'accomplira : ce sera celle du Seigneur. »

« Ma maladie, qui consiste dans des vertiges et autres choses, n'est point naturelle; ce que je puis prendre ou faire ne me sert à rien, quoique j'observe avec soin les conseils de mon médecin. »

En 1536, il maria à Torgau le duc Philippe de Poméranie à la sœur de l'Électeur. Au milieu de la cérémonie, l'anneau nuptial échappa de sa main et roula par terre. Il eut un mouvement de terreur, mais se rassura aussitôt en disant : « Écoute, Diable, cela ne te regarde pas, c'est peine perdue », et il continua de prononcer les paroles de la bénédiction.

« Pendant que le docteur Luther causait à table avec quelques-uns de ses amis, sa femme sortit et tomba en défaillance. Lorsqu'elle revint à elle, le docteur lui demanda quelles pensées elle avait eues. Elle raconta comme elle avait éprouvé des tentations toutes particulières qui sont les signes certains de la mort et qui frappent au cœur plus sûrement qu'une balle ou une flèche... « Celui qui éprouve de telles tentations, dit-il, je lui donnerai un bon conseil, c'est de penser à quelque chose de gai, de boire un bon coup, de jouer et de prendre quelque passe-temps, ou bien de s'attacher à quelque occupation honorable. Mais le meilleur remède, c'est de croire en Jésus-Christ. »

« Quand le Diable me trouve oisif et que je ne pense point à la parole de Dieu, alors il me fait venir un scrupule, comme si je n'avais pas besoin d'être enseigné, comme si c'était moi qui eusse renversé et détruit les autorités et causé par ma doctrine tant de scandales et de troubles. Mais quand je ressaisis la parole de Dieu, alors j'ai gagné la partie. Je me défends contre le Diable et je dis : Qu'importe à Dieu tout le monde, quelque grand qu'il puisse être ? Il en a établi son Fils seigneur et roi. Si le monde veut le renverser du trône, Dieu le bouleversera et le mettra en cendres ; car il dit lui-même : « C'est mon Fils, vous devez l'écouter. » Maintenant, ô rois, apprenez ; disciplinez-vous, juges de la terre (l'*erudimini* de *la Vulgate* est moins fort).

« Le Diable s'efforce surtout de nous arracher du

cœur l'article de la rémission des péchés. *Quoi!* dit-il, *vous prêchez ce qu'aucun homme n'a enseigné dans tant de siècles! si cela déplaisait à Dieu?...*

« La nuit, quand je me réveille, le Diable vient bientôt, dispute avec moi et me donne d'étranges pensées, jusqu'à ce que je m'anime et que je lui dise : Baise mon c..! Dieu n'est pas irrité comme tu le dis.

« Aujourd'hui, comme je m'éveillai, le Diable vint, voulut disputer, et il me disait : « Tu es un pécheur. » — Je répliquai : Dis-moi quelque chose de nouveau, démon; je savais déjà cela... J'ai assez de péchés réels sans ceux que tu inventes... — Il insistait encore : « Qu'as-tu fait des cloîtres dans ce monde? » — A quoi je répondis : Que t'importe? Tu vois bien que ton culte sacrilège subsiste toujours. »

Un jour que l'on parlait à souper du sorcier Faust, Luther dit sérieusement : « Le Diable n'emploie pas contre moi le secours des enchanteurs. S'il pouvait me nuire par là, il l'aurait fait depuis longtemps. Il m'a déjà souvent tenu par la tête; mais il a pourtant fallu qu'il me laissât aller. J'ai bien éprouvé quel compagnon c'est que le Diable; il m'a souvent serré de si près que je ne savais si j'étais mort ou vivant. Quelquefois il m'a jeté dans le désespoir au point que j'ignorais même s'il y avait un Dieu, et que je doutais complètement de notre cher Seigneur. Mais avec la parole de Dieu, etc.

« Le Diable me fait regarder la loi, le péché et la mort. Il me présente cette trinité et s'en sert pour me tourmenter.

« Le Diable nous a juré la mort, mais il mordra dans une noix creuse.

« La tentation de la chair est petite chose; la moindre femme dans la maison peut guérir cette maladie. Eustochia aurait guéri saint Jérôme. Mais Dieu nous garde des grandes tentations qui touchent l'éternité! Alors on ne sait point si Dieu est le Diable, ou si le Diable est Dieu. Ces tentations ne sont point passagères.

« Si je tombe en pensées qui ne touchent que le monde ou la maison, je prends un psaume ou quelques mots de saint Paul et je dors par-dessus; mais celles qui viennent du Diable me coûtent davantage; je ne puis m'en tirer qu'avec quelque bonne farce.

« Le grain d'orge a beaucoup à souffrir des hommes[1]. D'abord on le jette dans la terre pour qu'il y pourrisse; ensuite, quand il est mûr, on le coupe, on le bat en grange et on le sèche, on le fait cuire pour en tirer de la bière et le faire avaler aux ivrognes. Le lin est aussi martyr à sa manière. Quand il est mûr, on l'arrache, on le rouit, on le sèche, on le bat, on le teille, on le sérance, on le file, on le tisse, on en fabrique de la toile pour en faire des chemises, des souquenilles, etc. Quand celles-ci sont déchirées, l'on en fait des torchons ou l'on y met des emplâtres pour être appliqués sur les plaies, les abcès; l'on en fait des mèches, ou bien on les vend au papetier qui les broie, les dissout et en fait du papier. Ce papier sert à

---

1. Voyez la belle ballade anglaise sur le martyre de *Barleycorn*.

écrire, à imprimer, à faire des jeux de cartes ; enfin il est déchiré et employé aux plus vils usages. Ces plantes, ainsi que d'autres créatures qui nous sont très utiles, ont beaucoup à souffrir ; les chrétiens bons et pieux ont de même beaucoup à endurer des méchants et des impies. »

« Quand le Diable vient me trouver la nuit, je lui tiens ce discours : Diable, je dois dormir maintenant, car c'est le commandement et l'ordre de Dieu que nous travaillions le jour et que nous dormions la nuit. S'il m'accuse d'être un pécheur, je lui dis pour lui faire dépit : *Sancte Satane, ora pro me!* ou bien : *Medice, cura tei psum.* »

« Si vous prêchez celui qui est tenté, il vous faut tuer Moïse et le lapider. Si au contraire il revient à lui et oublie la tentation, qu'on lui prêche la Loi. *Alioqui afflicto non est addenda afflictio.*

« ... La meilleure manière de chasser le Diable, si on ne peut le faire avec les paroles de la Sainte-Écriture, c'est de lui adresser des mots piquants et pleins de moquerie. »

« On peut consoler les gens affligés de tentations en leur donnant à manger et à boire ; mais le remède ne réussirait pas pour tous, surtout pour les jeunes gens. Pour moi, qui suis vieux, un bon coup pourrait chasser les tentations et me faire dormir un somme. »

« La meilleure médecine contre les tentations, c'est de parler d'autre chose, de Marcolphe, d'Eulenspiegel et d'autres farces de ce genre, etc. — Le Diable est un esprit triste, la musique le fait fuir bien loin. »

Le morceau important qu'on va lire est en quelque sorte le récit de la guerre opiniâtre que Satan aurait faite à Luther pendant toute sa vie.

Préface du docteur Martin Luther, écrite par lui avant sa mort. — « Quiconque lira avec attention l'histoire ecclésiastique, les livres des saints Pères, et particulièrement la Bible, verra clairement que depuis le commencement de l'Église les choses se sont toujours passées de la même manière. Toutes les fois que la Parole s'était fait entendre et que Dieu s'était rassemblé un petit troupeau, le Diable s'est bien vite aperçu de la lumière divine et s'est mis à siffler, souffler, tempêter de tous les coins, essayant de toutes ses forces s'il pourrait l'éteindre. On avait beau boucher un ou deux trous, il en trouvait un autre, soufflait toujours et faisait rage. Il n'y a encore eu aucune fin à cela et il n'y en aura pas jusqu'au jour du jugement.

« Je tiens qu'à moi seul (pour ne point parler des anciens) j'ai essuyé plus de vingt ouragans, vingt assauts du Diable. D'abord j'ai eu contre moi les papistes. Tout le monde, je crois, sait à peu près combien de tempêtes, de bulles et de livres le Diable a lâchés par eux contre moi, de quelle façon lamentable ils m'ont déchiré, dévoré, mis à rien. Il est vrai que moi-même je soufflais quelque peu contre eux; mais cela ne servait de rien; les enragés soufflaient encore plus et vomissaient feu et flammes. Il en a été ainsi jusqu'à ce jour sans interruption.

« J'avais un instant cessé de craindre cette tempête du Diable, lorsqu'il se fit jour par un nouveau trou, par Münzer et sa révolte qui faillit m'éteindre la lumière. Le Christ bouche encore ce trou-là, et le voilà qui, par Carlostad, casse des carreaux à ma fenêtre, le voilà qui mugit et tourbillonne, au point de me faire croire qu'il allait emporter lumière, cire et mèche à la fois. Mais Dieu fut en aide à sa pauvre lumière; il ne permit point qu'elle fût éteinte. Alors vinrent les sacramentaires et les anabaptistes, qui brisèrent portes et fenêtres pour en finir de cette lumière et qui la mirent de nouveau dans le plus grand danger. Dieu merci, leur volonté fut trompée également.

« D'autres encore ont tempêté contre les anciens maîtres, contre le pape et contre Luther à la fois, tels que Servet, Campanus... Quant à ceux enfin qui ne m'ont point assailli publiquement par des livres imprimés, mais dont il m'a fallu essuyer en particulier les écrits et discours remplis de venin, je ne les mettrai pas ici en ligne de compte. Il me suffit de montrer que j'ai dû apprendre par expérience (je n'en voulais pas croire les histoires) que l'Église, pour l'amour de sa chère Parole, de sa bienheureuse lumière, ne peut avoir de repos, mais qu'elle doit attendre incessamment de nouvelles tempêtes du Diable, comme cela s'est vu depuis le commencement.

« Et quand je devrais vivre encore cent ans, quand j'aurais apaisé les tempêtes d'autrefois et d'aujourd'hui, quand je pourrais encore apaiser celles qui viendront, je vois clairement que cela ne donnerait pas le repos à nos descendants, aussi longtemps que le Diable vivra et régnera. C'est pourquoi je prie Dieu de m'accorder une petite heure d'état de grâce ; je ne demande pas de rester en vie plus longtemps.

« Vous qui viendrez après nous, priez Dieu aussi avec ferveur, pratiquez assidûment sa parole, conservez bien la pauvre chandelle de Dieu ; car le Diable ne dort ni ne chôme, et il ne mourra pas non plus avant le jugement dernier. Toi et moi, nous mourrons, et quand nous serons morts, lui il n'en restera pas moins tel qu'il a toujours été, toujours tempêtant contre l'Évangile...

« Je le vois de loin qui gonfle ses joues à en devenir tout rouge, qui souffle et qui fait fureur ; mais Notre-Seigneur Jésus-Christ, qui, dès le commencement, lui a donné un coup de poing sur cette joue gonflée, le combat maintenant encore, et le combattra toujours. Il ne peut pas en avoir menti, quand il dit : « Je serai auprès de vous jusqu'à la fin du monde », et « Les portes de l'Enfer ne prévaudront pas contre mon Église » ; et dans saint Jean : « Mes brebis ne périront jamais ; personne ne les arrachera de ma main » ; et dans saint Mathieu, X : « Tous les cheveux de votre tête sont comptés ; c'est pourquoi ne craignez pas ceux qui tuent le corps ».

« Néanmoins, il nous est commandé de veiller et de garder sa lumière tant qu'il est en nous. Il est dit : « *Vigilate;* le Diable est un lion rugissant qui tourne autour de nous et qui veut nous dévorer. » Tel il était quand saint Pierre disait cela, et tel il sera encore jusqu'à la fin du monde... »

(Luther revient ensuite à parler du secours de Dieu sans lequel tous nos efforts seraient vains, et il continue ainsi :) « Toi et moi nous n'étions rien il y a mille ans, et cependant l'Église a été sauvée sans nous : elle l'a été par celui de qui il est dit : *Heri et hodie*. De même à présent ce n'est pas nous qui conservons l'Église, car nous ne pouvons atteindre le Diable qui est dans le pape, les séditieux et les mauvaises gens ; elle périrait sous nos yeux, et nous-mêmes avec elle, n'était quelqu'autre qui conserve tout. Il nous faut laisser faire celui de qui nous lisons : *Qui erit, ut hodie*.....

« C'est une chose lamentable de voir notre orgueil et notre audace après les terribles et honteux exemples de ceux qui, dans leur vanité, avaient cru que l'Église était bâtie sur eux. Comment a fini ce Münzer (pour ne parler que de ce temps), lui qui pensait que l'Église ne pouvait exister s'il n'était là pour la porter et la gouverner ? Et tout récemment encore, les anabaptistes n'ont-ils pas été pour nous un avertissement assez terrible pour nous rappeler combien un diable plus subtil encore est près de nous, combien nos belles pensées sont dangereuses, et combien il est nécessaire (selon le conseil d'Isaïe) que nous regardions dans nos mains quand nous ramassons quelque chose, pour voir si c'est Dieu ou une idole, si c'est de l'or ou de l'argile ?

« Mais tous ces avertissements sont perdus ; nous vivons en pleine sécurité. Oui, sans doute le Diable est loin de nous ; nous n'avons rien de cette chair, qui était même en saint Paul, et dont il ne pouvait se défendre malgré tous ses efforts (Rom., VII). Nous, nous sommes des héros, nous n'avons pas à nous mettre en peine de la chair et de la pensée; nous sommes de purs esprits, nous tenons captifs la chair et le Diable à la fois, et tout ce qui nous vient dans la tête, c'est immanquablement inspiration du Saint-Esprit; aussi cela tourne-t-il si bien à la fin que le cheval et le cavalier se cassent le cou.

« Les papistes, je le sais, me diront ici : « Eh bien! tu le vois; c'est toi-même qui te plains des troubles et des séditions! Qui en est cause, si ce n'est toi et ta doctrine? » Voilà le bel artifice par lequel ils pensent renverser de fond en comble la doctrine de Luther. Il n'importe! Qu'ils calomnient, qu'ils mentent tant qu'ils voudront; il faudra bien qu'ils se taisent. D'après ce grand argument, tous les prophètes auraient été également des hérétiques et des séditieux, car ils furent tenus pour tels par leur propre peuple; comme tels ils furent persécutés, et la plupart mis à mort.

« Jésus-Christ lui-même, Notre-Seigneur, fut obligé de s'entendre dire par les Juifs, et en particulier par les pontifes, les pharisiens, les scribes, etc., par ceux qui étaient les plus hauts en pouvoir, qu'il avait le Diable en lui, qu'il chassait les diables par d'autres diables, qu'il était un samaritain, le compagnon des publicains et des pécheurs. Il fut même à la fin condamné à mourir sur la croix comme blasphémateur et séditieux. « Lequel d'entre les prophètes, disait saint Étienne aux Juifs qui allaient le lapider, lequel vos pères n'ont-il pas persécuté et tué ? Et vous, leurs descendants, vous avez vendu et tué le juste dont ces prophètes avaient annoncé la venue. »

« Les apôtres et les disciples n'ont pas été plus heureux que leur maître; les prédictions qu'il leur avait faites se sont accomplies...

« S'il en est ainsi, et l'Écriture en fait foi, pourquoi donc nous étonner de ce que nous aussi, qui, dans ces temps terribles, prêchons Jésus-Christ et nous reconnaissons pour ses fidèles, nous soyons, à son exemple, persécutés et condamnés comme hérétiques, comme séditieux ? Que sommes-nous à côté de ces génies sublimes, éclairés par le Saint-Esprit, ornés de tant de dons admirables, et doués d'une foi si forte ?

« N'ayons donc pas honte des calomnies et des outrages dont nos adversaires nous poursuivent. Que tout cela ne nous effraie point. Mais regardons comme notre plus grande gloire de recevoir du monde le même salaire que dès le commencement tous les saints en ont reçu pour leurs fidèles services. Réjouissons-nous en Dieu de ce que nous aussi, pauvres pécheurs et gens méprisés, nous avons été jugés dignes de souffrir l'ignominie pour le nom du Christ...

« Les papistes, avec leur grand argument, ressemblent à un homme qui dirait que si Dieu n'avait pas créé de bons anges, il n'y aurait pas eu de diables; car c'est des bons anges que ceux-ci sont venus. De même, Adam accusa Dieu de lui avoir donné une femme, car si Dieu n'avait pas créé Adam et Ève, ils n'auraient pas péché. Il résulterait de ce beau raisonnement que Dieu seul fût pécheur, et qu'Adam et ses enfants fussent tous purs, pieux et saints.

« Il est sorti de la doctrine de Luther beaucoup d'esprits de trouble et de révolte, disent-ils. Donc la doctrine de Luther vient du Diable. » Mais saint Jean dit aussi (I, 2) : « Ils sont sortis d'entre nous, mais ils n'étaient point des nôtres. » Judas était parmi les disciples de Jésus-Christ; donc (d'après leur argument) Jésus-Christ est un diable. Jamais hérétique n'est sorti d'entre les païens; ils sont tous venus de la sainte Église chrétienne; l'Église serait donc l'ouvrage du Diable.

« Il en fut de même de la Bible sous le pape; on l'appelait publiquement un livre d'hérétiques, et on l'accusait de prêter appui aux opinions les plus condamnables. Encore aujourd'hui ils crient : « L'Église, l'Église, contre et par-dessus la Bible! » Emser, l'homme sage, ne sut même trop dire s'il était bon que la Bible fût traduite en allemand; peut-être ne savait-il pas non plus s'il était bon qu'elle eût été jamais écrite en hébreu, en grec ou en latin; elle et l'Église ne sont pas en trop bon accord.

« Si donc la Bible, le livre et la parole du Saint-Esprit, a de telles choses à endurer d'eux, pourquoi nous, ne supporterions-nous pas à plus forte raison qu'ils nous imputent toutes les hérésies et les séditions qui éclatent? L'araignée tire son poison de la belle et aimable rose où l'abeille ne trouve que miel;

est-ce la faute de la fleur, si son miel devient du poison dans l'araignée?

« C'est, comme dit le proverbe : « Chien qu'on veut battre a mangé du cuir », ou comme dit finement Ésope : « La brebis que le loup veut manger a troublé l'eau, quoiqu'elle soit au bas du courant. » Eux, qui ont rempli l'Église d'erreur et de sang, de mensonge et de meurtre, ce ne sont pas eux qui ont troublé l'eau. Nous, nous résistons aux séditions et aux erreurs des hérétiques, et c'est nous qui l'avons troublée. Eh bien! loup, mange, mange, mon ami, et qu'un os te reste au travers du gosier... Ils ne peuvent faire autrement; tel est le monde et son dieu. S'ils ont appelé Belzébuth le maître de la maison, traiteront-ils mieux les serviteurs? Et si la Sainte-Écriture est appelée un livre d'hérétiques, comment nos livres pourraient-ils être honorés? Le Dieu vivant est notre juge à nous tous; il mettra un jour tout cela au clair, si nous devons en croire ce livre d'hérétiques qu'on appelle la Sainte-Écriture, qui tant de fois en a témoigné.

« Veuille Jésus-Christ, notre Dieu bien-aimé et le gardien de nos âmes qu'il a rachetées par son sang précieux, conserver son petit troupeau fidèle à sa sainte parole, afin qu'il augmente et croisse en grâce, en lumière, en foi. Puisse-t-il daigner le soutenir contre les tentations de Satan et du monde, et prendre enfin en pitié ses gémissements profonds et l'attente pleine d'angoisses dans laquelle il soupire vers l'heureux jour de la glorieuse venue de son Sauveur, en sorte que les fureurs et les morsures meurtrières des serpents cessent enfin, et que pour les enfants de Dieu commence la révélation de la liberté et béatitude qu'ils espèrent et qu'ils attendent en patience. Amen. Amen. »

CHAPITRE VII

Maladies. — Désir de la mort et du jugement. — Mort. (1546.)

« Le mal de dents et le mal d'oreilles sont bien cruels; j'aimerais mieux la peste et le mal français. Lorsque j'étais à Cobourg, en 1530, je souffrais d'un bruit et d'un sifflement dans les oreilles : c'était comme du vent qui me sortait de la tête... Le Diable est pour quelque chose là-dedans.

« Il faut manger et boire du vin quand on est malade. » Il se traita ainsi à Smalkalde, en 1537.

Un homme se plaignait de la gale; Luther lui dit : « Je voudrais bien changer avec vous; je vous donnerais dix florins de retour. Vous ne savez pas combien c'est une chose pénible que le vertige. Aujourd'hui je ne puis lire de suite une lettre entière, pas même deux ou trois lignes du Psautier. Le bourdonnement recommence dans les oreilles, au point que souvent je suis près de tomber sur mon banc. La gale, au contraire, est chose utile, etc. »

Après avoir prêché à Smalkalde, et dîné ensuite, il éprouva les douleurs de la pierre, et pria avec ardeur : « O mon Dieu, mon seigneur Jésus! tu sais avec quel zèle j'ai enseigné ta parole. *Si est pro gloria nominis tui,* viens à mon secours ; sinon, ferme-moi les yeux. *Ego moriar inimicus inimicis tuis.* Je meurs dans la haine de ce scélérat de pape, qui s'est élevé au-dessus du Christ. » Et il composa à l'instant, sur ce sujet, quatre vers latins.

« Ma tête est si variable et si faible que je ne puis rien écrire ni lire, surtout à jeun. » (9 février 1543. Voyez aussi le 16 août.)

« Je suis faible et fatigué de vivre, et je songe à dire adieu au monde, qui est maintenant tout au malin. Que le Seigneur m'accorde une bonne heure et un heureux passage. Amen. » (14 mars.)

A Amsdorf. « Je t'écris après souper, car à jeun je ne puis sans danger jeter les yeux sur un livre; je m'étonne fort de cette maladie, et ne sais si c'est un soufflet de Satan ou si ce n'est que faiblesse de nature. » (18 août 1543.)

« Je crois que ma véritable maladie, c'est la vieillesse, ensuite la violence des travaux et des pensées, mais surtout les coups de Satan ; c'est ce dont toute la médecine du monde ne me guérira pas. » (7 novembre 1543.)

A Spalatin. « Je t'avoue que, dans toute ma vie et dans toutes les affaires de l'Évangile, je n'ai jamais eu d'année plus troublée que celle qui vient de finir. J'ai une terrible affaire avec les juristes, au sujet des mariages clandestins; ceux que j'avais cru devoir être de fidèles amis de l'Évangile, je trouve en eux des ennemis cruels. Penses-tu que ce ne soit pas pour moi un supplice, je te le demande, mon cher Spalatin ? » (30 janvier 1544.)

« Je suis paresseux, fatigué, froid, c'est-à-dire vieux et inutile. J'ai achevé ma route ; reste seulement que le Seigneur me réunisse à mes pères, et rende à la pourriture et aux vers ce qui leur appartient. Me voilà rassasié de vie, si cela peut s'appeler de la vie. Prie pour moi, afin que l'heure de mon passage soit agréable à Dieu, et à moi salutaire. Je ne m'occupe plus de l'Empereur et de l'Empire que pour les recommander à Dieu dans mes prières. Le monde me semble être venu à sa dernière heure et avoir vieilli comme un vêtement, selon l'expression du Psalmiste ; voici l'heure qu'il en faut changer. » (5 décembre 1544.)

« Si j'avais su au commencement que les hommes fussent si ennemis de la parole de Dieu, je me serais tu certainement et tenu tranquille. J'imaginais qu'ils ne péchaient que par ignorance, »

Il disait une fois : « La noblesse, les bourgeois, les paysans, je dirais presque tout homme pense connaître beaucoup mieux l'Évangile que le docteur Luther ou que saint Paul même. Ils méprisent les pasteurs, ou plutôt le Seigneur et Maître des pasteurs...

« Les nobles veulent gouverner, et cependant ils ne peuvent rien comprendre. Le pape sait et peut gouverner par le fait. Le plus petit papiste est plus capable de gouverner que dix des nobles qui sont à la Cour, ne leur en déplaise. »

On disait un jour à Luther que, dans l'évêché de Wurtzbourg, il y avait six cents riches cures qui étaient vacantes. — « Il ne résultera rien de bon de tout cela, dit-il. Il en sera de même chez nous, si nous continuons de mépriser la parole de Dieu et ses serviteurs... Si je voulais devenir riche, je n'aurais qu'à ne point prêcher... Les visiteurs ecclésiastiques demandaient aux paysans pourquoi ils ne voulaient point nourrir leurs pasteurs, eux qui pourtant entretenaient des gardeurs de vaches et de porcs. « Oh! répondirent-ils, nous avons besoin d'un berger, nous ne pourrions pas nous en passer. » Ils croyaient pouvoir se passer de pasteurs. »

Luther prêcha dans sa maison, pour ses enfants et tous les siens, le dimanche pendant six mois, mais il ne prêchait point dans l'église. « Je le fais, dit-il au docteur Jonas, pour acquitter ma conscience et remplir mon devoir de père de famille. Mais je sais et je vois bien que la parole de Dieu ne sera pas plus considérée ici que dans l'église.

« C'est vous qui prêcherez après moi, docteur Jonas, songez-y et acquittez-vous-en bien. »

Il sortit un jour de l'église, indigné de ce que l'on causait (1545).

Le 16 février 1546, Luther disait qu'Aristote n'avait écrit aucun meilleur livre que le cinquième des *Ethica;* qu'il y donnait cette belle définition : *Quod justitia sit virtus consistens in mediocritate, pro ut sapiens eam determinat.* (Cet éloge de la modération est très remarquable dans la dernière année de Luther.)

Le chancelier du comte de Mansfeld, qui revenait de la diète de Francfort, dit à la table de Luther, à Eisleben, que l'empereur et le pape procédaient brusquement contre l'évêque de Cologne, Hermann, et songeaient à le chasser de son électorat. Alors il parla ainsi : « Ils ont perdu la partie ; ils ne peuvent rien faire contre nous avec la parole de Dieu et la Sainte-Écriture ; *ergo volunt sapientia, violentia, astutia, practica, dolo, vi et armis pugnare.* Que dit à cela Notre-Seigneur ? Il voit bien qu'il est un pauvre écolier, et il dit : Qu'allons-nous devenir, mon fils et moi ?... Pour moi, quand ils me tueraient, il faut auparavant qu'ils mangent ce que... J'ai un grand avantage, mon seigneur s'appelle *Schefflemini*; c'est lui qui dit : *Ego suscitabo vos in novissimo die;* et il dira alors : Docteur Martin, docteur Jonas, seigneur Michel Cœlius, venez à moi ; et il vous nommera tous par vos noms, comme le Seigneur Christ dit dans saint Jean : *Et vocat eos nominatim.* Eh bien ! soyez donc sans peur.

« Dieu a un beau jeu de cartes qui n'est composé que de rois, de princes, etc. Il bat les cartes, par exemple le pape avec Luther, et ensuite il fait comme les enfants qui, après avoir tenu quelque temps les cartes en vain, se lassent du jeu et les jettent sous la table. »

« Le monde est comme un paysan ivre. Si on le

remet en selle d'un côté, il tombe de l'autre. On ne peut le secourir de quelque façon qu'on s'y prenne. Le monde veut appartenir au Diable. »

Luther disait souvent que s'il mourait dans son lit, ce serait une grande honte pour le pape. « Vous tous, pape, diable, rois, princes et seigneurs, vous devez être ennemis de Luther, et cependant vous ne pouvez lui faire mal. Il n'en a pas été de même pour Jean Huss. Je tiens que, depuis cent ans, il n'y a pas eu un homme que le monde haït plus que moi. Je suis aussi ennemi du monde; je ne sais rien *in tota vita* à quoi j'aie plaisir; je suis tout à fait fatigué de vivre. Que Notre-Seigneur vienne donc vite et m'emmène. Qu'il vienne surtout avec son jugement dernier, je tendrai le cou; qu'il lance le tonnerre et que je repose... » Ensuite il se console de l'ingratitude du monde par l'exemple de Moïse, de Samuel, de saint Paul, du Christ.

Un des convives dit que si le monde subsistait cinquante ans, il viendrait encore bien des choses. Luther répondit : « A Dieu ne plaise! ce serait pis que par le passé. Il s'élèverait encore bien des sectes qui sont aujourd'hui cachées dans le cœur des hommes. Vienne donc le Seigneur! qu'il coupe court à tout cela avec le jugement dernier, car il n'y a plus d'amélioration.

« Il fera si mauvais à vivre sur la terre que l'on criera de tous les coins du monde : Bon Dieu! viens avec le jugement dernier. » Et comme il tenait en main un chapelet d'agates blanches, il ajouta : « O Dieu!

veuille que ce jour vienne bientôt. Je mangerais aujourd'hui ce chapelet pour que ce fût demain. »

On parlait à sa table des éclipses et de leur peu d'influence sur la mort des rois et des grands. Le docteur répondit : « Il est vrai, les éclipses ne veulent plus produire d'effet ; je pense que Notre-Seigneur en viendra bientôt aux effets véritables, et que le jugement en finira bientôt avec tout cela. C'est ce que je rêvais l'autre jour, comme je m'étais mis à dormir après midi, et je disais déjà : *In pace in idipsum requiescam seu dormiam.* Il faut bien que le jugement arrive : car, que l'Église papale se réforme, c'est chose impossible ; le Turc et les Juifs ne se corrigeront pas non plus. Il n'y a aucune amélioration dans l'Empire : voilà maintenant trente ans qu'on assemble toujours les diètes sans décider rien... Je pense souvent, quand je réfléchis en me promenant, à ce que je dois demander dans mes prières pour la diète. L'évêque de Mayence ne vaut rien, le pape est perdu. Je ne vois d'autre remède que de dire : Notre Père, que votre règne arrive !

« Pauvres gens que nous sommes ! nous ne gagnons notre pain que par nos péchés. Jusqu'à sept ans, nous ne faisons rien que manger, boire, jouer et dormir. De là jusqu'à vingt et un ans, nous allons aux écoles trois ou quatre heures par jour ; nous suivons nos caprices, nous allons boire. C'est alors seulement que nous commençons à travailler. Vers la cinquantaine, nous avons fini, nous redevenons enfants. Ajoutez que nous dormons la moitié de notre vie. Fi de nous !

sur notre vie, nous ne donnons pas même la dîme à Dieu, et nous croirions avec nos bonnes œuvres mériter le ciel ! Qu'ai-je fait, moi ? J'ai babillé deux heures, mangé pendant trois, resté oisif pendant quatre. *Ah! Domine, ne intres in judicium cum servo tuo.* »

Après avoir détaillé toutes ses souffrances à Mélanchton : « Plaise à Christ d'enlever mon âme dans la paix du Seigneur. Par la grâce de Dieu, je suis prêt et désireux de partir. J'ai vécu et achevé la course que Dieu m'avait marquée. « Que mon âme fatiguée de si longue route monte maintenant au ciel. » (18 avril 1541.)

« Je n'ai pas le temps de beaucoup écrire, mon cher Probst, car je suis accablé par l'âge et les fatigues, *alt, kalt, ungestalt,* comme on dit; cependant le repos ne m'est pas encore permis, obsédé comme je le suis par tant de raisons, tant de nécessités d'écrire. J'en sais plus que toi sur les fatalités de ce siècle. Le monde menace ruine, cela est certain, tant le Diable se déchaîne, tant le monde s'abrutit. Il ne reste qu'une seule consolation, c'est que ce jour est proche. On est rassasié de la parole de Dieu, le monde en prend un singulier dégoût. Il s'élève moins de faux prophètes. Pourquoi susciterait-on de nouvelles hérésies, quand on a pour la parole un mépris épicurien ? L'Allemagne a été, et elle ne sera jamais ce qu'elle a été. La noblesse ne pense qu'à demander, les villes ne songent qu'à elles-mêmes (et avec raison); voilà le royaume divisé avec soi-même, qui a dû tenir tête à cette armée de démons déchaînée dans l'armée turque. Nous ne nous soucions guère de savoir si Dieu est pour nous ou contre nous, nous devons triompher par notre propre force des Turcs et des démons, et de Dieu et de toutes choses. Tant est grande la confiance, la sécurité insensée de l'Allemagne expirante? Et cependant nous autres que ferons-nous ici. Les plaintes sont vaines, les pleurs sont vains. Il ne nous reste qu'à dire cette prière : Que ta volonté soit faite![1] » (26 mars 1542.)

« Je vois chez tout le monde une cupidité indomptable, et c'est un des signes qui me persuadent que le dernier jour est proche ; il semble que le monde dans sa vieillesse et son dernier paroxysme, tombe en délire, comme il arrive quelquefois aux mourants. » (8 mars 1544.)

« Je crois que nous sommes cette trompette suprême qui prépare et devance la venue du Christ. Ainsi, quelque faibles que nous soyons, quelque petit son que nous fassions entendre devant le monde, nous sonnons fort dans l'assemblée des anges du ciel, qui reprendront après nous et se chargeront d'achever. Amen. » (6 août 1545.)

Dans les dernières années de sa vie, ses ennemis répandirent plusieurs fois le bruit de sa mort. Ils y ajoutèrent les circonstances les plus extraordinaires et les plus tragiques. Pour les réfuter, Luther fit

---

[1]. Il semble qu'on retrouve ces tristes pensées dans le beau portrait de Luther mort, qui se trouve dans la collection Zimmer à Heidelberg; ce portrait exprime aussi la continuation d'un long effort.

imprimer en 1545, en allemand et en italien, un écrit intitulé : *Mensonges des Welches sur la mort du docteur Martin Luther.*

« Je l'ai dit d'avance au docteur Pomeranus : celui qui après ma mort méprisera l'autorité de cette école et de cette Église, celui-là sera un hérétique et un pervers. Car c'est d'abord ici que Dieu a purifié sa parole et l'a de nouveau révélée... Qui pouvait quelque chose, il y a vingt-cinq ans ? Qui était de mon côté, il y a vingt et un ans ?

« Je compte souvent et j'approche de plus en plus des quarante années au bout desquelles, je pense, tout ceci doit prendre fin. Saint Paul n'a prêché que quarante ans. De même le prophète Jérémie et saint Augustin. Et lorsque furent écoulées les quarante années pendant lesquelles on avait prêché la parole de Dieu, elle a cessé de se faire entendre, et une grande calamité est venue ensuite. »

La vieille Électrice, à la table de laquelle il se trouvait, lui souhaitait quarante ans de vie. « Je ne voudrais point du Paradis, dit-il, à condition de vivre quarante ans... Je ne consulte pas les médecins. Ils ont arrangé que je devais vivre encore un an ; je ne veux point rendre ma vie triste, mais, au nom de Dieu, manger et boire ce qui me plaît.

« Je voudrais que nos adversaires me tuassent, car ma mort serait plus utile à l'Église que ma vie. »

16 février 1546 : Comme on parlait beaucoup de mort et de maladie à la table de Luther, pendant son dernier voyage à Eisleben, il dit : « Si je retourne à

Wittemberg, je me mettrai dans la bière et je donnerai à manger aux vers un docteur bien gras. » Deux jours après il mourut à Eisleben.

Impromptu de Luther sur la fragilité de la vie.

> Dat vitrum vitro Jonæ (vitrum ipse) Lutherus,
> Se similem ut fragili noscat uterque vitro.

Nous laissons ces vers en latin, ils auraient perdu leur mérite dans une traduction.

Billet écrit par Luther à Eisleben, deux jours avant sa mort : « Personne ne comprendra Virgile dans les *Bucoliques*, s'il n'a été cinq ans pasteur.

« Personne ne comprendra Virgile dans les *Géorgiques*, s'il n'a été cinq ans laboureur.

« Personne ne peut comprendre Cicéron dans ses *Lettres*, s'il n'a été durant vingt ans mêlé aux affaires d'un grand État.

« Que personne ne croie avoir assez goûté des Saintes-Écritures, s'il n'a pendant cent années gouverné les églises, avec les prophètes Élie et Élisée, avec Jean-Baptiste, Christ et les apôtres.

« *Hanc tu ne divinam Æneida tenta.*

« *Sed vestigia pronus adora.*

« Nous sommes de pauvres mendiants. *Hoc est verum*, 16 *febriarii, anno* 1546. »

« Prédiction du révérend père le docteur Martin Luther, écrite de sa propre main, et trouvée après sa mort dans sa bibliothèque, par ceux que le très illustre Électeur de Saxe, Jean-Frédéric Ier, avait chargés de la fouiller.

« Le temps est arrivé auquel, selon l'ancienne prédiction, doivent venir après la révélation de l'Anti-Christ des hommes qui vivraient sans Dieu, chacun selon ses désirs et ses illusions. Le pape était un dieu au-dessus de Dieu, et maintenant tous veulent se passer de Dieu, surtout les papistes. Les nôtres, maintenant qu'ils sont libres des lois du pape, veulent encore l'être de la loi de Dieu, ne suivre que des mobiles politiques, et ne les suivre encore que selon leurs caprices. — Nous nous figurons qu'ils sont bien loin ceux dont on a prédit de telles choses ; ils ne sont autres que nous-mêmes. — Il y en a parmi ceux-ci qui, désirant le jour de l'Homme, ont commencé à chasser de l'Église le Décalogue et la Loi. Parmi eux se trouvent maître Eisleben (Agricola), contre lequel, etc. — Je ne suis pas inquiet des papistes ; ils flattent le pape par haine pour nous, et pour devenir puissants, jusqu'à ce qu'ils soient formidables au pauvre pape... Je sens une grande consolation, quand je vois les adulateurs du pape lui tendre des embûches plus terribles que moi-même, qui suis son ennemi déclaré. Il en est de même chez nous : les nôtres me donnent plus d'affaires et de périls que toute la papauté, qui désormais ne pourra rien contre nous. Tant il est vrai que si un empire doit se détruire, c'est plutôt par ses propres forces. Celui de Rome

> Mole ruit sua...
> ... Corpus magnum populumque potentem
> In sua victrici conversum viscera dextra. »

Vers la fin de sa vie, Luther prit en dégoût le séjour de Wittemberg. Il écrivit à sa femme, en juillet 1545, de Leipsick où il se trouvait : « Grâce et paix, chère Catherine ! Notre Jean te racontera comment nous sommes arrivés. Ernst de Schonfeld nous a très bien reçus à Lobnitz, et notre ami Scherle encore mieux ici. Je voudrais bien m'arranger de manière à ne plus avoir besoin de retourner à Wittemberg. Mon cœur s'est refroidi pour cette ville, et je n'aime plus à y rester. Je voudrais que tu vendisses la petite maison, avec la cour et le jardin ; je rendrais à mon gracieux seigneur la grande maison dont il m'a fait présent, et nous nous établirions à Zeilsdorf. Avec ce que je reçois pour salaire, nous pourrions mettre notre terre en bon état ; car je pense bien que mon seigneur ne refusera pas de me le continuer, du moins pour cette année, que je crois fermement devoir être la dernière de ma vie. Wittemberg est devenue une véritable Sodome, et je ne veux pas y retourner. Après-demain je me rendrai à Mersebourg, où le comte Georges m'a vivement prié de venir. J'aimerais mieux passer ainsi ma vie sur les grandes routes, ou à mendier mon pain, que de tourmenter mes pauvres derniers jours par la vue des scandales de Wittemberg, où toutes mes peines et toutes mes sueurs sont perdues. Tu peux faire savoir ceci à Philippe et à Pomeranus, que je prie de bénir la ville en mon nom. Pour moi, je ne peux plus y vivre. »

Il ne fallut rien moins que les instantes prières de

ses amis, de toute l'académie et de l'Électeur, pour le faire renoncer à cette résolution. Il revint à Wittemberg le 18 août.

Luther ne put mourir tranquille ; ses derniers jours furent employés à la tâche pénible de réconcilier les comtes de Mansfeld, dont il était né le sujet. « Huit jours de plus ou de moins, écrit-il au comte Albrecht, en lui promettant de se rendre à Eisleben, huit jours de plus ou de moins ne m'arrêteront pas, quoique je sois bien occupé d'ailleurs. Je pourrai me coucher dans le cercueil avec joie, quand j'aurai vu auparavant mes chers seigneurs se réconcilier et redevenir amis. » (6 décembre 1545.)

(De Eisleben.) « *A la très savante et très profonde dame Catherine Luther, ma gracieuse épouse.* Chère Catherine ! nous sommes bien tourmentés ici, et nous ne serions pas fâchés de pouvoir retourner chez nous. Cependant il nous faudra, je pense, rester encore une huitaine de jours. Tu peux dire à maître Philippe qu'il ne fera pas mal de corriger sa *postille* sur l'Évangile : car, en l'écrivant, il ne savait guère pourquoi le Seigneur, dans l'Évangile, appelle les richesses des épines. C'est ici l'école où l'on apprend ces choses. La Sainte-Écriture menace partout les épines du feu éternel ; cela m'effraie et me rend de la patience, car je dois faire tous mes efforts, Dieu aidant, pour mener la chose à bonne fin... » (6 février 1546.)

« *A la gracieuse dame Catherine Luther, ma chère épouse, qui se tourmente beaucoup trop.* Grâce et paix dans le Seigneur! Chère Catherine, tu devrais lire saint Jean et ce que le *Catéchisme* dit de la confiance que nous devons avoir en Dieu. Tu te tourmentes vraiment comme si Dieu n'était pas tout-puissant, et qu'il ne pût produire de nouveaux docteurs Martin par dizaines, si l'ancien se noyait dans la Saale ou périssait d'une autre manière. J'ai Quelqu'un qui a soin de moi, mieux que toi et les anges vous ne pourriez jamais faire. Il est assis à la droite du Père tout-puissant. Tranquillise-toi donc. Amen... J'avais aujourd'hui l'intention de partir *in ira mea;* mais le malheur où je vois mon pays natal m'a encore retenu. Le croirais-tu ? je suis devenu légiste! Cependant cela ne servira pas à grand'chose. Il vaudrait mieux qu'ils me laissassent théologien. Il serait grand besoin pour eux d'humilier leur superbe. Ils parlent et agissent comme s'ils étaient des dieux; mais je crains bien qu'ils ne deviennent des diables, s'ils continuent ainsi. Lucifer aussi a été précipité par son orgueil, etc. Fais voir cette lettre à Philippe, je n'ai pas eu le temps de lui écrire séparément. » (7 février 1546.)

« *A ma douce et chère épouse, Catherine Luther de Bora.* Grâce et paix dans le Seigneur! Chère Catherine, nous espérons retourner chez vous cette semaine, si Dieu le veut. Il a montré la puissance de sa grâce dans cette affaire. Les seigneurs se sont accordés sur tous les points, à l'exception de deux ou trois, entre autres sur la réconciliation des deux frères, les comtes Gebhard et Albrecht. Je dinerai aujourd'hui avec eux, et je tâcherai de les faire redevenir frères. Ils ont écrit l'un contre l'autre avec beaucoup d'amertume, et ne se sont encore rien dit pendant les conférences. — Du reste, nos jeunes seigneurs sont pleins de gaieté ; ils vont en traîneaux avec les dames, et font sonner les clochettes de leurs chevaux. Dieu a exaucé nos prières.

« Je t'envoie des truites, dont la comtesse Albrecht m'a fait présent. Cette dame est bien heureuse de voir renaître la paix dans sa famille... Le bruit court ici que l'Empereur s'avance vers la Westphalie, et que le Français enrôle des landsknechts, de même que le landgrave, etc. Laissons-les dire et forger des nouvelles : nous attendrons ce que Dieu voudra faire. Je te recommande à sa protection. — Martin Luther. » (14 février 1546.)

Luther était arrivé le 28 janvier à Eisleben, et, quoique déjà malade, il assista aux conférences jusqu'au 17 février. Il prêcha aussi quatre fois, et revisa le règlement ecclésiastique du comté de Mansfeld. Le 17, il fut si malade que les comtes le prièrent de ne pas sortir. Au souper, il parla beaucoup de sa mort prochaine, et quelqu'un lui ayant demandé si nous nous reconnaîtrions les uns les autres dans l'autre monde, il répondit qu'il le pensait. En rentrant dans sa chambre avec maître Cœlius et ses deux fils, il s'approcha de la croisée et y resta longtemps en prières. Ensuite il dit à Aurifaber qui venait d'arriver : « Je me sens bien faible, et mes douleurs augmentent. » On lui donna un médicament, et on tâcha de le réchauffer par des frictions. Il adressa quelques mots au comte Albrecht, qui était venu aussi, et se mit sur un lit de repos en disant : « Si je pouvais seulement sommeiller une petite demi-heure, je crois que cela me soulagerait. » Il s'endormit en effet, et ne se réveilla qu'une heure et demie après, vers onze heures. En se réveillant, il dit aux assistants : « Vous voilà encore assis à côté de moi, ne voulez-vous pas aller reposer vous-mêmes? » Il se remit alors à prier, et dit avec ferveur : *In manus tuas commendo spiritum meum; redemisti me, Domine, Deus veritatis.* Il dit aussi aux assistants : « Priez tous, mes amis, pour l'Évangile de Notre-Seigneur, pour que son règne s'étende, car le concile de Trente et le pape le menacent grandement. » Il dormit ensuite jusque vers une heure, et quand il se réveilla, le docteur Jonas lui demanda comment il se trouvait. « O mon Dieu ! répondit-il, je me sens bien mal. Mon cher Jonas, je pense que je resterai ici, à Eisleben, où je suis né. » Il marcha pourtant un peu dans la chambre et se remit sur son lit de repos, où on le couvrit de coussins. Deux médecins et le comte avec sa femme arrivèrent ensuite. Luther leur dit : « Je meurs, je resterai ici, à Eisleben »; et le docteur Jonas lui ayant exprimé l'espoir que la transpiration le soulagerait peut-être, il répondit : « Non, cher Jonas, c'est une sueur froide et sèche, le mal augmente. » Il se remit alors à prier, et dit : O mon Père! Dieu de Notre-Seigneur Jésus-Christ, toi le Père de toute consolation, je te remercie de m'avoir révélé ton Fils bien-aimé, en qui je crois, que j'ai prêché et reconnu, que j'ai aimé et célébré, et que le pape et les impies persécutent. Je te recommande mon âme, ô mon Seigneur Jésus-Christ! Je quitterai ce corps terrestre, je vais être enlevé de cette vie, mais je sais que je resterai éternellement auprès de toi. » Il répéta encore trois fois : *In manus tuas commendo spiritum meum; redemisti me, Domine veritatis.* Soudain il ferma les yeux et tomba évanoui. Le comte Albrecht et sa femme, ainsi que les médecins, lui prodiguèrent leurs secours pour le rendre à la vie. Ils n'y parvinrent qu'avec peine. Le docteur Jonas lui dit alors : « Révérend père, mourez-vous avec constance dans la foi que vous avez enseignée? » Il répondit par un *oui* distinct, et se rendormit. Bientôt il pâlit, devint froid, respira encore une fois profondément, et mourut.

Son corps fut transféré dans un cercueil d'étain, à Wittemberg, où il fut inhumé le 22 février avec les plus grands honneurs. Il repose dans l'église du château, au pied de la chaire. (Ukert, *Extrait de la relation de Jonas et de Cœlius.*)

Testament de Luther, daté du 6 *janvier* 1542. — Je soussigné, Martin Luther, docteur, reconnais avoir, par les présentes, donné comme douaire à ma chère et fidèle épouse Catherine, pour qu'elle en jouisse toute sa vie comme bon lui semblera : la terre de Zeilsdorf, telle que je l'ai achetée et fait disposer depuis ; la maison *Brun* que j'ai achetée sous le nom de Wolf ; les gobelets et autres choses précieuses, telles que bagues, chaînes, médailles en or et en argent, de la valeur de mille florins environ.

« J'ai fait ceci, premièrement parce qu'elle a toujours été ma pieuse et fidèle épouse, qui m'a aimé tendrement, et qui, par la bénédiction du ciel, m'a donné et élevé cinq enfants heureusement encore en vie. Secondement, pour qu'elle se charge de mes dettes, montant à quatre cent cinquante florins environ, au cas où je ne pourrais les acquitter avant ma mort. Troisièmement, et surtout, parce que je ne veux pas qu'elle soit dans la dépendance de ses enfants, mais plutôt que les enfants dépendent d'elle, l'honorent et lui soient soumis, comme Dieu l'a commandé ; car j'ai vu bien souvent comme le Diable excite les enfants, même les enfants pieux, à désobéir à ce commandement, surtout quand les mères sont veuves, que les fils ont des épouses et les filles des maris. Je pense, au reste, que la mère sera la meilleure tutrice de ses enfants, et qu'elle ne fera pas usage de ce douaire au détriment de ceux qui sont sa chair et son sang, de ceux qu'elle a portés sous son cœur.

« Quoi qu'il puisse advenir d'elle après ma mort (car je ne puis limiter les desseins de Dieu), j'ai cette confiance qu'elle se conduira toujours comme une bonne mère envers ses enfants, et qu'elle partagera consciencieusement avec eux ce qu'elle possédera.

« En même temps, je prie tous mes amis d'être témoins de la vérité et de défendre ma chère Catherine, s'il allait arriver, comme il serait possible, que de mauvaises langues l'accusassent de garder pour elle quelque somme d'argent cachée, et de ne pas en faire part aux enfants. Je certifie que nous n'avons ni argent comptant ni trésor d'aucune espèce. En cela rien d'étonnant, si l'on veut considérer que nous n'avons eu d'autre revenu que mon salaire et quelques présents, et que cependant nous avons bâti, et porté les charges d'un grand ménage. Je regarde même comme une grâce particulière de Dieu, et je l'en remercie sans cesse, que nous ayons pu y suffire, et que nos dettes ne soient pas plus considérables...

« Je prie aussi mon gracieux seigneur, le duc Jean-Frédéric, Électeur, de vouloir bien confirmer et maintenir le présent acte, quoiqu'il ne soit pas fait dans la forme demandée par les gens de loi. Martin Luther. *Signé* : Mélanchton, Cruciger et Bugenhagen, comme témoins. »

ADDITIONS

ET

ÉCLAIRCISSEMENTS

Page 9 — *Naissance...*
Cochlœus prétend que Luther fut engendré par un incube. Lorsqu'il était moine, ajoute-t-il, il fut soupçonné d'avoir commerce avec le Diable. Un jour, à l'évangile, à l'endroit où il est parlé d'un Diable sourd et muet, forcé de quitter le corps d'un possédé, Luther tomba en criant : *Non sum, non sum.* — Dans un sermon au peuple, il dit que lui et le Diable se connaissaient de longue date, qu'ils étaient en relations habituelles, et que lui, Luther, avait mangé plus d'un grain de sel avec Satan. (Cochlœus, *Vie de Luther*. Voir le chapitre du Diable.)

Des Espagnols qui se trouvaient à la diète d'Augsbourg (1530), croyaient sérieusement que Luther avec sa femme devait engendrer l'Anti-Christ. (*Luth. Werke*, t. I, p. 415.)

Jules-César Vanini, Cardan et François Junctinus trouvèrent dans les constellations qui avaient accompagné la naissance de Luther, qu'il devait être un archi-hérétique et un archi-scélérat. Tycho-Brahé et Nicolas Prücker, au contraire, déclarèrent qu'il était né sous un très heureux signe.

Plusieurs de ses ennemis le disaient sérieusement *fils et disciple du Diable*. D'autres prétendaient qu'il était né en Bohême, parmi les Hussites. Il s'exprime ainsi dans une de ses lettres, au sujet de cette dernière assertion : « Il est un noble et célèbre comté, du nom de Mansfeld, situé dans l'évêché de Halberstadt et la principauté de Saxe. Presque tous mes seigneurs me connaissent personnellement, ainsi que mon père. — Je suis né à Eisleben, j'ai été élevé à Mansfeld, instruit à Magdebourg et à Eisenach, fait *Maître* et moine augustin à Erfurth, docteur à Wittemberg, et dans toute ma vie je n'ai pas approché de la Bohême plus près que Dresde. » (Ukert, *Biogr. de L.*, t. II, p. 66.)

Page 11 — *Martin Luther...*
Lotharius, *lut-her*, *leute-herr ?* chef des hommes, chef du peuple ?

Page 15 — *Tentations...*
« Quand j'étais jeune, il arriva qu'à Eisleben, à la Fête-Dieu, j'allais avec la procession en habit de prêtre. Tout à coup la vue du Saint-Sacrement, que portait le docteur Staupitz, m'effraya tellement que je suai de tout mon corps, et crus mourir de terreur. La procession finie, je me confessai au docteur Staupitz, et lui racontai ce qui m'était arrivé. Il me répondit : « Tes pensées ne sont pas selon le Christ, Christ n'effraie point ; il console. » Cette parole me remplit de joie et me fut d'une grande consolation. » (*Tischreden*, p. 133, verso.)

« Le docteur Martin Luther racontait que, lorsqu'il était au cloître à Erfurth, il avait dit une fois au docteur Staupitz : « Ah ! cher seigneur docteur, notre Seigneur-Dieu agit d'une manière si terrible avec les gens ? Qui peut le servir, s'il frappe ainsi autour de soi ? » A quoi il me répondit : « Mon cher, apprenez à mieux juger de Dieu ; s'il n'agissait pas ainsi, comment pourrait-il dompter les têtes dures ? il doit prendre garde aux grands arbres de crainte qu'ils ne montent jusqu'au ciel. » (*Tischreden*, page 150, verso.)

Dans sa jeunesse, lorsqu'il étudiait encore à Erfurth, Luther fut atteint d'une grave maladie ; il croyait qu'il en mourrait. Un vieux curé lui dit alors, au rapport de Matthesius : « Prenez courage, mon cher bachelier, vous ne mourrez point cette fois ; Dieu fera encore de vous un grand homme qui consolera beaucoup de gens. » (Ukert, t. I, p. 318.)

Luther avait difficilement supporté les obligations qu'imposait la vie monastique. Il raconte comment, au commencement de la Réforme, il tâchait encore de lire régulièrement ses *Heures* sans y parvenir. « Quand je n'aurais fait autre chose que délivrer les hommes de cette tyrannie, on me devrait de la reconnaissance. » (*Tischreden*, page 150.)

Cette répétition constante et à heure fixe des mêmes méditations, cette matérialisation de la prière, qui pesait tant au génie impatient de Luther, Ignace de Loyola, contemporain du réformateur allemand, la mettait alors plus que jamais en honneur dans ses singuliers *Exercices religieux*.

« A Erfurth, Luther lut la plupart des écrits qui nous restent des anciens latins, Cicéron, Virgile, Tite-Live... A l'âge de vingt ans il fut décoré du titre de maître ès-arts, et, d'après l'avis de ses parents, il commença à s'appliquer à la jurisprudence... Au couvent d'Erfurth, il excitait l'admiration dans les exercices publics, par la facilité avec laquelle il se tirait des labyrinthes de la Dialectique... Il lisait avidement les prophètes et les apôtres, puis les livres de saint Augustin, son *Explication des psaumes* et son livre *De l'esprit et de la lettre :* il apprit presque par cœur les Traités de Gabriel Biel et de Pierre d'Ailly, évêque de Cambrai; il lut assidûment les écrits d'Occam, dont il préférait la logique à celle de Thomas et de Scot. Il lut beaucoup aussi les écrits de Gerson, et par-dessus tout ceux de saint Augustin. » (*Vie de Luther*, par Mélanchton.)

Page 24 — *Trente cardinaux en une fois...*
C'est trente et un cardinaux qui furent créés le 13 juin 1517. Le même jour, un orage renversa l'ange qui est au haut du château Saint-Ange, frappa un enfant Jésus dans une église et fit tomber les clefs de la statue de saint Pierre. (Ruchat, I, 36; d'après Hotting., 19.)

Page 25 — *Tetzel...*
Il enseignait dans ses prédications que si quelqu'un avait violé la Sainte-Vierge, son péché lui serait pardonné en vertu des indulgences; que la croix rouge qu'il plantait dans les églises, avait autant de vertu que celle de Jésus-Christ; qu'il avait plus converti de gens par ses indulgences que saint Pierre par ses sermons; que les Saxons n'avaient qu'à donner de l'argent, et que leurs montagnes deviendraient des mines d'argent, etc. (*Luther adv. Brunsvic.* — Seckendorf, *Hist. Lutheranismi*, liv. I, § 16, etc.)

Comme concession indirecte, les catholiques abandonnèrent Tetzel. Miltitz écrivit à Pfeffinger, un des ministres de l'Électeur : « Les mensonges et les fraudes de Tetzel me sont assez connus; je lui en ai fait de vifs reproches, je les lui ai prouvés en présence de témoins. J'écrirai tout au pontife, et j'attendrai sa sentence. D'après une lettre d'un facteur de la banque des Fugger, chargé de tenir compte de l'argent des indulgences, je l'ai convaincu d'avoir reçu par mois quatre-vingts florins pour lui-même et dix pour son serviteur, outre ce qu'on lui payait pour se défrayer lui et les siens, et pour la nourriture de trois chevaux. Je ne compte pas là-dedans ce qu'il a volé ou dépensé inutilement. Vous voyez comment le misérable a servi la sainte Église romaine et l'archevêque de Mayence, mon très clément seigneur. » (Seckendorf, liv. X, p. 62.)

Page 25 — *Il fut saisi d'indignation...*
« Lorsque j'entrepris d'écrire contre la grossière erreur des indulgences, le docteur Jérôme Schurff m'arrêta et me dit : « Voulez-vous donc écrire contre le pape? Que voulez-vous faire? on ne le souffrira pas. — Eh quoi! répondis-je; s'il fallait qu'on le souffrît? » (*Tischreden.*)

Page 26 — *S'adressa à l'évêque de Brandebourg...*
Sa lettre à l'évêque de Brandebourg est assez méticuleuse; ses paroles, pleines de soumission, sont loin d'annoncer les violences qui vont bientôt éclater. Il lui envoie ses propositions, ou plutôt ses doutes; car il ne veut rien dire ni dans un sens ni dans l'autre, jusqu'à ce que l'Église ait prononcé. Il blâme les adversaires du Saint-Siège. « Que ne disputent-ils aussi de la puissance, de la sagesse et de la bonté de celui qui a donné ce pouvoir à l'Église? » Il loue la douceur et l'humilité de l'évêque; il l'engage à prendre la plume et à effacer ce qu'il lui plaira, ou à brûler le tout. (*Luth. Werke*, IX, p. 64.)

Page 30 — *Sermon sur l'indulgence et la grâce...*
Dans les cinq premiers paragraphes, dans le sixième surtout, qui est très mystique, il expose très clairement la doctrine de saint Thomas; il prouve ensuite, par l'Écriture, contre cette doctrine, que le repentir et la conversion du pécheur peuvent seuls lui assurer le pardon de ses péchés. — § IX. « Quand même l'Église déclarerait aujourd'hui que l'indulgence efface les péchés mieux que les œuvres de satisfaction, il vaudrait mille fois mieux, pour un chrétien, ne point acheter l'indulgence, mais plutôt faire les œuvres et souffrir les peines; car l'indulgence n'est et ne peut être qu'une dispense de bonnes œuvres et de peines salutaires. » — § XV. « Il est meilleur et plus sûr de donner pour la construction de Saint-Pierre que d'acheter l'indulgence prêchée à ce sujet. Vous devez avant tout donner à votre pauvre prochain, et s'il n'y a plus personne dans votre ville qui ait besoin de votre secours, alors vous devez donner pour les églises de votre ville... Mon désir, ma

prière et mon conseil sont que personne n'achète l'indulgence. Laissez les mauvais chrétiens l'acheter; que chacun marche pour soi. » — § XVIII. « Si les âmes peuvent être tirées du Purgatoire par l'efficacité de l'indulgence, je n'en sais rien, je ne le crois même pas; le plus sûr est de recourir à la prière... Laissez les docteurs scolastiques rester scolastiques, ils ne sont pas assez, tous ensemble, pour autoriser une prédication. »

Ce morceau, très court, semble moins un sermon que des notes sur lesquelles Luther devait parler. (*Luth. Werke*, VII, p. 1.)

Page 32 — *Léon X...*

« Autrefois, le pape était extrêmement orgueilleux, et méprisait tout le monde. Le cardinal légat Caietano me dit à Augsbourg : « Quoi! tu crois que le pape se soucie de l'Allemagne? Le petit doigt du pape est plus puissant que tous vos princes. » — « Quand on présenta au pape mes premières propositions sur les indulgences, il dit : « C'est d'un Allemand ivre, laissez-le se dégriser, et il parlera autrement. » C'est avec ce ton de raillerie qu'il méprisait tout le monde. »

Luther ne fut point en reste avec les Italiens ; il leur rendit énergiquement leur mépris. « Si ce Sylvestre ne cesse de me provoquer par ses niaiseries, je mettrai fin au jeu, et lâchant la bride à mon esprit et à ma plume, je lui montrerai qu'il y en a, en Allemagne, qui comprennent ses ruses et celles de Rome; et Dieu veuille que cela vienne bientôt! Depuis trop longtemps, les Romains, avec leurs jongleries, leurs tours et leurs détours, s'amusent de nous comme de niais et de bouffons. » (1er septembre 1518.)

« Je suis charmé que Philippe (Mélanchton) ait éprouvé par lui-même le génie des Italiens. Cette philosophie ne veut croire qu'après expérience. Pour moi, je ne pourrais plus me fier à aucun Italien, pas même au confesseur de l'Empereur. Mon Caietano m'aimait d'une telle amitié, qu'il aurait voulu verser pour moi tout le sang qui coule dans... mes veines. Ce sont des drôles. L'Italien, quand il est bon, est très bon; mais c'est un prodige qui ressemble beaucoup à celui du cygne noir. » (21 juillet 1530.)

« Je souhaite à Sadolet de croire que Dieu est le père des hommes, même hors de l'Italie; mais les Italiens ne peuvent se mettre cela dans l'esprit. » (14 octobre 1539.)

« Les Italiens, dit Hutten, qui nous accusaient d'être impuissants à produire ce qui demande du génie, sont forcés d'admirer aujourd'hui notre Albert Dürer, si bien que, pour mieux vendre leurs ouvrages, ils les marquent de son nom. (Hutten, III, 76.)

Page 32. — *Fra Luther est un beau génie...*

Bien avant 1523, le seigneur Conrad Hofmann engageait l'archevêque de Mayence à pourvoir aux affaires de la religion, de crainte qu'il ne s'élevât un grand incendie. Il répondit : « C'est une affaire de moines, ils l'arrangeront bien eux-mêmes. »

Page 34. — *Ce prince, par intérêt pour sa nouvelle université...*

L'université de Wittemberg écrivit à l'Électeur, lui demandant sa protection pour le plus illustre de ses membres (p. 55, Seckendorf). La célébrité croissante de Luther amenait à Wittemberg un concours immense d'étudiants. Luther dit lui-même : Studium nostrum more formicarum fervet. Un auteur presque contemporain écrit : « J'ai appris de nos précepteurs que des étudiants de toutes nations venaient à Wittemberg pour entendre Luther et Mélanchton ; sitôt qu'ils apercevaient la ville, ils rendaient grâces à Dieu, les mains jointes ; car de Wittemberg, comme autrefois de Jérusalem, est sortie la lumière de la vérité évangélique, pour se répandre de là jusqu'aux terres les plus lointaines. (Scultetus, *in Annalibus*, an 1517, p. 16, 17. Cité par Seckendorf, p. 59.)

Toutefois, la protection de l'Électeur n'était point très généreuse. « Ce que je t'ai déjà dit, mon cher Spalatin, je te le dis et te le répète encore : cherche bien à savoir si c'est l'intention du prince que cette académie s'écroule et périsse. J'aimerais fort à le savoir, pour ne pas retenir inutilement ceux que chaque jour on appelle ailleurs. Ce bruit s'est déjà tellement accrédité, que ceux de Nuremberg sollicitent pour faire venir Mélanchton, tant ils sont persuadés que cette école est désertée. Tu sais cependant qu'on ne peut ni ne doit contraindre le prince. » (1er novembre 1524.)

Après la mort de l'Électeur, Luther envoya à Spalatin un plan pour l'organisation de l'université. (20 mai 1525.)

Page 34. — *L'avait toujours protégé...*

L'Électeur écrit lui-même à Spalatin : l'affaire de notre Martin va bien, Pfeffinger a bonne espérance. (Seckendorf, p. 53.)

Il fit dire à Luther qu'il avait obtenu du légat Caietano que celui-ci écrirait à Rome pour que l'on remît à de certains juges le soin de décider l'affaire ; que jusque-là il patientât, et que peut-être les censures ne viendraient point. (Seckendorf, p. 44.)

Page 35. — *La Sainte-Écriture parle avec une telle majesté qu'elle n'a pas besoin...*

Schenk avait été chargé d'acheter des reliques pour l'église collégiale de Wittemberg; mais, en 1520, la commission fut révoquée, et les reliques renvoyées en Italie pour y être vendues à quelque prix que ce fût. « Car ici, écrit Spalatin, le bas peuple les méprise, dans la ferme et très légitime persuasion qu'il suffit d'apprendre de l'Écriture à avoir foi et confiance en Dieu, et à aimer son prochain. » (Maccrée, p. 37, d'après la *Vie de Spalatin*, par Schlegel, p. 59. — Seckendorf, I, p. 223.)

Page 38. — *Le légat Caietano...*
Extrait d'une relation des conférences du cardinal Caietano avec Luther :
Luther ayant déclaré que le pape n'avait de pouvoir que *salva Scriptura*, le cardinal se moqua de ces paroles, et lui dit : « Ne sais-tu pas que le pape est au-dessus des conciles? N'a-t-il pas tout récemment condamné et puni le concile de Bâle? » *Luther :* « Mais l'Université de Paris en a appelé. » *Le cardinal :* « Ceux de Paris seront punis également. » Plus tard, Luther ayant cité Gerson, le cardinal lui répliqua : « Que m'importent les Gersonistes? » Sur quoi Luther lui demanda qui donc étaient les Gersonistes. « Eh! laissons cela », dit le cardinal, et il se mit à parler d'autre chose.

Le cardinal envoya au pape la réponse de Luther par un courrier extraordinaire. Il fit aussi dire à Luther, par le docteur Wenceslas, que pourvu qu'il voulût révoquer ce qu'il avait avancé sur les indulgences, l'affaire serait tout arrangée. « Car, ajouta-t-il, l'article sur la foi nécessaire pour le Saint-Sacrement pourrait bien se laisser interpréter et tourner. »

Pendant que Luther était à Augsbourg, il fut souvent prié de prêcher dans cette ville, mais il refusa constamment, avec civilité; il craignait que le légat ne crût qu'il le ferait pour le railler et le braver.

Luther dit en s'en retournant d'Augsbourg : « Que s'il avait quatre cents têtes, il voudrait plutôt les perdre toutes que de révoquer son article touchant la foi. » — « Personne en Allemagne, dit Hutten, ne méprise plus la mort que Luther. »

Dans la *Protestation* qu'il rédigea après ses conférences avec Caietano, il offrit à celui-ci d'exposer ses opinions dans un mémoire, et de les soumettre au jugement des trois universités de Bâle, de Fribourg (en Brisgau) et de Louvain; même, si on le demandait, au jugement de l'Université de Paris, « estimée de tout temps la plus chrétienne et la plus savante ».

Lettre de Luther à l'Électeur de Saxe pour se défendre contre les accusations du cardinal Caietano (19 novembre 1518) : « Une chose m'afflige vivement, c'est que le seigneur légat parle malicieusement de Votre Grâce Électorale comme si je me fondais sur elle en entreprenant toutes ces choses. Il y a de même des menteurs parmi nous qui avancent que c'est d'après l'exhortation et le conseil de Votre Grâce que j'ai commencé à discuter la question des indulgences, et cependant il n'est personne, parmi mes plus chers amis, qui ait été instruit d'avance de mon dessein, excepté messeigneurs l'archevêque de Magdebourg et l'évêque de Brandebourg... »

Page 44. — *Examiner l'affaire par des juges non suspects...*
Les légats se réduisaient cependant à demander qu'on brûlât les livres de Luther. « Le pape, disaient-ils, ne veut pas souiller ses mains du sang de Luther. » (*Luth. opera*, II.)

Page 46. — *Miltitz changea de ton...*
En 1520, les adversaires de Luther s'étaient divisés en deux partis, représentés par Eck et Miltitz. Le premier, qui a disputé publiquement contre Luther, croit son honneur et sa réputation de théologien engagés à obtenir une rétractation formelle de Luther ou sa condamnation par le pape comme hérétique. Eck pousse aux mesures violentes. Miltitz, au contraire, qui est l'agent direct du Saint-Siège, voudrait concilier les choses. Il accorde tout à Luther, parle comme lui, même de la papauté, et ne lui demande que le silence.

Le 20 octobre 1520, il écrit que, si Luther s'en tient à ses promesses, il le délivrera de la bulle, qui ne doit avoir son effet que dans quatre mois. Le même jour il écrit à l'Électeur pour lui demander de l'argent, afin qu'il ait de quoi envoyer à Rome pour se faire, près du pape, des patrons pour combattre les malicieuses délations et les honteux mensonges d'Eck contre Luther. Il l'invite à écrire lui-même au pontife, et à envoyer aux jeunes cardinaux, parents du pape, deux ou trois pièces d'or à son effigie et autant en argent afin de se les concilier. Enfin il le supplie de lui continuer sa pension et de lui donner à lui-même quelque chose ; car ce qu'il avait reçu, on le lui a volé.

Le 14 octobre, il écrit que Luther consent à se taire si ses adversaires veulent garder le silence. Il promet que les choses n'iront pas comme l'espèrent Eck et sa faction, il engage encore l'Électeur à envoyer quarante ou cinquante florins au cardinal *quatuor Sanctorum*. (Seckendorf, liv. I, p. 99.)

Ce Miltitz était un assez bon compagnon. Dans une lettre à l'Électeur, où il réclame le paiement de sa pension, il raconte qu'étant à Stolpa, avec l'évêque de Misnie, ils buvaient joyeusement ensemble lorsque sur le soir on apporta un petit livre de Luther, contre l'official de Stolpa; l'évêque s'indigna, l'official jura; mais lui, il ne fit qu'en rire, comme fit plus tard le duc Georges qui s'en amusa beaucoup, (1520.) (Seckendorf, liv. I, p. 98.)

Le docteur Wolffgang Reissenbach raconte que Luther et Miltitz, l'un avec trente chevaux, l'autre accompagné de quatre seulement, vinrent le 11 octobre, à Lichtenberg; qu'ils y vécurent joyeusement, son économe leur fournissant en abondance tout ce qui était nécessaire. Il ajoute qu'il avait mieux aimé se trouver absent, parce qu'il n'aime pas Miltitz qui lui a fait perdre six cents florins. (Seckendorf, liv. I, p. 99.)

Miltitz finit dignement : on dit qu'un jour, après de copieuses libations, il tomba dans le Rhin près de Mayence et s'y noya. Il avait alors sur lui cinq cents pièces d'or. (Seckendorf, liv. I, p. 117.)

Page 46. — *Lui avoua qu'il avait enlevé le monde à soi...*
Les livres de Luther avaient en effet déjà une grande vogue. Jean Froben, célèbre imprimeur de Bâle, lui écrivit, le 14 février 1519, que ses livres sont lus et approuvés, à Paris même, et jusque dans la Sorbonne; qu'il ne lui reste plus un seul exemplaire de tous ceux qu'il avait réimprimés à Bâle; qu'ils sont dispersés en Italie, en Espagne et ailleurs, partout approuvés des docteurs. (Seckendorf, liv. I, p. 68.)

Page 47. — *Non content d'aller se défendre à Leipsick...*
Voyage de Luther à Leipsick : « Il y avait d'abord Carlostad seul sur un chariot, et précédant tous les autres; mais une roue s'étant brisée près de l'église Saint-Paul, il tomba, et cette chute fut considérée comme un mauvais présage pour lui. Puis venait le chariot de Barnim, prince de Poméranie, qui alors étudiait à Wittemberg et portait le titre de recteur honoraire. A ses côtés étaient Luther et Mélanchton; un grand nombre d'étudiants de Wittemberg accompagnaient en armes la voiture. » (19 juin 1519.) (Seckendorf, liv. I, p. 92.)

Eck raconte son entrevue avec Luther (qu'il appelle *Lotter*, en allemand un vagabond, un pendard). « Luther vint en grande pompe à Leipsick, avec deux cents étudiants de Wittemberg, quatre docteurs, trois licenciés, plusieurs maîtres et un grand nombre de ses partisans; le docteur Lang d'Erfurth, Egranus, un prédicateur de Gorlitz, un bourgeois d'Anneberg, des schismatiques de Prague et des picards (hussites), qui vantent Martin comme un grand docteur de vérité, comme l'égal de leur Jean Hussinetz. La dispute fut arrêtée pour le 20 juin; j'accordai que ceux de Leipsick ne seraient pas juges, quoiqu'ils fussent bien disposés pour moi. Par toute la ville il n'était bruit que de ma défaite, et personne n'osait me faire société. Moi, comme un vieux docteur, j'étais là pour faire tête à tous. Cependant le prince m'envoya un bon cerf et donna une biche à Carlostad, contre lequel je devais aussi disputer. La citadelle fut magnifiquement préparée pour nous servir de champ de bataille. Le lieu était gardé par soixante-seize soldats pour nous défendre, en cas de besoin, contre les insultes de ceux de Wittemberg et des Bohémiens... Quand Luther entra, je vis bien qu'il ne voulait pas disputer... Il refusa de reconnaître aucune espèce de juges. Je lui proposai les commissaires du prince (le duc Georges), l'université de Leipsick, ou toute autre université qu'il voudrait choisir en Allemagne, ou si l'Allemagne lui semblait trop petite, en Italie, en France, en Espagne. Il refusa tout. Seulement à la fin il consentit à convenir d'un juge avec moi, et à disputer, pourvu qu'il lui fût permis de publier en allemand les actes de la conférence. Je ne pouvais accorder cela. Je ne sais maintenant quand nous commencerons... Le sénat, qui craint que ceux de Wittemberg n'exécutent leurs menaces, a, la nuit dernière, garni de soldats les maisons voisines. » (Seckendorf, liv. I, p. 85-6.)

Mosellanus, professeur de langue grecque à Leipsick et qui fut chargé d'ouvrir les conférences par un discours au nom du prince, rapporte dans une lettre à Pirkheimer, qu'on avait enfin choisi pour juges des docteurs d'Erfurth et de Paris. Mosellanus est favorable à Luther. « Eck, dit-il, par ses cris, sa figure de soldat, ses regards de travers, ses gestes d'histrion, semblait un petit furieux... se vantant sans cesse, affirmant des choses fausses, niant impudemment des choses vraies... » (Seckendorf, liv. I, p. 90.)

Page 48. — *Le prince qui le protégeait...*
Luther ne dut plus douter de la protection de l'Électeur, lorsque Spalatin, le confident de ce prince, traduisit en allemand et publia son livre intitulé: *Consolation à tous les chrétiens.* (Février 1520.)

Page 48. — *Pour qu'ils vinssent disputer avec lui...*
A cette époque, Luther, encore peu arrêté dans ses idées de réforme, cherchait à s'éclairer sur ses doutes par la discussion; il demandait, il sollicitait les conférences publiques. Le 15 janvier 1520, il écrivit à l'Empereur :

« Voici bientôt trois ans que je souffre des colères sans fin et d'outrageantes injures, que je suis exposé à mille périls et à tout ce que mes adversaires peuvent inventer de mal contre moi. En vain j'ai demandé pardon pour mes paroles, en vain j'ai offert de garder le silence, en vain j'ai proposé des conditions de paix, en vain j'ai prié que l'on voulût bien m'éclairer si j'étais dans l'erreur. L'on n'a rien écouté; l'on n'a fait qu'une chose, préparer ma ruine et celle de l'Évangile. Puisque j'ai vainement tout tenté jusqu'à présent, je veux, à l'exemple de saint Athanase, invoquer la Majesté impériale; j'implore donc humblement Votre Majesté, Charles, prince des rois de la terre, pour qu'elle ait pitié, non pas de moi, mais de la cause de la vérité, pour laquelle seule il vous a été donné de porter le glaive. Qu'on me laisse prouver ma doctrine; je vaincrai, ou je serai vaincu; et si je suis trouvé impie ou hérétique, je ne veux point de protection ni de miséricorde. » (*Opera latina Lutheri.*)

Le 4 février, il écrit encore à l'archevêque de Mayence et à l'évêque de Mersebourg des lettres pleines de soumission et de respect, où il les supplie de ne pas croire les calomnies que l'on répand sur son compte; il ne demande qu'à s'instruire, qu'à éclaircir ses doutes. (*Luth. opera*, II, 44.)

Pape 50. — *Lorsque la bulle...*
Les cicéroniens de la cour pontificale, les Sadolet, etc., avaient déployé toute leur science, toute leur *littérature* pour écrire la bulle de Léon X. Leur belle invocation à tous les saints contre Luther rappelle évidemment la fameuse péroraison du discours de Cicéron, *De Signis*, dans laquelle il adjure tous les dieux de venir témoigner contre Verrès qui a outragé leurs autels. Par malheur, les secrétaires du pape, plus préoccupés des formes oratoires de l'antiquité que de l'histoire de l'Église, ne s'étaient point aperçus qu'ils évoquaient contre Luther celui même sur lequel s'appuyait Luther : « *Exurge, tu quoque, quæsumus, Paule, qui Ecclesiam tua doctrina illustrasti. Surgit novus Porphyrius...* — (*Lutheri opera*, II, 52.)

Léon X, en condamnant dans cette bulle les livres de Luther, lui offrait de nouveau un sauf-conduit pour se rendre à Rome, et promettait de lui payer ses frais de voyage.

Les universités de Louvain et Cologne approuvèrent la bulle du pape, et s'attirèrent ainsi les attaques de Luther. Il les accusa d'avoir injustement condamné Occam, Pic de La Mirandole, Laurent Valla, Jean Reuchlin. Pour affaiblir, dit Cochlœus, l'autorité de ces universités, il les attaquait sans cesse dans ses livres, mettant en marge, lorsqu'il rencontrait un barbarisme ou quelque chose de mal dit : *comme à Louvain, comme à Cologne,* lovanialiter, colonialiter, etc. (Cochlœus, p. 22.)

A Cologne, à Mayence, et dans tous les États héréditaires de Charles V, on brûla, dès 1520, les livres de Luther. (Cochlœus, p. 25.)

Page 52. — *Aucun d'eux plus éloquemment que lui...*

Il écrivait, le 29 novembre 1521, aux Augustins de Wittemberg : « Je sens chaque jour combien il est difficile de déposer les scrupules que l'on a conservés longtemps. Oh! qu'il m'en a coûté de peine, quoique j'eusse l'Écriture de mon côté, pour me justifier par-devant moi-même de ce que seul j'osai m'élever contre le pape et le tenir pour l'Anti-Christ! Quelles n'ont pas été les tribulations de mon cœur! que de fois ne me suis-je pas opposé avec amertume cet argument des papistes : « Es-tu seul sage? Tous les autres se tromperaient-ils, se seraient-ils trompés depuis si longtemps? que sera-ce si tu te trompes et que tu entraînes dans ton erreur tant d'âmes qui seront éternellement damnées? Ainsi je me débattais avec moi-même, jusqu'à ce que Jésus-Christ, par sa propre et infaillible parole, me fortifiât et dressât mon cœur contre cet argument, comme un rivage de rochers, dressé contre les flots, se rit de toutes leurs fureurs... » (*Luth. Briefe*, t. II, p. 107.)

Page 55. — *Il se fondait alors sur saint Jean...*

« Il faut procéder dans l'Évangile de saint Jean d'après un tout autre point de vue que dans les autres évangélistes. L'idée de cet Évangile, c'est que l'homme ne peut rien, n'a rien de soi-même, qu'il ne tient rien que de la miséricorde divine... Je le répète, et le répéterai : Celui qui veut s'élever à une pensée, à une spéculation salutaire sur Dieu, doit tout subordonner à l'humanité du Christ. Qu'il se la représente sans cesse dans son action ou dans sa passion, jusqu'à ce que son cœur s'amollisse. Alors qu'il ne s'arrête pas là, qu'il pénètre et pousse plus loin la pensée : ce n'est pas par sa volonté, mais par celle de Dieu-le-Père, que Jésus fait ceci et cela. C'est là qu'il commencera à goûter la douceur infinie de la volonté du Père, révélée dans l'humanité du Christ. »

Page 58. — *On s'arrachait ses pamphlets...*

Le célèbre peintre Lucas Cranach faisait des gravures pour les opuscules de Luther. (Seckendorf, p. 148.)

Page 59. — *Si quelque imprimeur apportait du soin aux ouvrages des papistes, on le tourmentait...*

De même à Augsbourg. La *Confession* d'Augsbourg fut imprimée et répandue dans toute l'Allemagne avant la fin même de la diète; la réfutation catholique dont l'Empereur avait ordonné l'impression, fut remise aux imprimeurs, mais ne parut pas. Aussi Luther, reprochant aux catholiques de ne pas oser la publier, appelle cette réfutation un oiseau de nuit, *un hibou, une chauve-souris* (*noctua et vespertilio*). (Cochlœus, 202.)

Page 59. — *Luther avait fait appel à la noblesse...*

« A Sa Majesté impériale et à la noblesse chrétienne de la nation allemande, le docteur Martin Luther. (1520.)

« Grâce et force de notre Seigneur Jésus... Les Romanistes ont habilement élevé autour d'eux trois murs, au moyen desquels ils se sont jusqu'ici protégés contre toute réforme, au grand préjudice de toute la chrétienté. D'abord ils prétendent que le pouvoir spirituel est au-dessus du pouvoir temporel; ensuite qu'au pape seul il appartient d'interpréter la Bible; troisièmement, que le pape seul a droit de convoquer un concile.

« Sur ce, puisse Dieu nous être en aide et nous donner une de ces trompettes qui renversèrent jadis les murs de Jéricho, pour souffler bas ces murs de paille et de papier, mettre en lumière les ruses et les mensonges du Diable, et recouvrer par pénitence et amendement la grâce de Dieu. Commençons par le premier mur.

« *Premier mur...* Tous les chrétiens sont de condition spirituelle, et il n'est entre eux d'autre différence que celle qui résulte de la différence de leurs fonctions, selon la parole de l'Apôtre (I. Cor. xii), qui dit « que nous sommes tous un même corps, mais que chaque membre a un office particulier, par lequel il est utile aux autres ».

« Nous avons tous le même baptême, le même Évangile, la même foi, et nous sommes tous égaux comme chrétiens... Il devrait en être du curé comme du bailli; que pendant ses fonctions il soit au-dessus des autres; déposé, qu'il redevienne ce qu'il a été, simple bourgeois. Les *caractères indélébiles* ne sont qu'une chimère... Le pouvoir séculier étant institué de Dieu afin de punir les méchants et de protéger les bons, son ministère devrait s'étendre sur toute la chrétienté, sans considération de personne, pape, évêque, moine, religieuse ou autre, n'importe... Un prêtre a-t-il été tué : tout le pays est frappé d'interdit. Pourquoi n'en est-il pas de même après le meurtre d'un paysan ? D'où vient une telle différence entre des chrétiens que Jésus-Christ appelle égaux ? Uniquement des lois et des inventions humaines...

« *Deuxième mur*... Nous sommes tous prêtres. L'Apôtre ne dit-il pas (I. Cor. II) : « Un homme *spirituel* juge toutes choses et n'est jugé par personne ? » *Nous avons tous un même esprit dans la foi*, dit encore l'Évangile, pourquoi ne sentirions-nous pas, aussi bien que les papes qui sont souvent des mécréants, ce qui est conforme ou contraire à la foi ?

« *Troisième mur*... Les premiers conciles ne furent pas convoqués par les papes. Celui de Nicée lui-même fut convoqué par l'empereur Constantin.... Si les ennemis surprenaient une ville, l'honneur serait à celui qui, le premier, crierait aux armes, qu'il fût bourgmestre ou non. Pourquoi n'en serait-il pas de même de celui qui ferait sentinelle contre nos ennemis de l'Enfer, et, les voyant s'avancer, rassemblerait le premier les chrétiens contre eux ? Faut-il pour cela qu'il soit pape ?... »

Voici en résumé les réformes que propose Luther : Que le pape diminue le luxe dont il est entouré, et qu'il se rapproche de la pauvreté de Jésus-Christ. Sa cour absorbe des sommes immenses. On a calculé que plus de trois cent mille florins allaient tous les ans d'Allemagne à Rome. Douze cardinaux suffiraient, et ce serait au pape à les nourrir. Pourquoi les Allemands se laisseraient-ils dépouiller par les cardinaux qui envahissent toutes les riches fondations, et qui en dépensent les revenus à Rome ? Les Français ne le souffrent pas. — Que l'on ne donne plus rien au pape pour être employé contre les Turcs ; ce n'est qu'un leurre, un misérable prétexte, pour tirer de nous de l'argent. — Qu'on cesse de lui reconnaître le droit d'investiture. Rome attire tout à soi par les pratiques les plus impudentes. Il est en cette ville un simple courtisan qui possède vingt-deux cures, sept prieurés et quarante-quatre prébendes, etc.

Que l'autorité séculière n'envoie plus à Rome d'*annates*, comme on fait depuis cent ans. — Qu'il suffise, pour l'installation des évêques, qu'ils soient confirmés par les deux évêques les plus voisins, ou par leur archevêque, conformément au concile de Nicée. — « Je veux seulement, en écrivant ceci, faire réfléchir ceux qui sont disposés à aider la nation allemande à redevenir chrétienne et libre après le déplorable gouvernement du pape, ce gouvernement anti-chrétien. »

Moins de pèlerinages en Italie. — Laissons s'éteindre les ordres mendiants. Ils ont dégénéré et ne remplissent pas le but de leurs fondateurs. — Permettre le mariage des prêtres. — Supprimer un grand nombre de fêtes, ou les faire coïncider avec les dimanches. Abolir les fêtes de patronage, si préjudiciables aux bonnes mœurs. — Supprimer des jeûnes. « Beaucoup de choses qui ont été bonnes autrefois ne le sont plus à présent. » — Éteindre la mendicité. Que chaque commune soit tenue d'avoir soin de ses pauvres. — Défendre de fonder des messes privées. — Examiner la doctrine des Bohêmes mieux qu'on n'a fait, et se joindre à eux pour résister à la cour de Rome. — Abolir les *Décrétales*. — Supprimer les maisons de prostitution.

« Je sais encore une autre chanson sur Rome et les Romanistes ; si l'oreille leur démange, je la leur chanterai aussi, et je monterai jusqu'aux dernières octaves. Me comprends-tu, Rome ? » (*Luth. Werke*, VI, 544-568.)

Page 60. — *Je ne voudrais pas qu'on fît servir à la cause de l'Évangile la violence et le meurtre...*
Il voulait que l'Allemagne se séparât paisiblement du Saint-Siège : c'est en ce sens qu'il écrivit en 1520 à Charles-Quint et aux nobles allemands pour les engager à renoncer à l'obédience de Rome. « L'Empereur, disait-il, a égal pouvoir sur les clercs et sur les laïques ; la différence entre ces deux états n'est qu'une fiction, puisque, par le baptême, nous devenons tous prêtres. » (*Lutheri opera*, II, p. 20.)

Cependant, si l'on en croit l'autorité assez suspecte, il est vrai, de Cochlœus, il aurait, dès cette époque même, prêché la guerre contre Rome. — « Que l'Empereur, les rois, les princes ceignent le glaive et frappent cette peste du monde. Il faut en finir par l'épée ; il n'y a point d'autre remède. Que veulent dire ces hommes perdus, privés de sens commun : que c'est là ce que doit faire l'Anti-Christ ? Si nous avons des potences pour les voleurs, des haches pour les brigands, des bûchers pour les hérétiques, pourquoi n'aurions-nous pas des armes pour ces maîtres de perdition, ces cardinaux, ces papes, toute cette tourbe de la Sodome romaine qui corrompt l'Église de Dieu ? pourquoi ne laverions-nous pas nos mains dans leur sang ? » Je ne sais de quel ouvrage de Luther Cochlœus a tiré ces paroles.

Page 61. — *Hutten... pour former une ligue entre les villes et les nobles du Rhin...*
Dès l'ouverture de la diète, il s'était enquis auprès de Spalatin de la conduite que l'Électeur tiendrait en cas de guerre. On avait lieu de croire qu'il soutiendrait son théologien, la gloire de son

université. « Qui ignore, lui écrit Luther, que le prince Frédéric est devenu, pour la propagation de la littérature, l'exemple de tous les princes ? Votre Wittemberg hébraïse et hellénise avec bonheur. Les préceptes de Minerve y gouvernent les arts mieux que jamais, la vraie théologie du Christ y triomphe. » Il écrit à Spalatin (3 octobre 1520 :) « Plusieurs ont pensé que je devais demander à notre bon prince de m'obtenir un édit de l'Empereur pour que personne ne pût me condamner sans que j'eusse été convaincu d'erreur par l'Écriture. Examine si cela est à propos. » On voit par ce qui suit que Luther croyait aussi pouvoir compter sur la sympathie des peuples de l'Italie. « Au lieu de livres, j'aimerais mieux qu'on pût multiplier les livres vivants, c'est-à-dire les prédicateurs. Je t'envoie ce qu'on m'a écrit d'Italie sur ce sujet. Si notre prince le voulait, je ne crois pas qu'il pût entreprendre d'œuvre plus digne de lui. Le petit peuple d'Italie y prenant part, notre cause en recevrait une grande force. Qui sait ? Dieu peut-être les suscitera. Il nous garde notre prince, afin de faire agir la parole divine par son intermédiaire. Vois donc ce que tu pourras faire de ce côté pour la cause du Christ. »

Luther n'avait pas négligé de s'attirer l'affection des villes : nous le voyons à la fin de l'an 1520 solliciter de l'Électeur une diminution d'impôts pour celle de Kemberg. « Ce peuple, écrit-il, est misérablement épuisé par cette détestable usure... Ce sont les prêtrises, les offices du culte, et même quelques confréries qu'on nourrit de ces impôts sacrilèges et de ces rapines impies. »

Page 61. — *Buntschuh.* — *Soulier d'alliance...*
Le sabot servait déjà de signe distinctif au douzième siècle. *Sabatati* était un nom des Vaudois. (Voy. Dufresne, *Glossar.* au mot *Sabatati.*)

Page 62. — *Pour le décider à prendre les armes...*
« L'audace des Romanistes augmente, écrit-il à Hutten ; car, comme ils disent, tu aboies, mais tu ne mords point. » (*Opera Hutten*, IV, p. 306.)
Un autre littérateur, Helius Eobanus Hessus, le presse de s'armer pour Luther. « Franz y sera pour nous soutenir, et tous deux, je le prédis, vous serez la foudre qui écrasera le monstre de Rome. » (*Hutten op.*, IV, 309.)

Page 62. — *Sauf-conduit...*
« Charles, par la grâce de Dieu, etc. Révérend, cher et pieux

docteur ! Nous et les États du Saint-Empire, ici rassemblés, ayant résolu de nous informer de ta doctrine et des livres que tu as publiés depuis un certain temps, nous t'avons donné et t'envoyons ci-joints la garantie et le sauf-conduit de l'Empire pour venir ici et retourner ensuite en lieu de sûreté ; c'est notre volonté très précise que tu te rendes auprès de nous dans les vingt et un jours que porte ledit sauf-conduit, sans craindre violence ni dommage aucun... Donné en notre ville libre de Worms, le sixième jour du mois de mars 1521, dans la seconde année de notre règne. *Signé de la main de l'archi-chancelier.* » (*Luth. Werke*, IX, p. 106.)

Page 65. — *J'avais tiré un grand éclat de tout cela...*
Spalatin raconte dans ses *Annales* (p. 50) que le second jour où Luther avait comparu, l'Électeur de Saxe, revenant de la maison de ville, fit appeler Spalatin dans sa chambre et lui exprima dans quelle surprise il était : « Le docteur Martin a bien parlé devant l'Empereur et les princes et États de l'Empire, seulement il a été trop hardi. » (Marheinecke, *Histoire de la Réforme*, I, 264.)

« Cependant Luther recevait continuellement la visite d'un grand nombre de princes, de comtes et autres personnes de distinction. Le mercredi suivant (huit jours après sa première comparution), il fut invité par l'archevêque de Trèves à se rendre chez lui. Il y vint avec plusieurs de ses amis et y trouva, outre l'archevêque, le margrave de Brandebourg, le duc Georges de Saxe, le grand-maître de l'ordre Teutonique, et un grand nombre d'ecclésiastiques. Le chancelier du margrave de Bade prit la parole, et l'engagea, avec beaucoup d'éloquence, à entrer dans de meilleures voies ; il défendit l'autorité des conciles, et essaya d'alarmer Luther sur l'influence que son livre de la *Liberté chrétienne* allait avoir sur le peuple, déjà si disposé à la sédition. « Il faut aujourd'hui des lois et des établissements humains, dit-il, nous ne sommes plus au temps où tous les fidèles n'étaient qu'un cœur et un esprit. » Il finit par menacer Luther de la colère de l'Empereur, qui allait infailliblement l'accabler. — Luther, dans sa réponse, remercia les assistants de l'intérêt qu'ils prenaient à lui et des conseils qu'ils lui faisaient donner. Il dit qu'il était loin de blâmer tous les conciles, mais que celui de Constance avait condamné formellement un article de la foi chrétienne, qu'il ferait tout plutôt que de rétracter la parole de Dieu, qu'il prêchait sans cesse au peuple la soumission à l'autorité ; mais qu'en matière de foi il fallait obéir à Dieu plutôt qu'aux hommes. Cela dit, il se retira et les princes délibérèrent. Quand il fut rappelé, le chancelier de

Bade répéta une partie de ce qu'il avait déjà dit et l'exhorta finalement à soumettre ses livres au jugement de Sa Majesté et de l'Empire. Luther répondit, avec modestie, qu'il ne lui convenait point de se soustraire au jugement de l'Empereur, des Électeurs et des États, qu'il révérait; il voulait s'y soumettre, mais à la condition que l'examen se ferait selon le texte de l'Écriture sainte : « Car, ajouta-t-il, ce texte est si clair pour moi que je ne puis céder, à moins qu'on ne prouve, par l'Écriture même, l'erreur de mon interprétation. » Alors les princes se retirèrent pour se rendre à la maison de ville, et l'archevêque resta avec son official et Cochlœus pour renouveler ses tentatives auprès de Luther, qui avait de son côté le docteur Schurff et Nicolas Amsdorf. Tout échoua.

Néanmoins l'Empereur, à la prière de l'archevêque, prolongea de deux jours le sauf-conduit de Luther pour donner le temps d'entamer de nouvelles conférences. Il y en eut encore quatre, mais elles n'eurent pas plus de succès. » (*Luth. Werke*, IX, p. 110.)

Page 73. — *Dans la dernière conférence...*

Luther termina cette conférence en disant : « En ce qui touche la parole de Dieu et la foi, tout chrétien est juge lui-même, aussi bien que le pape : car il faut que chacun vive et meure selon cette foi. La parole de Dieu est une propriété de la commune entière. Chacun de ses membres peut l'expliquer. » Je citai à l'appui, continue Luther, le passage de saint Paul, I, Cor. xiv, où il est dit : *Revelatum assidenti si fuerit, prior taceat*. Ce texte prouve clairement que le maître doit suivre le disciple, si celui-ci entend mieux la parole de Dieu. Ils ne purent réfuter ce témoignage, et nous nous séparâmes. » (*Luth. Werke*, IX, p. 117.)

Page 82. — *Il trouva peu de livres à Wartbourg. Il se mit à l'étude du grec et de l'hébreu...*

C'est là qu'il commença sa traduction de la Bible. Plusieurs versions allemandes en avaient été déjà publiées à Nuremberg, en 1477, 1483, 1490, et à Augsbourg en 1518; mais elles n'étaient point faites pour le peuple. (*Nec legi permittebantur, nec ob styli et typorum horriditatem satisfacere poterant.* (Seckendorf, lib. I, 204.)

Avant la fin du quinzième siècle, l'Allemagne possédait au moins douze éditions de la Bible en langue vulgaire, tandis que l'Italie n'en avait encore que deux, et la France une seule. (Jung, *Hist. de la Réforme à Strasbourg.*)

Les adversaires de la Réforme contribuaient eux-mêmes à augmenter le nombre des Bibles en langue vulgaire. Ainsi, Jérôme Emser publia une traduction de l'Écriture pour l'opposer à celle de Luther. (Cochlœus, 50.) Celle de Luther ne parut complète qu'en 1534.

Le seul institut de Canstein, à Halle, imprima dans l'espace de cent ans deux millions de Bibles, un million de Nouveaux-Testaments et autant de Psautiers. (Ukert, t. II, p. 339).

« J'avais vingt ans, dit Luther lui-même, que je n'avais pas encore vu de Bible. Je croyais qu'il n'existait d'autres évangiles ni épîtres que ceux des sermonnaires. Enfin, je trouvai une Bible dans la bibliothèque d'Erfurth, et j'en fis souvent lecture au docteur Staupitz avec un grand étonnement... » (*Tischreden*, p. 225).

« Sous la papauté, la Bible était inconnue aux gens. Carlostad commença à la lire lorsqu'il était déjà docteur depuis huit ans. » (*Tischreden*, p. 6, verso.)

« A la diète d'Augsbourg (1530), l'évêque de Mayence jeta un jour les yeux sur une Bible. Survint par hasard un de ses conseillers qui lui dit : « Gracieux seigneur, que fait de ce livre Votre Grâce Électorale ? » A quoi il répondit : « Je ne sais quel livre c'est; seulement tout ce que j'y trouve est contre nous. » — Le docteur Usingen, moine augustin, qui fut mon précepteur au couvent d'Erfurth, me disait, quand il me voyait lire la Bible avec tant d'ardeur : « Ah! frère Martin, qu'est-ce que la Bible? On doit lire les anciens docteurs qui en ont sucé le miel de la vérité. La Bible est la cause de tous les troubles. » (*Tischred.*, p. 7.)

Selnecker, contemporain de Luther, rapporte que les moines, voyant Luther très assidu à la lecture des Livres saints, en murmurèrent et lui dirent que ce n'était pas en étudiant de la sorte, mais en quêtant et ramassant du pain, de la viande, du poisson, des œufs et de l'argent qu'on se rendait utile à la communauté. — Son noviciat fut très dur; on le chargea, dans l'intérieur de la maison, des travaux les plus pénibles et les plus vils, et en dehors, de la quête avec la besace. (*Almanach des protestants pour* 1810, p. 43.)

« Naguère le temps n'était pas bon pour étudier; on tenait en tel honneur le païen Aristote, que celui qui eût parlé contre, eût été condamné à Cologne comme le plus grand hérétique. Encore ne l'entendaient-ils pas. Les sophistes l'avaient tant obscurci! Un moine, en prêchant la Passion, agita pendant deux heures cette question : *Utrum qualitas realiter distincta sit a substantia.* Et il disait, pour donner un exemple : *Ma tête pourrait bien passer par ce trou, mais la grosseur de ma tête n'y peut passer.* » (*Tischred.*, p. 15, verso.)

« Les moines méprisaient ceux d'entre eux qui étaient savants. Ainsi mes frères au couvent m'en voulaient d'étudier. Ils disaient : *Sic tibi, sic mihi, sackum per nackum* (le sac sur le cou). Ils ne faisaient aucune distinction. » (*Tischred.*, p. 272.)

« Autrefois les premiers docteurs n'auraient pu, je ne 'dis pas composer, mais bien lire une oraison latine. Ils mêlaient à leur latin des mots qui n'étaient pas même allemands, mais wendes. » (*Tischred.*, p. 12.)

Cette ignorance du clergé était générale en Europe. En 1530, un moine français disait en chaire : « On a trouvé une nouvelle langue que l'on appelle grecque; il faut s'en garantir avec soin. Cette langue enfante toutes les hérésies : Je vois dans les mains d'un grand nombre de personnes un livre écrit en cette langue; on le nomme *Nouveau-Testament* : c'est un livre plein de ronces et de vipères. Quant à la langue hébraïque, tous ceux qui l'apprennent deviennent juifs aussitôt. » (Sismondi, *Hist. de Fr.*, XVI, p. 364.)

Page 82. — *Le cardinal de Mayence...* Il l'appelait le pape de Mayence.

Durant la révolte des paysans, il lui écrivit pour l'engager à se marier et à séculariser ses deux archevêchés. Ce serait, lui disait-il entre autres raisons, un puissant moyen de faire cesser les troubles dans son électorat. (7 juin 1525.)

Page 83. — *Ils en entendraient bien d'autres, si...*

Après Worms, il comprit que les conférences et discussions publiques, que jusque-là il avait demandées, seraient à l'avenir inutiles, et dès lors il s'y refusa toujours. « Je ne reconnaîtrai plus, dit-il, dans son livre *Contra statum ecclesiasticum*, je ne reconnaîtrai plus désormais de juges, ni parmi vous, ni parmi les anges. J'ai montré déjà à Worms assez d'humilité; je serai, comme dit saint Paul, votre juge et celui des anges, et quiconque n'acceptera pas ma doctrine, ne pourra être sauvé : car ce n'est pas la mienne, mais celle de Dieu, c'est pourquoi mon jugement sera celui de Dieu même. » Je cite d'après le très suspect Cochlœus (p. 48), n'ayant pas en ce moment le texte sous les yeux.

Page 94. — *Le motif de son départ de Wartbourg, c'était le caractère alarmant que prenait la Réforme...*

Avant de quitter sa retraite, il chercha plusieurs fois, par ses lettres, à empêcher les siens d'aller trop loin. — Aux habitants de Wittemberg : « ... Vous attaquez les messes, les images et autres misères, tandis que vous abandonnez la foi et la charité dont vous avez tant besoin. Vous avez affligé, par vos scandales, beaucoup d'âmes pieuses, peut-être meilleures que vous. Vous avez oublié ce que l'on doit aux faibles. Si le fort court de toute sa vitesse, ne faut-il pas que le faible, laissé en arrière, succombe?

« Dieu vous a fait une grande grâce et vous a donné la Parole dans toute sa pureté. Cependant je ne vois nulle charité en vous. Vous ne supportez point ceux qui n'ont jamais entendu la Parole. Vous n'avez nul souci de nos frères et de nos sœurs de Leipsick, de Meissen et de tant d'autres pays que nous devons sauver avec nous... Vous vous êtes précipités dans cette affaire, tête baissée et sans regarder ni à droite ni à gauche. Ne comptez donc pas sur moi; je vous renierai. Vous avez commencé sans moi, il vous faudra bien finir de même... ». (Décembre 1521.)

Page 101. — *Le désordre s'est mis dans son troupeau...*

De retour à Wittemberg, il prêcha huit jours de suite. Ces sermons suffirent pour remettre l'ordre dans la ville.

Page 103. — *Je ne connais point Luther...*

« Exhortation charitable du docteur Martin Luther à tous les chrétiens, pour qu'ils se gardent de l'esprit de trouble et de révolte. (1524.)

« ... En premier lieu, je vous prie de vouloir laisser de côté mon nom, et de ne pas vous appeler luthériens, mais chrétiens. Qu'est-ce que Luther? Ma doctrine ne vient pas de moi. Moi, je n'ai été crucifié pour personne. Saint Paul (I, Corinth. III) ne voulait point que l'on s'appelât pauliens, ni pétriens, mais chrétiens. Comment donc me conviendrait-il, à moi, misérable sac à vermine et à ordure, de donner mon nom aux enfants du Christ? Cessez, chers amis, de prendre ces noms de parti, détruisons-les et appelons-nous chrétiens, d'après le nom de celui de qui vient notre doctrine.

« Il est juste que les papistes portent un nom de parti, parce qu'ils ne se contentent pas de la doctrine et du nom de Jésus-Christ; ils veulent être en outre papistes. Eh bien! qu'ils appartiennent au pape qui est leur maître. Moi je ne suis ni ne veux être le maître de personne. Je tiens avec les miens pour la seule et commune doctrine du Christ qui est notre unique maître. » (*Luth. Werke*, II, p. 4.)

Page 104. — *Jamais, avant cette époque, un homme privé n'avait adressé à un roi des paroles si méprisantes...*

En même temps qu'il traitait si durement Henri VIII et les princes, il passait toutes les bornes dans ses attaques contre le Saint-Siège. Dans sa réponse aux brefs du pape Adrien, il dit en finissant : « Je suis fâché d'être obligé de donner de si bon allemand contre ce pitoyable latin de cuisine. Mais Dieu veut confondre l'Anti-Christ en toutes choses, il ne lui laisse plus rien, ni art, ni langue; on dirait qu'il est fou, qu'il est tombé en enfance. C'est une honte d'écrire aux Allemands en pareil latin, de présenter à des gens raisonnables une interprétation aussi maladroite et aussi absurde de l'Écriture. » (1523.)

Préface mise par Luther en tête de deux bulles par lesquelles le pape Clément VII annonçait la célébration du jubilé pour 1525 :

« ... Le pape dit dans sa bulle qu'il veut ouvrir la porte d'or Nous avons depuis longtemps ouvert toutes les portes en Allemagne, mais les escrocs italiens ne nous rapportent pas un liard de ce qu'ils nous ont volé par leurs *indulgentiæ, dispensationes* et autres inventions diaboliques. Cher pape Clément, toute ta clémence et toutes tes douceurs ne te serviront de rien ici. Nous n'achèterons plus d'indulgences. Chère porte d'or, chères bulles, retournez d'où vous venez; faites-vous payer par les Italiens. Qui vous connaît, ne vous achète plus. Nous savons, Dieu merci, que ceux qui entendent et qui croient le Saint-Évangile, ont à toute heure un jubilé... Bon pape, qu'avons-nous à faire de tes bulles? Épargne le plomb et le parchemin; cela est désormais d'un mauvais rapport. » (*Luth. Werke*, IX, p. 204.)

« Je ferais un même paquet du pape et des cardinaux, pour les jeter tous ensemble dans ce petit fossé de la mer de Toscane. Ce bain les guérirait; j'y engage ma parole et je donne Jésus-Christ pour caution. »

« Mon petit Paul, mon petit pape, mon petit ânon, allez doucement, il fait glacé : vous vous rompriez une jambe; vous vous gâteriez, et on dirait : Que diable est ceci? comme le petit papelin s'est gâté ! » (1542? traduction de Bossuet, *Variations*, I, 45-6).

Interprétation du monachovitule et de deux horribles monstres papalins trouvés dans le Tibre, à Rome, l'an 1496; publié à Friberg en Misnie l'an 1523, par Ph. Mélanchton et Martin Luther. — « Dans tous les temps Dieu a montré par des signes évidents sa colère ou sa miséricorde. C'est ainsi que son prophète Daniel a prédit l'arrivée de l'Anti-Christ, afin que tous les fidèles avertis se gardassent de ses blasphèmes et de son idolâtrie.

« Durant cette domination tyrannique, Dieu a donné beaucoup de signes, et dernièrement encore, cet horrible monstre papalin, trouvé mort dans le Tibre l'an 1496... D'abord la tête d'âne désigne le pape ; car l'Église est un corps spirituel qui ne doit ni ne peut avoir de tête visible ; Christ seul est le seigneur et le chef de l'Église. Le pape s'est voulu faire contre Dieu la tête visible de l'Église ; cette tête d'âne attachée à un corps humain le désigne donc évidemment. En effet, une tête d'âne convient-elle mieux au corps de l'homme que le pape à l'Église ? Autant le cerveau de l'âne diffère de la raison et de l'intelligence humaine, autant la doctrine papale s'éloigne des dogmes du Christ. Dans le royaume du pape les traditions humaines font la loi : il s'est étendu, il s'est élevé par elle. S'il entendait la parole du Christ, il croulerait aussitôt.

« Ce n'est pas seulement pour les Saintes-Écritures qu'il a une cervelle d'âne, mais pour ce qui regarde même le droit naturel, pour les choses que doit décider la raison humaine. Les puristes impériaux disent en effet qu'un véritable canoniste est véritablement un âne.

« La main droite du monstre, semblable au pied de l'éléphant, montre qu'il écrase les craintifs et les faibles. Il blesse en effet et perd les âmes par tous ses décrets qui, sans cause ni nécessité, chargent les consciences de la terreur de mille péchés qu'ils inventent et dont on ne sait pas même les noms.

« La main gauche désigne la puissance temporelle du pape. Contre la parole de Christ, il est devenu le seigneur des rois et des princes. Aucun d'eux n'a soulevé, fait et conduit tant de guerres, aucun n'a versé autant de sang. Occupé de choses mondaines, il néglige la doctrine et abandonne l'Église.

« Le pied droit, semblable au sabot d'un bœuf, désigne les ministres de l'autorité spirituelle, qui, pour l'oppression des âmes, soutiennent et défendent ce pouvoir ; c'est à savoir les docteurs pontificaux, les parleurs, les confesseurs, ces nuées de moines et de religieuses, mais surtout les théologiens scolastiques, qui tous s'en vont répandant ces intolérables lois du pontife, et tiennent ainsi les consciences captives sous le pied de l'éléphant.

« Le pied gauche, qui se termine par des ongles de griffon, signifie les ministres de la puissance civile. De même que les ongles du griffon ne lâchent point facilement ce qu'ils ont une fois pris, de même les satellites du pape ont pris aux hameçons des canons les biens de toute l'Europe, et les retiennent opiniâtrément sans qu'on les leur puisse arracher.

« Le ventre et les seins de femme désignent le corps du pape, c'est-à-dire les cardinaux, évêques, prêtres, moines, tous les sacro-saints martyrs, tous ces porcs bien engraissés du troupeau d'Épicure, qui n'ont d'autre soin que de boire, manger et jouir de voluptés de tout genre, de tout sexe ; le tout en liberté, et même avec garantie de privilèges..,

« Les yeux pleins d'adultère, le cœur d'avarice, ces fils de la malédiction ont abandonné le droit chemin pour suivre Balaam qui allait chercher le prix de l'iniquité. »

Page 106. — (*Fin de l'extrait du livre contre Henri VIII.*)
Cette réponse violente scandalisa, comme Luther le dit lui-même, un grand nombre de ses partisans. Le roi Christiern l'engagea même à écrire à Henri VIII, qui, disait-il, allait établir la réforme en Angleterre. La lettre de Luther est très humble : il s'excuse en disant que des témoins dignes de foi l'ont assuré que le livre qu'il avait attaqué n'avait pas été composé par le roi d'Angleterre : il lui offre de chanter la palinodie (*palinodiam cantare*). — 1ᵉʳ septembre 1525.)

Cette lettre ne produisit aucun effet. Henri VIII avait été trop vivement blessé pour revenir. Luther en fut pour ses avances. Aussi, disait-il quelques mois après : « Ces tyrans, au cœur de femme, n'ont qu'un esprit impuissant et sordide ; ils sont dignes d'être les esclaves du peuple. Mais, par la grâce de Christ, je suis assez vengé par le mépris que j'ai pour eux et pour Satan, leur dieu. » (Fin de décembre 1525.)

Thomas Morus, sous le nom de Guillaume Rosseus, prit contre Luther la défense de Henri VIII. Il attaqua surtout le langage sale et ignoble de Luther. (Cochlœus, p. 60.)

Page 106. — *Les princes sont du monde...*
« Rien d'étonnant si les princes ne cherchent que leur compte dans l'Évangile, et s'ils ne sont que de nouveaux ravisseurs à la chasse des anciens. Une lumière s'est levée qui nous fait voir ce que c'est que le monde : c'est le règne de Satan. » (1524.)

Page 109. — *Nous serons toujours en sûreté en disant que ta volonté soit faite...*
Le découragement commence déjà parfois à percer dans les écrits de Luther. Cette même année 1523, au mois d'août, il écrivait aux lieutenants impériaux présents à la diète de Nuremberg :
« ... Il me semble aussi qu'aux termes du mandement impérial,

rendu au mois de mars, je devrais être affranchi du ban et de l'excommunication jusqu'au futur concile : autrement je ne saurais comprendre ce que veut dire la remise dont il est parlé dans ce mandement; car je consens à observer les conditions sur lesquelles elle est fondée... Au reste, il n'importe. Ma vie est peu de chose. Le monde a assez de moi, et moi de lui : que je sois sous le ban ou non, cela est indifférent. Mais du moins, ayez pitié du pauvre peuple, chers seigneurs. C'est en son nom que je vous supplie de m'écouter... » Il demande qu'on n'exécute pas sévèrement le mandement impérial relatif à la punition des membres du clergé qui se marieraient ou sortiraient de leur ordre.

Page 111. — *Essais d'organisation...*

Lorsque Luther sentit la nécessité de mettre un peu d'ordre et de régularité dans l'Église nouvelle; lorsqu'il se vit appelé chaque jour à juger des causes matrimoniales, à décider sur tous les rapports de l'Église avec les laïques, il se mit à étudier le droit canon.

« Dans cette affaire de mariage qui m'était déférée, j'ai jugé d'après les décrets mêmes du pape. Je commence à lire les règlements des papistes et je vois qu'ils ne les suivent même pas. » (30 mars 1529.)

« Je donnerais ma main gauche pour que les papistes fussent obligés d'observer leurs canons. Ils crieraient plus fort contre eux que contre Luther. »

« Les *Décrétales* ressemblent au monstre : jeune fille par la tête, le corps est un lion dévorant; la queue est celle du serpent; ce n'est que mensonges et tromperie. Voilà, au reste, l'image de toute la papauté. » (*Tischreden*, p. 277, folio et verso.)

Page 112. — *Les réponses qu'il donne...*

(11 octobre 1533.) *A la commune d'Esslingen...* « Il est vrai que j'ai dit que la confession était une bonne chose. De même je ne défends à personne de jeûner, de chômer, d'aller en pèlerinage, etc.; mais je veux que ces choses se fassent librement, à la volonté de chacun, et non comme si c'était péché mortel d'y manquer. Nous devons avoir la conscience libre en toutes choses qui ne touchent pas la foi ni l'amour du prochain... Mais, comme il y a beaucoup de consciences captives dans les lois du pape, tu fais bien de ne pas manger de viande en présence de ces hommes encore faibles dans la foi. Cette abstinence de ta part devient une œuvre de charité, par cela qu'elle ménage la conscience de ton prochain. Du reste,

ces œuvres ne sont pas commandées, les prescriptions du pape ne sont rien... »

(16 octobre 1523.) *A Michel Vander Strassen*, péager à Borna (Au sujet d'un prédicateur d'Oelsnitz qui exagérait les principes de Luther) : « Vous avez vu mon opinion par le livre *de la Confession et de la Messe* : j'y établis que la confession est bonne quand elle est libre et sans contrainte, et que la messe, sans être un sacrifice ni une bonne œuvre, est pourtant un témoignage de la religion et un bienfait de Dieu, etc. Le tort de votre prédicateur, c'est qu'il vole trop haut et qu'il jette les vieux souliers avant d'en avoir de neufs. Il devrait commencer par bien instruire le peuple sur la foi et la charité. Dans un an, lorsque la commune aura bien compris Jésus-Christ, il sera assez temps de toucher les points sur lesquels il prêche maintenant. A quoi bon cette précipitation avec le peuple ignorant? J'ai prêché près de trois ans à Wittemberg avant d'en venir à ces questions ; et ceux-ci veulent tout finir en une heure ! Ces hommes si pressés nous font beaucoup de mal. Je vous prie de dire au précepteur d'Oelsnitz qu'il enjoigne à son prédicateur d'agir désormais avec plus de mesure, et de commencer avant tout par bien enseigner Jésus-Christ; sinon, qu'il laisse là ses folles prédications et qu'il s'éloigne. Que surtout il cesse de défendre et de punir la confession. C'est un esprit pétulant et immodéré qui a vu de la fumée, mais qui ne sait pas où est la flamme... »

Page 116. — *La messe...*

« S'il plaît à Dieu, j'abolirai ces messes ou je tenterai autre chose. Je ne puis supporter plus longtemps les ruses et les machinations de ces trois demi-chanoines contre l'unité de notre église. » (27 novembre 1524.)

« J'ai enfin poussé nos chanoines à consentir à l'abrogation des messes. » (2 décembre 1524.)

Ces deux mots *messe* et *sacrement* sont aussi éloignés l'un de l'autre que ténèbres et lumières, Diable et Dieu... Puisse Dieu donner à tous les chrétiens un tel cœur qu'ils aient horreur de ce mot, la messe, et qu'en l'entendant ils se signent comme ils feraient contre une abomination du Diable. »

On l'interroge souvent sur le baptême des enfants *nondum ex utero egressorum*. « J'ai empêché nos bonnes femmes de baptiser l'enfant avant sa naissance ; elles avaient coutume de baptiser le fœtus sitôt que la tête paraissait. Pourquoi ne pas le baptiser par-dessus le ventre de sa mère ou, mieux encore, baptiser le ventre même. » (13 mars 1531.)

Page 118. — *De ministris instituendis...*
Instructions au ministre de Wittemberg :
Renvoyer les prêtres indignes;
Abroger toutes messes et vigiles payées;
Le matin, au lieu de messe, *Te Deum*, lecture et exhortation;
Le soir, lecture et explication; — complies après le souper;
Ne célébrer qu'une messe aux dimanches et fêtes. » (*Briefe*, 19 août 1523.)

En 1520, il publia un *Catéchisme*. Mais dix ans plus tard, il en fit un autre où il ne conserva que le baptême et la communion. Plus de confession. Seulement il engage à recourir souvent à l'expérience du pasteur.

Pour soustraire les ministres à la dépendance de l'autorité civile, il voulait conserver les dîmes. « Il me semble que les décimes sont la chose la plus juste du monde. Et plût à Dieu que toutes taxes abolies, il ne subsistât que des dîmes, ou même des neuvièmes et des huitièmes. Que dis-je? les Égyptiens donnaient le cinquième, et ils vivaient pourtant. Nous, nous ne pouvons vivre avec la dîme, il y a d'autres charges qui nous écrasent. » (15 juin 1524.)

Page 118. — *Caractère indélébile...*
« On doit déposer et emprisonner les pasteurs et prédicateurs qui font scandale. L'Électeur a résolu de faire construire une prison à cet effet. »

« Le docteur parla ensuite de Jean Sturm, qu'il avait souvent visité dans le château de Wittemberg, et qui s'était toujours obstiné à croire que Christ n'était mort que pour l'exemple. Il fut en conséquence conduit à Schwrinitz, et y mourut dans la tour. » (*Tischred.*, p. 176.)

Luther disait que l'on ne devait punir de mort les anabaptistes qu'autant qu'ils étaient séditieux. » (*Tischred.*, p. 298.)

Page 120. — *Visites annuelles...*
La commission que l'Électeur, sur les exhortations de Luther, nomma en 1528 pour inspecter les écoles, se composait de Jérôme Schurff, docteur en droit; du seigneur Jean de Plaunitz, d'Asme de Haubitz et de Mélanchton.

Dans l'instruction que ces inspecteurs adressèrent ensuite aux pasteurs de l'Électorat avec l'approbation de Luther, on peut remarquer le passage suivant : « Il y en a qui disent que l'on ne doit pas défendre la foi par l'épée, mais que l'on doit souffrir comme ont fait Jésus-Christ et ses apôtres. A cela il faut répondre qu'à la vérité ceux qui ne règnent pas doivent souffrir comme individus et n'ont pas droit de se défendre, mais que l'autorité est chargée de protéger ses sujets contre toute violence et injustice, que cette violence ait une cause religieuse ou une autre. » (*Luth. Werke*, t. IX, p. 263, verso.)

En 1527, le prince envoie à Luther les rapports de la visite des églises en lui demandant s'il fallait les imprimer. (19 août 1527.)

Page 121. — *Luther exerçait une sorte de suprématie...*

Il décide que les chanoines sont obligés de partager avec les bourgeois les charges publiques. (*Lettre au conseil de Stettin*, 12 janvier 1523). C'est à lui que souvent on s'adressait pour obtenir une place de ministre.

« Ne sois pas inquiet d'avoir une paroisse; il y a partout grande pénurie de fidèles pasteurs; si bien que nous sommes forcés d'ordonner et d'instituer des ministres avec un rite particulier, sans tonsure, sans onction, sans mitre, sans bâton, sans gants ni encensoir, enfin sans évêques. » (16 décembre 1530.)

Les habitants de Riga et le prince Albert de Prusse demandent à Luther de leur envoyer des ministres. (1531.)

Le roi de Suède, Gustave I*er*, lui demande de même un précepteur pour son fils. (Avril 1539.)

Page 121. — *Excommunication...*

« Le prince a répondu à l'Université qu'il voulait hâter la visite des paroisses, afin que, cela fait et les églises constituées, on puisse se servir de l'excommunication quand besoin sera. » (10 janvier 1527.)

Page 122. — *Abolition des Vœux monastiques...*

« Dans son traité *De vitanda hominum doctrina* il dit des évêques et des grands de l'Église : « Qu'ils sachent ces effrontés et impudiques qui ont sans cesse à la bouche « le christianisme, le christianisme », qu'ils sachent que ce n'est point pour eux que j'ai écrit qu'il fallait se nourrir de viande, s'abstenir de la confession et briser les images; eux, ne sont-ils pas comme ces impurs qui souillaient le camp d'Israël? Si j'ai écrit ces choses, c'est pour délivrer la conscience captive de ces malheureux moines, qui voudraient rompre leurs vœux, et qui doutent s'ils peuvent le faire sans pécher. » (Seckendorf, lib. I, sect. 50, p. 202.)

Page 124. — *J'ai reçu hier neuf religieuses...*

« Neuf religieuses avaient été enlevées de leur couvent et amenées à Wittemberg. « Ils m'appellent ravisseur, dit Luther, oui, et bienheureux ravisseur comme Christ, qui fut aussi ravisseur en ce monde, quand par sa mort il arracha au prince de la terre ses armes et ses richesses, et qu'il l'emmena captif. » (Cochlœus, p. 73.)

Page 124. — *J'ai pitié d'elles... qui meurent en foule de cette maudite et incestueuse chasteté...*

« Anne Craswytzinne échappée de ses liens, à Leusselitz, est venue habiter avec nous. Elle a épousé Jean Scheydewind, et me charge de te saluer doucement en son nom, et avec elle trois autres, Barbe Rockenberg, Catherine Taubenheim, Marguerite Historf. » (11 janvier 1525.)

A Spalatin. « Si tu ne le sais pas encore, tous les prêtres d'ici ne se contentent pas de mener une conduite sacrilège; ce sont des cœurs endurcis, des contempteurs de Dieu et des hommes, qui passent presque toutes les nuits avec des prostituées... J'ai dit hautement que, si dans leur impiété, nous devons les tolérer, il est du devoir du magistrat de s'opposer à leurs débauches ou de les contraindre au mariage... Tu craignais dernièrement qu'on ne pût accuser l'Électeur de favoriser ouvertement les prêtres mariés. » (2 janvier 1523.)

(27 mars 1525.) *A Wolffgang Reissenbach*, précepteur à Lichtenberg. « ... Mon cher, ne volons pas plus haut, et ne prétendons pas mieux faire qu'Abraham, David, Isaïe, saint Pierre, saint Paul, et tous les patriarches, prophètes et apôtres, ainsi que tant de saints martyrs et évêques qui tous ont reconnu sans honte qu'ils étaient des hommes créés par Dieu, et qui, fidèles à sa parole, *ne sont pas restés seuls*. Qui a honte du mariage, a honte d'être homme. Nous ne pouvons nous faire autres que Dieu n'a voulu que nous soyons. Enfants d'Adam, nous devons à notre tour laisser des enfants. — O folie! nous voyons tous les jours quelle peine il en coûte pour rester chaste dans le mariage même, et nous rejetons encore le mariage! Nous tentons Dieu outre mesure, par nos vœux insensés, et nous préparons la voie à Satan... »

Page 129. — *Cette époque de la vie de Luther (1521-1528) fut prodigieusement affairée...*

A Frédéric de Nuremberg. « Si j'ai tant différé à te féliciter sur ton mariage, tu peux croire que j'en ai eu juste raison, avec les distractions d'une santé si variable, tant de livres à publier, de lettres à écrire, de sujets à traiter, de devoirs envers mes amis, et en nombre incroyable et infini, accablé d'un orage et d'un déluge d'affaires.... Le 17 janvier, à souper et à la hâte. Tu pardonneras à ma loquacité, peut-être aussi au souper, bien que je ne sois pas ivre. » (1525.)

Au milieu de toutes ces affaires, il entretenait correspondance avec Christiern II.

A Spalatin. « Les porteurs sont rares, sans quoi je t'aurais envoyé depuis longtemps les tristes lettres du roi Christiern, aujourd'hui le plus malheureux des hommes, et ne vivant plus que pour Christ ». (27 mars 1526.)

A Mélanchton. « Rien de nouveau, si ce n'est une lettre du roi de Danemarck Christiern qu'il nous adresse à tous les deux avec une petite coupe d'argent; il nous demande de ne pas croire ceux qui le représenteraient comme un déserteur de l'Évangile. » (Novembre 1540.)

Il lui fallait encore veiller, par toute l'Allemagne, sur les intérêts des réformés. La commune réformée de Miltenberg (en Franconie) était opprimée par les officiers de l'Électeur de Mayence. Toute correspondance avec cette ville avait été interrompue. Luther adressa aux habitants une lettre de consolation qu'il fit imprimer pour qu'elle pût leur parvenir. Il en avertit l'Électeur, et lui demanda « si ses officiers n'abusaient pas de son nom ». (14 février 1524.)

En 1528, une religieuse de Freyberg s'adresse à lui pour qu'il l'enlève de son couvent, et la conduise en Saxe. (29 juin 1828). — « Occupatissimus scribo visitator, lector, prædicator, scriptor, auditor, actor, cursor, procurator, et quid non ? » (29 octobre 1528.)

Page 130. — *Son ancien ami Carlostad..*

Carlostad était chanoine et archidiacre dans l'église collégiale de *Tous les Saints;* il en était doyen lorsque Luther fut reçu docteur en 1512. (Seckendorf, liv. I, 72.)

Page 130. — *Derrière Carlostad on entrevoyait Münzer...*

Lettre du docteur Martin Luther aux chrétiens d'Anvers. « ..... Nous avions cru, tant que dura le règne du pape, que les esprits de bruit et de vacarme qui se font souvent entendre la nuit, étaient des âmes d'hommes qui, après la mort, revenaient et rôdaient pour expier leurs péchés. Cette erreur, Dieu merci, a été découverte par l'Évangile, et l'on sait à présent que ce ne sont pas des âmes d'hommes, mais rien autre que des diables malicieux qui trompaient les gens par de fausses réponses. Ce sont eux qui ont mis dans le monde tant d'idolâtrie.

« Le Diable voyant que ce genre de vacarme ne peut continuer, il lui faut du nouveau ; il se met à faire rage dans ses membres, je veux dire dans les impies, à travers lesquels il se fait jour par toute sorte de vanités chimériques et de doctrines extravagantes. Celui-ci ne veut plus de baptême, celui-là nie la vertu de l'eucharistie ; un troisième met encore un monde entre celui-ci et le jugement dernier ; d'autres enseignent que Jésus-Christ n'est pas Dieu ; les uns disent ceci, les autres cela, et il y a presque autant de sectes et de croyances que de têtes.

« Il faut que j'en cite un pour exemple, car j'ai bien à faire avec ces sortes d'esprits. Il n'est personne qui ne prétende être plus savant que Luther ; c'est contre moi qu'ils veulent tous gagner leurs éperons. Et plût au ciel qu'ils fussent ce qu'ils pensent être, et que moi je ne fusse rien ! Celui-là donc m'assurait entre autres choses qu'il était envoyé vers moi par le Dieu qui a créé le ciel et la terre ; il en disait des choses magnifiques, mais le manant perçait toujours.

« Enfin il m'ordonna de lui lire les livres de Moïse. Je lui demandai un signe qui confirmât cet ordre. C'est, dit-il, écrit dans l'Évangile de saint Jean. Alors j'en eus assez et je lui dis de revenir une autre fois, que nous n'aurions pas le temps de lire pour cette fois les livres de Moïse...

« Il m'en faut bien entendre dans une année, de ces pauvres gens. Le Diable ne peut pas m'approcher de plus près. Jusqu'ici le monde avait été plein de ces esprits bruyants sans corps, qui se donnaient pour des âmes d'hommes ; maintenant ils ont des corps et se donnent tous pour des anges vivants...

« Quand le pape régnait, on n'entendait point parler de troubles ; le Fort (le Diable) était en paix dans sa forteresse ; mais à présent qu'un plus fort est venu qui prévaut contre lui et qui le chasse, comme dit l'Évangile, il tempête et sort avec fureur et fracas.

« Chers amis, il est venu aussi parmi vous un de ces esprits de vacarme qui ont chair et sang. Il veut vous égarer dans les inventions de son orgueil ; gardez-vous de lui.

« D'abord il dit que tout homme a le Saint-Esprit. Secondement, que le Saint-Esprit n'est autre chose que notre raison et notre intelligence. Troisièmement, que tout homme a la foi. Quatrièmement, qu'il n'y a pas d'Enfer ; que du moins la chair seule sera damnée. Cinquièmement, que toute âme aura la vie éternelle. Sixièmement, que la simple nature nous enseigne de faire au prochain ce que nous voulons qu'on nous fasse ; c'est là, disent-ils, la foi. Septièmement, que la loi n'est pas violée par la concupiscence, tant que nous ne consentons pas au plaisir. Huitièmement, que celui qui n'a pas le Saint-Esprit, est aussi sans péché, car il n'a pas de raison.

« Tout cela ce sont des propositions audacieuses, de vains jeux de la fantaisie; si l'on excepte la septième, les autres ne méritent pas de réponse...

« Il nous suffit de savoir que Dieu ne veut pas que nous péchions. Pour la manière dont il permet, ou veut qu'il y ait du péché, nous ne devons pas toucher cette question. Le serviteur ne doit point savoir le secret du maître, mais seulement ce qu'il ordonne. Combien moins une pauvre créature doit-elle vouloir scruter et approfondir la majesté et le mystère de son Dieu?...

« Nous avons assez à faire pendant toute notre vie, de connaître la loi de Dieu et d'apprendre son fils Jésus-Christ... » 1525. (*Luth. Werke*, t. II, p. 61, sqq.)

Page 133. — *Luther crut devoir se transporter à Iéna...*
Carlostad, dans une dispute, cita Luther au jugement dernier.
— « Comme nous étions à l'hôtellerie, et que nous parlions de ces affaires, après s'être engagé à défendre sa doctrine à fond, soudain il se détourna, fit claquer ses doigts, et dit : « Je me moque de vous. » Or, s'il ne m'estime pas davantage, qui d'entre nous estimera-t-il? ou pourquoi perdrai-je mon temps à le prêcher? Je pense toujours qu'il me regarde comme l'un des plus savants de Wittemberg; et cependant, il me dit au nez : « Je me moque de vous. » Comment, après cela, peut-on croire encore à sa sincérité, lorsqu'il prétend vouloir se laisser instruire? »

Carlostad avait abandonné ses fonctions de professeur et d'archidiacre à Wittemberg (tout en gardant son traitement) pour aller à Orlamunde, sans autorisation ni de l'Électeur ni de l'Université. Ce fut une des causes du mécontentement qui éclata contre lui. L'Université lui ayant écrit pour le rappeler dans son sein, il lui fit répondre par ses partisans d'une manière insolente.

Luther fut envoyé par l'Électeur et l'université à Orlamunde pour y prêcher contre les doctrines de Carlostad et tout ramener à l'ordre ; mais il fut très mal reçu par le peuple.

Carlostad s'habillait à Orlamunde plus simplement que les autres pasteurs. Il ne souffrait pas qu'on l'appelât docteur; il se faisait appeler *frère André, voisin André*. Il se soumettait à la juridiction du juge de la petite ville, pour être entièrement comme les autres bourgeois. (*Luth. Werke*, t. II, p. 18-22.)

Page 134. — *Luther obtint un ordre pour le faire sortir...*
« Quant au reproche que Carlostad me fait de l'avoir chassé, je

ne m'en chagrinerais pas trop si ce reproche était fondé; mais, Dieu aidant, je crois bien que je puis m'en justifier. Dans tous les cas, je suis fort aise qu'il ne soit plus dans notre pays, et je voudrais bien qu'il ne fût pas non plus chez vous...

« Se fondant sur l'un de ses écrits, il m'aurait presque persuadé de ne pas confondre l'esprit qui l'anime avec l'esprit séditieux et homicide d'Altstet (*résidence de Münzer*); mais lorsque, sur l'ordre de mon prince, je me rendis à Orlamunde, parmi les bons chrétiens de Carlostad, je n'éprouvai que trop bien quelle semence il avait semée. Je remerciai Dieu de ne pas être lapidé ni couvert de boue, car il y en avait qui me disaient, par forme de bénédiction : « Va-t'en, au nom de mille diables, et casse-toi le cou avant que tu ne sois sorti de la ville. » Malgré cela, ils se sont arrangés et parés bien proprement dans le petit livre qu'ils ont publié. Si l'âne avait des cornes, c'est-à-dire si j'étais prince de Saxe, Carlostad ne serait pas chassé, à moins que l'on ne m'en priât bien fort. — Je lui conseillerais de ne pas dédaigner la bonté des princes. » (*Lettre aux Strasbourgeois. Luthe. Werke*, t. II, p. 58.)

Carlostad, au dire de plusieurs témoins, avait à son service un chapelain qui faisait le rôle de l'esprit dans les apparitions et révélations surnaturelles par lesquelles son maître en imposait au peuple. (*Luth. Briefe*, édit. 1826, II° vol., p. 625.)

« Carlostad était fort téméraire; il a osé disputer même à Rome dans le principal collège, *in domo Sapientiæ*. Il est revenu en Allemagne tout magnifique et avec de beaux habits. C'est par pure jalousie qu'il s'est fait ensuite paysan : il allait tête nue et ne voulait pas qu'on l'appelât *docteur*, mais *voisin*...

« Carlostad condamnait les grades et promotions dans les universités. Il dit un jour : « Je sais que je fais mal en élevant ces deux hommes au grade de docteur, seulement à cause des deux florins; mais je jure bien de n'en plus faire d'autres. » Il dit ces paroles dans l'église du château à Wittemberg, et je l'en repris fortement. (*Tischreden*, p. 416.)

« Dans la dispute de Leipsick, Carlostad insista pour parler avant moi. Il me laissa à combattre les propositions d'Eck sur la primauté du pape et sur Jean Huss... C'est un pauvre disputeur; il a une tête dure et opiniâtre... Il avait pourtant une très joyeuse Marie.

« Ces troubles scandaleux font bien du tort à l'Évangile. Un espion français me disait expressément que son roi était informé de tout cela, qu'il avait appris que nous ne respections plus ni la religion ni l'autorité politique, pas même le mariage, et qu'il en allait chez nous comme chez les bêtes. » (*Tischreden*, p. 417-422.)

Mort de Carlostad. — Je voudrais savoir si Carlostad est mort repentant. Un ami, qui m'écrit de Bâle pour m'annoncer sa mort, ajoute une histoire singulière : il assure qu'un spectre erre autour de son tombeau et dans sa maison même, où il cause un grand trouble en jetant des pierres et des gravois. Mais la loi athénienne défend de *médire des morts;* c'est pourquoi je n'ajouterai rien. » (16 février 1542.)

« Carlostad est mort tué par le Diable. On m'écrit que, pendant qu'il prêchait, il lui apparut, à lui et à beaucoup d'autres, un homme d'une haute stature qui entra dans le temple, et se mit à une place vide auprès d'un bourgeois, puis sortit et alla à la maison de Carlostad; que là il prit son fils, qu'il trouva seul, et l'enleva comme pour le briser contre terre, mais le laissa sans lui faire de mal, et lui ordonna de dire à son père qu'il reviendrait dans trois jours pour l'emporter. Carlostad serait mort le troisième jour. On ajoute qu'après le sermon il alla trouver le bourgeois, et lui demanda quel était cet homme. Le bourgeois répondit qu'il n'avait rien vu. Je crois qu'il aura été ainsi saisi de terreurs soudaines et que nulle autre peste ne l'aura tué que la peur de la mort; car il avait toujours eu pour la mort une horreur misérable. » (7 avril 1542.)

Page 144. — *Les paysans se soulevèrent d'abord...*

Une circonstance importante de la guerre des paysans, c'est qu'elle éclata pendant que les troupes de l'Empire étaient en Italie. Autrement les soulèvements eussent été plus vite comprimés. Les paysans du comte Sigismond de Lupffen, en Hégovie (1524), commencèrent la révolte à cause des charges qui pesaient sur eux; ils le déclarèrent à Guillaume de Furstemberg, envoyé pour les réduire; ils ne s'étaient point soulevés pour la cause du luthéranisme. Les premiers à les imiter furent les paysans de Kempten, qui prirent pour prétexte la sévérité de leur abbé; ils pénétrèrent dans les villes et châteaux de l'abbé, brisant toutes les images, tous les ornements des temples. L'abbé, pris par eux, fut conduit à Kempten, où il fut contraint à vendre pour trente-deux mille écus d'or tous ses anciens droits. D'autres vinrent se joindre à eux, et ils se trouvèrent, près d'Ulm, au nombre de quatorze mille. Ceux de Leipheim et Guntzberg étaient pour eux, ainsi que les paysans des environs d'Augsbourg. Ces deux petites villes, assiégées par la ligue de Souabe, se rendirent; l'une fut abandonnée pour le pillage aux fantassins, l'autre aux cavaliers. Les paysans vaincus se relevèrent, et cette fois ne dévastèrent plus seulement les monastères, mais les maisons des nobles. Un comte de Montfort s'interposa avec les députés de Ravensperg et d'Uberlingen. Un grand nombre de paysans n'en furent pas moins mis en croix, décapités, etc.

Ce premier soulèvement semblait assoupi, lorsque Münzer fit révolter les paysans de Thuringe.

Le pieux, l'érudit, le pacifique Mélanchton montra combien les demandes des paysans s'accordaient avec la parole de Dieu et la justice; il exhorta les princes à la clémence. Luther frappa sur l'un et l'autre parti.

Les paysans de la Thuringe, du Palatinat, des diocèses de Mayence, d'Halberstadt et ceux de l'Odenwald se réunirent dans la Forêt-Noire, sous la conduite de l'aubergiste Metzler, de Ballenberg. Ils s'emparèrent de Mergentheim, et forcèrent plusieurs comtes, barons et chevaliers de se réunir à eux. Les sujets des comtes de Hohenlohe, déjà révoltés, vinrent les joindre. Les comtes de Hohenlohe ayant reçu des paysans des lettres de sûreté, scellées avec une pièce d'argent à l'effigie du comte Palatin, une conférence eut lieu, et les comtes promirent pour cent et un an d'observer *les douze articles*. En signe de joie les paysans tirèrent deux mille coups de fusil. Plusieurs nobles se joignirent volontairement aux paysans; d'autres y furent contraints par la force. La ville de Landau entra dans leur ligue. En même temps les paysans des environs d'Heilbronn se soulevèrent, et après quelques courses, se joignirent à la première troupe. Plusieurs villes les appelèrent et leur ouvrirent les portes.

Le traité fait par les paysans avec le vicaire de l'Électeur de Mayence, fut signé de Goetz de Berlichingen et de Georges Metzler, de Ballenberg. Les paysans envoyèrent huit de leurs chefs prendre le serment de tous les habitants du diocèse de Mayence. Le clergé de ce diocèse dut leur payer en quatorze jours quinze mille florins d'or. Les paysans du Rhingau, opprimés par l'abbé d'Erbach, se soulevèrent vers la même époque. Le vicaire de l'Électeur de Mayence ayant souscrit à leurs demandes, ce tumulte s'apaisa.

Voici en substance les demandes des paysans du Rhingau. — Les ministres seront élus. Ils vivront de la trentième partie du vin et du blé que la communauté lèvera sur chacun; s'il en reste quelque chose, on le gardera pour les pauvres et pour les dépenses de la communauté. — Égalité des charges pour tous, à moins que l'on ne prouve, par des actes authentiques, les privilèges et exemptions auxquels on prétend. — Point d'impôt pour celui qui vendra le vin de sa vigne; le revendeur seul paiera. — Point d'excommunication dans les causes séculières. — La servitude sera abolie. — On refusera logement aux Juifs à cause de leurs indignes usures; le juge ne fera aucune exécution à raison d'usures, mais recherchera quel était le capital.

Que le commerce des bois de construction soit libre comme il l'a toujours été, et que ceux de Mayence n'y mettent point obstacle. — Personne ne sera plus reçu dans les monastères; tous auront permission d'en sortir. — Le seigneur ne pourra plus intervenir, même indirectement, dans les procès. — Le magistrat du lieu veillera sur tous les besoins des veuves, des orphelins et des pupilles. — Les pâturages, les rivières seront libres, ainsi que la chasse, en respectant toutefois les privilèges du magistrat et du prince. — Le juge sera soumis aux mêmes charges que les autres citoyens nobles ou non nobles. — On ne jugera point selon le droit canonique dans les causes séculières, mais selon la coutume du lieu. — Que personne ne revendique la propriété des forêts. — Si la communauté du Rhingau arrête quelques autres articles, ils devront être acceptés de ceux d'Erbach. (Gnodalius, apud Schardt, *Rerum germanic. script.*, vol. II, p. 142-3.)

L'insurrection avait fait de grands progrès en Alsace; le duc Antoine de Lorraine, défenseur ardent de l'Église, rassembla un corps de troupes, formé principalement des débris de la bataille de Pavie, et tomba sur les paysans le 18 mai 1525, près de Lupfenstein. Il les défit, brûla le bourg de Lupfenstein avec tous ses habitants, prit Saverne, où un grand nombre de paysans s'étaient retirés, et battit, quelques jours après, un troisième corps d'insurgés près de Scherweiler. Plusieurs historiens portent au delà de trente mille le nombre des paysans qui périrent en ces trois rencontres. Trois cents prisonniers furent décapités. (D. Calmet, *Histoire de la Lorraine*, I, p. 495 et suiv.; Hottinger, *Hist. de la Suisse*, p. 28, II; Sleidan, p. 115.)

Le général Georges de Frundsberg, qui s'était distingué à la bataille de Pavie et que l'archiduc Ferdinand rappela en Allemagne pour terminer la guerre, n'imita point les cruautés des autres chefs. Les paysans étaient retranchés près de Kempten. Sûr de les accabler par la supériorité de ses forces, il évita l'effusion du sang. Il contint l'impatience de son collègue Georges de Waldbourg, et fit secrètement exhorter les paysans à se disperser dans les forêts et les montagnes. Ils le crurent, et ce fut leur salut. (Wachsmuth, p. 137.)

Une chanson franconienne, faite après la guerre des paysans, avait pour devise :

« Gare à toi, paysan, mon cheval te renverse. »

C'était la contre-partie du chant de guerre des Dithmarsen, après qu'ils eurent défait la *garde noire* :

« Gare à toi, cavalier, voilà le paysan. »

Les paysans soulevés avaient en général adopté pour signe une croix blanche. Certains corps avaient des bannières sur lesquelles était représentée la roue de la fortune[1]. D'autres avaient des sceaux sur lesquels on voyait un soc de charrue avec un fléau, un râteau ou une fourche, et un sabot placés en croix. (Gropp, *Chronique de Wurtzbourg*, I, 97. Wachsmuth, p. 36.)

Il parut en 1525 un violent pamphlet anonyme intitulé : « A *l'Assemblée de tous les paysans*. » Ce pamphlet, publié dans l'Allemagne méridionale, porte sur le titre une roue de la fortune, avec cette inscription en vers allemands :

« Le moment est venu pour la roue de fortune,
« Dieu sait d'avance qui gardera le haut. »
« Paysans, | « Romanistes,
« Bons chrétiens. » | « Sophistes. »

Plus bas :

« Qui nous fait tant suer ?
« L'avarice des seigneurs. »

Et à la fin :

« Tourne, tourne, tourne,
« Bon gré, mal gré, tu dois tourner. »

(Strobel, *Mémoires sur la littérature du seizième siècle*, II, p. 44. Wachsmuth, p. 55.)

Les paysans s'étaient vantés que leur conseil général durerait cent et un an. — Après la prise de Weinsberg, ils décidèrent dans ce conseil de ne plus accorder la vie à aucun prince, comte, baron, noble, chevalier, prêtre, ou moine, « en un mot à aucun des hommes qui vivent dans l'oisiveté ». En effet, ils massacrèrent tous les nobles faits prisonniers, pour venger, disaient-ils, la mort de

---

1. Des témoignages précis font voir que ce n'étaient pas des roues de charrues comme symboles de l'agriculture.

leurs frères de Souabe... Parmi ces nobles tués par les paysans, se trouvait le mari d'une fille naturelle de l'empereur Maximilien ; ils la conduisirent elle-même à Heilbronn dans un tombereau à fumier. Ils détruisirent un grand nombre de couvents ; dans la seule Franconie deux cent quatre-vingt-treize monastères ou châteaux furent dévastés.

Lorsqu'ils pillaient un château ou un monastère, ils ne manquaient jamais de courir d'abord au cellier pour y boire le vin, puis ils se partageaient entre eux les ornements d'église et les habits pontificaux. (Haarer (Petrus Crinitus), apud Freher, III, 242-6.) — Au monastère d'Erbach, dans le Rhingau, il y avait une immense cuve, contenant quatre-vingt-quatre grands muids de vin. Elle était pleine quand les paysans arrivèrent ; ils n'en laissèrent pas un tiers. (Cochlœus, p. 108.)

Ils forçaient les seigneurs de leur envoyer leurs paysans. Le conseil commun, leur écrivaient-ils, a décidé que vous réuniriez votre peuple et que vous nous enverriez les hommes, après les avoir armés. Si vous ne le faites, tenez pour certain que vous serez très incertain de votre vie et de vos biens. — (Haarer, apud Freher, t. III, p. 247.)

Les femmes prirent part à la guerre des paysans. Du côté de Heilbronn, elles marchaient réunies sous une bannière. (Jæger, *Histoire de Heilbronn*, II, p. 34.)

« Quand les paysans menèrent le comte de Lœwenstein par Weinsberg, il fut respectueusement salué d'un passant. Un vieux paysan, qui le vit, s'avança aussitôt avec sa hallebarde et dit au passant : « Pourquoi t'inclines-tu ? Je vaux autant que lui. » (Jæger, *Histoire de Heilbronn*, II, p. 32.) — Les paysans s'amusaient à faire ôter les chapeaux aux nobles devant eux.

Les paysans de l'évêché de Wurtzbourg, conduits par un homme de tête, nommé Jacques Kohl, demandèrent que les châteaux fussent démolis et qu'aucun noble ne pût avoir de cheval de guerre. Ils voulaient que les nobles n'eussent d'autre droit que le droit commun. (Stumpf, *Faits mémorables de l'histoire de la Franconie*, t. II, 44. Wachsmuth, p. 58, 72.)

« Lorsque Münzer était à Zwickau, il vint trouver une belle fille, et lui dit qu'il était envoyé vers elle par une voix divine pour dormir avec elle ; sans cela il ne pouvait enseigner la parole de de Dieu. La fille l'avoua en confession sur son lit de mort. (*Tischred.*, p. 292.)

« Münzer établissait des degrés dans l'état du chrétien, 1° le dégrossissement (entgrobung) pour celui qui se dégageait des péchés les plus grossiers, la gourmandise, l'ivrognerie, l'amour des femmes ; 2° l'état d'étude, lorsqu'on pensait à une autre vie et qu'on travaillait à s'améliorer ; 3° la contemplation, c'est-à-dire les méditations sur les péchés et sur la grâce ; 4° l'ennui, c'est-à-dire l'état où la crainte de la loi nous rend ennemis de nous-mêmes et nous inspire le regret d'avoir péché ; 5° *Suspensionem gratiæ*, le profond abandon, la profonde incrédulité, et le désespoir tel que celui de Judas ; ou au contraire, l'abandon de la foi en Dieu, lorsque l'on se met à sa disposition, et qu'on le laisse faire... Il m'écrivit une fois à moi et à Mélanchton : « J'aime assez que vous autres de Wittemberg, vous attaquiez ainsi le pape ; mais vos prostitutions que vous appelez mariages, ne me plaisent guère. » Il enseignait qu'un homme ne doit point coucher avec sa femme à moins d'être préalablement assuré par une révélation divine qu'il engendrera un enfant saint ; sans cela c'était commettre un adultère avec sa femme. » (*Tischreden*, p. 292-3.)

Münzer était très instruit dans les Lettres sacrées. — Il avait reçu sa doctrine, disait-il, par des révélations divines, et il n'enseignait rien au peuple, il n'ordonnait rien qui ne vînt de Dieu même. Il avait été chassé de Prague et de plusieurs autres villes. Fixé à Alstet en Saxe, il déclama contre le pape, et, ce qui était plus dangereux, contre Luther même. — L'Écriture, disait-il, promet que Dieu accordera ce qui lui est demandé ; or, il ne peut refuser un signe à celui qui cherche la vraie connaissance. Cette recherche est agréable à Dieu, et nul doute qu'il ne déclare sa volonté par quelque signe certain. Il ajoutait que Dieu lui ferait entendre à lui-même sa parole, ainsi qu'il avait fait pour Abraham, et que si Dieu refusait de communiquer avec lui comme il avait communiqué avec les patriarches, il lancerait des traits contre lui (?), *tela in se ipsum conjecturum*. Il disait que Dieu manifestait sa volonté par les songes. (Gnodalius, ap. *Rer. germ. scrip.*, II, p. 151.)

Pendant que Münzer exhortait les paysans, avant le combat de Frankenhausen, un arc-en-ciel parut au-dessus d'eux. Comme les paysans avaient cet emblème sur leur bannière, ils se crurent dès lors assurés de la victoire. (*Hist. de Münzer*, par Mélanchton ; *Luth. Werke*, t. II, p. 405.)

Page 150. — *Luther ne pouvait garder le silence...*
Dès l'année 1524, il avait exhorté l'électeur Frédéric et le duc Jean à prendre des mesures vigoureuses contre les paysans en révolte.

« ... Jésus-Christ et ses apôtres n'ont point renversé les temples ni brisé les images. Ils ont gagné les esprits par la parole de Dieu, et les images, les temples sont tombés d'eux-mêmes. Imitons leur exemple. Songeons à détacher les esprits des couvents et de la superstition. Qu'ensuite les autorités fassent des couvents et des images délaissés ce que bon leur semblera. Que nous importe que les bois et les pierres subsistent, si les esprits sont affranchis ?... Ces violences peuvent être bonnes pour des ambitieux qui veulent se faire un nom, jamais pour ceux qui recherchent le salut des âmes... » (21 août 1524.)

Page 150. — *Exhortation à la paix...*
« *Exhortation sincère du docteur M. Luther à tous les chrétiens pour qu'ils se gardent de l'esprit de rébellion.* (1524.) — « L'homme du peuple, tenté hors de toute mesure, et écrasé de charges intolérables, ne veut ni ne peut plus supporter cela, et il a de bonnes raisons pour frapper du fléau et de la massue, comme *Jean de la pioche* menace de faire... Je suis charmé de voir que les tyrans craignent. Quant à moi, menace ou craigne qui voudra, etc.

« C'est l'autorité séculière et les nobles qui devraient mettre la main à l'œuvre (à l'œuvre de réforme); ce qui se fait par les puissances régulières ne peut être pris pour sédition. »

Après avoir dit qu'il fallait une insurrection spirituelle et non temporelle : « Eh bien! répands, aide à répandre le Saint-Évangile; enseigne, écris, prêche que tout établissement humain n'est rien; dissuade tout le monde de se faire prêtre papiste, moine, religieuse; à tous ceux qui sont là-dedans, conseille-leur d'en sortir; cesse de donner de l'argent pour les bulles, les cierges, les cloches, les tableaux, les églises; dis-leur que la vie chrétienne consiste dans la foi et la charité. Continuons deux ans de la sorte, et tu verras ce que seront devenus pape, évêques, cardinaux, prêtraille, moines, religieuses, cloches, tours d'églises, messes, vigiles, soutanes, chapes, tonsures, règles, statuts, et toute cette vermine, tout ce bourdonnement du règne papal. Tout aura disparu comme fumée. »

Après avoir recommandé la douceur et la patience envers les faibles d'esprits qu'on veut éclairer, Luther continue : « Si ton frère avait le cou cruellement serré d'une corde, et que, venant à son secours, tu tirasses la corde avec violence ou que tu y portasses précipitamment ton couteau, n'étranglerais-tu pas, ne blesserais-tu pas ton frère? Tu lui ferais plus de mal que la corde et l'ennemi qui l'aurait lié. Si tu veux le secourir, attaque l'ennemi ; la corde, tu la toucheras avec précaution jusqu'à ce qu'elle soit ôtée. C'est ainsi qu'il faut t'y prendre. Ne ménage pas les fourbes et les tyrans endurcis, porte-leur des coups terribles, puisqu'ils ne veulent point écouter ; mais les simples qu'ils ont cruellement garrottés des liens de leur fausse doctrine, tu les traiteras tout autrement, tu les délieras peu à peu, tu leur diras la raison et la cause de tout, et tu les affranchiras ainsi avec le temps... Tu ne peux être assez dur envers les loups, assez doux envers les faibles brebis. »

Page 175. — *On s'étonne de la dureté avec laquelle Luther parle de leur défaite...*
A Jean Rühel, beau-frère de Luther. — « C'est chose lamentable qu'on en finisse ainsi avec ces pauvres gens (les paysans). Mais comment faire ? Dieu veut qu'il se répande une terreur dans le peuple. Autrement, Satan ferait pis que ne font maintenant les princes. Il faut bien préférer le moindre mal au plus grand... » (23 mai 1525.)

« ... Ce qui me porte surtout à écrire si violemment contre les paysans, c'est que je suis révolté de les voir entraîner les timides de force, et précipiter ainsi des innocents dans les châtiments de Dieu. » (30 mai 1525.)

Page 176. — *Luther intercéda... et obtint... qu'il pût s'établir à Kemberg...*
Carlostad, après avoir obtenu la permission de rester à Kemberg, ne s'y tint pas tranquille, comme il l'avait promis. Il fit imprimer et répandre clandestinement, sans nom d'auteur, différents écrits contre Luther, et s'adressa en même temps au chancelier Brück pour se plaindre des torts que son ancien adversaire aurait eus envers lui. Luther, en ayant été instruit, écrivit au chancelier pour lui exposer ce qui s'était passé entre lui et Carlostad, et ce qu'il pensait de ce dernier (24 sept. 1528.) « ... En vérité, dit-il, je ne sais que répondre à de pareils griefs. Au moindre mal, au moindre désagrément qui lui arrive, il faut que Luther en soit la cause... Par compassion, j'avais bien voulu qu'il vînt m'exposer ses scrupules, et j'avais tâché d'y répondre à son contentement : il m'en faisait des remerciements, et cependant j'ai vu depuis par une de ses lettres à Schwenkfeld, qu'il se raillait de ma bonne volonté et de ma compassion. Depuis ce temps mon cœur s'est détourné de lui...

« Si on ne le surveille de plus près, pour l'empêcher de faire imprimer ces écrits anonymes (qu'on sait bien être de lui), qui croira à la longue que ce soit sans le consentement de notre gracieux seigneur, et à notre insu, que Carlostad séjourne parmi nous? D'un autre côté, s'il sortait de l'Électorat, il exciterait probablement des troubles, et l'on ne manquerait pas d'en rendre responsable notre seigneur, qui aurait pu les prévenir en retenant sous sa main cet homme dangereux. Le souvenir de Münzer me fait peur... Mon avis serait donc qu'on lui fît strictement observer le silence qu'il a juré de garder, et qu'on ne le laissât point sortir du pays jusqu'à nouvelle *décision*. Des paroles sévères suffiront, j'en suis sûr, car il est facile de lui imposer par un ton ferme et décidé. Quant à moi, je me trouve bien puni de l'avoir fait revenir parmi nous, et d'avoir si imprudemment convié Satan à ma table. »

Page 178. — *Luther exprime l'espoir que tout pourra encore bien tourner pour Carlostad...*
« Hier nous avons baptisé un fils de Carlostad, ou plutôt nous avons rebaptisé le baptême. Qui aurait cru, l'année dernière que ceux qui appelaient le baptême un bain de chien, le demanderaient aujourd'hui à leurs anciens ennemis? » (Février 1526.) Mais son retour n'était point sincère. « Il vit avec nous, nous espérions le ramener dans la bonne voie, mais le misérable s'endurcit de jour en jour. Toutefois la crainte lui ferme la bouche. » (28 novembre 1527.) Quelques mois plus tard il écrit à un de ses amis : « Cette vipère de Carlostad, que je tiens dans mon sein, remue et s'agite, mais n'ose sortir. Plût à Dieu que tes fanatiques l'eussent parmi eux et que j'en fusse délivré. » (28 juillet 1528.)

« Carlostad est absent depuis quelques semaines, on pense qu'il est allé retrouver les siens et chercher son nid. Qu'il aille, puisqu'il n'est point de bons procédés qui puissent le ramener. » (27 octobre 1527.) Carlostad ne put supporter longtemps la protection hautaine et menaçante de Luther; il s'enfuit aux Pays-Bas.

« Carlostad s'est arrêté en Frise joyeux et triomphant. Il a appelé sa femme à lui par une lettre de gloriole et de félicitations. » (6 mai 1529.)

Luther pria le chancelier de l'Électeur, Christian Bayer, de faire accorder à Carlostad un sauf-conduit : « La femme de Carlostad m'a prié instamment de m'employer auprès de mon gracieux seigneur pour obtenir un sauf-conduit à son mari, qui désirerait revenir parmi nous. Quoique j'aie peu de confiance dans le succès de cette demande, je n'ai pu cependant lui refuser mon appui. » (18 juillet 1529.)

Luther intitula l'un de ses écrits contre Carlostad : « *De la noble et gracieuse dame, dite l'habile intelligence du docteur Carlostad sur le point de l'Eucharistie.* » (*Luth. Werke*, t. II, p. 46.)

Page 178. — *Contre les princes...*

« Bons princes et seigneurs, vous êtes trop pressés de me voir mourir, moi qui ne suis qu'un pauvre homme ; vous croyez qu'après cela vous aurez vaincu. Mais si vous aviez des oreilles pour entendre, je vous dirais d'étranges choses : c'est que si Luther ne vivait, aucun de vous ne serait sûr de sa vie et de ses biens. Sa mort serait pour vous tous une calamité. Continuez toutefois joyeusement; tuez, brûlez; pour moi je ne céderai point, si Dieu le permet. Voilà qui je suis; cependant, je vous en supplie, soyez assez bons, quand vous m'aurez tué, pour ne pas me ressusciter et me tuer une seconde fois... Je n'ai pas affaire, je le vois, à des hommes raisonnables; toutes les bêtes de l'Allemagne sont lâchées contre moi, comme des loups ou des porcs qui me doivent mettre en lambeaux... J'ai voulu vous avertir, mais cet avis vous sera certainement inutile; Dieu vous a frappés d'aveuglement. » (Passage de Luther cité par Cochlœus, p. 87.)

Page 181 — *Bucer... dissimula quelque temps ses opinions aux yeux de Luther...*

Le 25 mai 1524, Luther écrivait à Capiton : « Il y a des gens qui s'obstinent à affirmer que je condamne votre manière d'agir, à toi et à Bucer... Sans doute ces vains bruits sont nés de cette lettre que je t'adressai, que l'on a depuis tant de fois imprimée, et qu'on vient même de traduire en allemand. C'est ce qui me détourne presque d'écrire des lettres, quand je vois qu'on me les enlève ainsi malgré moi pour la presse, tandis qu'il y a beaucoup de choses qu'on peut et qu'on doit s'écrire entre amis, mais que l'on ne veut voir répandre dans le public. »

Le 14 octobre 1539, il écrit à Bucer : « Tu salueras respectueusement pour moi J. Sturm et J. Calvin, dont j'ai lu les livres avec un singulier plaisir. »

Page 181 — *Zwingli, Œcolampade...*

« Œcolampade et Zwingli ont dit : « Nous restons en paix avec Luther, parce qu'il est le premier par qui Dieu ait donné l'Évangile; mais après sa mort nous ferons valoir de nouveau nos opinions. » Ils ne savaient pas qu'ils dureraient moins que Luther. »

« Luther disait qu'on devait se contenter de mépriser ce misérable Campanus et ne point écrire contre lui. Alors Mélanchton se mit à dire que son avis était qu'on devait le pendre, et qu'il en avait écrit à son maître l'Électeur.

« Campanus croit savoir plus de grec que Luther et que Pomeranus. Le chrétien est, selon lui, un homme parfait et infaillible ; il fait de l'homme une bûche, comme les stoïciens. Si nous ne sentions aucun combat en nous, je ne voudrais pas donner un liard de toutes les prédications et des sacrements. » (*Tischreden.*)

Zwingli ose dire : « Nous voulons dans trois ans avoir dans notre parti la France, l'Espagne et l'Angleterre. — *** introduit ses livres sous notre nom de Suisse en France, de sorte que plusieurs villes en sont infectées... J'ai plus d'espérance dans ceux de Strasbourg. »

« Œcolampade était d'abord un brave homme ; mais il a pris ensuite de l'amertume et de l'aigreur. Zwingli a été un homme gai et aimable, et pourtant il est devenu triste et sombre. » (*Tischreden*, p. 283.)

« Après avoir entendu Zwingli à la conférence de Marbourg, je l'ai jugé un homme excellent, ainsi qu'Œcolampade... J'ai été très affligé de te voir publier le livre de Zwingli au *Roi très-chrétien*, avec force louanges pour ce livre, tandis que tu savais qu'il contenait beaucoup de choses qui ne déplaisent pas seulement à moi, mais à tous les gens pieux. Non que j'envie l'honneur qu'on rend à Zwingli, dont la mort m'a causé tant de douleur, mais parce qu'aucune considération ne doit porter préjudice à la pureté de la doctrine. » (14 mai 1538.)

Page 181 — *Je connais assez l'iniquité de Bucer...*

« Maître Bucer se croyait autrefois bien savant ; il ne l'a jamais été, car il écrit dans un livre que tous les peuples ont une seule religion et sont ainsi sauvés. Certes, cela s'appelle extravaguer. » (*Tischreden.*)

On apporta au docteur Luther un grand livre qu'avait écrit un Français nommé Guillaume Postellus, sur l'*Unité dans le Monde*. Il s'y donnait beaucoup de peine pour prouver les articles de la foi par la raison et la nature, afin de pouvoir convertir les Turcs et les Juifs et amener tous les hommes à une même foi. Le docteur dit à ce sujet : « C'est prendre trop pour un morceau. On a déjà écrit de pareils livre sur la théologie naturelle. Il en est advenu à cet auteur selon le proverbe : Les Français ont peu de cervelle. Il viendra encore des visionnaires qui entreprendront d'accorder tous les genres d'idolâtrie avec une apparence de foi et l'excuser ainsi. » (*Tischreden*, 68, verso.)

Bucer essaya plusieurs fois de se rapprocher de Luther. « Je puis bien pour ce qui me regarde user de patience avec vous, lui écrivit Luther, et croire que vous ne pouvez revenir si brusquement; mais j'ai dans le pays de grandes multitudes d'hommes (comme vous l'avez vu à Smalkalde) que je ne tiens pas tous dans la main. Nous ne pouvons souffrir, en aucune manière, que vous prétendiez n'avoir point erré, ou que vous disiez que nous ne nous sommes point entendus. Le meilleur pour vous serait ou d'avouer franchement, ou de garder le silence en enseignant désormais la bonne doctrine. Il y en a de notre côté qui ne peuvent souffrir vos détours, comme Amsdorf, Osiander, et encore d'autres. » (1532.)

Il y eut après la révolte des anabaptistes, 1535, de nouvelles tentatives pour réunir les églises réformées de Suisse, d'Alsace et de Saxe dans une même confession. Luther écrit à Capiton (Kœpstein), ami de Bucer et ministre de Strasbourg : « Ma Catherine te remercie de l'anneau d'or que tu lui as envoyé. Je ne l'ai jamais vue plus fâchée que quand elle s'est aperçue qu'on le lui avait volé, ou qu'elle l'avait perdu par négligence, ce que je ne puis croire, quoiqu'elle le répète sans cesse. Je lui avais persuadé que ce don lui était envoyé comme un heureux gage de la concorde future de votre église avec la nôtre : la pauvre femme est tout affligée. » (9 juillet 1537.)

Page 184. — *Je ne puis t'accuser d'entêtement...*

« J'ai quelque chose qui défendra ma cause, lors même que le monde entier extravaguerait contre moi : c'est ce qu'Érasme appelle mon entêtement à affirmer (*pervicacia asserendi*). » (1ᵉʳ octobre 1523.)

Page 186. — *De libero Arbitrio...*

« Tu dis moins, mais tu accordes plus au libre arbitre que tous les autres ; car tu ne définis point le libre arbitre, et pourtant tu lui donnes tout. J'accepterais plus volontiers ce que nous disent sur ce point les sophistes et leur maître Pierre Lombard, pour qui le libre arbitre n'est que la faculté de discerner et de choisir le bien, si l'on est soutenu par la grâce, le mal, si la grâce nous manque. Pierre Lombard croit avec Augustin que le libre arbitre, s'il n'a rien qui le dirige, ne peut que conduire l'homme à sa chute, qu'il n'a de force que pour le péché. Aussi Augustin, dans son second livre contre Julien, l'appelle le *serf arbitre*, plus que le *libre arbitre*. (*De servo Arbitrio*, p. 477, verso.)

Page 136. — *Il reconnut que la véritable question venait d'être posée... Il hésita quelque temps à répondre...*

« On ne saurait croire combien j'ai de dégoût pour ce traité du *Libre arbitre*; je n'en ai encore lu que quelques pages... C'est un grand ennui que de répondre à un si savant livre d'un si savant personnage. » (1er novembre 1524.)

Cependant il ne pouvait laisser passer ce livre sans réponse. « J'ai tué, dit-il quelque part, par mon silence, Eck, Emser, Cochlœus. » Mais avec Érasme il n'en pouvait être ainsi : son immense réputation rendait une réfutation nécessaire. Luther se mit bientôt à l'œuvre : « Je suis tout entier dans Érasme et le libre arbitre, et je ferai en sorte de ne pas lui laisser un seul mot de juste, comme il est vrai qu'il n'en a pas dit un seul. » (28 septembre 1525.)

Page 186. — *Il n'y a plus ni Dieu ni Christ...*

« Si Dieu a la prescience, si Satan est le prince du monde, si le péché originel nous a perdus, si les Juifs, cherchant la justice, sont tombés dans l'injustice, tandis que les Gentils, cherchant l'injustice, ont trouvé la justice (*gratis et insperato*), si le Christ nous a rachetés par son sang, il n'y a point de libre arbitre ni pour l'homme ni pour l'ange. Autrement le Christ est superflu, ou bien il faut admettre qu'il n'a racheté que la partie la plus vile de l'homme. » (*De servo Arbitrio*, p. 525, verso.)

Page 188. — *Plus Luther se débat...*

Poussé par la contradiction, Luther arrive à soutenir les propositions suivantes : La grâce est donnée gratuitement aux plus indignes, aux moins méritants; on ne peut l'obtenir par des études, des œuvres, des efforts petits ou grands; elle n'est pas même accordée au zèle ardent du meilleur, du plus vertueux des hommes, qui cherche et suit la justice. (*De servo Arbitrio*, p. 520.)

Page 188. — *Jusqu'à son dernier jour, le nom d'Érasme*, etc.

« Ce que tu m'écris d'Érasme, qu'il écume contre moi, je le sais, et je l'ai bien vu par ses lettres... C'est un homme très léger, qui se rit de toutes les religions, comme son Lucien, et qui n'écrit rien de sérieux, si ce n'est par vengeance et pour nuire. » (28 mai 1529.)

« Érasme se montre digne de lui-même, en poursuivant ainsi le nom luthérien, qui fait sa sûreté. Que ne s'en va-t-il chez ses Hollandais, ses Français, ses Italiens, ses Anglais, etc.?... Il veut par ces flatteries se préparer un logement, mais il n'en trouvera pas et tombera à terre entre deux selles. Si les luthériens l'avaient haï comme les siens le haïssent, ce ne serait qu'au péril de ses jours qu'il vivrait à Bâle. Mais que le Christ juge cet athée, ce Lucien, cet Épicure. » (7 mars 1529.)

Cette lettre se rapporte probablement à la publication suivante : *Contra quosdam qui se falso jactant Evangelicos, epistola Desid. Erasmi Rot. jam recens edita et scholiis illustrata. Ad Vulturium Neocomum dat.* (Frib. 1529, in-8°.)

Page 188. — *Ces détours et la conduite équivoque d'Érasme n'allaient point à l'énergie de Luther.*

« Je te vois, mon cher Érasme, te plaindre dans tes écrits de ce tumulte, et regretter la paix, la concorde, que nous avons perdues. Cesse de te plaindre, de chercher des remèdes. Ce tumulte, c'est par la volonté de Dieu qu'il s'est élevé et qu'il dure encore; il ne cessera pas avant que tous les adversaires de la parole de Dieu soient devenus comme la boue de nos carrefours. » (*De servo Arbitrio*, p. 465.)

Page 191. — *Mariage de Luther...*

Luther, en prêchant le mariage des prêtres, ne songeait qu'à mettre fin au honteux démenti qu'ils donnaient chaque jour à leur vœu de chasteté; il ne s'avisait point alors qu'un prêtre marié pût préférer sa famille selon la chair à celle que Dieu et l'Église lui ont donnée. Mais lui-même ne put toujours se soustraire à ces sentiments égoïstes du père de famille; il lui échappe parfois des paroles qui forment un fâcheux contraste avec la charité et le dévouement, tels que les prêtres catholiques les ont compris et souvent pratiqués. « Il suffit, dit-il dans une instruction à un pasteur, que le peuple communie trois ou quatre fois par an, et publiquement. La communion donnée séparément aux particuliers deviendrait un poids trop lourd pour les ministres, surtout en temps de peste. Il ne faut point d'ailleurs rendre ainsi l'Église, avec ses sacrements, l'esclave de chacun, surtout de ceux qui la méprisent et veulent cependant qu'à tout événement l'Église soit prête pour eux, eux qui ne font jamais rien pour elle. » (26 novembre 1539.)

Cependant il se conduisait lui-même d'après d'autres maximes. Il montra dans les circonstances graves une charité héroïque.

« Ma maison devient un hôpital. Tous étant frappés d'effroi, j'ai reçu chez moi le pasteur (dont la femme venait de mourir) et toute sa famille. » (4 novembre 1527.)

« Le docteur Luther parlait de la mort du docteur Sébald et de sa femme, qu'il avait visités et touchés dans leur maladie. « Ils sont morts, disait-il, de chagrin et d'inquiétude plutôt que de la peste. » Il retira leurs enfants dans sa maison; et comme on lui faisait entendre qu'il tentait Dieu : « Ah! dit-il, j'ai eu de bons maîtres qui m'ont appris ce que c'était que tenter Dieu. »

La peste étant dans deux maisons, on voulait séquestrer un diacre qui y était entré. Luther ne le voulut pas, par confiance en Dieu et de crainte d'effrayer. (Décembre 1538. *Tischreden*, p. 356.)

Page 191. — *Préoccupé de soins matériels...*

A Spalatin. « Tout pauvre que je suis, je t'aurais renvoyé cette belle orange d'or que tu avais donnée à ma femme, si je n'avais craint de t'offenser.

« Saluta tuam conjugem suavissime; verum et id tum facias cum in thoro suavissimis amplexibus et osculis Catharinam tenueris, ac sic cogitaveris : En hunc hominem, optimam creaturulam Dei mei, donavit mihi Christus meus; sit illi laus et gloria! » (6 décembre 1525.)

« Salutabis tuum Dictative multis basiis, vice mea et Johannelli mei, qui hodie didicit flexis poplitibus solus in omnem angulum cacare, imo cacavit vere in omnem angulum miro negotio. — Salutat te mea Ketha et orare pro se rogat, puerpera propediem futura; Christus assit. » (19 octobre 1527.) — « Filiolam aliam habeo in utero. » (8 avril 1528.) — « Mon petit Jean est gai et fort; c'est un petit homme vorace et *bibace*. » (Mai 1527.) — « Salue pour moi ce gros mari de Melchior, à qui je souhaite une femme soumise, qui, le jour, le mène sept fois par les cheveux autour de la place publique, et la nuit, l'étourdisse trois fois de paroles conjugales, comme il le mérite. » (10 février 1525.)

« Nous buvons d'excellent vin de la cave du prince, et nous deviendrions de parfaits évangéliques, si l'Évangile nous engraissait de même. » (8 mars 1523.)

Lettre à J. Agricola (dont la femme allait accoucher). — « Tu donneras une pièce d'or au nouveau-né, et une autre à l'accouchée, pour qu'elle boive du vin et qu'elle ait du lait. Si j'avais été présent, j'eusse servi de compère. De la région des oiseaux, 1521. »

Les lettres de cette époque se terminent d'ordinaire par quelques-uns de ces mots : *Mea costa, dominus meus, imperatrix mea Ketha te salutat*. Ma chère côte, mon maître, mon impératrice Ketha te salue.

« Ketha, mon seigneur, était dans son nouveau royaume, à

Zeilsdorf (petit bien que possédait Luther), quand tes lettres sont arrivées. »

Il écrit à Spalatin : « Mon Ève demande tes prières pour que Dieu lui conserve ses deux enfants et lui accorde d'en concevoir et d'en enfanter heureusement un troisième. » (15 mai 1528.)

Cochlœus appelle la femme de Luther : *dignum ollæ operculum* (page 73).

Luther prie Nicolas Amsdorf d'être parrain de sa fille Magdalena (5 mai 1529) : « Digne Seigneur! le Père de toute grâce nous a accordé, à moi et à ma bonne Catherine, une chère petite enfant. Dans cette circonstance qui nous rend si joyeux, nous vous prions de remplir un office chrétien et d'être le père spirituel de notre pauvre petite païenne, pour la faire entrer dans la sainte communauté des chrétiens, par le divin sacrement du baptême. Que Dieu soit avec vous! »

Luther eut trois fils, Jean, Martin, Paul, et trois filles, Élisabeth, Madeleine, Marguerite. Les deux premières de ses filles moururent jeunes, l'une à l'âge de huit mois, l'autre à treize ans. On lisait sur le tombeau de la première : *Hic dormit Elisabetha, filiola Lutheri*.

La descendance mâle de Luther s'éteignit en 1759. (Ukert, I, p. 92.)

Il y a dans l'église de Kieritzsch (village saxon), un portrait de la femme de Luther en plâtre, portant l'inscription suivante : *Catarina Lutheri gebohrne von Bohrau*, 1540. Ce portrait avait appartenu à Luther. (Ukert, I, 364.)

Page 192. — *Cette période d'atonie...*

Il s'indigne à son tour contre les prédicateurs trop véhéments. « Si N***, écrit-il à Hansman, ne peut se modérer, je le ferai chasser par le prince.

« Je vous avais déjà prié, dit-il au même prédicateur, de prêcher paisiblement la parole de Dieu, en vous abstenant de personnalités et de tout ce qui peut troubler le peuple sans aucun fruit... Vous parlez trop froidement du sacrement et restez trop longtemps sans communier. » (10 février 1528.)

« Il nous est arrivé de Kœnigsberg un prédicateur qui veut faire je ne sais quelles lois sur les cloches, les cierges et autres choses semblables... Il n'est pas bon de prêcher trop souvent; j'apprends que chaque dimanche on fait trois sermons à Kœnigsberg. Qu'est-il besoin? deux suffiraient; et pour toute la semaine, ce serait assez de deux ou trois. Lorsqu'on prêche chaque jour, on monte en chaire sans avoir médité son sujet, et l'on dit tout ce qui vient à la bouche ; s'il ne vient rien de bon, on dit des platitudes et des injures. — Plaise à Dieu de modérer les langues et les esprits de nos prédicateurs. Ce prédicateur de Kœnigsberg est trop véhément, il a toujours des paroles sombres, tragiques, et des plaintes amères pour les moindres choses. » (16 juillet 1528.)

« Si je voulais devenir riche, je n'aurais qu'à ne plus prêcher, je n'aurais qu'à me faire bateleur ; je trouverais plus de gens qui voudraient me voir pour de l'argent, que je n'ai d'auditeurs aujourd'hui. » (*Tischr.*, p. 186.)

Page 192. — *Honorons le mariage...*

Le 25 mai 1524, il écrivait déjà à Capiton et Bucer : « J'aime fort ces mariages que vous faites de prêtres, de moines et de nonnes ; j'aime cet appel des maris contre l'évêque de Satan, j'aime les choix qu'on a faits pour les paroisses. Que dirai-je ? je n'ai rien appris de vous dont je n'aie une joie extrême. Poursuivez seulement et avancez en prospérité... Je dirai plus, on a, dans ces dernières années, fait assez de concessions aux faibles. D'ailleurs, puisqu'ils s'endurcissent de jour en jour, il faut agir et parler en toute liberté. Je vais enfin songer moi-même à rejeter le froc, que j'ai gardé jusqu'à présent pour le soutien des faibles et en dérision du pape. » (25 mai 1524.)

Page 193. — *Je n'ai point voulu refuser de donner à mon père l'espoir d'une postérité...*

« L'affaire des paysans a rendu courage aux papistes et fait tort à la cause de l'Évangile ; il nous faut, nous aussi, porter plus haut la tête. C'est dans ce but que pour ne plus attester l'Évangile de paroles seulement, mais par mes actions, je viens d'épouser une nonne. Mes ennemis triomphaient, ils criaient : Io ! io ! J'ai voulu leur prouver que je n'étais pas encore disposé à faire retraite, quoique vieux et faible. Et je ferai d'autres choses encore, je l'espère, qui troubleront leur joie et appuieront mes paroles. » (16 août 1525.)

Le docteur Eck publia un recueil intitulé : *Epithalamia festiva in Lutherum, Hessum (Urbanum Regium) et id genus nuptiatorum*. On y trouve entre autres pièces une hymne de dix-neuf strophes, intitulée : *Hymnus paranymphorum*, et commençant par ces mots : *Io ! io ! io ! io ! gaudeamus cum jubilo*, etc.; une *Additio dithyrambica ad epithalamium Mart. Lutheri*, dans le même mètre ; un *Epithalamium Mart. Lutheri* en hexamètres commençant ainsi : *Dic mihi, musa, novum*, etc. Hasemberg fit sur le même sujet une satire intitulée : *Ludus ludentem Luderum ludens.*

Luther y répondit par différentes pièces dont le recueil fut imprimé sous le titre : *La fable du lion et de l'âne.*

Luther était à peine marié que ses ennemis répandirent le bruit que sa femme venait d'accoucher. Érasme accueillit ce bruit avec empressement et se hâta d'en faire part à ses correspondants; mais il se vit obligé plus tard de le démentir. (Ukert, I, 189-192.)

Page 196. — *Tous les jours les dettes nous enveloppent davantage...*

En 1527, il fut obligé de mettre en gage trois gobelets pour cinquante florins et d'en vendre un pour douze florins. Son revenu ordinaire ne s'éleva jamais au-dessus de deux cents florins de Misnie par an. — Les libraires lui avaient offert une somme annuelle de quatre cents florins, mais il ne put se résoudre à les accepter. — Malgré le peu d'aisance dont il jouissait, sa libéralité était extrême. Il donnait aux pauvres les présents de baptême destinés à ses enfants. Un pauvre étudiant lui demandant un jour quelque peu d'argent, il pria sa femme de lui en donner; mais celle-ci répondit qu'il n'y en avait plus dans la maison. Luther prit alors un vase d'argent et le remit à l'étudiant pour qu'il le vendît à un orfèvre. (Ukert, II, p. 7.)

« Je lui aurais volontiers donné de quoi faire sa route, si je n'étais accablé par la multitude des pauvres, qui, outre ceux de notre ville, accourent ici comme en un lieu célèbre. » (Avril 1539.)

« Je t'en supplie, mon cher Justus, par grâce, arrache du trésorier cet argent qu'il est si difficile d'avoir et que le prince a promis à G. Scharf... Tu donneras, s'il le faut, une quittance en mon nom. » (11 mai 1540.)

« Luther se promenant un jour avec le docteur Jonas et quelques autres amis, fit l'aumône à des pauvres qui passaient. Le docteur Jonas l'imita, en disant : « Qui sait si Dieu me le rendra? » Luther lui répondit : « Vous oubliez que Dieu vous l'a donné. » Le mot de Jonas indique fortement l'inutilité des œuvres qui résultait de la doctrine de Luther. (*Tisch.*, 144, verso.)

« Le docteur Pomeranus apporta un jour au docteur Luther cent florins dont un seigneur lui faisait présent, mais il ne voulut point les accepter; il en donna la moitié à Philippe et voulut rendre l'autre au docteur Pomeranus, qui n'en voulut pas. » (*Tisch.*, p. 59.)

« Je n'ai jamais demandé un liard à mon gracieux seigneur. »
(*Tischr.*, p. 53-60.)

Page 197. — *Je ne leur demande rien pour mon travail...*

« Un commerce légitime est béni de Dieu, comme lorsque l'on tire un liard de vingt; mais un gain impie sera maudit. Ainsi l'imprimeur *** a gagné beaucoup sur les livres que je lui ai fait imprimer; avec un liard il en gagnait deux... L'imprimeur Jean Grunenberger me disait consciencieusement : Seigneur docteur, cela rapporte beaucoup trop; je ne puis avoir assez d'exemplaires. C'était un homme craignant Dieu. Aussi a-t-il été béni de notre Seigneur. » (*Tischr.*, p. 62, verso.)

« Tu sais, mon cher Amsdorf, que je ne puis suffire à nos presses, et voilà que tout le monde me demande de cette pâture; il y a ici près de six cents imprimeurs. » (11 avril 1525.)

Page 207. — *Pourquoi m'irriterais-je contre les papistes? tout ce qu'ils me font est de bonne guerre...*

Ils cherchaient cependant, à ce qu'il semble, à se défaire de lui par le poison.

(Janvier et février 1525.) Luther parle, dans deux lettres différentes, de juifs polonais qui auraient été envoyés à Wittemberg pour l'empoisonner (*Judæi qui mihi venenum paravere*), moyennant le prix de 2,000 ducats. Comme ils ne dénoncèrent personne dans leur interrogatoire, on allait les mettre à la torture; mais Luther ne le souffrit point, et il s'employa même à les faire mettre en liberté, quoiqu'il n'eût aucun doute sur le nom de l'instigateur.

« Ils ont promis de l'or à ceux qui me tueraient; c'est ainsi qu'aujourd'hui combat, règne et triomphe le Saint-Siège apostolique, le régulateur de la foi, la mère des Églises. » (Cochlœus, p. 25.)

Un Italien de Sienne mangea avec le docteur Martin Luther, causa beaucoup avec lui et resta à Wittemberg quelques semaines, peut-être pour savoir comment les choses s'y passaient. (*Tischr.*, p. 416.)

Des tentatives d'un autre genre eurent aussi lieu.

« Mathieu Lang, évêque de Salzbourg, m'a recherché d'une manière si singulière, que sans l'assistance particulière de notre Seigneur, j'eusse été pris. En 1525, il m'envoya par un docteur vingt florins d'or, et les fit donner à ma Catherine, mais je n'en voulus rien prendre. C'est avec l'argent que cet évêque a pris tous les juristes, de sorte qu'ils disent ensuite : *Ah! c'est un seigneur qui pense bien*. Lui, cependant, se tient tranquille et rit en tapinois. Une fois il envoya à un curé qui prêchait l'Évangile, une pièce de Damas, pour qu'il se rétractât, et il dit ensuite : Est-il possible que ces luthériens soient de si grands fripons, qu'ils fassent tout pour de l'argent? » (*Tischreden*, p. 274, verso.)

Mélanchton, qui ne rompit jamais avec les lettrés de la cour pontificale, fut pendant quelque temps soupçonné d'avoir reçu des offres.

Un jour, on apporta une lettre de Sadolet à Sturmius, dans laquelle il flattait Mélanchton. Luther disait : « Si Philippe voulait s'arranger evec eux, il deviendrait aisément cardinal, et n'en garderait pas moins sa femme et ses enfants.

« Sadolet, qui a été quinze ans au service du pape, est un homme plein d'esprit et de science ; il a écrit à maître Philippe Mélanchton le plus amicalement du monde, à la manière de ces Italiens, peut-être dans l'espoir de l'attirer à eux, au moyen d'un cardinalat. Il l'a fait sans doute par l'ordre du pape, car ces messieurs sont inquiets ; ils ne savent comment s'y prendre. — Le même Sadolet n'a aucune intelligence de l'Écriture, comme on le voit dans son commentaire sur le psaume 51. Les papistes n'y entendent plus rien, ils ne sont plus capables de gouverner une seule Église ; ils se tiennent fiers et raides dans le gouvernement et crient : Les décisions des Pères ne comportent point de doute. »

Page 207. — *Persécution...*

« Aux chrétiens de la Hollande, du Brabant et de la Flandre (à l'occasion du supplice de deux moines augustins qui avaient été brûlés à Bruxelles).

« ... Oh! que ces deux hommes ont péri misérablement! Mais de quelle gloire ils jouiront auprès du Seigneur! C'est peu de chose que d'être outragé et tué par le monde pour ceux qui savent *que leur sang est précieux, et que leur mort est chère à Dieu*, comme disent les psaumes (116, 15). Qu'est-ce que le monde comparé à Dieu?... Quelle joie, quels délices les anges auront-ils ressenties, en voyant ces deux âmes! Dieu soit loué et béni dans l'éternité, de nous avoir permis, à nous aussi, de voir et entendre de vrais saints, de vrais martyrs, nous qui jusqu'ici avons adoré tant de faux saints! Vos frères d'Allemagne n'ont pas encore été dignes de consommer un si glorieux sacrifice, quoique beaucoup d'entre eux n'aient pas été sans persécutions. C'est pourquoi, chers amis, soyez allègres et joyeux dans le Christ, et tous, rendons-lui grâce des signes et miracles qu'il a commencé d'opérer parmi nous. Il vient de relever notre courage par de nouveaux exemples d'une vie digne de lui. Il est temps que le royaume de Dieu s'établisse, non plus seulement en paroles, mais en actions et en réalité... » (Juillet 1523.)

« La noble dame Argula de Staufen soutient sur cette terre un grand combat; elle est pleine de l'esprit, de la parole et de la science du Christ. Elle a envahi de ses écrits l'Académie d'Ingolstad, parce qu'on y avait forcé un jeune homme, nommé Arsacius, à une honteuse révocation. Son mari, qui est lui-même un tyran, et qui a maintenant perdu une charge à cause d'elle, hésite sur ce qu'il doit faire. Elle, elle est au milieu de tous ces périls avec une foi forte, mais, ainsi qu'elle me l'écrit elle-même, non pas sans que son cœur s'effraie. Elle est l'instrument précieux du Christ; je te la recommande, afin que le Christ confonde par ce *vase infirme* les puissants et ceux qui se glorifient dans leur sagesse. » (1524.)

A Spalatin. « Je t'envoie les lettres de notre chère Argula, afin que tu voies ce que cette femme pieuse endure de travaux et de souffrances. » (11 novembre 1528.)

La traduction de la Bible par Luther donna à tous envie de disputer; on vit jusqu'à des femmes provoquer les théologiens, et déclarer que tous les docteurs n'étaient que des ignorants. Il y en eut qui voulurent monter en chaire, et enseigner dans les églises. Luther n'avait-il pas déclaré que par le baptême tous devenaient prêtres, évêques, papes, etc.? (Cochlœus, p. 51.)

Page 208. — *On nous laisse périr de faim...*

Un jour qu'il était question, à la table de Luther, du peu de générosité que l'on montrait à l'égard des prédicateurs, il dit : « Le monde n'est pas digne de leur rien donner de bon cœur; il veut avoir des gueux et des criards impudents, tels que le frère Mathieu. Ce frère, à force de mendier, avait obtenu de l'Électeur la promesse qu'on lui achèterait une fourrure. Comme le trésorier du prince n'en faisait rien, le prédicateur dit en plein sermon, devant l'Électeur : « Où est donc ma fourrure? » L'ordre fut renouvelé au trésorier; mais celui-ci, différant encore de l'exécuter, le prédicateur parla de nouveau de sa fourrure, dans un autre sermon où l'Électeur était présent. « Je n'ai pas encore vu ma fourrure », dit-il, et c'est ainsi qu'il obtint à la fin ce qu'il désirait. » (*Tischreden*, p. 189, verso.)

Du reste, Luther se plaint lui-même du misérable état dans lequel se trouvent les ministres : « On refuse de les payer, dit-il, et ceux qui jadis prodiguaient des milliers de florins à chacun des fourbes sans nombre qui les abusaient, ne veulent pas aujourd'hui en donner cent pour un prêtre. » (1ᵉʳ mars 1531.)

« On a commencé à établir ici (à Wittemberg) un consistoire pour les causes matrimoniales, et pour forcer les paysans à observer quelque discipline et à payer les rentes aux pasteurs, chose qu'il faudra peut-être faire aussi à l'égard de quelques-uns de la noblesse et de la magistrature. » (12 janvier 1541.)

Page 208. — *Apparitions...*

« Joachim m'écrit qu'il est né à Bamberg un enfant à tête de lion, qui est mort promptement; qu'il a aussi apparu des croix au-dessus de la ville, mais que le bruit qui s'en répandait a été étouffé par les prêtres. » (22 janvier 1525.)

1525. « Les princes meurent en grand nombre cette année; c'est là peut-être ce qu'annonçaient tant de signes. » (6 septembre 1525.)

Page 211. — *Les Turcs...*

Luther crut voir d'abord dans les Turcs un secours que Dieu lui envoyait. « Ce sont, dit-il, les ministres de la colère divine, 1526. (*Præliari adversus Turcas est repugnare Deo, visitanti iniquitates nostras per illos.*) » — Il ne voulait point que les protestants s'armassent contre eux pour défendre les papistes, « car ceux-ci ne valent pas mieux que les Turcs ».

Il dit dans la préface qu'il mit à un livre du docteur Jonas, que les Turcs égalent les papistes, ou les surpassent plutôt, dans les choses que ceux-ci regardent comme essentielles au salut, telles que les aumônes, les jeûnes, les macérations, les pèlerinages, la vie monastique, les cérémonies et les autres œuvres extérieures, et que c'est pour cette raison que les papistes ne parlent pas du culte des mahométans. Il prend occasion de ceci pour élever au-dessus de ces pratiques mahométanes ou « romanistes, la religion pure du cœur et de l'esprit, enseignée par l'Évangile ».

Ailleurs, il fait un parallèle entre le pape et le Turc, et conclut ainsi : « S'il faut combattre le Turc, il faut aussi combattre le pape. » — Cependant quand il vit les Turcs menacer sérieusement l'indépendance de l'Allemagne, il exprima plusieurs fois le désir qu'on entretînt une armée permanente sur les frontières de la Turquie, et répéta souvent que tout ce qui portait le nom de chrétien devait implorer Dieu pour le succès des armes de l'Empereur contre les infidèles.

Luther exhorta l'Électeur, dans une lettre du 29 mai 1538, à prendre part à la guerre qui se préparait contre les Turcs. Il l'engagea à oublier les querelles intestines de l'Allemagne, pour tourner ses armes contre l'ennemi commun.

Un homme digne de foi, qui avait été en ambassade chez les Turcs, dit un jour à Luther que le sultan lui avait demandé quel homme était Luther, et de quel âge, et qu'ayant appris qu'il avait environ quarante-huit ans, il disait : Je voudrais qu'il ne fût pas si âgé; il a en moi un gracieux seigneur, dites-le-lui bien. « Que Dieu me préserve de ce gracieux seigneur, s'écria Luther, en faisant le signe de la croix. » (*Tischreden*, p. 432, verso.)

Page 213. — *Le landgrave... se croyant menacé, leva une armée...*

Luther, dans une lettre au chancelier Brück, dit, en parlant des préparatifs de guerre du landgrave : « Une pareille agression de la part des nôtres serait la plus grande honte pour l'Évangile. Ce ne serait point une révolte de paysans, mais une révolte de princes, qui préparerait à l'Allemagne les maux les plus terribles. Satan ne désire rien autant. » (Mai 1528.) Il écrivit plusieurs lettres dans le même sens à l'Électeur. — Cependant il est quelquefois tenté de lâcher lui-même la bride au landgrave. Ayant lu une lettre de Mélanchton, qui était au *Colloque*, il dit : « Ce que Philippe écrit, cela a des pieds et des mains, de l'autorité et de la gravité. Il dit des choses importantes en peu de mots; je conclus de sa lettre que nous avons la guerre..... Le lâche de Mayence fait tout le mal. Ils devraient nous donner une prompte réponse. Si j'étais le landgrave, je tomberais dessus, je périrais ou je les exterminerais, puisque dans une affaire si juste ils ne veulent pas nous donner la paix. » (*Tischreden*, p. 151.)

Page 213. — *Le duc Georges...*

Ce prince se montra de bonne heure opposé à la Réforme. Dès l'année 1525 (22 décembre), Luther avait écrit au duc pour le prier instamment de renoncer à ses persécutions contre la nouvelle doctrine. « ... Je me jette à vos pieds pour vous supplier de cesser enfin vos entreprises impies. Non que je craigne le préjudice qui en pourrait résulter pour moi, car je n'ai plus qu'à perdre ce misérable corps de chair, que dans tous les cas la terre va bientôt recevoir. Si je recherchais mon avantage, je ne devrais rien tant désirer que la persécution. On a vu comme elle m'a servi jusqu'ici au delà de toute attente. Si je prenais plaisir à rendre Votre Grâce malheureuse, je l'exciterais de toutes mes forces à continuer ses violences ; mais c'est mon devoir de songer au salut de Votre Grâce et de la supplier à genoux de cesser ses criminelles offenses envers Dieu et sa parole... »

Page 213. — *Le docteur Pack...*
« Mon cher Amsdorf, voici Otton Pack, pauvre exilé que j'offre à ta miséricorde ; il sera plus en sûreté à Magdebourg que chez moi ; je craindrais que le duc Georges ne me forçât de le remettre entre ses mains. » (29 juillet 1529.)

Page 214. — *Le grand-maître de l'ordre Teutonique avait sécularisé la Prusse...*
« Lorsque je parlai la première fois au prince Albert, comme il me consultait sur la règle de son ordre, je lui conseillai de mépriser cette règle stupide et confuse, de prendre femme et de réduire la Prusse à une forme politique, en principauté ou en duché. Philippe partageait cette opinion, et donnait le même conseil... Cela pourrait s'exécuter aisément, si le peuple de Prusse et les grands unissaient leurs prières pour qu'il osât l'entreprendre ; il aurait ainsi un motif nécessaire et puissant de faire ce qu'il désire... C'est à toi avec Speratus, Amandus et les autres ministres d'y amener le peuple, de l'enflammer, de l'animer pour qu'il invoque la main de Dieu, afin qu'au lieu de cette abominable principauté hermaphrodite, qui n'est ni laïque ni ecclésiastique, il désire et réclame une principauté véritable. — Je voudrais persuader la même chose à l'évêque *** ; lui aussi, il céderait à nos raisons, si le peuple le pressait de ses prières. » (4 juillet 1524.)
Il y avait six mois alors que cet évêque prêchait ouvertement la Réforme. « Ainsi, écrivait Luther en avril 1525, pendant le fort de la guerre des paysans, l'Évangile court à pleine course et à pleines voiles en Prusse, où il n'était pas appelé, tandis que dans la haute et basse Allemagne, où il est venu et entré de lui-même, on le blasphème avec fureur. »

Page 215. — *Le duc Georges...*
« Prie avec moi le Dieu de miséricorde, pour qu'il convertisse le duc Georges à son Évangile, ou que, s'il n'en est pas digne, il soit tiré de ce monde. » (27 mars 1526.)
Luther écrivit à l'Électeur au sujet de ses querelles avec le duc Georges (31 décembre 1528) : « ... Je prie Votre Grâce Électorale de m'abandonner entièrement à la décision des juges, au cas où le duc

Georges le demanderait, car il est de mon devoir d'exposer ma tête plutôt que de faire éprouver le moindre préjudice à Votre Grâce. Jésus-Christ, je l'espère, me donnera les forces nécessaires pour résister tout seul à Satan. »

Page 216. — *Où s'arrêtera la superbe de ce Moab...*
Le duc Georges était, après tout, un persécuteur assez débonnaire. Ayant chassé de Leipsick quatre-vingts luthériens, il leur accorda la permission de garder leurs maisons, d'y laisser leurs femmes et leurs enfants, et même d'y venir trois fois par an au temps des foires. — Dans une autre circonstance, Luther ayant conseillé aux protestants de Leipsick de résister aux ordres de leur duc, celui-ci se contenta de prier l'Électeur de Saxe d'interdire à Luther toute communication avec ses sujets. (Cochlœus, p. 230.)

Page 216. — *Diète à Spire...*
Quelque temps après cette diète, Luther écrivit la consultation suivante : « D'abord il serait bon que notre parti, à l'exclusion des zwingliens, parlât pour lui seul.

« En second lieu, qu'on écrivît à l'Empereur, et que les bienfaits du prince (l'Électeur de Saxe) envers l'Église et l'État fussent amplifiés, célébrés, etc. Il faudrait rappeler : 1º Qu'il a fait enseigner, de la manière la plus pure, le Christ et sa foi, comme on ne l'a jamais enseigné depuis mille ans ; qu'il a aboli une foule d'abus et de monstruosités nuisibles à l'Église et à l'État, comme les marchés de messes, les abus des indulgences, les violences de l'excommunication, et tant d'autres choses qui leur ont paru à eux-mêmes intolérables, et dont la noblesse a exigé l'abolition à Worms.

« 2º Qu'il a résisté aux séditieux, à ceux qui violaient les images et les églises.

« 3º Que la dignité impériale a été par lui honorée, glorifiée, réformée, plus qu'on ne l'avait fait en plusieurs siècles.

« 4º Que nous avons fait et supporté les plus grandes choses contre les partisans de Münzer, pour sauver la majesté et la paix publique.

« 5º Que c'est nous, et non d'autres, qui avons réprimé les sacramentaires ; que sans nous les papistes eussent été écrasés.

« 6º Que nous avons de même réprimé les anabaptistes.

« 7º Qu'en outre, nous avons étouffé les mauvais germes que de méchantes gens avaient répandus en divers endroits sur la sainte Trinité, sur la foi du Christ, etc. Je parle d'Érasme, d'Egranus et de leurs pareils. » (Mai 1529.)

Page 216. — *Le parti de la Réforme éclata...*

Luther essaya encore de retenir les siens ; le 22 mai 1529, il écrivit à l'Électeur pour le dissuader d'entrer dans aucune ligue contre l'Empereur et l'exhorter à s'en remettre à la protection divine. Dans une lettre à Agricola, il approuva la conduite prudente de l'Électeur à l'égard de l'Empereur : « Notre prince a bien fait de reconnaître un seigneur dans une ville étrangère, et de n'avoir point cherché à être le maître, comme il aurait pu le faire. Christ a dit : *Si vous êtes persécuté dans une ville, fuyez dans une autre ;* et encore : *Sortez de cette maison.* Ainsi je pense que notre prince, comme un membre qui ne peut se séparer du corps, ne devait point rompre avec César. Mais par son silence il a comme fui dans une autre ville, il est sorti de cette maison. » (30 juin 1530.)

Page 217. — *Le landgrave essaya de réconcilier Luther et les sacramentaires...*

Au landgrave de Hesse. « Grâce et paix en Jésus-Christ. Sérénissime seigneur ! j'ai reçu la lettre par laquelle Votre Altesse veut bien m'engager à me rendre à Marbourg, pour conférer avec Œcolampade et les siens, au sujet de nos opinions sur le Saint-Sacrement. Je ne saurais cacher à Votre Altesse que je mets peu d'espoir dans une pareille conférence, et que je doute qu'on en voie sortir la paix et l'union. Néanmoins il faut rendre grâce à Votre Altesse de la sollicitude qu'elle montre en cette affaire, et je suis disposé, pour ma part, à me rendre au lieu désigné, bien que je regarde cette démarche comme inutile. Je ne veux pas laisser non plus à nos adversaires la gloire de pouvoir dire qu'ils aiment plus que nous la paix et la concorde. Mais je vous prie humblement, gracieux prince et seigneur, de vouloir bien, avant que nous nous réunissions, vous informer s'ils sont disposés à céder quelque point de leurs doctrines ; autrement je craindrais fort que le mal ne fît qu'empirer par cette conférence, et que le résultat ne fût précisément le contraire de ce que Votre Altesse recherche si loyalement et si sérieusement. A quoi servirait-il de se réunir et de discuter, si les deux parties arrivaient avec la résolution de ne céder en quoi que ce fût ?... » (23 juin 1529.)

Dans une consultation qui nous reste sur le même sujet, et que l'on attribue généralement à Luther, il exprime le désir que quelques papistes, « hommes graves et instruits », assistent à la conférence comme témoins.

A sa femme. « Grâce et paix en Jésus-Christ. Cher seigneur

Catherine, apprenez que notre conférence amicale de Marbourg est finie, et que nous sommes d'accord en tout point, si ce n'est que nos adversaires persistent à ne voir que du pain dans l'Eucharistie, et à n'admettre qu'une présence spirituelle de Jésus-Christ. Aujourd'hui le landgrave nous parlera encore une fois, pour tâcher de nous unir ou de nous porter du moins à nous reconnaître pour frères et membres du même corps. Il y travaille avec ardeur. Nous leur accordons la paix et la charité, mais nous ne voulons pas de ce nom de frères. Demain ou après-demain, je pense, nous partirons pour nous rendre au Voigtland, où l'Électeur nous a appelés.

« Dis à Pomeranus que les meilleurs arguments de Zwingli ont été : *Que le corps ne peut exister sans espace, et que, par conséquent, le corps du Christ n'est pas dans le pain*, et le meilleur d'Œcolampade : *Que le Saint-Sacrement est un signe du corps du Christ.* Dieu les a vraiment aveuglés; ils n'ont su que nous répondre. — Adieu. Le messager me presse. Priez pour nous. Nous sommes bien portants et vivons comme les princes. Embrasse pour moi Leinette (Madeleine) et le petit Jean. Le jour de saint François. Votre dévoué serviteur, Martin LUTHER. » (4 octobre 1529.)

Luther écrivit au landgrave de Hesse dans une autre lettre (20 mai 1530), au sujet de ses tentatives de conciliation : « ... J'ai supporté de si grands dangers et de si longs tourments pour ma doctrine, que certes j'ai lieu de désirer de n'avoir pas travaillé en vain. Ce n'est donc point par haine ou par orgueil que je leur résiste; il y a bien longtemps que j'aurais adopté leur doctrine, Dieu, mon Seigneur, le sait, s'ils avaient pu m'en montrer la vérité; mais les raisons qu'ils donnent sont trop faibles pour que j'y puisse engager ma conscience... »

Page 219. — *L'Électeur amena...*

Il partit de Torgau le 3 avril et arriva à Augsbourg le 2 mai. Sa suite se composait de cent soixante chevaux. Les théologiens qu'il avait avec lui furent Luther, Mélanchton, Jonas, Agricola, Spalatin et Osiander. Luther, excommunié et mis au ban de l'Empire, resta à Cobourg. (Ukert, t. I, p. 232.)

Page 219. — *L'Électeur amena Luther le plus près possible d'Augsbourg.*

« Je suis sur les confins de la Saxe, à moitié chemin entre Wittemberg et Augsbourg. Il y aurait eu trop de danger pour moi dans cette dernière ville. » (Juin 1530.)

Page 221. — *Les nobles seigneurs qui forment nos comices...*

« Ma résidence est maintenant au milieu des nuages, dans l'empire des oiseaux. Sans parler des autres oiseaux, dont les chants confus feraient taire une tempête, il y a près d'ici un certain bois tout peuplé, de la première à la dernière branche, de corbeaux et de corneilles. Du matin au soir, et quelquefois pendant toute la nuit, il y a là une crierie si infatigable, si incessante, que je doute qu'en aucun lieu du monde tant d'oiseaux se soient jamais réunis. Pas un qui se repose un instant ; bon gré mal gré, il faut les entendre, vieux et jeunes, mères et filles, glorifier à qui mieux mieux, par leurs croassements, leur nom de corbeaux. Peut-être, par ces chants si harmonieux, veulent-ils faire descendre doucement le sommeil sur mes paupières ; avec la grâce de Dieu, j'en ferai cette nuit l'expérience. C'est une noble race d'oiseaux, et, comme tu le sais, fort utiles au monde. Il me semble, en les voyant, que j'ai sous les yeux toute l'armée des sophistes et des Cochlœistes réunis de toutes les parties du monde, afin que j'apprécie mieux leur sagesse et leur doux langage, et que je voie à mon aise ce qu'ils sont et ce qu'ils peuvent pour le monde de l'esprit et pour le monde de la chair. Jusqu'à ce jour, personne n'a entendu Philomèle, et cependant le coucou, qui annonce et accompagne son chant, s'enorgueillit magnifiquement dans la gloire de sa voix. De la résidence des corbeaux. » (22 avril 1530.)

Page 222. — *Luther le tançait rudement...*

Quelquefois cependant il compatit à ses douleurs : « Vous avez confessé Christ, offert la paix, obéi à César, souffert les injures, épuisé les blasphèmes. Vous n'avez point rendu le mal pour le mal ; enfin vous avez dignement travaillé à la sainte œuvre de Dieu, comme il convient à des saints ; réjouissez-vous donc dans le Seigneur. Assez longtemps vous avez été contristés par le monde. Regardez et levez la tête, votre rédemption approche. Je vous canoniserai comme de fidèles membres de Christ ; que faut-il de plus à votre gloire ? » (15 septembre 1530.)

Page 226. — *J'aurais voulu être la victime sacrifiée par ce dernier concile, comme Jean Huss...*

« Plaise à Dieu que nous soyons dignes d'être brûlés ou égorgés par lui (par le pape). Cependant si nous ne méritons pas de rendre témoignage par notre sang, implorons du moins Dieu pour qu'il nous accorde cette grâce de témoigner par notre vie et nos paroles que Jésus-Christ est seul notre Seigneur, et que nous l'adorons dans tous les siècles des siècles. Amen. » (T. II des *Œuvres latines*, p. 270.)

Page 226. — *La profession de foi des protestants...*
« A la diète d'Augsbourg, le duc Guillaume de Bavière, qui était fort opposé à la doctrine évangélique, ayant dit au docteur Eck : « Peut-on renverser cette opinion par l'Écriture sainte ? — Non, dit-il, mais par les Pères. » L'évêque de Mayence se mit à dire : « Voyez ! nos théologiens nous défendent joliment ! Les luthériens montrent leur opinion dans l'Écriture, et nous la nôtre hors de l'Écriture. » Le même évêque disait alors : « Les luthériens ont un article auquel on ne peut contredire, quand même tous les autres ne vaudraient rien : c'est celui du mariage. « (*Tischreden*, p. 99.)

Page 227. — *L'archevêque de Mayence est très porté pour la paix...*
Luther, pour l'exhorter à montrer des sentiments pacifiques, lui avait écrit une lettre qui se terminait ainsi : « Je ne puis cesser de penser à la pauvre Allemagne, si malheureuse, si abandonnée, si méprisée, vendue à tant de traîtres en même temps. C'est ma chère patrie ; je désirerais tant la voir heureuse ! » (6 juillet 1530, de Cobourg.)

Page 228. — *Si l'Empereur veut faire un édit, qu'il le fasse ; après Worms aussi il en fit un...*
Luther a conscience de sa force. « Si j'étais tué par les papistes, ma mort protégerait nos descendants, et ces bêtes féroces en seraient peut-être plus cruellement punies que je ne voudrais moi-même. Car il y a quelqu'un qui dira un jour : *Où est ton frère Abel ?* Et celui-là les marquera au front, et ils erreront fugitifs par toute la terre... Notre race est maintenant sous la protection du Seigneur, puisqu'il est écrit : Je ferai miséricorde jusqu'à la millième génération à ceux qui m'ont aimé. Et moi je crois à ces paroles. » (30 juin 1530.)

« Si j'étais tué dans une émeute papiste, j'emmènerais à ma suite un grand nombre d'évêques, de prêtres, de moines, si bien que tous diraient : « Le docteur Martin Luther est conduit au sépulcre avec une grande procession ; certes, c'est un grand docteur, au-dessus de tous évêques, prêtres, moines ; aussi faut-il qu'à son enterrement ils aillent avec lui, étendus sur le dos. « C'est ainsi que nous ferions ensemble notre dernier voyage. »

(1531. Cochlœus, p. 211. Extrait du livre de Luther intitulé : *Avis aux Allemands*.)

Les catholiques, lui disait-on, vous reprochent plusieurs fausses interprétations dans votre traduction de l'Écriture. Il répondit : « Ils ont encore de trop longues oreilles, et leur *hihan! hihan!* est trop faible pour juger une traduction du latin en allemand... Dis-leur que le docteur Martin Luther veut qu'il en soit ainsi, et qu'un papiste et un âne c'est la même chose. »

Sic volo, sic jubeo, sit pro ratione voluntas.

(Passage cité par Cochlœus, p. 201, verso.)

Page 228. — *Qu'ils nous rendent Léonard Keiser...*

« Non seulement le titre de roi, mais celui de César lui est bien mérité, puisqu'il a vaincu celui dont le pouvoir ne trouve point d'égal sur la terre. Ce n'est pas seulement un prêtre, c'est un souverain pontife et un véritable pape, celui qui a offert ainsi son corps en sacrifice à Dieu. Avec juste raison l'appelait-on Léonhard, c'est-à-dire force du lion ; c'était un lion fort et intrépide. » (22 octobre 1527.)

A Hansman. « Je pense que tu auras vu l'histoire de Gaspard Tauber, le nouveau martyr de Vienne, qui a été décapité et brûlé dans cette ville pour la parole de Dieu. Il en est arrivé autant à un libraire de Bude, en Hongrie, qu'on a brûlé au milieu de ses livres. » (12 novembre 1524.)

Il y avait à Vienne des partisans de la nouvelle doctrine. « Lorsqu'après la diète d'Augsbourg le cardinal Campeggio entra dans la ville avec le roi Ferdinand, on habilla un petit homme de bois en cardinal, on lui attacha au cou des indulgences et le sceau du pape, et on le mit sur un chien qui avait à la queue une vessie de porc pleine de pois. On fit courir ce chien à travers toutes les rues. » (*Tischr.*, p. 251.)

Page 228. — *Qu'ils nous rendent Keiser et tant d'autres qu'ils ont fait injustement mourir...*

Si l'on en croyait Cochlœus, Luther se serait montré persécuteur à son tour. En 1532, un luthérien s'étant éloigné de ses opinions, Luther le fit enlever et conduire à Wittemberg, où il fut emprisonné ; un procès fut commencé. Comme on ne trouva pas de charges suffisantes, il fallut le relâcher. Mais il fut toujours depuis sourdement persécuté par les luthériens. (Cochlœus, p. 218.)

Page 229. — *On se prépara à combattre...*

Cependant on craignait tant de part et d'autre l'issue de la lutte, que, contre toute probabilité, la paix se maintint. « J'admire ce miracle de Dieu, que tant de menaces soient allées en fumée. Tout le monde en effet croyait qu'au printemps éclaterait en Allemagne une guerre atroce. » (Juin 1531.)

La crainte d'un nouveau soulèvement des paysans contribuait à entretenir les intentions pacifiques des princes. « Les paysans, écrit Luther, recommencent à s'assembler. Une soixantaine d'entre eux ont cherché à surprendre la nuit le château de Hohenstein. Tu vois que, malgré la présence de l'Empereur, il faut prendre des précautions contre cette révolte; que serait-ce si les papistes commençaient la guerre? » (19 juillet 1530.)

Page 229. — *Luther fut accusé d'avoir poussé les protestants à prendre cette attitude hostile...*

Bien loin de là, il avait dès 1529 dissuadé l'Électeur d'entrer dans aucune ligue dirigée contre l'Empereur... « Nous ne saurions approuver une pareille alliance; s'il en résultait quelque malheur, peut-être même la guerre ouverte, tout retomberait sur notre conscience, et nous aimerions mieux être dix fois morts que d'avoir à nous reprocher du sang versé pour l'Évangile. Nous sommes ceux qui devons souffrir, comme dit le prophète, ceux qui ne doivent pas se venger eux-mêmes, mais tout remettre entre les mains de Dieu... Je supplie donc humblement Votre Grâce Électorale de ne pas se laisser abattre par ce danger. Nous allons élever nos prières à Dieu; mais nos mains doivent rester pures de sang et de crime. S'il arrivait (contre mon opinion) que l'Empereur allât jusqu'à me réclamer, moi ou mes amis, nous irions, sous la protection de Dieu, comparaître devant lui plutôt que de causer préjudice à Votre Grâce Électorale, comme je l'ai plusieurs fois déclaré à votre auguste frère, feu l'Électeur Frédéric... » (18 novembre 1529.)

Page 229. — *Résistance à l'Empereur...*

Dans le livre des *Propos de table* (p. 397, verso et suiv.) Luther parle plus explicitement : « Ce n'est point pour la religion que l'on combattra. L'Empereur a pris les évêchés d'Utrecht et de Liège; il a offert au duc de Brunswick de lui laisser prendre Hildesheim. Il est affamé et altéré des biens ecclésiastiques; il les dévore. Nos princes ne le souffriront pas; ils voudront manger avec lui. Alors on en viendra à se prendre aux bonnets. » (1530.)

« J'ai souvent été interrogé par mon gracieux seigneur sur la question de savoir ce que je ferais si un voleur de grand chemin, un meurtrier, venait m'attaquer. Je résisterais dans l'intérêt du prince dont je suis sujet et serviteur ; je puis tuer le voleur, mettre le couteau sur lui, et même ensuite recevoir les sacrements. Mais si c'est pour la parole de Dieu, et comme prédicateur, que l'on m'attaque, je dois souffrir et recommander la vengeance à Dieu. Aussi je ne prends point de couteau en chaire, mais sur la route. Les anabaptistes sont des coquins désespérés, ils ne portent aucune arme et se vantent d'une grande patience. »

(1536.) « Comme je parlais pour la paix, le landgrave de Hesse me disait : Seigneur docteur, vous conseillez très bien ; mais quoi ? si nous ne suivons pas vos conseils ? »

(1539.) Luther répond, sur la question du droit de résistance, « que, selon le droit public, le droit naturel et la raison, la résistance à l'autorité injuste est permise. Il n'y a de difficulté que dans le domaine de la théologie.

« La question n'eût pas été difficile à résoudre au temps des apôtres, car toutes les autorités étaient alors païennes et non chrétiennes. Mais maintenant que tous les princes sont chrétiens ou prétendent l'être, il est difficile de conclure, car un prince et un chrétien sont les plus proches parents. — Qu'un chrétien puisse se défendre contre l'autorité, il y a là matière à de grandes réflexions. — ... Au fond, c'est au pape que j'arrache l'épée, et non à l'Empereur. »

Il résume ainsi lui-même les arguments qu'il eût pu adresser aux Allemands, s'il eût fait une exhortation à la résistance.

« I. L'Empereur n'a ni droit ni puissance pour ordonner cela ; c'est chose certaine ; s'il l'ordonne, on ne doit point lui obéir. II. Ce n'est pas moi qui excite le trouble, je l'empêche et je m'y oppose. Qu'ils voient s'ils n'en sont pas les auteurs, lorsqu'ils ordonnent ce qui est contre Dieu. III. Ne badinez pas tant. Si vous faites boire le fou (narren Luprian), prenez garde qu'il ne vous crache au visage. Il est, d'ailleurs, assez altéré, et ne demande pas mieux que de boire son soûl. IV. Eh bien ! vous voulez combattre ; courbez vos têtes pour recevoir la bénédiction. Ayez bon succès ! Dieu vous donne joyeuse victoire ! Moi, docteur Martin Luther, votre apôtre, je vous ai parlé, je vous ai avertis, comme c'était mon devoir ! »

Il dit encore ailleurs : « Vous méprisez ma doctrine. Vous voulez prendre le Luther dans ses paroles, comme faisaient les Pharisiens au Christ. Mais si je voulais (je ne le veux point), j'aurais une glose pour vous embarrasser; je dirais que cette résistance n'est point contre l'Empereur, mais contre Dieu. D'un autre côté : qu'un politique, un citoyen, un sujet, n'est pas un chrétien, que ce n'a pas été la pensée de Christ de détruire les droits, la police et le gouvernement du monde. Rends à Dieu ce qui est à Dieu, et à César ce qui est à César. N'obéis point dans ce qui est contre Dieu et sa parole.

« Je condamne la révolte au péril de mon corps, de ma vie, de mon honneur et de mes biens. Je voudrais bien vous arrêter et vous retenir. Si vous commencez, je me tairai et périrai avec vous. Vous irez en Enfer au nom de tous les diables, et moi au Ciel au nom du Christ. Ils veulent abuser de notre doctrine, mais ils verront du moins qu'elle n'est point erronée en soi.

« ... Tuer un tyran n'est pas chose permise à l'homme qui n'est dans aucune fonction publique, car le cinquième commandement dit : Tu ne dois pas tuer. Mais si je surprends un homme près de ma femme ou de ma fille, quoiqu'il ne soit point un tyran, je pourrai fort bien le tuer. *Item*, s'il prend par force à celui-ci sa femme, à l'autre sa fille, au troisième ses terres et ses biens; que les bourgeois et sujets s'assemblent, ne sachant plus comment supporter sa violence et sa tyrannie, ils pourront le tuer, comme tout autre meurtrier ou voleur de grand chemin. » (*Tischr.*, p. 397, verso, sqq.)

« Le bon et vraiment noble seigneur Gaspard de Kokritz m'a demandé, mon cher Jean, que je t'écrivisse mon jugement sur le cas où César voudrait faire la guerre à nos princes, au sujet de l'Évangile. Serait-il alors permis aux nôtres de résister et de se défendre? J'avais déjà écrit mon opinion sur ce sujet, du vivant du duc Jean. Aujourd'hui il est un peu tard pour me demander mon avis, puisqu'il a été décidé parmi les princes qu'ils peuvent et veulent résister et se défendre, et qu'on ne s'en tiendra pas à mon dire... Ne fortifie pas le bras des impies contre nos princes; laisse le champ libre à la colère et au jugement de Dieu; ils l'ont cherché jusqu'à ce jour avec fureur, avec rire et avec joie. Cependant intimide les nôtres par cet exemple, que les Macchabées ne suivirent pas ceux qui voulaient se défendre contre Antiochus, mais que dans la simplicité de leur cœur ils se laissèrent plutôt tuer. » (8 février 1539.)

Dans son livre *De seculari Potestate*, dédié au duc de Saxe, il dit : « En Misnie, en Bavière et en d'autres lieux, les tyrans ont promulgué un édit pour qu'on ait à livrer partout aux magistrats les Nouveaux-Testaments. Si les sujets obéissent à l'édit, ce n'est pas un livre qu'ils remettent au péril de leur salut, c'est Christ lui-même qu'ils livrent aux mains d'Hérode. Cependant, si on veut les enlever par la violence, il faut le souffrir ; on ne doit point résister à la témérité. — Les princes sont du monde, et le monde est ennemi de Dieu. »

« On ne doit pas obéir à César s'il veut faire la guerre à notre parti. Le Turc n'attaque pas son Alcoran, l'Empereur ne doit pas davantage attaquer son Évangile. » (Cochlœus, p. 210.)

Page 229. — *Voici mon avis...*
L'Électeur avait demandé à Luther s'il serait permis de résister à l'Empereur les armes à la main. Luther répondit négativement, en ajoutant seulement : « Si cependant l'Empereur, non content d'être le maître des États des princes, allait jusqu'à exiger d'eux de persécuter, de mettre à mort, ou de chasser leurs sujets pour la cause de l'Évangile, les princes, convaincus que ce serait agir contre la volonté de Dieu, devront lui refuser l'obéissance ; autrement ils violeraient leur foi et se rendraient complices du crime. Il suffit qu'ils laissent faire l'Empereur, qui aura à en rendre compte, et qu'ils ne défendent pas leurs sujets contre lui. » Plus loin il dit, en parlant de la guerre civile : « Quel carnage et quelles lamentations couvriraient alors la terre allemande ! Un prince devrait mieux aimer perdre trois fois ses États, ou mourir trois fois, que d'être la cause de si horribles bouleversements, ou seulement d'y consentir. Quelle conscience pourrait le supporter ! Le Diable verrait cela avec plaisir ; Dieu veuille nous en préserver à jamais ! » (6 mars 1530.)

Page 232. — *Que l'on m'accuse ou non d'être trop violent...*
L'Électeur avait réprimandé Luther au sujet de deux écrits (*Avertissement à ses chers Allemands*, et *Gloses sur le prétendu édit impérial*) qu'il trouvait trop violents. Luther lui répondit (16 avril 1531) qu'il n'avait fait que repousser les attaques plus violentes encore de ses ennemis, et qu'il serait injuste de lui imposer silence lorsqu'on laissait tout dire à ses adversaires... « Il m'a été impossible de me taire plus longtemps dans cette affaire qui me concerne plus que tout autre. Si je gardais le silence devant une telle condamnation publique de ma doctrine, ne serait-ce pas l'abandonner, la renier ? Plutôt que de le souffrir, je braverais la colère de tous les diables, celle du monde entier, sans parler de celle des conseillers impériaux. — On dit que mes deux écrits sont tranchants et bien affilés ; l'on a raison : je ne les ai pas non plus

faits pour être doux ; le seul regret que j'aie, c'est qu'ils ne soient pas plus tranchants encore. Si l'on considère la violence de mes adversaires, l'on sera forcé d'avouer que j'ai été trop bénin... Tout le monde crie contre nous ; l'on vocifère les calomnies les plus odieuses ; et moi, pauvre homme, j'élève la voix à mon tour, et voilà que personne n'aura crié que Luther... En somme, tout ce que nous disons et faisons est injuste, quand même nous ressusciterions les morts ; tout ce qu'ils font, eux, est juste, quand même ils noieraient l'Allemagne dans les larmes et dans le sang. »

Page 232. — *Eh bien! puisqu'ils sont incorrigibles... je romps avec eux...*
« Toujours jusqu'à présent (1534), particulièrement à la diète d'Augsbourg, nous avons humblement offert au pape et aux évêques de recevoir d'eux la consécration et l'autorité spirituelle, et de les aider à conserver ce droit ; ils nous ont toujours repoussés. Et s'il arrive un jour, pour la consécration sacerdotale, ce qui est arrivé pour les indulgences, à qui sera la faute? J'ai offert aussi de me taire sur les indulgences si l'on voulait se taire sur ce que j'avais écrit ; ils n'ont pas voulu, et aujourd'hui il n'y a plus assez de mépris par tout le monde pour les indulgences : indulgences, lettres papales, sceaux brisés gisent à terre. Ainsi disparaîtra le pouvoir de consacrer et le chrême et les tonsures, de sorte qu'on ne reconnaîtra plus où est l'évêque, où est le prêtre. » (Cochlœus, p. 245, Extrait du *De angulari Missa, Luth. op. lat.*)

Page 234. — *Anabaptistes.*
Il y avait déjà longtemps qu'ils remuaient en Allemagne. « Nous avons ici une nouvelle espèce de prophètes, venus d'Anvers, qui prétendent que l'Esprit-Saint n'est autre chose que le génie et la raison naturelle. » (27 mars 1525.)

« Il n'y a rien de nouveau, sinon que l'on dit que les anabaptistes augmentent et se répandent de tous côtés. » (28 décembre 1527.)

« La nouvelle secte des anabaptistes fait d'étonnants progrès ; ce sont des gens qui mènent une vie d'excellente apparence, et qui meurent avec grande audace par l'eau ou par le feu. » (31 décembre 1527.)

« Il y a beaucoup de troubles en Bavière... il ne me semble pas à propos que tu les livres aux magistrats ; ils se livreront eux-mêmes, et alors le conseil les bannira de la ville. Je vois partout la tradition de Münzer, sur la perdition future des impies et le règne des justes sur la terre. C'est ce que prophétise Cellarius dans

un livre qu'il vient de publier; cet esprit est un esprit de révolte. »
(27 janvier 1528.)

Le 12 mai 1528 il écrit à Link : « Tu as vu, je pense, mon *Antischwermerum* et ma dissertation sur la digamie des évêques. Le courage des anabaptistes mourants ressemble à celui des donatistes dont parle Augustin, ou à la fureur des Juifs dans Jérusalem dévastée. Les saints martyrs, comme notre Léonard Keiser, meurent avec crainte, humilité, et en priant pour leurs bourreaux; l'opiniâtreté de ceux-ci, au contraire, lorsqu'ils vont à la mort, semble augmenter avec l'indignation de leurs ennemis. »

Page 252. — *Exécution...*

Extrait d'un ancien livre de chant des anabaptistes : « Les paroles d'Algérius sont des miracles : « Ici, dit-il, les autres gémissent et pleurent, et moi j'y ressens de la joie. Dans ma prison, l'armée du Ciel m'apparaît; je ne sais combien de martyrs habitent avec moi tous les jours. Dans la joie, dans les délices, dans l'extase de la grâce, je vois le Seigneur sur son trône. »

« Mais ta patrie, lui disaient-ils, tes amis, tes parents, ta profession, peux-tu les quitter volontiers? Il dit aux envoyés : « Nul homme ne me bannit de ma patrie; elle est aux pieds du trône céleste, là où mes ennemis deviendront mes amis pour chanter le même cantique.

« Médecins, artistes, ouvriers, ne peuvent ici-bas réussir; qui ne reconnaît la force de Dieu n'a qu'une force aveugle. » Les juges furieux le menacèrent du feu. « Dans la puissance des flammes, dit Algérius, vous reconnaîtrez la mienne. » (Wunderhorn, t. I.)

Page 257. — *Fin du chapitre...*

Les passages suivants de Ruchat (*Réformation de la Suisse*) font bien connaître le bizarre enthousiasme des anabaptistes. « L'an 1529, neuf anabaptistes furent saisis à Bâle et mis en prison. On les fit venir devant le sénat, et on appela aussi les ministres pour conférer avec eux. D'abord Œcolampade leur expliqua en deux mots le *Symbole des Apôtres* et celui de saint Athanase, et leur représenta que c'était là la véritable et indubitable foi chrétienne, que Jésus-Christ et ses apôtres avaient prêchée. Ensuite le bourgmestre Adelbert Meyer dit aux anabaptistes qu'ils venaient d'entendre une bonne explication de la foi chrétienne, et que, « puisqu'ils se plaignaient des ministres, ils devaient présentement parler à cœur ouvert et exposer hardiment ce qui leur faisait de la peine ». Mais il n'y en eut pas un seul qui lui répondît un mot, ils se contentèrent de se regarder les uns les autres. Alors le premier huissier de la chambre dit à l'un d'eux, qui était tourneur de sa profession : « D'où vient que tu ne parles pas présentement, après avoir tant jasé ailleurs, dans la rue, dans les boutiques et dans la prison ? » Comme ils gardaient encore le silence, Marc Hedelin, chef des tribus, s'adressa au principal de ces gens-là, et lui dit : « Que réponds-tu, frère, à ce qui t'a été proposé ? » L'anabaptiste lui répondit : « Je ne vous reconnais point pour frère. » — « Comment ? » lui dit ce seigneur. — « Parce, dit l'autre, que vous n'êtes point chrétien. Amendez-vous premièrement, corrigez-vous, et quittez la magistrature. » — « En quoi penses-tu donc, lui dit Hedelin, que je pèche tant ? » — « Vous le savez bien », lui répondit l'anabaptiste.

« Le bourgmestre prit la parole, lui ordonna de répondre avec modestie et avec douceur, et le pressa vivement de parler sur la question dont il s'agissait. Sur quoi il répondit « qu'il ne croyait pas qu'un chrétien pût être dans une magistrature mondaine, parce que celui qui combat avec l'épée périra par l'épée ; que le baptême des enfants est du Diable et une invention du pape ; on doit baptiser les adultes et non les petits enfants, selon l'ordre de Jésus-Christ. »

« Œcolampade entreprit de le réfuter, avec toute la douceur possible, et de lui faire voir que les passages qu'il avait cités avaient un autre sens, comme tous les anciens docteurs en faisaient foi. « Mes chers amis, dit-il, vous n'entendez pas l'Écriture sainte et vous la maniez fort grossièrement. » Et comme il allait leur montrer le véritable sens de ces passages, l'un d'entre eux, qui était meunier, l'interrompit, le traitant de séducteur, qui caquetait beaucoup, et dit « que ce qu'il avait là allégué contre eux ne faisait rien au sujet ; qu'ils avaient entre les mains la pure et propre parole de Dieu, et qu'ils voulaient s'y attacher toute leur vie, que le Saint-Esprit parlait maintenant pour lui. Il s'excusait en même temps de ne pas parler éloquemment, disant qu'il n'avait pas étudié, qu'il n'avait été dans aucune université et que, dès sa jeunesse, il avait haï la sagesse humaine, qui est pleine de tromperies ; qu'il connaissait bien la ruse des scribes, qui cherchaient perpétuellement à offusquer les yeux des simples. » Après quoi il se mit à crier et à pleurer, disant « qu'après avoir ouï la parole de Dieu, il avait renoncé à sa vie déréglée ; maintenant que par le baptême il avait reçu le pardon de ses péchés, il était persécuté de chacun, au lieu que dans le temps qu'il était plongé dans toutes sortes de vices, personne ne l'avait châtié ni mis en prison, comme on faisait présentement ; qu'on l'avait enfermé dans la tour, comme un meurtrier. Quel était donc son crime ? etc. » La conférence ayant duré jusqu'à l'heure du dîner, le sénat se leva.

« Après dîner, le sénat s'étant rassemblé, les ministres entrèrent en conférence avec les anabaptistes au sujet de la magistrature. Et comme l'un d'eux eut donné des réponses assez satisfaisantes sur les questions qu'on lui avait proposées, cela fit chagrin aux autres de ce qu'il n'était pas ferme dans leur doctrine. C'est pourquoi ils l'interrompirent : « Laisse-nous parler, lui dirent-ils, nous qui entendons mieux l'Écriture ; nous pourrons mieux répondre sur ces articles que toi, qui es encore un novice et qui n'es pas capable de défendre notre foi contre les renards. » Alors le tourneur, entrant en dispute, soutint que saint Paul (Rom., xiii), parlant des puissances supérieures, n'entend point les magistrats, mais les supérieurs ecclésiastiques. Œcolampade lui nia cela et lui demanda en quel endroit de la Bible il le trouvait, et comment il le prouverait. L'autre lui dit : « Feuilletez aussi tout l'Ancien et le Nouveau-Testament, et vous y trouverez que vous devez recevoir une pension ; vous avez meilleur temps que moi, qui suis obligé de me nourrir du travail de mes mains pour n'être à charge à personne. » Cette saillie fit un peu rire les assistants. Œcolampade leur dit : « Messieurs, il n'est pas temps maintenant de rire : si je reçois de l'Église mon entretien et ma nourriture, je puis prouver par l'Écriture que cela est raisonnable : ainsi ce sont là des discours séditieux. Priez plutôt pour la gloire du Seigneur, afin que Dieu amollisse leurs cœurs endurcis et les éclaire. »

Après plusieurs autres discours, comme le temps de se lever approchait, il y en eut un, qui n'avait rien dit de tout le jour, qui se mit à hurler et à pleurer : « Le dernier jour est à la porte, disait-il ; amendez-vous, la cognée est déjà mise à l'arbre ; ne noircissez donc pas notre doctrine sur le baptême. Je vous en prie, pour l'amour de Jésus-Christ, ne persécutez pas les gens de bien. Certainement le juste juge viendra bientôt et fera périr tous les méchants. »

« Le bourgmestre l'interrompit pour lui dire qu'on n'avait pas besoin de cette lamentation ; qu'il devait raisonner sur les articles dont il était question. Il voulut continuer sur le même ton, mais on ne le lui permit pas. Enfin le bourgmestre justifia la conduite du sénat à l'égard des anabaptistes ; il représenta qu'on les avait arrêtés, non pas à cause de l'Évangile ni à cause de leur bonne conduite, mais à cause de leurs dérèglements, de leur parjure et de leur sédition ; que l'un d'eux avait commis un meurtre ; un autre avait enseigné qu'on ne doit point payer les dîmes ; un troisième avait excité des troubles, etc. ; que c'était pour ces crimes qu'on les avait saisis, jusqu'à ce qu'on eût décidé quel traitement on leur ferait, etc.

« Dans ce moment, l'un d'entre eux se mit à crier : « Mes frères, ne résistez point au méchant. Quand même l'ennemi serait devant votre porte, ne la fermez pas. Laissez-les venir, ils ne peuvent rien faire contre nous sans la volonté du Père, puisque nos cheveux sont comptés. Je dis bien plus : il ne faut pas même résister à un brigand dans un bois. Ne croyez-vous pas que Dieu ait soin de vous? » On lui imposa silence. » (Ruchat, *Réforme suisse*, II, p. 498.)

Autre dispute. — « Le ministre zwinglien leur parla amiablement et avec douceur, leur remontrant que, s'ils enseignaient la vérité, ils avaient tort de se séparer de l'Église et de prêcher dans les bois et dans d'autres lieux écartés. Ensuite il leur exposa en peu de mots la doctrine de l'Église. Un des anabaptistes l'interrompit pour lui dire : « Nous avons reçu le Saint-Esprit par le baptême, nous n'avons pas besoin d'instruction. » Un des seigneurs députés leur dit : « Nous avons ordre de vous dire qu'on veut bien vous laisser aller sans autre châtiment, pourvu que vous quittiez le pays et que vous promettiez de n'y plus revenir, à moins que vous ne vous amendiez. » L'un des anabaptistes lui répondit : « Quel ordre est-ce là? Le magistrat n'est point maître de la terre pour nous ordonner de sortir ou d'aller ailleurs. Dieu a dit : Habite le pays. Je veux obéir à ce commandement et demeurer dans le pays où je suis né, où j'ai été élevé, et personne n'a le droit de s'y opposer. » Mais on lui fit bientôt éprouver le contraire. » (Ruchat, t. III, p. 102.)

« On vit à Bâle un anabaptiste nommé *Conrad in Gassen*, qui proférait des blasphèmes étranges, par exemple : « Que Jésus-Christ n'était point notre Rédempteur; qu'il n'était point Dieu et qu'il n'était point né d'une Vierge. » Il ne faisait aucun cas de la prière, et comme on lui représentait que Jésus-Christ avait prié sur la montagne des Oliviers, il répondit avec une brutale insolence : « Qui est-ce qui l'a ouï? » Comme il était incorrigible, il fut condamné à avoir la tête tranchée. — Cet impie fanatique me fait souvenir d'un autre de nos jours, qui a séduit certaines personnes de notre voisinage, il y a quelques années, en leur persuadant qu'il ne fallait user ni de pain ni de vin. Et comme on lui objectait un jour à Genève que le premier miracle de Jésus-Christ avait été de changer l'eau en vin, il répondit « que Jésus-Christ était encore jeune dans ce temps-là et que c'était une petite faute qu'il fallait lui pardonner. » (Ruchat, *Réforme suisse*, t. III, p. 104.)

La Réforme, née dans la Saxe, avait promptement gagné les bords du Rhin et était allée, remontant le fleuve, s'associer dans la Suisse au rationalisme vaudois; elle osa même passer dans la catholique Italie. Mélanchton, qui entretenait correspondance habituelle avec Bembo et Sadolet, tous deux secrétaires apostoliques, fut d'abord beaucoup plus connu que Luther des érudits italiens. C'est à lui qu'on rapportait la gloire des premières attaques contre Rome. Mais la réputation de Luther grandissant avec l'importance de sa réforme, il apparut bientôt aux Italiens comme le chef du parti protestant. C'est à ce titre qu'Altieri lui écrit en 1542 au nom des églises protestantes du nord-est de l'Italie :

« Au très excellent et très intègre docteur et maître dans les Saintes-Écritures, le seigneur Martin Luther, notre chef (princeps) et notre frère en Christ, les frères de l'église de Venise, Vicence et Trévise.

« Nous avouons humblement notre faute et notre ingratitude pour avoir tardé si longtemps à reconnaître ce que nous te devions, à toi qui nous as ouvert la voie du salut... Nous sommes exposés à toute la rage de l'Anti-Christ, et sa cruauté augmente de jour en jour contre les élus de Dieu... Errants, dispersés, nous attendons que vienne le Fort du Seigneur... Vous que Dieu a placé à la garde de son troupeau jusqu'à sa venue, veillez, nous vous en supplions, chassez les loups qui nous dévorent... Sollicitez les sérénissimes princes de l'Allemagne qui suivent l'Évangile d'écrire pour nous au sénat de Venise, afin de modérer et de suspendre les mesures violentes que l'on prend contre le troupeau du Seigneur à la suggestion du pape... Vous savez quel accroissement ont pris ici vos églises, combien est large la porte ouverte à l'Évangile...; travaillez donc encore pour la cause commune. » (Seckendorf, lib. III, p. 401.)

Charles-Quint contribua lui-même à répandre dans la Péninsule le nom et les doctrines de Luther, en appelant sans cesse dans cette contrée de nouvelles bandes de landsknechts, parmi lesquels se trouvaient beaucoup de protestants. On sait que Georges Frundsberg, le chef des troupes allemandes du connétable de Bourbon, jurait d'étrangler le pape avec la chaîne d'or qu'il portait au cou. — L'auteur d'une Histoire luthérienne rapporte qu'un de ces Allemands se vantait de manger bientôt un morceau du pape (*ut ex corpore papæ frustum devoret*). Il ajoute qu'après la prise de Rome plusieurs hommes d'armes changèrent une chapelle en écurie et firent des bulles du pape une litière pour leurs chevaux; puis, se revêtant d'habits sacerdotaux, ils proclamèrent pape un landsknecht qui, dans son consistoire, déclara faire abandon de la papauté à Luther. (Cochlœus, p. 156). — Luther fut même solennellement proclamé. « Un certain nombre de soldats allemands s'assemblèrent un jour dans les rues de Rome, montés sur des chevaux et des mules. Un d'eux, nommé Grunwald, remarquable par sa taille, s'habilla comme le pape, se mit sur la tête une triple couronne et monta sur une mule richement caparaçonnée; d'autres s'étaient habillés en cardinaux, avec une mitre sur la tête et vêtus d'écarlate ou de blanc, suivant les personnages qu'ils représentaient. Ils se mirent ainsi en marche au bruit des tambours et des fifres, entourés d'une foule innombrable et avec toute la pompe usitée dans les processions pontificales. Lorsqu'ils passaient devant quelque maison où se trouvait un cardinal, Grunwald bénissait le peuple. Il descendit ensuite de sa mule, et les soldats, le plaçant sur un siège, le portèrent sur leurs épaules. Arrivé au château Saint-Ange, il prend alors une large coupe et boit à la santé de Clément, et ceux qui l'environnent suivent son exemple. Il prête ensuite serment à ses cardinaux et ajoute qu'il les engage à rendre hommage à l'Empereur comme à leur légitime et unique souverain; il leur fait promettre qu'ils ne troubleront plus la paix de l'Empire par leurs intrigues, mais que, suivant les préceptes de l'Écriture et l'exemple de Jésus-Christ et des apôtres, ils demeureront soumis au pouvoir civil. Après une harangue dans laquelle il récapitula les guerres, les parricides et les sacrilèges des papes, le prétendu pontife promit solennellement de transférer, par voie de testament, son autorité et sa puissance à Martin Luther. Lui seul, disait-il, pouvait abolir tous ces abus et réparer la barque de saint Pierre, de sorte qu'elle ne fût plus le jouet des vents et des flots. Élevant alors la voix, il dit aux assistants : « Que tous ceux qui sont de cet avis le fassent connaître en levant la main. » Aussitôt la multitude des soldats leva la main en s'écriant : « *Vive le pape Luther!* » Toute cette scène se passait sous les yeux de Clément VII. (Maccree, *Réf. en Italie*, p. 66-7.)

Les ouvrages de Zwingli étant écrits en langue latine circulaient plus facilement en Italie que ceux des réformateurs du nord de l'Allemagne, qui n'écrivaient point toujours dans la langue savante et universelle. Cette circonstance est sans doute une des causes du caractère que prit la Réforme italienne, particulièrement dans l'académie de Vicence, où naquit le Socinianisme. Cependant les livres de Luther passèrent de bonne heure les Alpes. Le 14 février 1519, le premier magistrat lui écrit : « Blaise Salmonius, libraire de Leipsick, m'a présenté quelques-uns de vos Traités; comme ils ont eu l'approbation des savants, je les ai livrés à l'impression et j'en ai envoyé six cents exemplaires en France et en Espagne. Ils se vendent à Paris, et mes amis m'assurent que, même dans la Sorbonne, il y a des gens qui les lisent et les approuvent. Des savants de ce pays désiraient aussi depuis longtemps voir traiter la théologie avec indépendance. Calvi, libraire de Pavie, s'est chargé de faire passer une grande partie de l'édition en Italie. Il nous promet même un envoi de toutes les épigrammes composées en votre honneur par les savants de son pays. Telle est la faveur que votre courage et votre habileté ont attirée sur vous et sur la cause de Christ. »

Le 19 septembre 1520, Burchard Schenk écrit de Venise à Spalatin : « J'ai lu ce que vous me mandez du seigneur Martin Luther ; il y a déjà longtemps que sa réputation est arrivée jusqu'à nous, mais on dit par la ville qu'il se garde du pape ? Il y a deux mois, dix de ses livres furent apportés dans notre ville, et aussitôt vendus... Que Dieu le conduise dans la voie de la vérité et de la charité. » (Seckendorf, p. 115.)

Quelques ouvrages de Luther pénétrèrent même dans Rome, et jusque dans le Vatican, sous la sauvegarde de quelque pieux personnage dont le nom remplaçait en tête du livre celui de l'auteur hérétique. C'est ainsi que plusieurs cardinaux eurent à se repentir d'avoir loué hautement le *Commentaire sur l'Épître aux Romains*, et le *Traité sur la justification* d'un certain cardinal Fregoso, qui n'était autre que Luther. Il en advint de même pour les *Lieux communs* de Mélanchton. (Maccree, *la Réforme en Italie*, p. 39.)

« Je m'occupe, dit Bucer dans une lettre à Zwingli, d'une interprétation des psaumes. Les instances de nos frères de la France et de l'Allemagne inférieure me décident à les publier sous un nom étranger, afin que les libraires puissent les vendre. Car c'est un crime capital d'introduire dans ces deux pays des livres qui portent nos noms. Je me donnerai donc pour un Français, et je ferai paraître mon livre sous le nom d'Aretius Felinus. » — Il dédia ce livre au Dauphin. (Lugduni iii idus julii anno MDXXIX.)

Page 258 — *Les catholiques et les protestants réunis un instant contre les anabaptistes...*

Pour repousser les reproches des catholiques qui attribuaient aux prédicateurs protestants la révolte des anabaptistes, les réformés de toutes les sectes cherchèrent encore une fois à se réunir. Une conférence eut lieu à Wittemberg (1536). Bucer, Capiton et plusieurs autres s'y rendirent au mois de mai, pour conférer avec les théologiens saxons. La conférence dura du 22 au 25, jour où fut signée la *Formule de concorde* rédigée par Mélanchton. Le 28, Luther et Bucer prêchèrent à Wittemberg, et proclamèrent l'union qui venait de se conclure entre les deux partis. (Ukert, I, 307.)

Avant de signer la *Formule de concorde*, Luther voulut qu'elle fût approuvée explicitement par les réformés de la Suisse, « de peur, dit-il, que par des réticences cette *Concorde* ne donne lieu dans la suite à des discordes encore plus fâcheuses. » (Janvier 1535.) Cette approbation fut donnée. « Les Suisses, écrit-il au duc Albert de Prusse, les Suisses, qui jusqu'ici n'étaient pas d'accord avec nous sur la question du Saint-Sacrement, sont en bon chemin; Dieu veuille ne pas nous abandonner! Bâle, Strasbourg, Augsbourg, Berne et plusieurs autres villes se sont rangées de notre côté. Nous les recevons comme frères, et nous espérons que Dieu finira le scandale, non pas à cause de nous, car nous ne l'avons pas mérité, mais pour glorifier son nom et faire dépit à cet abominable pape. La nouvelle a beaucoup effrayé ceux de Rome. Ils sont dans la terreur et n'osent assembler un concile. » (6 mai 1538.)

Dans le même temps, des négociations étaient entamées avec Henri, duc de Brunswick, pour le rattacher aux doctrines luthériennes, mais elles restèrent sans résultat. — Le 23 octobre 1539, Luther écrivit à l'Électeur pour lui annoncer que les négociations avec les envoyés du roi d'Angleterre étaient également infructueuses. La lettre est signée de Luther, de Mélanchton, et de plusieurs autres théologiens de Wittemberg.

Page 259. — *Les armes devaient seules décider...*

« Le docteur Jean Pomeranus m'a dit une fois qu'à Lubeck, dans la maison de ville, on avait trouvé dans une vieille chronique une prophétie d'après laquelle en l'an 1550 il s'élèverait dans l'Allemagne un grand tumulte à cause de la religion; et que, lorsque l'Empereur s'en serait mêlé, il perdrait tout ce qu'il avait. Mais je ne crois point que l'Empereur commence la guerre pour la cause du pape; la guerre coûte trop d'argent. »

L'éditeur Aurifaber ajoute que Charles-Quint, dans sa retraite de Saint-Just, avait fait tendre les murs d'une vingtaine de tapisseries qui représentaient les principales actions de son règne; qu'il aimait à se promener en les regardant, et que, lorsqu'il s'arrêtait devant celle qui représentait la prise de l'Électeur de Saxe à Muhlberg, il soupirait et disait : Si je l'eusse laissé tel qu'il était, je serais resté tel que j'étais. » (*Tischred.*, p. 6.) — Ce mot que l'éditeur a l'air de ne pas comprendre, peut-être à dessein, est fort raisonnable; car rien ne fut plus funeste à Charles-Quint que d'avoir donné l'Électorat au jeune Maurice.

Page 259. — *Ratisbonne...*

« Je veux devancer tes lettres et te prédire ce qui se passe à Ratisbonne même. Tu as été appelé par l'Empereur, il t'a dit de songer aux conditions de la paix. Toi, tu lui as répondu en latin, tu as fait tout ce que tu as pu, mais tu es resté au-dessous d'un si grand sujet. Eck, selon son habitude, a vociféré : « Très gracieux Empereur, je prétends prouver que nous avons raison et que le pape est la tête de l'Église. » Voilà votre histoire. » (25 juin 1541.)

Page 260. — *Notre prince... accourut avec Pontanus et tous deux arrangèrent la réponse à leur façon...*

La cour cherchait à exercer une sorte de contrôle, de haute surveillance sur les ouvrages même de Luther. En 1531, il avait écrit un livre intitulé : *Contre l'hypocrite de Dresde*, sans en avoir fait part à l'Électeur; il lui fallut s'en excuser auprès du chancelier Brück.

« ... Si mes petits ouvrages, dit-il, étaient envoyés à la cour, avant de paraître, ils y rencontreraient tant de critiques et de censures qu'ils ne paraîtraient jamais, et, s'ils paraissaient, nos ennemis soupçonneraient chaque fois une foule de gens d'y avoir pris part. De cette manière, l'on sait et l'on voit qu'ils sont tout uniment de Luther; et c'est à lui seul de s'en justifier. »

Dans une autre circonstance plus sérieuse, il eut encore à lutter contre l'intervention de la cour. Albert, archevêque de Mayence, avait fait mettre à mort l'un de ses officiers, nommé Schanz, contrairement aux lois, et à en croire la voix publique, par haine personnelle. Luther lui adressa à cette occasion deux lettres pleines d'indignation. Il commençait ainsi la première (31 juillet 1535) : « Je ne vous écris plus, cardinal, dans l'espoir de changer votre cœur profondément perverti. C'est une pensée à laquelle j'ai renoncé. Je vous écris pour satisfaire à ma conscience devant Dieu et les hommes, et ne pas approuver, par mon silence, l'acte horrible que vous venez de commettre. » Dans ce qui suit, il l'appelle cardinal d'enfer, et le menace du bourreau éternel qui viendra lui demander compte du sang versé. Dans la seconde lettre (mars 1536), il dit : « L'écrit ci-joint vous fera voir que le sang de Schanz ne se tait pas en Allemagne comme dans les appartements de Votre

Grâce Électorale, au milieu de vos courtisans. Abel vit en Dieu et son sang crie contre les meurtriers!... J'ai reconnu par la lettre de Votre Grâce à Antoine Schanz que vous allez jusqu'à accuser sa famille d'être cause de sa mort. J'ai vu et entendu raconter mainte scélératesses de cardinal, mais je n'aurais jamais cru que vous fussiez une si cruelle et impudente vipère pour railler encore les malheureux, après cette abominable, cette infernale action!... J'ai recueilli les derniers cris de Schanz au moment de sa détresse, ses dernières protestations contre la violence, lorsque Votre Sainteté lui fit arracher les dents pour tirer de lui un faux aveu; je publierai ces paroles, et Dieu aidant, Votre Sainteté dansera une danse qu'elle n'a jamais dansée!... Si Caïn sait dire: *Suis-je fait pour garder mon frère?* Dieu sait aussi lui répondre: *Sois maudit sur la terre...* Je vous recommande à Dieu, dit-il à la fin de la lettre, si toutefois le chapeau de sang (le chapeau rouge de cardinal) vous laisse désirer de lui être recommandé. »

L'Électeur de Saxe et le duc Albert de Prusse, parents du cardinal, trouvèrent trop violent l'écrit dont Luther parlait dans cette lettre. Ils lui firent dire qu'il attaquait l'honneur de la famille dans la personne de l'archevêque, et lui commandèrent d'user de ménagements. Luther n'en publia pas moins son écrit quelque temps après.

Page 260 — *Ils regardent cette affaire comme une comédie...*
Dès le commencement des conférences, Luther avait prévu qu'elles ne mèneraient à rien. Il se défiait même de la fermeté de Bucer et du landgrave de Hesse. Il dit dans une lettre au chancelier Brück : « Je crains que le landgrave ne se laisse entraîner trop loin par les papistes, et qu'il ne veuille nous entraîner avec lui. Mais il nous a déjà suffisamment tiraillés et je ne me laisserai plus mener par lui. Je reprendrais plutôt tout le fardeau sur mes épaules, et je marcherais seul, à mes risques et périls, comme dans le commencement. Nous savons que c'est la cause de Dieu; c'est lui qui nous a suscités, qui nous a conduits jusqu'ici, il saura bien faire triompher sa cause. Ceux qui ne voudront pas nous suivre, n'ont qu'à rester en arrière. Ni l'Empereur, ni le Turc, ni tous les démons ensemble ne pourront rien contre cette cause, quoi qu'il en puisse advenir de nous et de ce corps mortel. — Je m'indigne qu'ils traitent ces affaires comme des affaires mondaines, des affaires d'Empereur, de Turcs, de princes, dans lesquelles on puisse transiger à volonté, avancer ou reculer. C'est une cause dans laquelle Dieu et Satan combattent avec tous leurs

anges. Ceux qui ne le croient pas, ne peuvent pas la défendre. »
(Avril 1541.)

Page 261. — *Je suis indigné qu'on se joue ainsi de si grandes choses...*

« Je vais à Haguenau ; je verrai de près ce formidable Syrien, ce Behemoth dont se rit, au psaume II, l'habitant du ciel... Mais ils ne comprendront point ce rire, jusqu'au moment où finira ce chant funèbre : Vous périrez dans la route, quand se lèvera sa colère, parce qu'ils ont refusé un baiser au Fils (peribitis in via, cum exarserit ira ejus, quia Filium nolunt osculari). — Amen, amen, que cela arrive. Ils l'ont mérité, ils l'ont voulu. » (2 juillet 1540.)

Page 265. — *Fait à Wittemberg...*

On trouve dans les *Propos de table*, p. 320 : « Le mariage secret des princes et des grands seigneurs est un vrai mariage, devant Dieu ; il n'est pas sans analogie avec le concubinat des patriarches. » (Ceci expliquerait la consultation en faveur du landgrave.)

Page 266. — *Depuis cette époque, les lettres de Luther, comme celles de Mélanchton, sont pleines de dégoût et de tristesse.*

« L'ingratitude des hommes, c'est le cachet d'une bonne œuvre ; si nos efforts plaisaient au monde, à coup sûr, il ne seraient point agréables à Dieu. » (6 août 1539.)

« La tristesse et la mélancolie viennent de Satan ; c'est pour moi une chose sûre. Dieu n'afflige, ni n'effraie, ni ne tue ; il est le Dieu des vivants. Il a envoyé son Fils unique, pour que nous vivions par lui, pour qu'il surmonte la mort. C'est pourquoi l'Écriture dit : Soyez contents et joyeux, etc. » (*Tischreden*, p. 205, verso.)

Sur la Tristesse. — « Vous ne pouvez empêcher, disait un sage, que les oiseaux ne volent au-dessus de votre tête ; mais vous empêcherez qu'ils ne fassent leurs nids dans vos cheveux. » (19 juin 1530.)

Jean de Stockhausen avait demandé à Luther des remèdes contre les tentations spirituelles et la mélancolie. Luther lui conseilla dans une lettre d'éviter la solitude et de fortifier sa volonté par une vie active, laborieuse. Il lui recommanda, outre la prière, la lecture du livre de Gerson : *De cogitationibus blasphemiæ*. (27 novembre 1532.)

Il donna des conseils semblables au jeune prince Joachim d'Anhalt : « La gaieté, dit-il, et le bon courage (en tout bien et tout honneur) sont la meilleure médecine des jeunes gens, disons mieux, de tous les hommes. Moi-même qui ai passé ma vie dans la tristesse et les pensées sombres, j'accepte aujourd'hui la joie partout où elle se présente, je la recherche même. La joie criminelle vient de Satan, il est vrai, mais la joie qu'on trouve dans le commerce d'hommes honnêtes et pieux, celle-là plaît au Seigneur... Montez à cheval, allez à la chasse avec vos amis, amusez-vous avec eux. La solitude et la mélancolie sont un poison; c'est la mort des hommes, et surtout des hommes jeunes. » (26 juin 1534.)

Mélanchton raconta un jour à la table de Luther la fable suivante : « Un paysan traversant une forêt rencontra une caverne où se trouvait un serpent. Une grande pierre roulée devant empêchait l'animal d'en sortir. Il supplia le paysan d'enlever la pierre, lui promettant la plus belle récompense. Le paysan se laissa tenter, délivra le serpent, et lui demanda le prix de sa peine. A quoi le serpent répondit qu'il allait lui donner la récompense que le monde donne à ses bienfaiteurs, qu'il allait le tuer. Tout ce que le paysan put obtenir par ses supplications, fut qu'ils remettraient leur différend au jugement du premier animal qu'ils rencontreraient. Ce fut d'abord un vieux cheval qui n'avait plus que la peau et les os. Pour toute réponse, il dit : « J'ai consumé tout ce que j'avais de force au service de l'homme; pour récompense il va me tuer, m'écorcher. » Ils rencontrèrent ensuite un vieux chien que son maître venait de rouer de coups; ce nouvel arbitre donna même décision. Le serpent voulait alors tuer son bienfaiteur. Celui-ci obtint qu'ils prendraient un nouveau juge, et que la sentence de ce dernier serait décisive. Après avoir marché quelques pas, ils virent venir à eux un renard. Dès que le paysan l'aperçut, il invoqua son secours, et lui promit tous ses poulets, s'il rendait une décision favorable. Le renard, ayant entendu les parties, dit qu'avant de prononcer il fallait remettre toutes choses dans leur premier état; que le serpent devait retourner dans la caverne pour entendre le jugement. Le serpent consentit, et dès qu'il y fut, le paysan boucha le trou de son mieux. Le renard vint la nuit suivante prendre les poulets qui lui étaient promis; mais la femme et les valets du paysan le tuèrent. » Mélanchton ayant fini ce conte, le docteur dit : « Voilà bien l'image de ce qu'on voit dans le monde. Celui que vous avez sauvé de la potence vous fait pendre. Si je n'avais d'autre exemple, je n'aurais qu'à penser à Jésus-Christ qui, après avoir racheté le monde entier du péché, de la mort, du Diable et de l'Enfer, fut crucifié par les siens mêmes. » (*Tischreden*, p. 56.)

Les plaisanteries, les jeux de mots qui se rencontrent si souvent dans les lettres des années précédentes, ont disparu dans celles-ci;

la correspondance de Luther devient triste; c'est à peine si on le voit sourire une seule fois; le récit grotesque d'une expédition militaire de quelques bourgeois contre des brigands peut tout au plus le dérider : « Voici encore une nouvelle victoire de Kohlhase (fameux brigand dont la vie est racontée dans un curieux roman historique); il a pris et enlevé un riche meunier. Sitôt que nous avons su la chose, nous nous sommes courageusement précipités à travers les campagnes, pas trop loin cependant de nos murailles, et, comme il convient à des saints Christophe en peinture ou à des saints Georges de bois, nous avons effrayé les nuées de quelques coups de fusil... Nous avons fait transporter dans la ville nos bois, nos arbres, de peur que, la nuit, Kohlhase n'en fasse un pont pour passer nos petits fossés. Nous sommes tous des Hector et des Achille, ne craignant personne, bien que nous soyons seuls et sans ennemis. »

Page 268. — *Poison...*

En 1541, un bourgeois de Wittemberg, nommé Clémann Schober, suivit Luther l'arquebuse à la main, dans l'intention probable de le tuer. Il fut arrêté et puni. (Ukert I, 323.)

Page 271. — *Famille...*

A Marc Cordel. « Comme nous en sommes convenus, mon cher Marc, je t'envoie mon fils Jean, afin que tu l'emploies à exercer des enfants dans la grammaire et la musique, et en même temps, pour que tu surveilles et corriges ses mœurs... Si tes soins prospèrent pour ce fils, tu en auras, de mon vivant, deux autres... Je suis en travail de théologiens, mais je veux enfanter aussi des grammairiens et des musiciens. » (26 août 1542.)

Le docteur Jonas avait dit un jour que la malédiction de Dieu sur les enfants désobéissants, s'était accomplie dans la famille de Luther; le jeune homme dont il parlait était toujours malade et souffrant. Le docteur Luther ajouta: « C'est la punition due à sa désobéissance. Il m'a presque tué une fois, et, depuis ce temps, j'ai perdu toutes les forces de mon corps. Grâce à lui, j'ai compris le passage où saint Paul parle des enfants qui tuent leurs parents, non par l'épée, mais par la désobéissance. Ils ne vivent guère, et n'ont pas de bonheur... O mon Dieu! que le monde est impie, et dans quels temps nous vivons! Ce sont les temps dont Jésus-Christ a dit : « Quand le Fils de l'Homme viendra, croyez-vous qu'il trouvera de la foi et de la charité? » Heureux ceux qui meurent avant de voir des temps pareils. » (*Tischreden*, p. 48.)

Page 271. — *La femme...*

« La femme est le plus précieux des trésors. Elle est pleine de grâces et de vertus; elle garde la foi. »

— « Le premier amour est violent, il nous enivre et nous enlève la raison. L'ivresse passée, les âmes pieuses conservent l'amour honnête; les impies n'en conservent rien. »

— « Mon doux Seigneur! si c'est ta volonté sainte que je vive sans femme, soutiens-moi contre les tentations; sinon, veuille m'accorder une bonne et pieuse jeune fille, avec laquelle je passe doucement ma vie, que j'aime et dont je sois aimé en retour. » (*Tischreden*, p. 329-31.)

Page 271. — *Asseyons-nous à sa table...*

Il y était toujours entouré de ses enfants et de ses amis, Mélanchton, Jonas, Aurifaber, etc., qui l'avaient soutenu dans ses travaux. Une place à cette table était chose enviée. — « J'aurais volontiers, écrit-il à Gaspard Muller, reçu Kégel au nombre de mes pensionnaires, pour différentes raisons; mais le jeune Porse de Jéna allant bientôt revenir, la table sera pleine, et je ne puis pourtant congédier mes anciens et fidèles compagnons. Si cependant il se trouve plus tard une place vacante, comme cela pourrait arriver après Pâques, je ferai avec plaisir ce que vous désirez, à moins que *le seigneur* Catherine, ce que je ne pense pas, ne veuille nous refuser sa grâce. » (19 janvier 1536.) *Dominus Ketha*, c'était le nom qu'il donnait souvent à sa femme. Il commence ainsi une lettre qu'il lui écrit le 26 juillet 1540 : « A la riche et noble dame de Zeilsdorf [1], madame la *doctoresse* Catherine Luther, domiciliée à Wittemberg, quelquefois se promenant à Zeilsdorf, ma bien-aimée épouse. »

Page 272. — *Mariage...*

« Le mariage, que l'autorité approuve et qui n'est point contre la parole de Dieu, est un bon mariage, quel que soit le degré de parenté. » (*Tischreden*, page 321.)

Il blâmait fort les juristes qui, « contre leur propre conscience, contre le droit naturel, divin et impérial, maintenaient comme valables les promesses secrètes de mariage. On doit laisser chacun s'arranger avec sa conscience. On ne peut forcer personne à l'amour.

« Les dots, présents de lendemain, biens, héritages, etc., ne

---

[1]. Nom d'un village près duquel Luther possédait une petite terre.

regardent que l'autorité. Je veux les lui renvoyer, afin qu'elle en charge ses gens, ou qu'elle décide elle-même. Nous sommes pasteurs des consciences, non des corps ou des biens. » (*Tischreden*, p. 315).

Consulté dans un cas d'adultère, il dit : « On doit les citer et ensuite les séparer. De tels cas regardent proprement l'autorité, car le mariage est une chose temporelle. Il n'intéresse l'Église qu'en ce qui touche la conscience. » (*Tischreden*, p. 322.)

L'an 1539, 1er février, il disait : « Quoique les affaires relatives aux mariages nous obligent tous les jours d'étudier, de lire, de prêcher, d'écrire et de prier, je me réjouis que les consistoires soient établis, surtout pour ce genre d'affaires... On trouve beaucoup de parents, particulièrement des beaux-pères, qui, sans raison, défendent le mariage à leurs enfants. L'autorité et les pasteurs doivent y voir, et favoriser les mariages, même contre la volonté des parents, selon les diverses occurrences... Les enfants doivent citer à leurs parents l'exemple de Samson. Nous ne sommes plus au temps de la papauté, où l'on suivait la loi contre l'équité. » (*Tischreden*, p. 322.)

Page 279. — *Ma femme et mes petits enfants...*

Durant la diète d'Augsbourg, il écrivit à son fils Jean : « Grâce et paix à toi, en Jésus-Christ, mon cher petit enfant. Je vois avec plaisir que tu apprends bien et que tu pries sans distraction. Continue, mon enfant, et, quand je reviendrai à la maison, je te rapporterai quelque belle chose.

« Je sais un beau et riant jardin, tout plein d'enfants en robes d'or, qui vont jouant sous les arbres avec de belles pommes, des poires, des cerises, des noisettes et des prunes ; ils chantent, ils sautent, et sont tout joyeux; ils ont aussi de jolis petits chevaux avec des brides d'or et des selles d'argent. En passant devant ce jardin, je demandais à l'homme à qui il appartient, quels étaient ces enfants ? il me répondit : « Ce sont ceux qui aiment à prier, à apprendre, et qui sont pieux. » Je lui dis alors : « Cher ami, j'ai aussi un enfant, c'est le petit Jean Luther ; ne pourrait-il pas aussi venir dans ce jardin manger de ces belles pommes et de ces belles poires, monter sur ces jolis petits chevaux, et jouer avec les autres enfants ? » L'homme me répondit : « S'il est bien sage, s'il prie et apprend volontiers, il pourra aussi venir, le petit Philippe et le petit Jacques avec lui ; ils trouveront ici des fifres, des timbales et autres beaux instruments pour faire de la musique ; ils danseront et tireront avec de petites arbalètes. » En parlant ainsi, l'homme me montra, au milieu du jardin, une belle prairie pour danser, où l'on voyait suspendus les fifres, les timbales et les petites arbalètes. Mais il était encore matin, les enfants n'avaient pas dîné, et je ne pouvais attendre que la danse commençât. Je dis alors à l'homme : « Cher seigneur, je vais vite écrire à mon cher petit Jean, afin qu'il soit bien sage, qu'il prie et qu'il apprenne, pour venir aussi dans ce jardin ; mais il a une tante Madeleine qu'il aime beaucoup, pourra-t-il l'amener avec lui ? » L'homme me répondit : « Oui, ils pourront venir ensemble, faites-le-lui savoir. » Sois donc bien sage, mon cher enfant ; dis à Philippe et à Jacques de l'être aussi, et vous viendrez tous ensemble jouer dans ce beau jardin. — Je te recommande à la protection de Dieu. Salue de ma part la tante Madeleine, et donne-lui un baiser pour moi. Ton père qui te chérit. Martin LUTHER. » (19 juin 1530.)

Page 282. — *Fin du chapitre...*
« Dieu sait tous les métiers mieux que personne. Comme tailleur, il fait au cerf une robe qui lui sert neuf cents ans sans se déchirer. Comme cordonnier, il lui donne une chaussure qui dure encore plus longtemps que lui. Et ne s'entend-il pas à la cuisine, lui qui par le feu du soleil fait tout cuire et tout mûrir ? Si Notre-Seigneur vendait les biens qu'il donne, il en ferait passablement d'argent ; mais parce qu'il les donne gratis, on n'en tient pas compte. » (*Tischreden*, p. 27.)
Ce passage bizarre et un assez grand nombre d'autres nous montrent dans Luther le modèle probable d'Abraham de Sancta Clara. Au dix-septième siècle, on n'imitait plus que les défauts de Luther.

Page 285. — *Le Décalogue...*
« Me voilà devenu disciple du *Décalogue*. Je commence à comprendre que le *Décalogue* est la dialectique de l'Évangile, et l'Évangile la rhétorique du *Décalogue;* Christ a tout ce qui est de Moïse, mais Moïse n'a pas tout ce qui est de Christ. » (20 juin 1530.)

Page 285. — *Il y aura un nouveau ciel, une nouvelle terre...*
« Le grincement de *dents dont parle l'Évangile*, c'est la dernière peine qui suivra une mauvaise conscience, la désolante certitude d'être à jamais séparé de Dieu. » (*Tischr.*, p. 366.) Ainsi Luther semble avoir une idée plus spirituelle de l'Enfer que du Paradis.

Page 286. — *Autrefois on faisait des pèlerinages...*
A Jean de Sternberg, en lui dédiant la traduction du psaume

CXVII : « ... Si je vous ai nommé en tête de ce petit travail, ce n'a pas seulement été pour attirer l'attention des gens qui méprisent tout art et tout savoir, mais aussi pour témoigner qu'il y a encore des gens pieux parmi la noblesse. La plupart des nobles sont aujourd'hui si insolents et si dépravés, qu'ils excitent la colère du pauvre homme... S'ils voulaient être respectés, ils devraient avant tout respecter eux-mêmes Dieu et sa parole. Qu'ils continuent de vivre ainsi dans l'orgueil, dans l'insolence, dans le mépris de toute vertu, et ils ne seront bientôt plus que des paysans ; ils le sont déjà, quoiqu'ils portent encore le nom de nobles et le chapeau à plumes... Ils devraient cependant se souvenir de Münzer...

« ... Je souhaite que ce petit livre, et d'autres qui lui ressemblent, touchent votre cœur et que vous y fassiez un pèlerinage plus utile au salut que celui que vous avez fait autrefois à Jérusalem. Non que je méprise ces pèlerinages ; j'en ferais moi-même bien volontiers, si je pouvais, et j'aime toujours à en entendre parler ; mais je veux dire que nous ne les faisions pas dans un bon esprit. Quand j'allai à Rome, je courus comme un fou à travers toutes les églises, tous les couvents ; je crus tout ce que les imposteurs y avaient jamais inventé. J'y dis une dizaine de messes, et je regrettais presque que mon père et ma mère fussent encore en vie. J'aurais tant aimé à les tirer du Purgatoire par ces messes et autres bonnes œuvres ! On dit à Rome ce proverbe : Heureuse la mère dont le fils dit la messe la veille de la Saint-Jean ! Que j'aurais été aise de sauver ma mère !

« Nous faisions ainsi, ne sachant pas mieux ; le pape tolère ces mensonges. Aujourd'hui, Dieu merci, nous avons les Évangiles, les psaumes et autres paroles de Dieu ; nous pouvons y faire des pèlerinages plus utiles, y visiter et contempler la véritable Terre-Promise, la vraie Jérusalem, le vrai Paradis. Nous n'y marchons pas sur les tombeaux des saints et sur leurs dépouilles mortelles, mais dans leurs cœurs, dans leurs pensées et leur esprit... » (Cobourg, 29 août 1530.)

Page 286. — *Pour visiter les saints.*

« Les saints ont souvent péché, souvent erré. Quelle fureur de nous donner toujours leurs actes et leurs paroles pour des règles infaillibles ! Qu'ils sachent, ces sophistes insensés, ces pontifes ignares, ces prêtres impies, ces moines sacrilèges, et le pape avec toute sa séquelle... que nous n'avons pas été baptisés au nom d'Augustin, de Bernard, de Grégoire, au nom de Pierre ni de Paul, au nom de la bienfaisante faculté théologique de la Sodome

(Sorbonne) de Paris, de la Gomorrhe de Louvain, mais au nom du seul Jésus-Christ notre maître. » (*De abroganda Missa privata. Op. lat. Lutheri*, Wett., II, 245.)

« Les véritables saints, ce sont toutes les autorités, tous les serviteurs de l'Église, tous les parents, tous les enfants qui croient en Jésus-Christ, qui ne commettent point de péché, et qui accomplissent, chacun dans sa condition, les devoirs que Dieu leur impose. » (*Tischreden*, 134, verso.)

Luther croit peu aux légendes des saints, et déteste surtout celles des anachorètes. « ... Si l'on a fait quelque excès du côté du boire ou du manger, on peut l'expier avec le jeûne et la maladie... »

« La légende de saint Christophe est une belle poésie chrétienne. Les Grecs, qui étaient des gens doctes, sages et ingénieux, ont voulu montrer ce que doit être un chrétien (*Christoforos*, qui porte le Christ). Il en est de même du chevalier saint Georges. La légende de sainte Catherine est contraire à toute l'histoire romaine, etc. »

Page 286. — *Les prophètes...*

« Je sue sang et eau pour donner les prophètes en langue vulgaire. Bon Dieu! quel travail! comme ces écrivains juifs ont de la peine à parler allemand. Ils ne veulent pas abandonner leur hébreu pour notre langue barbare. C'est comme si Philomèle, perdant sa gracieuse mélodie, était obligée de chanter toujours avec le coucou une même note monotone. » (14 juin 1528.) — Il dit ailleurs qu'en traduisant la Bible, il mettait souvent plusieurs semaines à chercher le sens d'un mot. (Ukert, II, p. 337.)

A Jean-Frédéric, duc de Saxe, en lui envoyant sa traduction du prophète Daniel. « ... Les historiens racontent avec éloge que le grand Alexandre portait toujours Homère sur lui et le mettait même la nuit sous sa tête : combien serait-il plus juste que le même honneur, ou un plus grand encore, fût rendu à Daniel par tous les rois et princes de la terre! Ils ne devraient pas le mettre sous leur tête, mais le déposer dans leur cœur, car il enseigne des choses bien plus hautes. » (Février ou mars 1530.)

Page 289. — *Psaumes...*

A l'abbé Frédéric, de Nuremberg, en lui dédiant la traduction du psaume CXVIII : « ... C'est mon psaume à moi, mon psaume de prédilection. Je les aime bien tous ; j'aime toute l'Écriture sainte, qui est toute ma consolation et ma vie; cependant je me suis attaché particulièrement à ce psaume, et j'ai en vérité le droit de l'appeler mien. Il a aussi bien mérité de moi ; il m'a sauvé de mainte grande nécessité d'où ni Empereur, ni rois, ni sages, ni saints n'eussent pu me tirer. C'est mon ami, qui m'est plus cher que tous les honneurs, toute la puissance de la terre. Je ne le donnerais pas en échange, si l'on m'offrait tout cela.

« Mais, dira-t-on, ce psaume est commun à tous ; personne n'a le droit de le dire sien. Oui, mais le Christ est bien aussi commun à tous, et pourtant le Christ est mien. Je ne suis pas jaloux de ma propriété ; je voudrais la mettre en commun avec le monde entier... Et plût à Dieu que tous les hommes revendiquassent ce psaume comme étant à eux ! Ce serait la querelle la plus touchante, la plus agréable à Dieu, une querelle d'union et de charité parfaite. » (Cobourg, 1ᵉʳ juillet 1530.)

Page 291. — *Des Pères...*

Dès le commencement de l'année 1519, il écrivait à Jérôme Düngersheim une lettre remarquable sur l'importance et l'autorité des Pères de l'Église. « L'évêque de Rome est au-dessus de tous par sa dignité. C'est à lui qu'il faut s'adresser dans les cas difficiles et dans les grandes nécessités. J'avoue cependant que je ne saurais défendre contre les Grecs cette suprématie que je lui accorde.

« Si je reconnaissais au pape le pouvoir de tout faire dans l'Église, je devrais, comme conséquence de cette doctrine, traiter d'hérétiques : Jérôme, Augustin, Athanase, Cyprien, Grégoire et tous les évêques d'Orient qui ne furent pas établis par lui ni sous lui. Le concile de Nicée ne fut pas réuni par son autorité ; il n'y présida ni par lui-même, ni par un légat Que dirai-je des décrets de ce concile ? Les connaît-on bien ? Sait-on lesquels d'entre eux il faut reconnaître ?... C'est votre coutume, à toi et à Eck, d'accepter les paroles de tout le monde, de modifier l'Écriture par les Pères, comme s'il fallait plutôt croire en eux. Pour moi, je fais tout autrement. Comme Augustin et saint Bernard, en respectant toutes les autorités, je remonte des ruisseaux jusqu'au fleuve qui leur donne naissance. »
— Suivent plusieurs exemples des erreurs dans lesquelles les Pères sont tombés. Luther les critique en philologue, montrant qu'ils n'ont pas compris le texte hébreu. « De combien d'autorités Jérôme n'abuse-t-il pas contre Jovinien ? Augustin contre Pélage ? — Ainsi Augustin dit que ce verset de la *Genèse* : Faisons l'homme à notre image, est une preuve de la Trinité ; mais il y a dans le texte hébreu : Je ferai l'homme, etc. — Le Maître des Sentences a donné un bien funeste exemple en s'efforçant de faire accorder les paroles de tous les Pères. Il résulte de là que nous devenons la risée des

hérétiques quand nous nous présentons devant eux avec ces phrases obscures ou à double sens. Eck se fait le champion de toutes les opinions diverses et contraires. C'est là-dessus que roulera notre dispute. » (1519.)

— « J'admire toujours comment, après les apôtres, Jérôme a pu mériter le nom de Docteur de l'Église, Origène celui de Maître des Églises... On ne pourrait faire un seul chrétien avec leurs livres... tant ils sont séduits par la pompe des œuvres. Augustin lui-même ne vaudrait pas davantage, si les pélagiens ne l'avaient rudement exercé et contraint de défendre la foi. » (26 août 1530.)

— « Celui qui a osé comparer le monachat au baptême était complètement fou; c'était plutôt une bûche qu'une bête. Eh! quoi, crois-tu donc Jérôme, lorsqu'il parle d'une manière si impie contre Dieu, lorsqu'il veut qu'immédiatement après soi-même, ce soient ses parents que l'on considère le plus? Écouteras-tu Jérôme, tant de fois dans l'erreur, tant de fois dans le péché? croiras-tu un homme enfin, plutôt que Dieu lui-même? Va donc, et crois avec Jérôme qu'il faut passer sur le corps à ses parents pour fuir au désert. » (*Lettre à Severinus*, moine autrichien, 6 octobre 1527.)

Page 293. — *Les Scolastiques...*

Grégoire de Rimini a convaincu les scolastiques d'une doctrine pire que celle des pélagiens... Car bien que les pélagiens pensent que l'on peut faire une bonne œuvre sans la grâce, ils n'affirment pas qu'on puisse sans la grâce obtenir le Ciel. Les scolastiques parlent comme Pélage, lorsqu'ils enseignent que sans la grâce on peut faire une bonne œuvre et non une œuvre méritoire. Mais ils enchérissent sur les pélagiens, en ajoutant que l'homme a l'inspiration de la droite raison naturelle à laquelle la volonté peut se conformer naturellement, tandis que les pélagiens avouent que l'homme est aidé par la loi de Dieu. (1519.)

Page 297. — *Biens ecclésiastiques...*

Luther écrivit au roi de Danemarck (2 décembre 1536), pour approuver la suppression de l'épiscopat, et pour engager ce prince à faire un bon usage des biens ecclésiastiques, c'est-à-dire (comme il l'écrivait le 18 juillet 1529 au margrave Georges de Brandebourg) à les appliquer à des fondations d'écoles et d'universités..

« L'Empereur dissimule, et cependant il prend, il dévore les évêchés : Utrecht, Liège, etc. Ceux de la noblesse devraient y prendre garde. Je me suis durement travaillé pour que les fondations ecclésiastiques et les possessions des princes abbés ne fussent point dispersées, mais conservées aux pauvres de la noblesse. Malheureusement cela n'aura pas lieu. » (*Tischreden*, p. 351.)

Page 299. — *Des cardinaux et des évêques...*

« Maître Philippe louait devant le docteur Luther la haute intelligence et l'esprit rapide du cardinal évêque de Salzbourg, Mathieu Lang. Il disait qu'en 1530, il s'était trouvé six heures avec lui à Augsbourg, et qu'ils avaient causé de la religion. Le cardinal lui avait dit à la fin : « Mon cher *domine Philippe*, nous autres prêtres, nous n'avons encore jamais rien valu. Nous savons bien que votre doctrine est bonne; mais ignorez-vous donc que jusqu'ici on n'a jamais rien pu gagner sur les prêtres? Ce n'est pas vous qui commencerez. » « Ce cardinal était fils d'un messager d'Augsbourg. Son père était d'une bonne et ancienne famille, mais réduit à l'état de serviteur par sa pauvreté. — Ce fut le premier cardinal qu'il y ait eu en Allemagne. Appuyé par sa sœur, il se fit connaître à la cour de Maximilien, fut ensuite envoyé à Rome auprès du pape, et plus tard nommé coadjuteur de l'évêché de Salzbourg. » (*Tischreden*, p. 272.)

« J'ai, jusqu'ici, prié pour cet évêque, *categorice, affirmative, positive*, de cœur, pour que Dieu voulût le convertir. J'ai essayé aussi par écrit de l'amener à la pénitence. Maintenant je prie pour lui *hypothetice* et *desperabunde*... Celui-là n'est point *frater ignorantiæ, sed malitiæ*.

« Il m'a souvent écrit amicalement, et m'a fait espérer qu'il prendrait femme, comme je lui en avais donné le conseil par écrit.

« Il s'est moqué de nous jusqu'à la diète d'Augsbourg. Là, j'ai appris à le connaître. Cependant il veut encore être mon ami, au point qu'il me réclame pour arbitre dans l'affaire de... (*Tischreden*, p. 274.)

« A la diète d'Augsbourg, l'évêque de Salzbourg disait : « Il y a quatre moyens pour réconcilier les deux partis : ou que nous cédions ou qu'ils cèdent; or, ni les uns ni les autres n'en veulent veulent rien faire; ou bien encore, il faut que l'on oblige d'autorité un des partis à céder, et comme il en doit résulter un grand soulèvement, reste le quatrième moyen, savoir : qu'un parti extermine l'autre, et que le plus fort mette le plus faible dans le sac. » Voilà de beaux plans d'unité pour un évêque chrétien. » (*Ibid.*, p. 19.)

Page 300. — *Moines...*

« Les seuls mendiants sont divisés en sept partis ou ordres, et les mineurs à leur tour en sept espèces de mineurs. Toutes ces sectes, le Très-Saint-Père les nourrit et les entretient lui-même, tant il a peur qu'elles ne viennent à s'unir. » (*Lettre à la diète de Prague*, 15 juillet 1522.)

Page 302. — *Un seul coin de l'Allemagne, celui où nous sommes, fleurit encore par la culture des arts libéraux...*

Luther écrivit à l'Électeur, le 20 mai 1530, pour relever son courage et le consoler des chagrins que lui causait la Réforme :

« Voyez comme Dieu a fait éclater sa grâce et sa bonté dans les États de Votre Altesse! n'est-ce pas là que son Évangile a le plus de ministres pieux et fidèles, ceux qui l'enseignent avec le plus de pureté, de zèle et de fruit? Vous voyez grandir autour de vous toute une jeunesse aimable, de bonnes mœurs et qui sera bientôt savante dans la Sainte-Écriture. Cela me ravit le cœur de voir nos jeunes enfants, garçons et petites filles, connaître mieux aujourd'hui Dieu et le Christ, avoir une foi plus pure et savoir mieux prier, qu'autrefois toutes les écoles épiscopales et les couvents les plus célèbres.

« Cette jeunesse vous a été accordée comme un signe de faveur et de miséricorde divine. Dieu vous dit en quelque sorte : Cher duc Jean, je te confie mon plus précieux trésor; sois le père de ces enfants. Je veux que tu les gouvernes, que tu les protèges; sois le jardinier de mon Paradis, etc. »

Le duc ne paraît pas avoir tenu grand compte de cette recommandation, car Luther dit dans plusieurs de ses lettres qu'il y avait à Wittemberg grand nombre d'étudiants qui ne vivaient guère que de pain et d'eau.

Page 306. — *Je regrette de n'avoir pas plus de temps à donner à l'étude des poètes et des orateurs...*

A Wenceslas Link de Nuremberg. « Si cela ne vous donne pas trop de peines, mon cher Wenceslas, je vous prie de faire rassembler pour moi tous les dessins, livres, cantiques, chants de Meistersänger et bouts rimés, qui auront été composés en allemand et imprimés cette année chez vous; envoyez-en autant que vous en pourrez trouver. Je désirerais vivement les avoir. Nous savons ici composer des ouvrages latins; mais pour les livres allemands, nous ne sommes que des apprentis. Toutefois, avec l'ardeur que nous y mettons, j'espère que nous réussirons bientôt de manière à vous satisfaire. » (20 mars 1536.)

Page 306. — *Ce n'est point un seul homme qui a fait ces fables...*

En 1530, Luther traduisit un choix des *Fables* d'Ésope. Dans la préface il dit qu'il n'y a peut-être jamais eu d'homme de ce nom, et que ces *Fables* ont vraisemblablement été recueillies de la bouche du peuple. (*Luth. Werke*, IX, 455.)

Page 310. — *Chanter est le meilleur exercice...*

Heine, *Revue des Deux Mondes*, 1ᵉʳ mars 1834 : « Ce qui n'est pas moins curieux et significatif que ses écrits en prose, ce sont les poésies de Luther, ces chansons qui lui ont échappé dans le combat et dans la nécessité. On dirait une fleur qui a poussé entre les pierres, un rayon de la lune qui éclaire une mer irritée. Luther aimait la musique, il a même écrit un traité sur cet art ; aussi ses chansons sont-elles très mélodieuses. Sous ce rapport, il a aussi mérité son surnom de Cygne d'Eisleben. Mais il n'était rien moins qu'un doux cygne dans certains chants où il ranime le courage des siens, et s'exalte lui-même jusqu'à la plus sauvage ardeur. Le chant avec lequel il entra à Worms, suivi de ses compagnons, était un véritable chant de guerre. La vieille cathédrale trembla à ces sons nouveaux, et les corbeaux furent effrayés dans leurs nids obscurs, à la cime des tours. Cet hymne, la *Marseillaise* de la Réforme, a conservé jusqu'à ce jour sa puissance énergique, et peut-être entonnerons-nous bientôt dans des combats semblables ces vieilles paroles retentissantes et bardées de fer : »

> Notre Dieu est une forteresse,
> Une épée et une bonne armure ;
> Il nous délivrera de tous les dangers
> Qui nous menacent à présent.
> Le vieux méchant démon
> Nous en veut aujourd'hui sérieusement.
> Il est armé de pouvoir et de ruse,
> Il n'a pas son pareil au monde.
>
> Votre puissance ne fera rien,
> Vous verrez bientôt votre perte ;
> L'homme de vérité combat pour nous,
> Dieu lui-même l'a choisi.
> Veux-tu savoir son nom ?
> C'est Jésus-Christ,
> Le seigneur Sabaoth.
> Il n'est pas d'autre Dieu que lui,
> Il gardera le champ, il donnera la victoire.

> Si le monde était plein de démons,
> Et s'ils voulaient nous dévorer,
> Ne nous mettons pas trop en peine,
> Notre entreprise réussira cependant.
> Le prince de ce monde,
> Bien qu'il nous fasse la grimace,
> Ne nous fera pas de mal.
> Il est condamné,
> Un seul mot le renverse.
>
> Ils nous laisseront la parole,
> Et nous ne dirons pas merci pour cela :
> La parole est parmi nous
> Avec son esprit et ses dons.
> Qu'ils nous prennent notre corps,
> Nos biens, l'honneur, nos enfants.
> Laissez-les faire,
> Ils ne gagneront rien à cela ;
> A nous restera l'empire.

Page 311. — *Peinture*...

« Le docteur parla un jour de l'habileté et du talent des peintres italiens. « Ils savent imiter la nature si parfaitement, dit-il, qu'indépendamment de la couleur et de la forme convenables, ils expriment encore les gestes et les sentiments de manière à faire croire que leurs tableaux sont choses vivantes. — La Flandre suit la trace de l'Italie. Ceux des Pays-Bas, et surtout les Flamands ont l'esprit éveillé, ils ont aussi de la facilité pour apprendre les langues étrangères. C'est un proverbe que si l'on portait un Flamand dans un sac à travers l'Italie ou la France, il n'en apprendrait pas moins la langue du pays. » (*Tischreden*, p. 424, verso.)

Page 314. — *Banque*...

Il dit dans son traité *de Usuris* : « J'appelle usuriers ceux qui prêtent à cinq et six pour cent. L'Écriture défend le prêt à intérêt; on doit prêter de l'argent comme on prête un vase à son voisin. Les lois civiles mêmes défendent l'usure. Ce n'est pas faire acte de charité que d'échanger une chose avec quelqu'un en gagnant sur l'échange; c'est voler. Un usurier est un voleur digne de la potence. Aujourd'hui, à Leipsick, celui qui prête cent florins en reçoit, au bout d'une seule année, quarante pour l'intérêt de son argent. — On ne doit pas observer les promesses faites aux usuriers; ils ne peuvent être admis aux sacrements ni ensevelis en terre sainte. — Voici le dernier conseil que j'aie à donner aux usuriers; ils veulent de l'argent, de l'or : eh bien ! qu'ils s'adressent à quelqu'un qui ne leur donnera pas dix ou vingt pour cent, mais cent pour dix. Celui-là a de quoi satisfaire leur avidité ; ses trésors sont inépuisables ; il peut donner sans s'appauvrir. (*Oper. lat. Luth.*, Wett., t. VII, p. 419-37.)

Le docteur Henning proposait cette question à Luther : « Si j'avais amassé de l'argent, que je ne voulusse pas en disposer, et qu'un homme vînt me prier de le lui prêter, pourrais-je en bonne conscience lui répondre : Je n'ai point d'argent ? — Oui, dit Luther, on peut le faire en conscience. C'est comme si on disait : Je n'ai point d'argent dont je veuille disposer... Christ, en ordonnant de donner, ne dit pas de donner à tous les prodigues et dissipateurs... Dans cette ville, il n'y a personne de plus nécessiteux que les étudiants. La pauvreté y est grande à la vérité, mais la paresse encore plus... Je ne veux point ôter le pain de la bouche à ma femme et à mes enfants pour donner à ceux à qui rien ne profite. » (*Tischred.*, p. 64.)

Page 315. — *Fin du chapitre.*

On peut attacher à la fin de ce chapitre diverses paroles de Luther sur les papes, les rois, les princes.

« Il n'y a jamais eu de plus rusé trompeur sur la terre que le pape Clément (Clément VII). C'est qu'il était de Florence, etc. »

« Le pape Jules, deuxième du nom, était un homme excellent pour le gouvernement et la guerre... Lorsqu'il apprit que son armée avait été battue à Ravenne, il blasphéma Dieu dans le Ciel ; il lui disait : Au nom de mille diables, es-tu donc devenu si bon Français ? est-ce ainsi que tu protèges ton Église ? Il tourna les yeux vers la terre, et dit : Saints-Suisses, priez pour nous ! Et il envoya aussitôt le cardinal de Salzbourg, Mathieu Lang, pour traiter avec l'empereur Maximilien. »

« Si j'avais été de ce temps-là, on m'aurait fait venir à Paris avec grand honneur, mais j'étais encore trop jeune et Dieu ne le voulait point, de crainte que l'on ne pensât que c'était la puissance du roi de France, etc. »

« Le pape Jules II, un homme plein d'audace et d'habileté, un vrai diable incarné, avait définitivement résolu de réformer les Franciscains. Mais ils recoururent aux rois et aux princes, les firent agir et envoyèrent au pape quatre-vingt mille couronnes. Le pape dit : Comment résister à des gens si bien cuirrassés ? »

« L'an 1532, l'astrologue Gauric raconta au margrave de Brandebourg, Joachim, que, comme on faisait à Clément VII le reproche d'être bâtard, il répondit : Et Jésus-Christ? Dès lors le margrave devint favorable à Luther. »

« Lorsque ceux de Bruges tenaient prisonnier l'empereur Maximilien, et voulaient lui couper la tête, ils écrivirent au sénat de Venise pour demander conseil. Les Vénitiens répondirent : *Homo mortuus non facit guerram...* Les Vénitiens firent faire une farce contre Maximilien. Le doge paraissait d'abord, puis venait le Français qui avait une poche au côté ; il y prenait des couronnes (pièces de monnaie), et les couronnes débordaient la poche. Derrière venait l'Empereur, peint en habit gris, avec un petit cor de chasse. Il avait aussi une poche, mais quand il y mettait la main, les doigts passaient à travers. — Les Florentins en firent autant. Ils représentèrent le Français assis sur un siège percé, et..... de l'argent. L'empereur Maximilien ramassait. Mais ils ont eu depuis une bonne leçon. Le petit-fils de l'empereur Maximilien, l'empereur Charles, leur a bien appris à vivre. Dieu applique volontiers aux orgueilleux le verset que l'on chante au *Magnificat : Deposuit potentes de sede.* »

« L'empereur Maximilien disait : Si on mettait du sang des princes d'Autriche et de Bavière bouillir ensemble dans un pot, on le verrait en même temps sauter dehors. »

« On dit que l'empereur Maximilien partit un jour d'un éclat de rire ; il en avoua la cause le lendemain. Je riais, dit-il, de voir que Dieu a confié le gouvernement spirituel à un ivrogne de prêtre, comme le pape Jules, et le gouvernement temporel à un chasseur de chamois, comme je suis. »

« Dans le château de Prague l'on voit toute la suite des *portraits des rois*. Ferdinand est le dernier, et il n'y a plus de place. Il en est de même dans la salle ronde du château de Wittemberg. Cela ne signifie rien de bon. »

L'empereur Maximilien disait : « L'Empereur est bien le roi des rois, car les princes de l'Empire font tout ce qu'ils veulent ; le roi de France est celui des ânes, les siens exécutent tout ce qu'il commande ; le roi d'Angleterre est le roi des hommes, car ils lui obéissent et ils l'aiment. »

« Maximilien demandait à un de ses secrétaires comment il fallait traiter un serviteur qui le volait ; et comme l'autre répondait qu'il était juste de le pendre : Nous n'en ferons rien, dit l'Empereur en lui frappant sur l'épaule, nous avons encore besoin de vos services. »

« Après l'élection de l'empereur Charles, l'Électeur de Saxe demanda au seigneur Fabian de Feilitzsch, son conseiller, s'il lui plaisait qu'on eût élu empereur le roi d'Espagne. Cet homme sage répondit : « Il est bon que les corbeaux aient un vautour. »

On lisait dans un vieux livre cette prophétie : « L'empereur Charles soumettra toute l'Europe, réformera l'Église; sous lui, les ordres mendiants et les sectes seront anéantis. »

« La nouvelle vint qu'Antonio de Leyva et André Doria avaient conseillé à l'Empereur d'aller en personne contre le Turc et de ne point emmener son frère; car, disaient-ils, il n'a point de bonheur. En effet, Ferdinand est trop fin et trop réfléchi ; il n'agit que par conseil et délibération, jamais par impulsion divine. » — L'Empereur devient malheureux; il ne sait pas profiter de l'occasion; il perd aujourd'hui Milan.

« Le roi de France aime les femmes... Au contraire, l'Empereur passant par la France, en 1544, trouva après un grand festin une belle et noble vierge dans son lit, que le roi de France y avait fait conduire. L'Empereur la renvoya honorablement chez ses parents.

« L'Empereur n'a appelé à son couronnement que des princes et seigneurs italiens et espagnols, qui ont porté devant lui les drapeaux et les armes des Électeurs. J'avais touché cela dans un petit livre, mais l'Électeur en a fait acheter tous les exemplaires.

« Le roi de France dépense autant d'argent en trahison que pour ses armées. Aussi, dans sa guerre contre le pape Jules et Venise, il a dissipé vingt mille hommes avec quatre mille. »

« Tant que le Français a eu des hommes de guerre allemands, il a obtenu la victoire. Ce sont en effet les meilleurs; ils se contentent de leur solde et protègent le peuple. Aussi Antonio de Leyva conseilla, en mourant, à l'Empereur de s'attacher ses soldats allemands; que s'il les perdait, ce serait fait de lui; car ils tenaient tous ensemble comme un seul homme. »

Après la défaite de François Ier à Pavie, Luther écrivait : « Que le roi de France soit de chair ou autre chose, je ne me réjouis pas de le voir vaincu et pris. Vaincu, cela se peut souffrir, mais captif, c'est une monstruosité... Peut-être l'heure du royaume de France est-elle venue, comme cet autre le disait de Troie : *Venit summa dies et ineluctabile fatum.....* Ce sont, à ce qu'il me semble, des signes qui annoncent le dernier jour du monde. Ces signes sont plus graves qu'on ne serait tenté de le croire... Il n'y a qu'une chose qui me fait plaisir, c'est de voir frustrés les efforts de l'Anti-Christ, qui commençait à s'appuyer sur le roi de France. » (Mars 1525.)

(Février 1537). « Le roi de France est persuadé que chez nous autres luthériens il n'y a plus ni mariage, ni autorité, ni église, ni rien de tout ce qu'on regarde comme sacré. Son envoyé, le docteur

Gervais, nous l'a assuré positivement. Mais d'où vient cela? Certainement de ce qu'on ne laisse pénétrer en ce pays, non plus qu'en Italie, aucun écrit des nôtres, et que le scélérat de Mayence, ainsi que ses pareils, y envoient toutes les calomnies qui se débitent contre nous. »

« Nous avons ici un Français, François Lambert, qui était il y a deux ans prédicateur apostolique, comme on les appelle parmi les Mineurs, et qui vient de prendre pour femme une des nôtres : il espère mieux vivre dans le voisinage de la France (à Strasbourg)... Il gagnera sa vie à traduire en français mes ouvrages allemands. » (4 décembre 1523.)

« Les rois de France et d'Angleterre sont luthériens pour prendre, point pour donner. Ils ne cherchent point l'intérêt de Dieu, mais le leur.

« Sept universités ont approuvé le divorce du roi d'Angleterre; mais nous autres de Wittemberg et ceux de Louvain, nous avons soutenu le contraire, eu égard aux circonstances particulières, à la longue cohabitation, à l'existence d'une fille, etc.

« Quelques-uns qui avaient reçu des écrits d'Angleterre annoncèrent comment le roi s'était séparé de l'Évangile. Je suis charmé, dit Luther, que nous soyons quitte de ce blasphémateur. J'ai seulement regret de voir que Mélanchton ait adressé ses plus belles préfaces aux plus méchantes gens.

« Le duc Georges de Saxe disait qu'il ne forcerait personne à communier sous une espèce, mais que ceux qui voulaient le faire autrement, devaient sortir du pays.

« Lorsque le duc Georges déclara au duc Henri de Saxe, son frère, qu'il ne lui laisserait ses États qu'à condition d'abandonner l'Évangile, il répondit : « Par la Vierge Marie (c'était le mot ordinaire de Sa Grâce), avant que je consente à renier mon Christ, j'irai avec ma Catherine, un petit bâton à la main, mendier par le pays. » Je voudrais que l'Empereur fît pape le duc Georges; les évêques supporteraient sa réforme encore moins que la mienne. Il réduirait l'évêque de Mayence à quatorze chevaux, etc. »

« Le duc Georges a sucé le sang bohémien avec le lait de sa mère, fille du roi de Bohême, Casimir. Il aurait fini par s'arranger avec l'Électeur Frédéric pour frapper les évêques, les abbés, etc. Il est de sa nature ennemi du clergé. Mais les lettres et les flatteries de l'Empereur, du pape, des rois d'Angleterre et de France, l'ont tellement enflé, que, etc... »

« Lorsque le duc Georges voyait son fils Jean à l'agonie, il le consolait en lui rappelant l'article de la justification par la foi en

Christ, et l'exhortait à ne regarder que le Sauveur, sans se reposer sur ses œuvres ni sur l'invocation des saints. Alors, l'épouse du duc Jean, sœur du landgrave Philippe de Hesse, dit au duc Georges : « Cher seigneur et père, pourquoi ne laisse-t-on pas prêcher publiquement cette doctrine dans le pays? » — « Ma chère fille, répondit-il, on la doit enseigner seulement aux mourants, mais point aux gens en santé. » (1537.) — Ce duc Jean avait été obligé par son père de jurer une haine éternelle à la doctrine luthérienne, et il l'avait fait connaître au docteur Luther par le vieux peintre Lucas Cranach. »

Leipsick était la capitale et la résidence du duc Georges. Aussi les protestants, surveillés de près par le duc, n'y pouvaient faire de nombreux prosélytes, et Luther en marque souvent son dépit par sa colère contre cette ville.

« Je hais, dit-il, ceux de Leipsick comme je ne hais rien sous le soleil, tant il y a là d'orgueil, d'arrogance, de rapacité et d'usure. » (15 mai 1540.)

« Je hais cette Sodome (Leipsick), sentine des usures et de tous les maux. Je n'y entrerais qu'autant qu'il le faut pour arracher Loth. » (26 octobre 1539.)

« L'Électorat de Saxe est pauvre et rapporte peu. Si l'Électeur n'avait pas la Misnie, il ne pourrait entretenir quarante chevaux; mais il a des tributs de princes et seigneurs, des droits de sauf-conduit, des douanes, des rentes, etc... Sa Grâce électorale a cédé, pour de l'argent, les régales, entre autres le droit de grâce.

« L'Électeur Frédéric était économe. Il savait bien remplir ses caves et ses greniers de grains et d'autres denrées. On compte neuf châteaux qu'il a fait bâtir, et cependant il lui restait toujours assez d'argent; c'est qu'il suivait le bon conseil que son fou lui avait donné. Un jour qu'il se plaignait de manquer d'argent, le fou lui dit : Fais-toi percepteur. Il exigeait des comptes sévères de ses serviteurs. Quand il venait dans un de ses châteaux, il mangeait, buvait, se faisait donner du fourrage comme un hôte ordinaire, et payait tout comptant. Par là il ôtait à ses gens l'occasion de s'excuser, en disant : On a tant consommé de choses, quand le prince est venu! »

« L'Électeur Frédéric-le-Sage disait à Worms, en 1521 : « Je ne trouve point d'église romaine dans ma croyance; mais une commune église chrétienne, je l'y trouve. »

« Ce même prince avait, dit Mélanchton, près de Wittemberg un cerf apprivoisé, qui, pendant bien des années, allait, au mois de septembre, dans la forêt voisine, et revenait exactement en octobre.

Lorsque l'Électeur fut mort, le cerf partit et l'on ne le revit plus.

« En 1525, l'Électeur Jean de Saxe me demanda s'il devait accorder aux paysans leurs douze articles. Je le détournai entièrement d'en approuver un seul.

« Le duc Jean disait en 1525, en apprenant la révolte des paysans : « Si le Seigneur veut que je reste prince, que sa volonté soit faite, mais je puis aussi être un autre homme. »

Luther blâme la patience de ce prince, qui avait appris des moines, ses confesseurs, à supporter la désobéissance de ses gens.

Il disait à Luther : « Mon fils, le duc Ernest, m'a écrit une lettre latine pour me demander à courir un cerf. Je veux qu'il étudie ; il sera toujours à même d'apprendre à laisser pendre deux jambes sur un cheval. »

« Le même prince avait toujours pour sa garde six nobles jeunes garçons, qui restaient dans sa chambre et qui lui lisaient la Bible six heures par jour. Sa Grâce Électorale s'endormait quelquefois, mais il n'en citait pas moins à son réveil quelques belles paroles qu'il avait remarquées et retenues. — Pendant la prédication il tenait près de lui des écrivains, et lui-même de sa propre main recueillait les paroles de la bouche du prédicateur.

« Lorsque Ferdinand fut élu roi des Romains à Cologne, le jeune duc Jean-Frédéric y fut envoyé pour protester de la part de son seigneur et père. Dès qu'il eut exécuté ses ordres, il repartit au grand galop, et comme il avait à peine passé la porte, on envoya des gens pour courir après lui et le prendre. (1531.)

« On dit que l'Empereur a fait entendre, après avoir lu notre *Confession et Apologie*, qu'il voulait que l'on enseignât et que l'on prêchât dans le même sens pour tout le monde. Le duc Georges aurait dit aussi qu'il savait très bien qu'il y avait beaucoup d'abus à réformer dans l'Église, mais qu'il ne voulait pas de cette réforme, quand elle venait d'un moine défroqué.

« La dernière fois que l'Électeur Jean alla à la chasse, tout le gibier lui échappait. Les bêtes ne voulaient plus le reconnaître pour maître, c'était un présage de sa mort. (1532.)

« Le duc Jean-Frédéric, qui a été si bien pillé et dépouillé par ceux de la noblesse, a appris à ses dépens à les connaître.

« L'Électeur Jean-Frédéric est naturellement colère, mais il sait à merveille dompter son courroux. — Il aime à bâtir et à boire ; il est vrai qu'un si grand corps doit tenir plus qu'un petit. — Il donne par an mille florins pour l'université ; pour le pasteur, deux cents, avec soixante boisseaux de froment ; de plus soixante florins à cause des leçons publiques. » Il envoya une fois cinq cents florins à Luther sur les fonds d'une abbaye pour marier quelque pauvre religieuse.

« Quoique le docteur Jonas l'y engageât, Luther refusa de demander à l'Électeur une nouvelle visitation des églises. « Il a soixante-dix conseillers qui crient à le rendre sourd. Ils lui disent : Quel bon conseil peut donner le scribe? contentons-nous de prier Dieu qu'il dirige le cœur du prince. »

Du landgrave Philippe de Hesse. — Le landgrave est un pieux, intelligent et joyeux seigneur ; il maintient une bonne paix dans sa terre, qui n'est que pierres et forêts; de sorte que les gens y peuvent voyager et commercer sans crainte... Le landgrave est un guerrier, un Arminius, petit de sa personne, mais, etc. Il consulte et suit aisément les bons conseils; la résolution une fois prise, il exécute promptement. — L'Empereur lui a offert, pour lui faire quitter l'Évangile, la possession paisible du comté de Katzenellenbogen, et le duc Georges l'aurait fait à ce prix son héritier... Il a une tête hessoise; il ne peut se reposer, il faut qu'il ait quelque chose à faire... C'était une grande audace de vouloir, en 1528, envahir les possessions des évêques; et ç'a été un acte plus grand d'avoir rétabli le duc de Wurtemberg et chassé le roi Ferdinand de ce pays. Moi et Mélanchton, nous fûmes appelés à cette occasion à Weimar, et nous employâmes toute notre rhétorique à empêcher Sa Grâce de rompre la paix de l'Empire... Il en devint tout rouge et s'emporta. Cependant c'est une âme tout à fait loyale.

« Dans le colloque de Marbourg, en 1529, Sa Grâce vint avec un petit habit, de sorte que personne ne l'aurait reconnu pour le landgrave ; et cependant, il était occupé de grandes pensées. Il consulta Mélanchton, et lui dit : « Cher maître Philippe, dois-je souffrir que l'évêque de Mayence me chasse par violence mes prédicateurs évangéliques? » Philippe répondit : « Si la juridiction du lieu appartient à l'évêque de Mayence, Votre Grâce ne peut l'empêcher. — Permis à vous de conseiller, répondit le landgrave, mais je n'agirai pas moins. »

« A la diète d'Augsbourg, en 1530, le landgrave dit publiquement aux évêques : « Faites la paix, nous vous le demandons. Si vous ne la faites point et qu'il me faille descendre de mes montagnes, j'en saisirai au moins un ou deux. »

« Dieu a jeté le landgrave au milieu de l'Empire, il a autour de lui quatre Électeurs et le duc de Brunswick, et il les fait tous trembler. C'est que le commun peuple lui est attaché. Avant de rétablir le duc de Wurtemberg, il était allé en France, et le roi de France lui avait prêté beaucoup d'argent pour la guerre.

« Si le landgrave s'enflamme une fois...! C'est ce qui nous est arrivé, à moi et à maître Philippe, lorsque nous le détournions humblement et faiblement de la guerre : « Qu'arrivera-t-il si je souffre vos conseils et si je n'agis point? » — C'est un miracle de Dieu. Le landgrave est un prince peu puissant, cependant on le redoute ; c'est un héros. Il a renvoyé les évêques au chœur... Les Saxons et ceux de la Hesse, lorsqu'ils sont en selle, sont de vrais cavaliers. Les cavaliers des hautes terres (du midi de l'Allemagne) ne sont que des danseurs. Dieu nous conserve le landgrave... Dieu nous préserve de la guerre! les gens de guerre sont des diables incarnés. Je ne parle pas seulement des Espagnols, mais aussi des Allemands.

« Après la diète de Francfort, en 1539, environ neuf mille soldats d'élite furent rassemblés autour de Brême et de Lunebourg pour être employés contre les États protestants. Mais l'Électeur de Saxe et le landgrave de Hesse leur firent parler par le chevalier Bernard de Mila, leur donnèrent de l'argent comptant et les attirèrent à eux. Ensuite mourut subitement le duc Georges, » etc.

« Le landgrave de Hesse et de Thuringe, Louis-le-Fameux, était un seigneur dur et colérique. Il était tenu prisonnier par l'évêque de Halle, il sauta par une fenêtre du haut du château et du rocher dans la Sale, nagea, s'aida d'un tronc d'arbre et échappa. Il sévissait toujours cruellement contre ses sujets. Sa femme s'avisa de lui servir de la viande un vendredi saint, et comme il n'en voulait pas manger, elle lui dit : « Cher seigneur, vous craignez ce péché, lorsque vous en faites tous les jours de plus grands et de plus horribles. » Mais elle fut obligée de s'enfuir et de quitter ses enfants. Au moment de son départ, à minuit, elle baisa son enfant qui était encore au berceau, le bénit, et, dans un transport d'amour maternel, elle le mordit à la joue[1]. Accompagnée d'une jeune fille, elle descendit par une corde du château de Wartbourg, tout le long du précipice. Son maître d'hôtel l'attendait avec un chariot, et la conduisit secrètement à Francfort-sur-le-Mein. — Quand ce landgrave mourut, on l'affubla d'un habit de moine, ce qui faisait beaucoup rire tous ses chevaliers.

---

1. Luther appelle *Louis* ce landgrave, qui s'appelait effectivement *Albert-le-Dénaturé*, et vivait en 1288. Sa femme, Marguerite, était fille de l'empereur Frédéric II ; son fils est Frédéric Ier, dit le *Mordu*.

« En Italie, les hôpitaux sont bien pourvus, bien bâtis. On y donne une bonne nourriture ; il y a des serviteurs attentifs et de savants médecins. Les lits et les habits sont très propres ; l'intérieur des bâtiments orné de belles peintures. Aussitôt qu'un malade y est amené, on lui ôte ses habits en présence d'un notaire qui en dresse une note et une description exacte pour qu'ils lui soient bien gardés. On le revêt d'un sarrau blanc, on le met dans un lit bien fait et dans des draps blancs ; on ne tarde pas à lui amener deux médecins, et les serviteurs viennent lui apporter à manger et boire dans des verres bien propres, qu'ils touchent du bout du doigt. Il vient aussi des dames et matrones honorables qui se voilent pendant quelques jours pour servir les pauvres, de sorte qu'on ne sait point qui elles sont, et elles retournent ensuite chez elles. — J'ai vu aussi à Florence que les hôpitaux étaient servis avec tous ces soins ; de même les maisons des enfants trouvés, où les petits enfants sont nourris au mieux, élevés, enseignés et instruits. Ils les ornent tous d'un costume uniforme, et en prennent le plus grand soin.

« Je ne manque point de drap, mais je ne puis me décider à me faire faire des culottes. Les miennes ont été raccommodées quatre fois, et le seront encore. Les tailleurs ne font rien de bon et prennent trop cher. Cela va bien mieux en Italie ; les tailleurs ont une corporation particulière qui ne fait que des culottes.

« En Espagne, pour les couches de l'impératrice, trente hommes se sont fouettés jusqu'au sang, afin de lui obtenir un heureux enfantement, deux même en sont morts, et cependant la mère ni le fœtus n'ont pu être délivrés. Qu'a-t-on fait de plus chez les païens ? (14 août 1539.)

« En Italie et en France, les curés sont généralement des ânes. Si on leur demande : *Quot sunt sacramenta ?* ils répondent : *Tres.* — *Quæ ?* Réponse : Le goupillon, l'encensoir et la croix.

« En France, il y a tant de superstition, que les serfs et serviteurs voulaient pour la plupart se faire moines. Il fallut que le roi défendît la moinerie. La France est abîmée dans la superstition. Les Italiens de même sont ou superstitieux ou épicuriens. C'est un propos commun en Italie, quand ils vont à l'église, de dire : Allons au préjugé populaire.

« Lorsque je vis Rome, je tombai à genoux, levai les mains au ciel et dis : Salut, sainte Rome, sanctifiée par les saints martyrs et par leur sang qui y a été versé...; mais elle est maintenant déchirée, *und ter teufel hat den papst, seinen dreck, darauss geschissen.* — Cent ans avant Jésus-Christ, Rome avait quatre millions de citoyens; peu après, neuf millions; certes, cela devait faire un peuple, si toutefois la chose est vraie. — A Venise, trois cent mille feux; à Erfurth, dix-huit mille murs à feu (murs mitoyens); à Nuremberg, à peine la moitié. — Rome n'est plus qu'une charogne et un tas de cendres... Les maisons sont aujourd'hui où étaient les toits de l'ancienne Rome; telle est l'épaisseur des décombres, qu'il y en a la hauteur de deux lances de landsknecht[1]. Rien n'y est à louer que le consistoire et la cour de Rote, où les affaires sont instruites et jugées avec beaucoup de justice.

Le docteur Staupitz avait entendu dire à Rome, en 1511, que, d'après une vieille prophétie, un ermite s'élèverait sous le pape Léon X et attaquerait la papauté; or, les augustins s'appellent aussi ermites.

« Je ne voudrais pas, pour cent mille florins, ne pas avoir vu Rome; je me serais toujours inquiété si je ne faisais pas injustice au pape. » — Il répète trois fois ces paroles.

Il y avait en Italie un ordre particulier qui s'appelait *les Frères de l'ignorance*. Ils devaient jurer de ne rien savoir et de ne vouloir rien apprendre. Tous les moines méritent le même nom. »

Un soir, à la table de Luther, il se trouvait un vieux prêtre qui racontait beaucoup de choses de Rome. Il y était allé quatre fois et y avait officié pendant deux ans. Quand on lui demanda pourquoi il y était allé si souvent, il répondit : » La première fois, j'y cherchais un filou, la seconde je le trouvais, la troisième je l'emportais avec moi, et la quatrième je l'y rapportais et le plaçais derrière l'autel de Saint-Pierre. »

« Christoff Gross, qui avait été longtemps à Rome, traban du pape, parla beaucoup des pays par où l'on va vers la Terre-Sainte, de l'Aragon et de la Biscaye. Ils ont pour signe du baptême une petite cicatrice au nez, juste sous les yeux.

« Les Écossais sont la nation la plus fière; beaucoup se sont réfugiés en Allemagne, à Erfurth et Wurtzbourg; ils n'admettent personne dans leurs couvents. Les Écossais sont méprisés des autres nations comme les Samaritains par les Juifs. »

Les Anglais ont été chassés de France après leur défaite à Montlhéry, entre Paris et Orléans[2]. — Ils ne laissent personne à Calais, à moins qu'il ne parle anglais dans tant d'heures. »

« La peste règne toujours en Angleterre. — L'Angleterre est un morceau de l'Allemagne. Les langues danoise et anglaise sont du

---

1. Voyez le *Voyage de Montaigne*.
2. Il est inutile de relever les erreurs grossières dont fourmille ce chapitre.

saxon, c'est-à-dire du véritable allemand, tandis que la langue de l'Allemagne supérieure n'est point la vraie langue allemande. — La Souabe et la Bavière sont hospitalières; au contraire la Saxe. — Luther préfère le dialecte de la Hesse à tous les autres de l'Allemagne, parce que les Hessois accentuent les mots comme s'ils chantaient. »

Diversité des langues. — « Supériorité de l'allemande : elle fait sentir que les Allemands sont gens plus simples et plus vrais. Au contraire, c'est un proverbe : les Français écrivent autrement qu'ils ne parlent et parlent autrement qu'ils ne pensent. — L'allemand se rapporte au grec. Le latin est sec, il n'a pas de lettres doubles. — Finesse des Saxons et bas Allemands; ils sont pires que les Italiens quand ils adoptent les idées de l'Italie. — Les habitations et l'aspect des pays changent ordinairement dans l'espace d'un siècle. Il y a peu d'années que la Hesse, la Franconie, la Westphalie, n'étaient qu'un désert. Au contraire, autour de Halle, d'Halberstadt, et chez nous, on fait jusqu'à trois milles sans trouver rien que bruyères, tandis qu'autrefois il y avait des terres cultivées. Dieu aura ôté la fertilité au pays pour punir les habitants. »

« Nous sommes de bons compagnons, nous autres Allemands, nous buvons, nous mangeons, nous cassons nos vitres, nous perdons en une soirée cent, mille florins ou plus, et nous oublions *le Turc* qui, en trente jours, peut être avec sa cavalerie légère à Wittemberg. »

« En France, chacun a son verre à table. — Les Français se préservent de l'air; s'ils suent, ils se couvrent, s'approchent du feu, se mettent au lit; sans cela ils auraient la fièvre. Deux personnes dansent à la fois, les autres regardent; au contraire en Allemagne. — Les prêtres d'Italie et de France ne savent pas même leur langue. »

« Dans mon voyage sur le Rhin, je voulus dire la messe, mais un prêtre me dit : « Vous ne le pouvez : nous suivons le rite ambroisien. »

« Georges Fœgeler, chancelier du margrave, disait que dans la Bavière il y avait plus de cent vingt-cinq cures vacantes, parce qu'on ne pouvait trouver aucun ecclésiastique.

« Dans la Bohême, il y a environ trois cents cures vacantes, de même chez le duc Georges.

« La Thuringe avait autrefois un sol très fertile en grains, surtout autour d'Erfurth ; mais maintenant elle est frappée de malédiction. Le blé y est plus cher qu'à Wittemberg. C'est ce que j'ai vu il y a un an, lorsque j'étais à Smalkalde ; ils n'avaient qu'un mauvais pain noir... Ils ont de telles vendanges qu'on pourrait donner la pinte pour trois liards ; si elles étaient moitié moins bonnes, ils seraient très riches, mais maintenant ils donnent le vin pour le tonneau.

« L'Électorat de Saxe a eu douze couvents de moines déchaux, mineurs, cinq de prêcheurs, moines de Saint-Paul et carmélites, et quatre d'augustins. Voilà seulement pour les moines mendiants qui, aujourd'hui, se dissipent d'enx-mêmes. — Alors un Anglais, qui se trouvait à table chez le docteur, se mit à dire qu'en Angleterre il n'y avait guère de mille carré d'Allemagne où l'on ne trouvât trente-deux cloîtres de moines mendiants.

« Le vieil Électeur de Brandebourg, Joachim, disait une fois au duc de Saxe Frédéric : Comment pouvez-vous, vous autres princes de Saxe, frapper de la monnaie si forte ? Nous y avons gagné trois tonnes d'or (en renvoyant une monnaie inférieure dans la Saxe).

La princesse de A. (Anhalt), venant à Wittemberg, se rendit chez Luther et insista vivement pour discuter avec lui, quoiqu'il fût malade et que ce fût à une heure indue. Il s'excusa en lui disant : « Noble dame, je suis rarement bien portant dans toute l'année ; je souffre presque toujours ou du corps ou de l'esprit. » Elle lui répondit : « Je le sais, mais nous, nous ne pouvons pas non plus vivre tous dans ta piété. » Le docteur lui dit alors : « Vous autres de la noblesse, cependant, vous devriez tous être pieux et irréprochables, car vous êtes peu, vous formez un cercle étroit. Nous, gens du commun et des basses classes, nous nous corrompons par la multitude ; nous sommes en grand nombre, il n'est donc pas étonnant qu'il y ait si peu de gens pieux parmi nous. C'est chez vous, personnes nobles et illustres, que nous devrions trouver des exemples de piété, d'honnêteté, etc. Et il continua de lui parler sur ce ton. (*Tischreden*, p. 341, verso.)

Luther avait dans sa maison et à sa table un Hongrois nommé Mathias du Vai. De retour en Hongrie, il y prêcha et fut accusé par un prédicateur papiste devant le moine Georges, frère du Voyvode, alors gouverneur et régent à Bude. Le moine Georges fit apporter deux tonneaux de poudre sur le marché et dit : « Si l'un de vous deux prêche la bonne doctrine, asseyez-vous dessus, j'y mettrai le feu ; nous verrons lequel des deux restera vivant. Le papiste refusa, Mathias s'élança sur un des tonneaux. Le papiste et les siens furent condamnés à payer en Hongrie et à entretenir pendant un certain temps deux cents hommes d'armes. Mathias eut la permission de prêcher l'Évangile. (*Tischr.*, p. 13.)

Un seigneur hongrois, nommé Jean Hunyade, se trouvant à Torgau comme ambassadeur du roi Ferdinand auprès de l'Électeur Jean-Frédéric, pria celui-ci de faire venir Luther pour qu'il pût le voir et lui parler. Luther y vint; à table, l'ambassadeur dit qu'en Hongrie les prêtres donnaient la communion tantôt sous une, tantôt sous deux espèces, et que la chose était indifférente : « Révérend père, ajouta-t-il, en s'adressant à Luther, me permettez-vous de vous demander ce que vous pensez de ces prêtres ? » Le docteur répondit qu'il les regardait comme de méprisables hypocrites. « Car, dit-il, s'ils étaient bien convaincus que la communion sous deux espèces est d'institution divine, ils ne pourraient continuer de la donner sous une seule. »

Luther cacha le dépit que la question de l'ambassadeur lui avait causé, et quelque temps après il se tourna vers lui en disant : « Seigneur, j'ai répondu à ce que Votre Grâce me demandait. Me permettra-t-elle de lui faire une question à mon tour? » L'ambassadeur le lui permettant, il continua : « Je suis étonné que vos pareils, les conseillers des rois et des princes, qui savent si bien que la doctrine de l'Évangile est la véritable, ne laissent pas de la persécuter de toutes leurs forces. Me pourriez-vous dire d'où cela vient? » A ces mots, André Pflug, l'un des convives, voyant l'embarras du seigneur hongrois, interrompit Luther et parla vivement d'autre chose, de sorte que le seigneur fut dispensé de répondre. (*Tischr.*, p. 148.)

Le chapitre des *Propos de table* où se trouve réuni tout ce que Luther a dit sur les Turcs, est fort curieux comme peinture des alarmes qu'éprouvaient alors toutes les familles chrétiennes. Chaque mouvement des barbares est marqué par un cri de terreur. C'est la même scène que celle de Goetz de Berlichingen, où le chevalier, ne pouvant agir, se fait rendre compte par les siens du combat qui a eu lieu dans la plaine, et qu'ils contemplent du haut d'une tour; c'est la même anxiété d'un péril toujours croissant et qu'on est dans l'impuissance d'éviter ou de combattre.

« Le Turc ira à Rome, et je n'en suis pas trop fâché, car il est écrit dans le prophète Daniel, etc. Une fois le Turc à Rome, le jugement dernier n'est pas loin.

« Le Christ a sauvé nos âmes ; il faudra qu'il sauve aussi nos corps ; car le Turc va donner un bon coup à l'Allemagne. Je pense souvent à tous les maux qui vont suivre, et il m'en vient la sueur... La femme du docteur s'écria : Dieu nous préserve des Turcs! Non, reprit-il, il faut bien qu'ils viennent et qu'ils nous secouent comme il faut.

« Qui m'eût dit que je verrais en face l'un de l'autre les deux Empereurs, les rois du Midi et de Septentrion?... Oh! priez, car nos gens de guerre sont trop présomptueux, ils comptent trop sur leur force et sur leur nombre. Cela ne peut pas bien finir. Et il ajoutait : Les chevaux allemands sont plus forts que ceux des Turcs; ils peuvent les renverser; ceux-ci sont plus légers, mais plus petits.

« Je ne compte point sur nos murs, ni sur nos arquebuses, mais sur le *Pater noster*. C'est là ce qui battra les Turcs ; le *Décalogue* n'y suffit pas. »

Luther dit qu'après avoir depuis longtemps désiré de connaître l'Alcoran, il en trouva enfin une mauvaise version latine de 1300, et qu'il la traduisit en allemand, afin de mieux faire connaître l'imposture de Mahomet. Dans son « *Instruction tirée de l'Alcoran* », il prouve que ce n'est point Mahomet qui est l'Anti-Christ (car l'imposture, dit-il, est trop visible en celui-ci), mais plutôt le pape avec son hypocrisie. — « Il y a trois ans qu'un moine du pays des Maures vint ici. Nous disputâmes avec lui par l'intermédiaire d'un interprète, et comme il fut confondu en tous points par la Parole de Dieu, il dit à la fin : « C'est là une bonne croyance. »

Les juifs, à titre de juifs et d'usuriers, étaient fort mal avec Luther.

« Nous ne devons pas souffrir les juifs parmi nous. On ne doit ni boire ni manger avec eux. — Cependant, dit quelqu'un, il est écrit que les juifs seront convertis avant le jugement... — Et il est écrit aussi, dit la femme de Luther, qu'il n'y aura qu'une bergerie et un berger. — Oui, chère Catherine, dit le docteur. Mais cela s'est déjà accompli, lorsque les païens ont embrassé l'Évangile. » (*Tischr.*, p. 431.)

« Si j'étais à la place des seigneurs de**, je ferais venir ensemble tous les juifs, et je leur demanderais pourquoi ils appellent Christ un fils de p...., et sainte Marie une coureuse. S'ils parvenaient à le prouver, je leur donnerais cent florins; sinon je leur arracherais la langue. » (*Tischr.*, p. 431, verso.)

Page 320. — *Je ne puis nier que je ne sois violent...*

Érasme disait : « Luther est insatiable d'injures et de violences; c'est comme Oreste furieux. » (Erasm., *Epist. non sobria Luther.*)

Page 332. — *Le droit impérial ne tient plus qu'à un fil...*
Cependant Luther le préférait encore au droit saxon.

« Le docteur Luther parlant de la grande barbarie et dureté du droit saxon, disait que les choses iraient au mieux si le droit impérial était suivi dans tout l'Empire. Mais l'opinion s'est établie à la cour que le changement ne pouvait se faire sans grande confusion et grande dévastation. » (*Tischr.*, p. 412.)

Page 333. — *Je te le conseille, juriste, laisse dormir le vieux dogue...*
Dans son avant-dernière lettre à Mélanchton (6 février 1546), il dit en parlant des légistes : « O sycophantes, ô sophistes, ô peste du genre humain!... Je t'écris en colère, mais je ne sais si de sang-froid je pourrais mieux dire. »

Page 333. — *Juristes pieux...*
Il souhaite qu'on améliore leur condition.

« Les docteurs en droit gagnent trop peu et sont obligés de se faire procureurs. En Italie, on donne à un juriste quatre cents ducats ou plus par an; en Allemagne, ils n'en ont que cent. On devrait leur assurer des pensions honorables, ainsi qu'aux bons et pieux pasteurs et prédicateurs. Faute de cela, ils sont obligés pour nourrir leurs femmes et leurs enfants de s'occuper de l'agriculture et des soins domestiques. » (*Tischr.*, p. 414.)

Page 333. — *Fin du chapitre.*
Au comte Albrecht de Mansfeld, au sujet d'une affaire de mariage : « Les paysans, les gens grossiers qui ne recherchent que la liberté de la chair, les légistes qui décident toujours contre la foi, m'ont rendu si las que j'ai rejeté décidément le fardeau des affaires de mariages, et que j'ai dit à plusieurs de faire, au nom de tous les diables, ce qu'il leur plaira : *Sinite mortuos sepelire mortuos*. Le monde veut le pape! qu'il l'ait, s'il n'en peut être autrement. Tous les légistes tiennent pour lui. Je ne sais vraiment si, moi mort, ils auront le courage d'adjuger à mes enfants le nom de Luther et mes guenilles! Ils jugent toujours d'après le droit papal. A qui la faute? A vous autres seigneurs, qui les rendez trop fiers, qui les soutenez dans tout ce qu'il leur plaît de décider, qui opprimez les pauvres théologiens, quelque raison qu'ils puissent avoir... » (5 octobre 1536.)

« Il faudrait dans un pays deux cents pasteurs contre un juriste. Nous devrions, en attendant, changer en pasteurs les juristes et les médecins. Vous verrez que cela viendra. » (*Tischr.*, p. 4, verso.)

Page 340. — *Fin du chapitre.*
Discussion confidentielle entre Mélanchton et Luther. (1536.)

Mélanchton trouve probable l'opinion de saint Augustin, qui soutient « que nous sommes justifiés par la foi, par la rénovation, » et qui, sous le mot de rénovation, comprend tous les dons et les vertus que nous tenons de Dieu[1]. « Quelle est votre opinion? demanda-t-il à Luther. Tenez-vous, avec saint Augustin, que les hommes sont justifiés par la rénovation, ou bien par imputation divine? » — Luther répond : « Par la pure miséricorde de Dieu. » — Mélanchton propose de dire que l'homme est justifié *principaliter* par la foi, *et minus principaliter* par les œuvres, en sorte que la foi rachète l'imperfection de celles-ci. — Luther. « La miséricorde de Dieu est seule la vraie justification. La justification par les œuvres n'est qu'extérieure ; elle ne peut nous délivrer ni du péché ni de la mort. ». — Mélanchton. Je vous demande ce qui justifie saint Paul et le rend agréable à Dieu, après sa régénération par l'eau et l'esprit. — Luther. « C'est uniquement cette régénération même. Il est devenu juste et agréable à Dieu par la foi, et par la foi il reste tel à jamais. » — Mélanchton. Est-il justifié par la seule miséricorde, ou bien l'est-il *principalement* par la miséricorde, et *moins principalement* par ses vertus et ses œuvres? — Luther. « Non pas. Ses vertus et ses œuvres ne sont bonnes et pures que parce qu'elles sont de saint Paul, c'est-à-dire d'un juste. Une œuvre plaît ou déplaît, est bonne ou mauvaise, à cause de la personne qui la fait. » — Mélanchton. Mais vous enseignez vous-même que les bonnes œuvres sont nécessaires, et saint Paul qui croit, et qui en même temps fait les œuvres, est agréable à Dieu pour cela. S'il faisait autrement, il lui déplairait. — Luther. « Les œuvres sont nécessaires, il est vrai, mais c'est par une nécessité sans contrainte, et tout autre que celle de la Loi. Il faut que le soleil luise, c'est une nécessité également ; cependant ce n'est pas par suite d'une loi qu'il luit, mais bien par nature, par une qualité inhérente et qui ne peut être changée : il est créé pour luire. De même le juste, après la régénération, fait les œuvres, non pour obéir à quelque loi ou contrainte, car il ne lui est pas donné de loi, mais par une nécessité immuable. — Ce que vous dites de saint Paul, qui, sans les œuvres, ne plairait pas à Dieu, est obscur

---

1. Mélanchton fait remarquer que saint Augustin n'exprime pas cette opinion dans ses écrits de controverse.

et inexact, car il est impossible qu'un croyant, c'est-à-dire un juste, ne fasse ce qui est bien. » — MÉLANCHTON. Sadolet nous accuse de nous contredire en enseignant que la foi seule justifie, et en admettant néanmoins que les bonnes œuvres sont nécessaires. — LUTHER. « C'est que les faux frères et les hypocrites faisant semblant de croire, on leur demande les œuvres pour confondre leur fourberie... » — MÉLANCHTON. Vous dites que saint Paul est justifié par la seule miséricorde de Dieu. A cela je réplique que si l'obéissance ne venait s'ajouter à la miséricorde divine, il ne serait point sauvé, conformément à la parole (I, Cor. IX) : « Malheur à moi, si je ne prêchais pas l'Évangile! » — LUTHER. « Il n'est besoin de rien ajouter à la foi; si elle est véritable, elle est à elle seule efficace toujours et en tous points. Ce que les œuvres valent, elles ne le valent que par la puissance et la gloire de la foi, qui est, comme le soleil, resplendissante et rayonnante par nécessité de nature. » — MÉLANCHTON. Dans saint Augustin, les œuvres sont incluses en ces mots: *Sola fide*. — LUTHER. « Quoi qu'il en soit, saint Augustin fait assez voir qu'il est des nôtres, quand il dit : « Je suis effrayé, il est vrai, mais je ne désespère pas, car je me souviens des plaies du Seigneur. » Et ailleurs, dans ses *Confessions* : « Mâlheur aux hommes, quelque bonne et louable que leur vie puisse être, s'ils ne sollicitent la miséricorde de Dieu... » — MÉLANCHTON. Est-elle vraie, cette parole : « La justice est nécessaire au salut? » — LUTHER. « Non pas dans ce sens que les œuvres produisent le salut, mais qu'elles sont les compagnes inséparables de la foi qui justifie. C'est tout de même qu'il faudra que je sois là en personne lorsque je serai sauvé. »

« J'en serai aussi », dit l'autre qu'on menait pour être pendu, et qui voyait les gens courir à toutes jambes vers le gibet... La foi qui nous est donnée de Dieu régénère l'homme incessamment et lui fait faire des œuvres nouvelles, mais ce ne sont pas les œuvres nouvelles qui font que l'homme est régénéré... Les œuvres n'ont pas de justice par elles-mêmes aux yeux de Dieu, quoiqu'elles ornent et glorifient accidentellement l'homme qui les fait... En somme, les croyants sont une création nouvelle, un arbre nouveau. Toutes ces manières de dire usitées dans la Loi, telles que : « Le croyant *doit* faire de bonnes œuvres, ne nous conviennent donc plus. On ne dit pas : Le soleil *doit luire*, un bon arbre *doit* porter de bons fruits, trois et sept *doivent* faire dix. Le soleil luit par sa nature, sans qu'on le lui commande; le bon arbre porte de même ses bons fruits; trois et sept ont de tout temps fait dix; il n'est pas besoin de le commander pour l'avenir. »

Le passage suivant est plus exprès encore. « Je pense qu'il n'y a point de qualité qui s'appelle foi ou amour, comme le disent les rêveurs et les sophistes; mais je reporte cela entièrement au Christ, et je dis *mea formalis justitia* (la justice certaine, permanente, parfaite, dans laquelle il n'y a ni manque ni défaut; celle qui est comme elle doit être devant Dieu), cette justice c'est le Christ, mon seigneur. (*Tischr.*, p. 133.)

Ce passage est un de ceux qui font le plus fortement sentir le rapport intime de la doctrine de Luther avec le système d'identification absolue. On conçoit que la philosophie allemande ait abouti à Schelling et à Hegel.

Page 341. — Les papistes se moquaient beaucoup des quatre nouveaux Évangiles : celui de Luther, qui condamne les œuvres; celui de Kuntius, qui rebaptise les adultes; celui d'Othon de Brunfels, qui ne regarde l'Écriture que comme un pur récit cabalistique, *surda sine spiritu narratio;* enfin, celui des mystiques (Cochlœus, p. 165). Ils auraient pu y joindre celui du docteur Paulus Ricius, médecin juif, qui fit paraître, pendant la diète de Ratisbonne, un petit livre où Moïse et saint Paul montraient, dans un dialogue, comment toutes les opinions religieuses qui excitaient tant de disputes pouvaient être conciliées.

Page 343. — *J'ai vu dans l'air un petit nuage de feu... Dieu est irrité...*

« La comète me donne à penser que quelque malheur menace l'Empereur et Ferdinand. Elle a tourné sa queue d'abord vers le nord, puis vers le sud, désignant ainsi les deux frères. (Oct. 1531.)

Page 345. — *Michel Stiefel croit être le septième ange...*

« Michel Stiefel, avec sa septième trompette, nous prophétise le jour du jugement pour cette année, vers la Toussaint. » (26 août 1533.)

Page 349. — *Fin du chapitre.*

Il se moque de l'importance donnée aux cérémonies extérieures dans une lettre à Georges Duchholzer, ecclésiastique de Berlin, qui lui avait demandé son avis sur la réforme récemment introduite dans le Brandebourg : « ...Pour ce qui est de la chasuble, des processions et autres choses extérieures que votre prince ne veut pas abolir, voici mon conseil : S'il vous accorde de prêcher l'Évangile de Jésus-Christ purement et sans additions humaines, d'administrer le baptême et la communion tels que le Christ les a institués, de supprimer l'adoration des saints et les messes des morts, de renoncer à bénir l'eau, le sel et les herbes, de ne plus porter les saints-sacrements dans les processions, enfin s'il n'y fait chanter que des cantiques purs de toute doctrine humaine : faites les cérémonies qu'il demande, à la garde de Dieu, portez une croix d'or ou d'argent, une chape, une chasuble de velours, de soie, de toile et tout ce que vous voudrez. Si votre seigneur ne se contente pas d'une seule chape ou chasuble, mettez-en trois, comme le grand prêtre Aaron qui mettait trois robes l'une sur l'autre, toutes belles et magnifiques. Si Sa Grâce Électorale n'a pas assez d'une seule procession que vous ferez avec chant et tintamarre, faites-la sept fois, comme Josué et les enfants d'Israël allèrent sept fois autour de Jéricho en criant et sonnant des trompettes. Et pour peu que cela amuse Sa Grâce Électorale, elle n'a qu'à ouvrir elle-même la marche, et danser devant les autres, au son des harpes, des timbales et des sonnettes, comme fit David devant l'arche du Seigneur à Jérusalem ; je ne m'y oppose point. Ces choses, quand l'abus de s'y mêle point, n'ajoutent, n'ôtent rien à l'Évangile. Mais il faut se garder d'en faire des nécessités, des chaînes pour la conscience. Si seulement je pouvais en venir là avec le pape et ses adhérents, ah ! que je remercierais Dieu ! Vraiment, si le pape me cédait ce point, il pourrait me dire de porter je ne sais quoi, que je le porterais pour lui faire plaisir... Pardonnez-moi, mon cher ami, de vous répondre si brièvement aujourd'hui ; j'ai la tête si faible, qu'il m'en coûte d'écrire... » (4 décembre 1539.)

Page 361. — *Elle tomba raide...*

« Une servante avait eu, pendant bien des années, un invisible esprit familier qui s'asseyait près d'elle au foyer, où elle lui avait fait une petite place, s'entretenant avec lui pendant les longues nuits d'hiver. Un jour la servante pria Heinzchen (elle nommait ainsi l'esprit) de se laisser voir dans sa véritable forme. Mais Heinzchen refusa de le faire. Enfin, après de longues instances, il y consentit, et dit à la servante de descendre dans la cave, où il se montrerait. La servante prit un flambeau, descendit dans le caveau et là, dans un tonneau ouvert, elle vit un enfant mort qui flottait au milieu de son sang. Or, longues années auparavant, la servante avait mis secrètement un enfant au monde, l'avait égorgé, et l'avait caché dans un tonneau. » (*Tischreden*, p. 222, trad. d'Henri Heine. Voy. son bel article sur Luther, *Revue des Deux Mondes*, 1ᵉʳ mars 1834.)

Page 366. — *Ils saisissaient la tête...*

L'ennemi de tout bien et de toute santé (le Diable) chevauche quelquefois à travers ma tête, de manière à me rendre incapable de lire ou d'écrire la moindre des choses. » (28 mars 1532.)

Page 366. — *Le Diable n'est pas, à la vérité, un docteur qui a pris ses grades...*

« C'est une chose merveilleuse, dit Bossuet, de voir combien sérieusement et vivement il décrit son réveil, comme en sursaut, au milieu de la nuit, l'apparition manifeste du Diable pour disputer contre lui. La frayeur dont il fut saisi, sa sueur, son tremblement et son horrible battement de cœur dans cette dispute ; les pressants arguments du démon qui ne laisse aucun repos à l'esprit ; le son de sa puissante voix ; ses manières de disputer accablantes, où la question et la réponse se font sentir à la fois. Je sentis alors, dit-il, comment il arrive si souvent qu'on meure subitement vers le matin : c'est que le Diable peut tuer et étrangler les hommes, et sans tout cela, les mettre si fort à l'étroit par ses disputes qu'il y a de quoi en mourir, comme je l'ai plusieurs fois expérimenté. » (*De abroganda Missa privata*, t. VII, 222, trad. de Bossuet ; *Variations*, II, p. 203.)

Page 382. — *Après avoir prêché à Smalkalde...*

Il écrivit à sa femme sur cette maladie : « ... J'ai été comme mort ; je t'avais déjà recommandée, toi et nos enfants, à Dieu et à Notre-Seigneur, dans la pensée que je ne vous reverrais plus ; j'étais bien ému en pensant à vous ; je me voyais déjà dans la tombe. Les prières et les larmes de gens pieux qui m'aiment, ont trouvé grâce devant Dieu. Cette nuit a tué mon mal, me voilà comme rené... » (27 février 1537.)

Luther éprouva une rechute dangereuse à Wittemberg. Obligé de rester à Gotha, il se croyait près de la mort. Il dicta à Bugenhagen, qui était avec lui, sa dernière volonté. Il déclara qu'il avait combattu la papauté selon sa conscience, et demanda pardon à Mélanchton, à Jonas et à Cruciger des offenses qu'il pouvait leur avoir faites. (Ukert, t. I, p. 325.)

Page 382. — *Ma véritable maladie...*

Luther fut atteint de bonne heure de la pierre ; cette maladie le faisait cruellement souffrir. Il fut opéré le 27 février 1537.

« Je commence à entrer en convalescence, avec la grâce de Dieu, je rapprends à boire et à manger, quoique mes jambes, mes genoux, mes os tremblent, et que je me porte à peine. (21 mars 1537.)

« Je ne suis, même sans parler des maladies et de la vieillesse, qu'un cadavre engourdi et froid. » (6 décembre 1537.)

Page 394. — *Les comtes de Mansfeld...*
Il avait essayé en vain de réconcilier les comtes de Mansfeld. « Si l'on veut, dit-il, faire entrer dans une maison un arbre coupé, il ne faut pas le prendre par la tête; toutes les branches l'arrêteraient à la porte. Il faut le prendre par la racine, et les branches plieront pour entrer. » (*Tischreden*, p. 355.)

Page 400. — *Fin du chapitre.*
Nous réunissons ici plusieurs particularités relatives à Luther.
Érasme dit de lui : « On loue unanimement les mœurs de cet homme; c'est un grand témoignage que ses ennemis mêmes n'y trouvent pas matière à la calomnie. » (Ukert, t. II, p. 5.)
Luther aimait les plaisirs simples : il faisait souvent de la musique avec ses commensaux et jouait aux quilles avec eux. — Mélanchton dit de lui : « Quiconque l'aura connu et fréquenté familièrement, avouera que c'était un excellent homme, doux et aimable en société, nullement opiniâtre ni ami de la dispute. Joignez à cela la gravité qui convenait à son caractère. — S'il montrait de la dureté en combattant les ennemis de la vraie doctrine, ce n'était point malignité de nature, mais ardeur et passion pour la vérité. » (Ukert, t. II, p. 12.)

« Bien qu'il ne fût ni d'une petite stature ni d'une complexion faible, il était d'une extrême tempérance dans le boire et le manger. Je l'ai vu, étant en pleine santé, passer quatre jours entiers sans prendre aucun aliment, et souvent se contenter, dans une journée entière, d'un peu de pain et d'un hareng pour toute nourriture. » (*Vie de Luther*, par Mélanchton.)

Mélanchton dit dans ses *Œuvres posthumes* : « Je l'ai souvent trouvé moi-même pleurant à chaudes larmes et priant Dieu ardemment pour le salut de l'Église. Il consacrait, chaque jour, quelque temps à dire des psaumes et à invoquer Dieu de toute la ferveur de son âme. » (Ukert, t. II, p. 7.)

Luther dit de lui-même : « Si j'étais aussi éloquent et aussi riche en paroles qu'Érasme, aussi bon helléniste que Joachim Camérarius, aussi savant en hébreu que Forscherius, et aussi un peu plus jeune, ah! quels travaux je ferais! » (*Tischreden*, p. 447.)

« Le licencié Amsdorf est naturellement théologien. Les docteurs Creuziger et Jonas le sont par art et réflexion. Mais moi et le docteur Pomeranus, nous donnons peu de prise dans la dispute. » (*Tischreden*, p. 425.)

A Antoine Unruche, juge à Torgau. « ... Je vous remercie de tout mon cœur, cher Antoine, d'avoir pris en main la cause de Marguerite Dorst, et de n'avoir pas souffert que ces insolents hobereaux enlevassent à la pauvre femme le peu qu'elle a. Vous savez que le docteur Martin n'est pas seulement théologien et défenseur de la foi, mais aussi le soutien du droit des pauvres gens qui viennent de tous côtés lui demander ses conseils et son intercession auprès des autorités. Il sert volontiers les pauvres, comme vous faites vous-même, vous et ceux qui vous ressemblent. Tous les juges devraient être comme vous. Vous êtes pieux, vous craignez Dieu, vous aimez sa parole; aussi Jésus-Christ ne vous oubliera-t-il pas... » (12 juin 1538.)

Luther écrit à sa femme au sujet d'un vieux domestique qui allait quitter sa maison : « Il faut congédier notre vieux Jean honorablement; tu sais qu'il nous a toujours servis loyalement, avec zèle et comme il convenait à un serviteur chrétien. Combien n'avons-nous pas donné à des vauriens, à des étudiants ingrats, qui ont fait un mauvais usage de notre argent? Il ne faut donc pas lésiner, dans cette occasion, à l'égard d'un si honnête serviteur, chez lequel notre argent sera placé d'une manière agréable à Dieu. Je sais bien que nous ne sommes pas riches; je lui donnerais volontiers dix florins si je les avais; en tous cas, ne lui en donne pas moins de cinq, car il n'est pas habillé. Ce que tu pourras faire de plus, fais-le, je t'en prie. Il est vrai que la caisse de la ville devrait bien aussi lui donner quelque chose, parce qu'il a fait toutes sortes de services dans l'église; qu'ils agissent comme ils voudront. Vois de quelle manière tu pourras avoir cet argent. Nous avons un gobelet d'argent à mettre en gage. Dieu ne nous abandonnera pas, j'en suis sûr. Adieu. » (17 février 1532.)

« Le prince m'a donné un anneau d'or; mais afin que je visse bien que je n'étais pas né pour porter de l'or, l'anneau est aussitôt tombé de mon doigt (car il est un peu trop large). J'ai dit : Tu n'es qu'un ver de terre et non un homme. Il fallait donner cet or à Faber, à Eckius; pour toi, du plomb, une corde au cou te conviendraient davantage. » (15 septembre 1530.)

L'Électeur, établissant une contribution pour la guerre des Turcs, en avait fait exempter Luther. Il lui répondit qu'il acceptait cette faveur pour ses deux maisons, dont l'une (l'ancien couvent) lui coûtait beaucoup d'entretien sans rien rapporter, et dont l'autre n'était pas payée encore. « Mais, continue-t-il, je prie Votre Grâce Électorale, en toute soumission, de permettre que je contribue pour mes autres biens. J'ai encore un jardin estimé à cinq cents florins, une terre à quatre-vingt-dix et un petit jardin qui en vaut vingt. J'aimerais bien à faire comme les autres, à combattre le Turc de mes liards, à ne pas être exclu de l'armée qui doit nous sauver. Il y en a déjà assez qui ne donnent pas volontiers; je ne voudrais pas faire des envieux. Il vaut mieux qu'on ne puisse se plaindre et que l'on dise : Le docteur Martin est aussi obligé de payer. » (26 mars 1542.)

A l'Électeur Jean. « Grâce et paix en Jésus-Christ. Sérénissime seigneur ! j'ai longtemps différé de remercier Votre Grâce des habits qu'elle a bien voulu m'envoyer; je le fais par la présente de tout mon cœur. Cependant je prie humblement Votre Grâce de ne pas en croire ceux qui me présentent comme dans le dénuement. Je ne suis déjà que trop riche selon ma conscience; il ne me convient pas, à moi, prédicateur, d'être dans l'abondance, je ne le souhaite ni ne le demande. — Les faveurs répétées de Votre Grâce commencent vraiment à m'effrayer. Je n'aimerais pas à être de ceux à qui Jésus-Christ dit : Malheur à vous, riches, parce que vous avez déjà reçu votre consolation! Je ne voudrais pas non plus être à charge à Votre Grâce, dont la bourse doit s'ouvrir sans cesse pour tant d'objets importants. C'était donc déjà trop de l'étoffe brune qu'elle m'a envoyée; mais, pour ne pas être ingrat, je veux aussi porter en son honneur l'habit noir, quoique trop précieux pour moi; si ce n'était un présent de Votre Grâce Électorale, je n'aurais jamais voulu porter un pareil habit.

« Je supplie en conséquence Votre Grâce de vouloir bien dorénavant attendre que je prenne la liberté de demander quelque chose. Autrement cette prévenance de sa part m'ôterait le courage d'intercéder auprès d'elle pour d'autres qui sont bien plus dignes de sa faveur. Jésus-Christ récompensera votre âme généreuse : c'est la prière que je fais de tout mon cœur. Amen. » (17 août 1529.)

Jean-le-Constant avait fait présent à Luther de l'ancien couvent des Augustins à Wittemberg. — L'Électeur Auguste le racheta de ses héritiers, en 1564, pour le donner à l'université. (Ukert, t. I, p. 347.)

Lieux habités par Luther et objets qu'on a conservés de lui. — La maison dans laquelle Luther naquit n'existe plus; elle fut brûlée en 1689. — A la Wartbourg, on montre encore sur le mur une tache d'encre que Luther aurait faite en jetant son écritoire à la tête du Diable. — On a conservé aussi la cellule qu'il occupait au couvent de Wittemberg, avec différents meubles qui lui appartenaient. Les murs de cette cellule sont couverts de noms de visiteurs. On remarque celui de Pierre-le-Grand écrit sur la porte. — A Cobourg, l'on voit la chambre qu'il habitait pendant la diète d'Augsbourg (1530).

Luther portait au doigt une bague d'or émaillée, sur laquelle on voyait une petite tête de mort avec ces mots : *Mori sæpe cogita;* autour du chaton était écrit : *O mors, ero mors tua.* Cette bague est conservée à Dresde, ainsi qu'une médaille en argent doré que la femme de Luther portait au cou. Dans cette médaille, un serpent se dresse sur les corps des Israélites, avec ces mots : *Serpens exaltatus typus Christi crucifixi.* Le revers présente Jésus-Christ sur la croix, avec cette légende : *Christus mortuus est pro peccatis nostris.* D'un côté on lit encore : *D. Mart. Luter Caterinæ suæ dono. D. H. F.;* et de l'autre : *Quæ nata est anno 1499, 29 januarii.*

Il avait lui-même un cachet dont il a donné la description dans une lettre à Lazare Spengler : « Grâce et paix en Jésus-Christ. — Cher seigneur et ami! vous me dites que je vous ferais plaisir en vous expliquant le sens de ce qu'on voit sur mon sceau. Je vais donc vous indiquer ce que j'ai voulu y faire graver, comme symbole de ma théologie. D'abord il y a une croix noire avec un cœur au milieu. Cette croix doit me rappeler que la foi au Crucifié nous sauve : qui croit en lui de toute son âme est justifié. Cette croix est noire pour indiquer la mortification, la douleur par laquelle le chrétien doit passer. Le cœur néanmoins conserve sa couleur naturelle; car la croix n'altère pas la nature, elle ne tue pas, elle vivifie. *Justus fide vivit, sed fide crucifixi.* Le cœur est placé au milieu d'une rose blanche qui indique que la foi donne la consolation, la joie et la paix; la rose est blanche et non rouge, parce que ce n'est point la joie et la paix du monde, mais celle des esprits : le blanc est la couleur des esprits et de tous les anges. La rose est dans un champ d'azur, pour montrer que cette joie dans l'esprit et dans la foi est un commencement de la joie céleste qui nous attend; celle-ci y est déjà comprise, elle existe déjà en espoir, mais le moment de la consommation n'est pas encore venu. Dans ce champ vous voyez aussi un cercle d'or. Il indique que la félicité dans le ciel durera éternellement et qu'elle est supérieure à toute autre joie, à tout autre bien, comme l'or est le plus précieux des métaux. — Que Jésus-Christ, Notre-Seigneur, soit avec vous jusque dans la vie éternelle. Amen. De mon désert de Cobourg, 8 juillet 1530. »

A Altenbourg, l'on a conservé longtemps un verre de table dans lequel Luther avait bu la dernière fois qu'il visita son ami Spalatin. (Ukert, t. I, p. 245 et suiv.)

FIN.

TABLE DES MATIÈRES

                                                               Pages

PRÉFACE 1

LIVRE Ier (1483-1521.)

CHAPITRE Ier (1483-1517). — Naissance, éducation de Luther ; son ordination, ses tentations, son voyage à Rome. 9

CHAP. II (1517-1521). — Luther attaque les indulgences. Il brûle la bulle du pape. — Érasme, Hutten, Franz de Sickingen. — Luther comparaît à la diète de Worms. — Son enlèvement. 23

LIVRE II (1521-1528)

CHAPITRE Ier (1521-1524). — Séjour de Luther au château de Wartbourg. — Il revient à Wittemberg sans l'autorisation de l'Électeur. — Ses écrits contre le roi d'Angleterre et contre les princes en général. 77

CHAP. II. — Commencements de l'Église luthérienne. — Essais d'organisation, etc. 111

CHAP. III (1523-1525). — Carlostad. — Münzer. — Guerre des paysans. 131

CHAP. IV (1524-1527). — Attaques des rationalistes contre Luther. — Zwingli, Bucer, etc. — Érasme 180

CHAP. V (1526-1529). — Mariage de Luther. Pauvreté. Découragement. Abandon. Maladie. Croyance à la fin du monde 191

LIVRE III (1529-1546.)

CHAPITRE Ier (1529-1532). — Les Turcs. — Danger de l'Allemagne. — Augsbourg, Smalkalde. — Danger du protestantisme. 211

Chap. II (1534-1536). — Anabaptistes de Munster............ 234

Chap. III (1536-1545). — Dernières années de la vie de Luther. — Polygamie du landgrave de Hesse, etc................. 258

LIVRE IV (1530-1546)

Chapitre Ier. — Conversations de Luther. — La famille, la femme, les enfants. — La nature 271

Chap. II. — La Bible. — Les Pères. — Les Scolastiques. — Le Pape. — Les conciles 283

Chap. III. — Des écoles et universités, et des arts libéraux........ 301

Chap. IV. — Drames. — Musique. — Astrologie. — Imprimerie. — Banque, etc.................................. 308

Chap. V. — De la prédication. — Style de Luther. — Il avoue la violence de son caractère 316

LIVRE V

Chapitre Ier. — Mort du père de Luther, de sa fille, etc. 323

Chap. II. — De l'Équité, de la Loi. — Opposition du théologien et du juriste. 329

Chap. III. — La Loi ; la Foi........................... 334

Chap. IV. — Des Novateurs. — Mystiques, etc............... 341

Chap. V. — Tentations. — Regrets et doutes des amis, de la femme ; doutes de Luther lui-même 350

Chap. VI. — Le Diable. — Tentations 354

Chap. VII. — Maladies. — Désir de la mort et du jugement. — Mort. (1546)..................................... 381

Additions et Éclaircissements........................ 401

FIN DE LA TABLE DES MATIÈRES.

IMPRIMERIE E. FLAMMARION, 26, RUE RACINE, PARIS.

ŒUVRES COMPLÈTES

DE

J. MICHELET

ÉDITION DÉFINITIVE, REVUE ET CORRIGÉE

DÉTAIL DE L'ŒUVRE COMPLÈTE

Histoire de France (Moyen âge, Temps modernes, Révolution, XIXe siècle).	26 vol.
Vico.	1 vol.
Histoire romaine.	1 vol.
L'Oiseau. — La Mer.	1 vol.
Luther (Mémoires).	1 vol.
Le Peuple. — Nos Fils.	1 vol.
Le Prêtre. — Les Jésuites.	1 vol.
La Montagne. — L'Insecte.	1 vol.
L'Amour. — La Femme.	1 vol.
Précis d'histoire moderne. — Introduction à l'Histoire universelle.	1 vol.
La Bible de l'Humanité. — Une année du Collège de France (1848).	1 vol.
Les Origines du Droit. — La Sorcière.	1 vol.
Les Légendes du Nord. — La France devant l'Europe.	1 vol.
Les Femmes de la Révolution. — Les Soldats de la Révolution.	1 vol.
Lettres inédites adressées à Mlle Mialaret (Mme Michelet).	1 vol.
TOTAL.	40 vol.

Prix de chaque volume 7 fr. 50.
(Envoi franco contre mandat ou timbres).

IMPRIMERIE E. FLAMMARION, 26, RUE RACINE, PARIS.

www.ingramcontent.com/pod-product-compliance
Lightning Source LLC
Chambersburg PA
CBHW071616230426
43669CB00012B/1961